成聖與家庭人倫

宗教對話脈絡下的明清之際儒學

呂妙芬

謹獻給我摯愛的

父親呂榮生（1928-2016）

序

在我心目中，明末清初的思想史是一座難以攀越的高峰。這個領域的著作太豐富，名家輩出，更不乏許多早已被廣泛接受的觀點。我從碩士班在何佑森老師的課堂中開始接觸相關的討論，爾後又在不同的機緣中向學界前輩們學習，深受啟發，但也不免有困惑。無論明清之際思想轉型或學術典範轉移有多麼明顯，多年以來，我總是覺得理學持續構成清代儒學的重要內涵，晚清以前儒學的思想基調並沒有發生大變化，義理和考證、道德和知識多半不是互相對立，而是交織融合地被論述與運用。而那些高揚科學、重視啟蒙的問題意識，總不能令我心動，這應是個人習性使然。這本書的研究大概是帶著上述的「感覺」出發，摸索著進行。

另一個讓我決定以清初理學作為主要研究對象的理由，則是比較務實的。相對於晚近明代理學、陽明後學的研究，清初理學仍較少被關注，不僅許多思想家和文本未被深入研讀，學術發展的整體輪廓也較不清楚。對於研究者而言，這既是挑戰，也是契機。我雖然花了約7年的時間完成此書，但心裏深知這僅僅是理解明清之際儒學的一個面向，還有太多的文集，我沒有讀過；其他重要的議題，我也沒有觸及。因此，即使書將出版，我其實沒有完稿或攀越高峰的感覺，更像是行旅中的駐足休憩，希望能在學術山林中，醞釀再一次出發的靈感。

本書能夠順利出版，我除了要感謝中央研究院提供優良研究環境外，也要感謝科技部連續多年的支持，以及我的助理們歐姍姍、徐維里、瞿惠遠、陳胤豪、吳冠倫協助蒐集史料和校稿。我也感謝蔣經國學術交流基金會支持「明末清初學術思想史再探」計畫，讓我有機會與許多海內外學者交流。

本書部分的研究成果，曾經受邀在國立中央大學、廣州中山大學、香港教育大學、香港浸會大學饒宗頤國學院等地演講，部分章節也曾發表於中研院近史所的學術討論會、第四屆國際漢學會議、美國歷史學年會，以及由新加坡國立大學、紐約州立大學、復旦大學、中研院近史所主辦的國際學術研討會中。與會學者的批評和意見，都幫助我進一步修改書稿。本書第一章曾發表於第四屆國際漢學會議論文集《近世中國的儒學與書籍：家庭、宗教、物質的網絡》，第二章曾發表於《清華學報》（新44卷4期），第四章發表於《中央研究院歷史語言研究所集刊》（78本2分），第五章發表於《台大歷史學報》（57期），感謝這些期刊提供專業的審查與編輯，讓文章內容獲得修正。最後，我要特別感謝本書兩位匿名審查人的寶貴意見，以及聯經編輯提供的專業協助。

本書討論清儒對於為學的看法：家庭是修德的場域，人應在自我追求與家庭人倫中尋找統合的理想；人生總帶著命定與限制，人應努力在日用人倫中成長與進步。這是平實而寶貴的人生智慧，我也願意再次將我最深的感謝獻給陪伴我成長的家人，特別獻給我的父親，他在去年寒冬離我們而去。

呂妙芬

2017. 7. 21南港

目次

導論

明末清初學術思想史是學界熱門的議題，從梁啟超（1873-1929）提出清代學術是對宋明理學的反動以來，環繞著明末清初學術延續或變化的討論便不絕如縷[1]。胡適（1891-1962）承繼了理學反動說的基本看法，重視清代考證學的科學精神[2]；錢穆（1895-1990）說治近代學術當始於宋，他更強調清初學風與宋明理學的接續[3]；余英時從中國歷史上的智識主義和反智識主義兩個傳統，解釋明清之際學風的轉變[4]；錢新祖（1940-1996）則從氣一元論對程朱學的挑戰，看到了某種儒學重構的跡象，以及明代理學與清代學術的關聯[5]。雖然學者們的看法不同，但他們的問題意識頗接近，均欲追溯清代新學術典範產生的原因，以及兩個時代主流思潮的異同。張壽安提出「以禮代理」、張麗珠強調「清

1 梁啟超，《清代學術概論》（北京：中華書局，2010），頁5-9。

2 胡適，〈幾個反理學的思想家〉，《胡適文存》，第三集（台北：遠流圖書公司，1986），頁53-107；《戴東原的哲學》（台北：遠流出版公司，1986），頁1-15。

3 錢穆，《中國近三百年學術史》（台北：臺灣商務印書館，1987），頁1-21；〈清儒學案序〉，收入氏著，《中國學術思想史論叢》（八）（台北：東大圖書公司，1980），頁364-388。

4 余英時，〈從宋明理學的發展論清代思想史〉、〈清代思想史的一個新解釋〉，收入氏著，《歷史與思想》（台北：聯經出版公司，1976），頁87-156。

5 錢新祖著，宋家復譯，《焦竑與晚明新儒思想的重構》（台北：臺大出版中心，2014），頁265-302。

代新義理學」，也是在類似的問題意識下試圖說明宋明理學與清代學術的關係，雖然他們主要研究的是乾嘉學術[6]。上述各家研究都是以主流學術思潮為焦點，藉著分析著名學者的思想勾勒出明清之際儒學思想發展的大趨勢。

描述或解釋明末清初學風轉變的著作十分豐富，尤以經世學風的興起最受矚目，著作亦最多。學者除了從制度、沿革、職掌、財賦實政、輿地實測等各方面說明經世之學日趨重要外，思想史常見的議題尚有：對晚明陽明學之批判與修正、明中葉以降持續發展到清代的氣學思潮、尊崇經史之學、重視形下器物、強調實踐力行、肯定人欲與功利等，學者更藉此論述中國近代啟蒙的歷史，也引發不少對所謂啟蒙的反思[7]。上述各方面的研究雖然

6 張壽安，《以禮代理：凌廷堪與清中葉儒學思想之轉變》（台北：中央研究院近代史研究所，1994）、《十八世紀禮學考證的思想活力》（台北：中央研究院近代史研究所，2001）；張麗珠，《清代新義理學：傳統與現代的交會》（台北：里仁書局，2003）；《清代的義理學轉型》（台北：里仁書局，2006）。另外，中央研究院中國文哲研究所經學組在林慶彰教授的帶領下，曾從事乾嘉義理學研究並出版論文集。參見林慶彰、張壽安主編，《乾嘉學者的義理學》（台北：中央研究院中國文哲研究所，2003）。

7 這方面的著作極多，在此僅列數項參考。中央研究院近代史研究所於1984年召開「近世中國經世思想研討會」，對於宋明以降的經世思想多有討論，參見《近世中國經世思想研討會論文集》（台北：中央研究院近代史研究所，1984）。林聰舜，《明清之際儒學思想的變遷與發展》（台北：臺灣學生書局，1990）；李紀祥，《明末清初儒學之發展》（台北：文津出版社，1992）；魚宏亮，《知識與救世：明清之際經世之學研究》（北京：北京大學出版社，2008）；簡毅銘，《明末清初儒者經世致用之道》（台北：花木蘭出版社，2010）；王汎森，〈清初的下層經世思想〉，收入氏著，《晚明清初思想十論》（上海：復旦大學出版社，2004），頁331-368。明清之際的思想與啟蒙之間的討論，在1980年代的中國學界相當興盛，也受到日本學者關於中國「近世」之研究的影響，1990年代又有許多反思啟蒙的討論。有關這段

成果豐碩，但除了氣學思潮等少數研究課題緊扣著理學討論外，大多數的研究則是以「理學衰微」為前提，以探究清代新興學風為主要問題意識[8]。簡言之，既往學界對明末清初時期的思想史研究，主要關注的是新思潮、新方法、新學術社群的形成，是學術典範轉移的問題。加上清代理學又如錢穆所云是「脈絡筋節不易尋」、「無主峰可指」，故相對受到忽略[9]。因此，儘管此時期留下的理學文獻並不少，但目前針對理學的研究成果仍然有限[10]。

學術史的回顧與反思，參見吳根友主編，《多元範式下的明清思想研究》（北京：三聯書店，2011），頁3-108。

8 過去學者主要注意到理學的衰微與整體學風的轉向，指出從理學到樸學、轉向經世實學、禮教主義的興起、禮治社會思想的形成等現象。這方面的論著很多，謹舉數例：謝國楨，《明本清初的學風》（北京：人民出版社，1982），頁1-52；何佑森，〈明清之際學術風氣的轉變及其發展〉、〈明末清初的實學〉，收入氏著《清代學術思潮》（台北：臺大出版中心，2009），頁47-87；Benjamin A. Elman, *From Philosophy to Philology: Intellectual and Social Aspects of Change in Late Imperial China*（Cambridge, Mass: Harvard University Press, 1984); Kai-wing Chow, *The Rise of Confucian Ritualism in Late Imperial China*（Stanford: Stanford University Press, 1994）；王汎森，〈清初「禮治社會」思想的形成〉，收入陳弱水主編，《中國史新論．思想史分冊》（台北：中央研究院．聯經出版公司，2012），頁353-392。

9 錢穆：「宋明學術易尋其脈絡筋節，而清學之脈絡筋節則難尋。清學之脈絡筋節之易尋者在漢學考據，而不在宋學義理。」參見氏著，〈清儒學案序〉，收入《中國學術思想史論叢》（八），頁369。

10 關於清代理學思想的研究，參見錢穆，《中國近三百年學術史》；王茂、蔣國保等，《清代哲學》（安徽：安徽人民出版社，1992）；陸寶千，《清代思想史》（台北：廣文書局，1983）；林國標，《清初朱子學研究：對一種經世理學的解讀》（長沙：湖南人民出版社，2004）；史革新，《清代以來的學術與思想論集》（北京：社會科學文獻出版社，2011）、《清代理學史》（廣州：廣東教育出版社，2007）；楊菁，《清初理學思想研究》（台北：里仁書局，2008）；鄭宗義，《明清儒學轉型探析：從劉蕺山到戴東原》（香港：香港中事實上，理學在清初仍有重要地位，程朱學受到朝野士人的重視，是清代官學，主導了科舉考試與教育的內容，也是當時普遍被社會接受的核心價值[11]。因此，以理學衰微為前提的問題意識可能會錯失許多重要的歷史觀察。若我們不先主觀地認定清代理學沒有創意，願意更開放地去研讀那些尚未被充分研究的理學文本；若我們把研究的視角稍微轉換，不再只注意學術風氣的創新，也同時考量延續性的經典詮釋，及一般士人的閱讀經驗、想法與實踐；或者不僅重視科學和實證學風的表現，也願意留心日常生活與宗教關懷在歷史中的作用，我們對於理學在清代社會上的持續影響力及其內部的自我創新，可能會有許多新的認識。這個想法是本書研究的第一個發想。

我在思考明清學術變化的現象時，多受查爾斯‧泰勒（Charles Taylor）*A Secular Age*一書的啟發，該書討論西方社會從1500年以降五百年間的重大變化：基督教從人們唯一的宗教信仰變成現代多元宗教中的一種選擇；宗教信仰從政治社會的公共事物變成人們私領域中的個人追求。這些事如何發生？泰勒不採取「科學取代信仰」的解釋，也不滿意只從知識菁英的學術變化來詮釋這段歷史；而是試著描述西方世界從16世紀以降，一系列宗教改革對全民教育的提升，科學發展與啟蒙思想對基督教的刺激與影響，政體變革、工業革命、商業及消費革命所導致政經條件與知識系統的變化，及其對人類生活之衝擊與形塑，並試圖在這種具

文大學出版社，2009）；戴景賢，《明清學術思想史論集》（香港：香港中文大學出版社，2012）。其他尚有許多針對個別思想家的研究，無法一一列舉。

11 關於清代理學在思想上較無創新，但持續存在且發揮重要影響，參見龔書鐸，〈清代理學的分期、特點及歷史地位〉，《近代文化研究》，輯一（北京：商務印書館，2007），頁1-27。

全體社會的宏觀視野下來思考基督宗教信仰變化的過程。泰勒指出基督教並不是簡單地被科學所「取代」，它甚至在科學發展史上扮演了重要的角色；基督教也沒有在「世俗化」的過程中完全被揚棄，它本身與時俱進的變化甚至參與了「世俗化」的過程。而所謂的「世俗化」概念也需進一步說明，至少作者認為過去人們在宗教中所追求的一種對生命福至圓滿之感，並沒有在世俗化或現代化過程中消失，只是人們對圓滿的要求與感受，及所擷取的資源，有了相當的變化而已[12]。

泰勒的研究對於我思考中國明清以降的儒學與社會的變化有相當啟發，至少提醒我：研究明清學術思想發展與變化，不應停留在思想的線型發展，或簡單的彼此取代關係描述上，也應留意儒學普及化或庶民化的現象，及其與整體社會的關係[13]。錢穆所謂「理學本包孕經學而再生」也有類似的眼光[14]，漢學與宋學並非壁壘分明、互相排斥的兩套學說，它們不宜被化約為對立的關

---

12 Charles Taylor, *A Secular Age*（Cambridge, Mass: Belknap Press of Harvard University Press, 2007）.

13 舉例而言，儒家祭祖活動雖可溯及上古，但近世儒家祭祖禮儀之發展主要與宋理學家的理念與發明、元明之後宗族組織興盛有關。它是理學普及化與社會商業化的產物，也是地方社會與國家整合的產物。透過對於宗族教育與禮儀的研究，我們清楚看到理學的價值與理念持續在社會中發揮作用。這種普及化的儒家思想，不受限於士人階層，也未必與菁英思想或學派發展有密切對應關係，但其基要思想又非與理學無涉。認知到理學的信念普遍受到社會大眾支持，對於研究明清學術思想史是有意義的，它提醒我們應反思以「理學衰微」作為前提的限制。關於儒家宗族組織與文化，參見David Faure, *Emperor and Ancestor: State and Lineage in South China*（Stanford: Stanford University Press, 2007）, ch. 1.

14 錢穆，〈清儒學案序〉。

係，所謂的漢宋兼採也未必是妥協或雜亂拼湊，而可能蘊含深刻的思想創新。

本書主要抱持上述的想法，認為理學的信念在清代仍是支持政治與社會的價值體系，理學的議題也仍是士人關心的問題，清代理學思想與話語也不盡然因襲舊說，而有其推陳出新之處，只是這方面較未被充分探討認知。基於此，本書鎖定明清之際（以17世紀為主）的理學為主要研究範圍，試圖以更豐富而新穎的史料、新的研究議題與視角，來探討明清之際儒學的發展與轉型，也試圖回應一些過去學者提出的看法。以下從幾方面略加說明：

一、以理學文本為主要史料

思想史的研究向來以人物和文本分析為主，過去對於明清之際思想變化的理解主要倚靠研究著名學者的思想來鉤沉出思潮的變化與發展趨勢。此時期較受重視的人物包括：劉宗周（1578-1645）、陳確（1604-1677）、黃宗羲（1610-1695）、陸世儀（1611-1672）、顧炎武（1613-1682）、王夫之（1619-1692）、陸隴其（1630-1692）、顏元（1635-1704）、李塨（1659-1733）、戴震（1724-1777），對上述學者思想的研究與比較也是構築目前我們理解明清之際思想變化的主要依據。本書未針對個別思想家作深入個案的研究，而是透過廣泛閱讀來觀察此時期理學的論域（discourse），試圖在眾家論述話語中找到具時代意義的共識或趨勢，藉此說明此時期儒學思想的變化。當然，這樣的研究取徑有其限制：無法深入探究個別學者之間的差異性，也較未充分說明當時學界仍有相當固守程朱思想的一面。不過，不同的研究視角本就各有顯有蔽，所帶領我們觀看的內容也有差異，這並沒有優劣之分。本書以大量理學類文本為主的考察，提供我們一種較宏觀、能超越個人思想特殊性的視域，也幫助我們突破過去以學派或以個別思想家為主的分析框架，從一個時代的論域中看見明清之際理學的特殊關懷與新意。換言之，研究視野有宏觀與微觀、求同與別異之分。本書在微觀與別異上做得較不足，但希望透過較宏觀的視角，說明17世紀中國儒學某些新的共識及思潮變化的趨勢。

本書所引用的史料除了包括上述學界熟悉之學者的著作外，也涵蓋一些較未受到重視之理學家的作品，包括應撝謙（1615-1683）、謝文洊（1616-1682）、王嗣槐（1620生）、劉源淥（1618-1700）、毛先舒（1620-1688）、張貞生（1623-1675）、許三禮（1625-1691）、勞史（1655-1713）、楊屾（1687-1785）等。這些學者的著作不僅豐富我們對此時期思想樣態的認識，也提供我們反思過去的觀點。研究期間我調閱了北京國家圖書館、上海圖書館、日本內閣文庫等地所藏明末清初「理學類」的許多著作，雖然其中許多作品都是抄錄前儒言錄，或因與本書探討議題無關而未被引用，但透過閱讀這些清初理學類文本，也讓我體會到研究明清思想史，除了考慮思想創新性，或注意到大量科舉考試文本外，尚有一群士人以極真誠的態度來抄錄先儒語錄、付諸日常實踐。這些作者與作品可能不會成為明清學術史研究的主要對象，但對我們認識明清儒學實踐應有重要意義。

另外，選擇以理學文本，而非個別思想家，作為主要研究對象，也與反思學術史的建構有關。過去我們所熟悉重要的、代表性的學者，其實更常反映著後代學者個人或時代的關懷。例如，王夫之思想的重要性並未能在其生前發揮影響力；顏李學派、戴震在晚清之後特別受到重視，主要與當時學界欲表彰實證科學的目的有關，未必反映其在清初與清中葉的影響力。這方面的問題前人已多有反省，本書希望能避免，也希望透過更全面性閱讀理學類的文本、更貼近17世紀的文本脈絡與歷史氛圍，對於明清之際學術發展提出一些新的看法[15]。

二、核心議題

本書擬從「成聖」與「家庭人倫」之關係，來探討明清之際思想發展的連續與變化。成聖是宋明理學的最高理想，無論程朱理學或陸王心學均以成聖為目標，清儒雖然批評陽明學，但其對於成聖的追求、對內心誠敬的要求、個人道德修身的講究，並不亞於明儒。雖然成聖工夫必然要靠個人自主的努力，難以假手他人，然而儒學本就重視人際關係，清儒在矯正晚明學風的氛圍下更是看重家庭日用人倫。在明清儒學論述中，個人成聖與家庭人倫的關係如何？清儒如何既延續明代理學的精神，又轉化晚明學風？他們是否創造出具時代特色的儒學新思想？這些都是本書關懷的課題。

至於明清之際儒學之延續與變化的議題，在延續方面，本書第二章討論儒學生死觀的新發展，便主要欲說明：清儒承繼明儒關切生死的態度與基本想法，持續開展新的論述，延續性頗明顯；變化方面，除了第七章論及人性論、構想天人關係方面的變

15 丘為君對「戴震學」興起於晚清的討論，見氏著，《戴震學的形成》（台北：聯經出版公司，2004）。顏元在清初的有限影響力，及後來如何成為思想史之重要人物的討論，參見Jui-sung Yang, *Body, Ritual and Identity: A New Interpretation of the Early Qing Congucian Yan Yuan (1635-1704)* (Leiden, Boston: Brill, 2016).

化外，另一重要的轉變在工夫論。清儒普遍反對明儒逆覺體證式的工夫路徑，認為這種工夫論受到佛、道的影響太深，他們對於陽明學的良知本體工夫頗反感，擔心無實行而有玄虛蹈空之病，又因欠缺客觀禮法規範而造成社會失序。清初儒學的主流聲音是強調合乎禮法的行為、看重後天的學習、申明五倫即天理、維護家庭組織與家庭人倫。此時期儒學對於家庭與綱常名教的強調，既符合統治者的意識形態及宗族社會文化，也進一步鞏固近代中國的政教結構。

既然清儒重視家庭人倫，那麼家庭人倫與個人成聖的關係又如何？如何兼顧兩者而形成緊密的儒學理論？清代儒學普遍重視人倫與名教，是否真的意味此時期的儒學已全然轉向現世、揚棄對形上與本原概念的興趣？或者未必？清儒如何看待天命、天性、天德等一系列與「天」相關的概念呢？近年來學者的研究顯示，明清之際儒學尚有一波敬天、畏天命、告天、事天的思潮與實踐[16]，我們如何將這個面向也納入我們對此時期儒學的理解？若「天」仍是清儒論述宇宙自然與生命道德的終極本原，敬天與事天仍是儒學重要的意涵，我們又如何理解此時期氣本論思潮對於「性」與「理」的定義變化呢？用「反理學」來概括這樣的思潮合適嗎[17]？當我們思索清儒對「天」與人性論的看法時，天主教漢語文獻中對於人與靈魂的論述是否可能提供有意義的參照

16 吳震，《明末清初勸善運動思想研究》（台北：臺大出版中心，2009），第9章；劉耘華，《依天立義：清代前期中江南士人應對天主教文化研究》（上海：上海古籍出版社，2014）。

17 由於氣學立場的言論之間相當分歧，楊儒賓認為最主要的共識是反對程朱理學，故以「反理學」來概括之。楊儒賓，《異議的意義：近世東亞的反理學思潮》（台北：臺大出版中心，2012）。

呢？天主教的詮釋是否可能成為中國儒士的思想資源？17世紀儒學的轉化真的適合被解讀為重視形下器物、實事實物的科學精神，而被賦予啟蒙的意義嗎？是那種意義下的啟蒙？上述這些問題均是本書討論的內容。

三、重視宗教的面向

本書雖主要研究儒學，但頗留意宗教的面向，不僅因為近世儒學的發展是在濃厚宗教對話的脈絡中進行，儒學對於成聖與家庭人倫的重視，也體現了宗教的意涵。我們知道許多宗教都觸及一種介於追求個人成聖（或救贖）與家庭責任之間的衝突，也都以某種方式來化解這種衝突。中國文化特別重視家庭倫理，這個問題及其化解之道更是重要，此也是外來宗教在中國本地化過程中常遭遇的重大挑戰，更是促成不同宗教激烈對話的主要因素。佛教入華後引發與本土文化最深的衝突便是斷髮、出家等被視為不孝的行為，展開與中華孝道思想長期涵攝的過程，並創作出《父母恩重難報經》、《梵網經》等專論孝道的經典，以及盂蘭盆會等孝報親恩的儀式[18]。中國佛教故事中的妙善、目連，更是鮮明地觸及了個人宗教追求與對父母盡孝之間的衝突，但也都清楚地以個人宗教追求為解決衝突的最終依據。修道有成的孝順兒女，所成就的不僅止於自身，他們的德行與孝行最終還能救贖父

---

18 Alan Cole, *Mothers and Sons in Chinese Buddhism* (Stanford: Stanford University Press, 1998)。原始佛教要求修行者捨離家庭纏累，出家過僧團共修的生活，但同時也容許信徒在家修行，並重視家庭倫理。業露華，〈從《佛說善生經》看佛教的家庭倫理觀〉，《中華佛學學報》，13期（2000），頁69-82。

母，在終極意義上完成對父母的盡孝與報恩，故他們的行為也依教義被定義為更崇高的「大孝」[19]。

道教長期吸收儒家三綱五常、心性論，重視以德養生，強調「欲修仙道，先修人道」，也十分重視家庭倫理[20]。不過，道教的派別複雜，對於家庭的重視程度也不同。根據蕭進銘的研究，符籙派對家庭觀持較肯定的態度，以見性悟道為目標的全真派則出世色彩較濃，傾向住觀獨修，也較不重視婚姻與家庭[21]。道教雖重視忠孝人倫，也有許多在家修行之士，然許多著名道士如白玉蟾（1194-?）、王重陽（1113-1171）、張三手、王常月（1522-1680）、劉一明（1734-1821）等，都有離家雲遊或隱居求道的經驗。故雖然道教允許在家修行，但家庭生活並非道教修養的必要

19 關於妙善的故事涉及宗教追求與家庭責任的衝突、父女的緊張關係、孝行與救贖等，參見Wilt L. Idema, *Personal Salvation and Filial Piety: Two Precious Scroll Narratives of Guanyin and Her Acolytes* (Honolulu: University of Hawai'i Press, 2008), pp. 1-43；目連故事涉及以宗教力量救贖母罪的孝行，參見Alan Cole, *Mothers and Sons in Chinese Buddhism*。關於晚明佛學與儒學的融攝，重視孝道思想，並以出世孝為大孝的看法，參見徐聖心，《青天無處不同霞——明末清初三教會通管窺》（台北：臺大出版中心，2010），第6章。不過，晚明淨土修行觀也更多立足於人間道德實踐，以實現宗教解脫理想，袾宏勸誡信徒不可一味投身空門，棄親念佛。見王月清，《中國佛教倫理思想》（台北：雲龍出版社，2001），第3章。

20 關於道教吸收《易經》強調推天道以明人事的傳統，從天道論層面把道和陰陽五行當作倫理道德的依據，又與道理學心性論思想結合，強化修心養性與忠孝仁義之德，參見樂愛國，《中國道教倫理思想史稿》（濟南：齊魯書社，2010）。

21 蕭進銘，〈家庭價值與宗教倫理——以漢人傳統宗教為例〉（http://5326.wwwts.au.edu.tw/front/bin/ptdetail.phtml?Part=PT09110002&Rcg=107552）（參閱日期2013. 11. 22）。

條件，也無法完全取代教團或離家獨修的修行方式。

基督宗教在個人信仰與家庭倫責之間也存在類似的張力。十誡雖然規戒人要孝順父母，但個人對上帝的順服比家庭人倫更重要[22]，此從亞伯拉罕獻以撒的事件即清楚可知。耶穌呼召門徒時也強調要以神國之事為優先：「人為我和福音，撇下房屋，或是弟兄、姊妹、父母、兒女、田地，沒有不在今世得百倍的，⋯⋯在來世必得永生。」[23]關於基督教「反家庭」的面向，*Heaven: A History*一書有詳細說明[24]。不過，基督教也有化解之道，只要主從秩序正確，順服上帝與家庭人倫之間不但可以不衝突，甚至還有連帶性的祝福，即相信個人的真誠信仰可使全家蒙福[25]。明末天主教傳入中國，中國教徒也清楚領受這個教義，杭州天主教徒張星曜（1633生）說：「夫學，孰有急於本者？本，孰有大於孝悌者？孝生身之父母，與孝生性之父母，孰是其可緩者？」[26]此處「生性之父母」意指創造人類的大父母——天主，張星曜清楚

---

22 十誡中第一條誡命即除了上帝之外，不可有別的神。見《出埃及記》20:2-17。《申命記》講到無論兄弟、兒女、妻子、朋友，若有人引誘你離棄耶和華神，你絕不可聽從，甚至要先下手殺他。見《申命記》13:6-10。

23 亞伯拉罕獻以撒，是上帝要試驗亞伯拉罕能否不留下自己獨生兒子，全然奉獻給上帝，見《創世記》22:1-19。引文見《馬可福音》10:29-30。

24 Colleen McDannell and Bernhard Lang, *Heaven: A History*（New York: Vintage Books, 1990), pp. 24-32。

25 聖經說人要先求上帝的國和祂的義，其他一切的都要加給人；或說上帝是愛，人只有在上帝的愛中才能學習真正和諧良好的人際關係。早期基督教對獨身、婚姻、家庭的不同看法，參見Peter Brown, *The Body and Society: Men, Women, and Sexual Renunciation in Early Christianity*（New York: Columbia University Press, 1988）.

26 張星曜，〈天教合儒序〉，《天儒同異考》（台北：台北利氏學社，2009），頁441。

以孝順天主為第一義，秩序先於孝順生身父母。中國伊斯蘭教徒王岱輿（約1573-1660）以順主、順君、順親為人生三大正事，他也強調以宗教之力為父母贖罪之「命孝」才是真正之大孝[27]。

雖然許多宗教都重視家庭與家庭倫理，但是在履行家庭責任與個人宗教追求，或者說在家庭與教團之間，仍存在著某種緊張關係。對大部分的宗教而言，只有先滿足宗教教義的要求，家庭倫理才可能獲得真正的圓滿。或者更正確地說，所謂圓滿的家庭人倫關係，其實是要在宗教的詮釋之下被定義與理解的。熱中於求道的孝順兒女們，只有先放下對父母的表面順服（通常被定義為較低層次的孝行），才能完成在宗教教義中所定義的更高層次、更圓滿的孝道，如此也才能帶給父母與家庭更大的祝福。這也是許多宗教與家庭達成和諧共存的模式。儒學如何呢？儒學既以家庭人倫為天理，又批判其他宗教泯滅人倫，它是如何解決個人成聖與家庭責任孰先孰後的問題？兩者之間有衝突或張力嗎？儒學在思想上如何綰合兩者？在實踐上又如何？

宋明理學長期與佛、道二教對話，且彼此吸納。明清之際儒

---

27 王岱輿說孝分三品：身孝在養親之身；心孝是孝親之心志，為常孝，但非至孝；命孝，則敬虔禮拜祈求，施濟貧難，為父母贖罪。三孝皆具，方為至孝。見王岱輿，《正教真詮》（銀川：寧夏人民出版社，1988），頁91-93。關於伊斯蘭教在中國的發展，及其與儒學融合的情形，見楊啟辰、楊華主編，《中國伊斯蘭教的歷史發展和現狀》（銀川：寧夏人民出版社，1999），頁104-114；李焯然，〈明代穆斯林的漢文著述與儒家思想〉，《回族研究》，2期（2006），頁5-10；張寧，〈論儒家文明與伊斯蘭文明的古代交往歷程——以明清時期的「以儒釋經」為例〉，《鵝湖月刊》，32卷，9期（2007.3），頁57-64；蔡源林，〈從王岱輿的「三一」說論伊斯蘭與儒家傳統的對話〉，收入劉述先、林月惠編，《當代儒學與西方文化．宗教篇》（台北：中央研究院中國文哲研究所，2005），頁297-335。

者的發言同樣有著鮮明宗教對話的語境，無論是糾誤陽明學，或批判二氏，或轉譯天主教，都是促成此時期儒學進一步辨析自己立場與義旨的重要學術脈絡。清初儒學極力強調家庭日用人倫，此既是標榜己學的核心要義，也是攻擊他者的重要理據。而在具張力的宗教對話關係中，儒學本身的宗教性也被強化。本書雖無法全面深入探討儒學與其他宗教互相仿效的關係，但仍嘗試說明儒家士人的宗教關懷與禮儀實踐。

本書觸及宗教面向主要表現於三方面：（一）在文本詮釋時，留意儒學與其他宗教對話的發言語境，並試圖扣緊此言說脈絡來詮釋。（二）本書對於萬里尋親孝子傳的解讀，以及士人在家拜聖賢的討論，受到宗教聖徒傳記與儀式研究的啟發，行文中也嘗試指陳一些可與其他宗教類比之處。（三）嘗試將天主教思想引入與儒學的比較討論。雖然晚明天主教入華後與中國本土文化的交流早已受到學界關注，近年來有關儒學與天主教互動交融的研究更是激增，不過大部分研究的對象是天主教文獻或奉教的中國士人；以儒學為主題的研究仍較少積極考慮天主教的因素[28]。本書第七章探討清代人性論，這是明清之際儒學的重要議題，也是過去學者已廣泛討論的內容，但前人的研究主要是在中國儒學傳統的視野中進行思考，本書則試圖引入天主教的人觀、靈魂論進行比較，希望提供一個新的視域，並進一步思考天主教

28　因為相關著作量太多，在此僅列學術回顧性質的文章。黃一農，〈明末清初天主教傳華史研究的回顧與展望〉，《新史學》7:1（1996），頁137-169；張先清，〈回顧與展望：20世紀中國之明末清初天主教傳華史研究〉，《宗教文化》3（1998），頁109-141；荊世杰，〈50年來中國天主教研究的回顧與前瞻〉，《南京曉莊學院學報》1（2007），頁69-77。蕭清和，《「天會」與「吾黨」：明末清初天主教徒群體研究》（北京：中華書局，2015），頁1-30。

作為儒學思想資源的可能性。

四、反思過去的論點與分析架構

過去學者研究明清之際學術變化與發展，往往在「程朱vs.陸王」的分析架構中進行，認為明代心學在晚明逐漸衰微，從東林以降到清初，學界主流思潮再次擺盪回到程朱學。這樣的見解雖大抵不錯，但並不完全；清初程朱學者對於某些問題的看法與宋儒並不相同，甚至有明確批評程朱的論點出現。清初理學異於宋代程朱學的現象值得被重視，這部分不僅有助於我們了解清初理學的新意，亦可觀察其與18世紀儒學發展的關係；所謂乾嘉新義理學的許多內容，實可溯及17世紀的理學論述[29]。本書指出清儒對於生死觀、人性論等問題的觀點，均明顯與宋代程朱學不同，此對於我們理解清代儒學的獨特性有所啟發，也提醒我們以「程朱vs.陸王」作為此時期學術史的詮釋框架是有限制的。

另外，過去學界對明清學術的探討往往在反思中國近代化與啟蒙的問題意識下進行[30]。雖然就問題意識而言，這種反思有研

---

29 張壽安，《以禮代理》；林慶彰、張壽安主編，《乾嘉學者的義理學》。張麗珠，《清代義理學新貌》（台北：里仁書局，1999）；《清代新義理學：傳統與現代的交會》；《清代的義理學轉型》。

30 島田虔次，《中國に於ける近代思惟の挫折》（東京：筑摩書房，1949）；溝口雄三，《中國前近代思想の屈折と展開》（東京：東京大學出版社，1980）；侯外廬，《中國早期啟蒙思想史：十七世紀至十九世紀四十年代》（北京：人民出版社，1956）；蕭萐父，《明清啟蒙學術流變》（瀋陽：遼寧教育出版社，1995）；蕭萐父，〈中國哲學啟蒙的坎坷道路〉，《吹沙集》（成都：巴蜀書社，2007）。關於明清之際思想與啟蒙、反思啟蒙的討論，參見吳根友主編，《多元範式下的明清思想研究》，頁1-108。

究者的個人關懷或現代的意義，談不上錯誤；就時間的連續性而言，這種追溯歷史發展的努力也有其合理性，所描繪的長期歷史發展軌跡也提供了一些有關中國從傳統走向現代的看法。然而，啟蒙的視角有其限制，包括太倚靠西方啟蒙的經驗為指標、目的論的歷史解釋、人為建構的線性歷史發展等；關於此，晚近已有許多反省。本書主旨不在於全面檢討過去有關中國啟蒙的論點，也不反對適度借用啟蒙觀點來進行比較研究，但本書試圖放下啟蒙的問題意識，專注於研究17世紀的儒學，書中某些篇章也針對一些過去被認為是解放或啟蒙指標的觀點，提出不同看法。

五、各章簡介

本書共分三部，第一部「成聖、不朽、家庭人倫」包含三章，主要探討明清之際儒學發展的延續與變化，並標出「成聖」與「家庭人倫」為核心議題。第一章〈生死觀的新發展〉探討明清之際理學話語中，是否出現類似個體靈魂的概念？是否有關於死後想像的論述？此章指出清儒承繼晚明對於生死議題的高度關切，反對程朱「人死氣散無知」的看法，他們相信個人的道德成就具有永恆的價值，將會對個人死後的狀態造成關鍵性的影響。這種肯定道德修養可以成聖、可以使個人神靈（神明）不滅的信念，加深了儒學成聖工夫的宗教意涵。呼應上述思想的趨勢，清儒對於儒家「天堂」的想像與敘述也更豐富，「在帝左右」、「長侍孔子之側」、「天上聖賢神靈永恆會聚」等是經常可見的表述，也是某些修德士人真心企盼的永恆家鄉。明清儒學生死觀的新發展，與過去認為此時期儒學轉向「經世與經驗層次」的認知不同，在儒學史上也具有重要意義，顯示儘管清初儒者強調經世與禮法，避談形上玄妙之天理（理一），但是他們終極的追求仍是成聖之不朽與知天事天之學。

第二章〈儒門聖賢皆孝子〉延續了上一章的討論，主要根據的文本也相近，焦點則轉到清初儒學與晚明儒學的差異。本章主要的問題意識是：此時期的儒學論述是否出現個人求道與家庭責任的衝突或張力？家與家庭人倫對於個人永恆生命價值的追求有何重要性？在家庭之外，儒學是否容許其他修道的場域？克盡家庭倫職是否為成聖工夫的必要條件？理學家所重視的心性工夫又如何？學者們對家庭人倫的重視如何反映於他們對儒家聖賢人格的描述？亦即，孝子與聖賢的關係如何被呈現？此章指出明清之際的儒學，在闢二氏與修正陽明學的主調上，除了嚴厲批判向內靜修求悟的工夫外，也更加強調家庭與家庭人倫的價值。清代儒學雖然看重個人成聖的追求，但強調成聖必須以克盡家庭倫職為前提；每個人的家庭是其命定的一部分，成聖之道永不可能捨離此命定。簡言之，孝親是入聖之階；唯有在事親盡孝之中，才有可能成仁成聖。

與此思想相呼應，我們發現清儒對於聖賢的描述也更強調其孝子的形象。他們深信孝弟為入聖之階，故聖賢必定要是孝子，即使在沒有史料佐證的情況下，儒者仍極力闡揚孔子、顏回超越常人的大孝。從第一、二章的討論，我們也看到儒學走過晚明融會三教、自我心性修養高峰後，再次定位於家庭日用人倫中的聖賢之教。不過，就在清初儒學向現世人倫與禮法規範回歸的同時，成聖的不朽價值、個體永恆生命意義之追求並未被放棄，而是更努力尋求結合兩者。

第三章〈聖人處兄弟之變〉考察明清士人對於《孟子》記載舜、象兄弟故事的不同詮釋，說明士人對於舜的詮釋反映了他們對儒學理想與聖人形象的思索。眾多紛歧的論述顯示，明清士人認為舜必須符合聖人真誠無偽之心，又要具備能夠掌握全局、洞悉事態的智慧。應當如何理解舜在明知象欲殺己時，還能夠真誠無偽地歡喜接待象呢？舜的心理反應真誠合理嗎？舜將有庳分封給象，在情理法上可以站得住腳嗎？舜的政治舉措符合公共利益嗎？舜的孝弟行為如何可以成為眾人的典範？

事實上，《孟子》原文與程朱對經文的註釋已相當清楚，但許多明清士人並不滿意他們的解釋，而試圖提出許多新的看法。過去對舜「不告而娶」這種明顯違背禮法之行為，主要訴諸聖人之權來理解；舜看似因愛弟而輕忽是非判斷的作法，則被冠上「聖人之心」不容已的自然反應。這樣的解釋其實頗有心學的意味，此或許也是這段經文在明清時期不斷被重新檢討與再詮釋的主因。當時學界強烈批判陽明學以良知為判準導致輕忽客觀規範，並努力重建禮教規範的氛圍，也是本章研讀這段經典詮釋史的重要背景。

本章也特別討論莊存與（1719-1788）對於舜、象故事的詮釋。莊存與將詮釋的焦點從「象之惡」轉移到「象之改過遷善」，讓象逐漸被舜所感化的過程成為詮釋的主軸，因而賦予舜的心理與行為較合理的解釋，讓故事獲得更圓滿的結局。雖然這樣的詮釋未必符合史實，但就闡釋聖人完美形象、儒學圓滿價值、反映清儒理想而言，則具有重要意義。莊存與的詮釋不僅支持孟子性善論，其營造出家庭人倫真實親愛與和諧的圖像，更是成全舜個人道德與儒學理想的重要關鍵。明清士人的詮釋反映了他們認為必須同時符合家庭人倫與個人道德的理想。這一章的內容也再次呼應前兩章的結論。

第二部「血脈與道脈的雙重認同」包含兩章，內容則離開思想觀念的分析，轉而探討萬里尋親、居家拜聖賢兩種實踐行為，藉此說明家族血脈與儒學道脈在儒家士人心目中具有同等重要的地位。最能代表儒家重視家族血脈的應是與宗族相關的活動與文化，如宗族組織、祭祖禮儀、家譜編纂、重視子嗣等。然因這方面的研究已極豐富[31]，故本書將其視為背景常識而不再多加引述或申論。在討論儒家士人居家拜聖賢的實踐時，也是以家內空間同時存在祭祖先、拜聖賢兩套禮儀作為前提，來申論士人對於血脈與道脈的雙重認同。

第四章選擇與宗族文化密切相關的萬里尋親孝行為主題，支持此類孝行的理念正是儒家的孝道思想，以及「家」作為永恆歸屬的觀念。此章主要根據地方志及其他文類所載大量萬里尋親孝子傳，討論此類孝行典範在明清時期做為一種社會與文化實踐（既是實踐行為，也是文化生產）的情形。萬里尋親的孝行雖不限於士人階層，有更普及的社會基礎，但得到士人高度的認同，也有不少士人親身實踐，故對尋親孝行與孝子傳書寫的研究心得，仍可用於理解明清儒家士人的觀念與實踐[32]。

---

31 關於中國近世宗族組織與文化的研究極多，在此僅列數項重要成果供參考。鄭振滿，《明清福建家族組織與社會變遷》（長沙：湖南教育出版社，1992）；常建華，《明代宗族研究》（上海：上海人民出版社，2006）；David Faure, *Emperor and Ancestor: State and Lineage in South China*；Patricia Buckley Ebrey, *Confucianism and Family Rituals in Imperial China*（Princeton: Princeton University Press, 1991）；何淑宜，《香火：江南士人與元明時期祭祖傳統的建構》（新北：稻鄉出版社，2009）；科大衛，〈祠堂與家廟——從宋末到明中葉宗族禮儀的演變〉，《歷史人類學學刊》，卷1，期2（2003），頁1-20。

32 萬里尋親孝行在明清時期有許多實踐個案，實踐者主要是士商階層，支持此孝行的理念主要是儒家父子之倫為主的孝道思想。關於此的細論，見本書第四章。

本章首先說明萬里尋親的孝行實踐，在時間、地域、類型、社會身分與性別等方面的情形與變化；也指出此類孝行典範在明清時期有激增的現象、主要發生地都是宗族文化興盛的省分、實踐者多為士商階層、故事多屬男孝子尋父的類型。此類孝行既反映明清貿易活動興盛的社會背景，更與宗族組織之興盛及對家禮祭祀的重視有關。尋親孝行雖不限於士人階層，但士人從理念到行為多有參與和鼓勵，因而在文藝創作與文化動員上都有明顯可觀的成績，顯示出多元而豐富的生命力。另外，本章也試圖分析萬里尋親孝子傳的書寫特色，指出這類孝行呈現一種以儒家父子關係為主軸的故事典型，與佛教報恩孝子傳主要反映母子之情的故事典型不同。萬里尋親故事的書寫鮮少以真實生活中的父子情感為基礎，更多是奠基於儒家家庭禮法名分，是一種受到儒家孝文化激勵而展開的孝道行為。此章亦以孝思、受苦之旅、天人交助、救贖四個主題，來分析孝子傳所再現的意涵，並試圖從文本的裂縫，觀察故事的另外面向，說明孝行落實於日常生活中所牽涉的複雜情境。

在大量的尋親孝子傳中我們發現，失聯在外的父母，無論或生或死都不能改變孝子尋親的意志。所尋之親若仍存活，孝子當然要迎歸奉養終年；即使親人已逝世，孝子仍要尋得骸骨、負骨還鄉安葬。無論生死，離家在外的父母只有被帶回到家庭之內、被安置在適當的位子上，才能令孝子安心，故事也才得以圓滿結局。尋親孝行顯示：家是人們生命的永恆歸屬，孝子的心意與行動具有救贖親人的功能，孝子傳的書寫也體現了某種類似宗教聖徒傳的意味。

第五章討論明清士人在家拜聖賢的禮儀實踐。明清時期祭拜儒家聖賢之禮，除了在孔廟、鄉賢祠、學校和書院中，或在某些民間宗教的寺廟中舉行外，它也以一種堅持儒學正統、不與其他宗教混合的方式，走入士人家庭。本章根據廣泛蒐集的史料，一一說明儒家士人在私家中拜聖賢的個案，探討士人從事此類禮儀的理據，及此禮儀實踐的特性，又梳理士人對於是否用像的看法，及其對禮儀存在之意義的深刻反思。

此類居家拜聖賢的禮儀實踐不僅展現士人對於家族血脈與聖學道脈的雙重認同，也呼應上述明清之際儒學發展的主要趨勢，即緊密結合個人成聖與家庭人倫，以及在家修身的理想。當家庭不再只是生活與傳宗接代的場所，同時也是修身成聖的道場時，士人於家庭之內行拜聖賢之禮是可以理解的。而當敬拜聖賢之禮進入家庭成為家禮的一部分時，祭祖與拜聖賢也同時成為標幟儒教的重要表徵。士人在家拜聖賢之禮，不僅賦予儒家禮儀更多元的性格，使其在孔廟所代表的國家政教之外，又能以一種更貼近士人日常生活、表達個人認同與情感、類似私人宗教的形式呈現，它同時也是以禮儀的形態，加強了家庭與儒家成聖之學的連繫。

透過上述五章的內容，我希望可以藉由對思想觀念、實踐活動兩方面的探討，呈現明清儒學對於追求個人成聖、認同儒家聖賢道統，以及維護家庭人倫與血脈，同等重視的態度。並說明17世紀的儒學發展，一方面延續了晚明理學重視成聖、追求超越生死的精神，同時也體現出更加維護以家庭人倫為主的倫理觀及政教秩序的用心。

第三部「宗教對話語境下的儒學論述」共有兩章，分別討論夫婦之倫、人性論兩個主題。這兩章屬於「舊題新作」，試圖與過去研究成果對話，提出新見。雖然兩個議題乍看之下彼此關聯性不強，但均與本書的主題有關，兩章內容亦均相當程度體現本書重視宗教對話脈絡的努力。

第六章探討儒學在夫婦之道的神聖性與戒淫之間的張力，以及因發言語境之差異所形成關於夫婦之倫的不同論述面向。本章指出明清士人關於夫婦之倫的論述主要有兩個面向：一、在維護家內秩序與家庭和諧的前提下，夫婦間的恩愛經常被視為必須管束的對象，以免導致丈夫與同姓親屬的疏離；二、在闢二氏的語境下，夫婦之情與男女之欲則常被提升到天理自然、宇宙創生的高度，論述其不可禁絕的必要性與神聖性，並藉此凸顯儒學與其他宗教的差異。兩種論述之間雖未構成矛盾，但因說話的對象與語境的不同，側重點明顯有別。其中有關肯定男女情欲的論述在學界早已受到關注，本章指出這個論述的主要發言脈絡是儒學與佛、道二教的對話，並不是與禮教對立的情欲解放，其批判宋儒的意味亦不特別強烈[33]。

另外，本章也再度呼應個人成聖與家庭人倫的主題，凸顯明清士人在延續家族血脈之責與個人節欲修身之間的實踐張力；說明他們對於色欲的警戒心理並未鬆懈，他們經常訴諸訓誨與禮敬之儀來節制自己的欲望，因此不宜援引晚明商業經濟發達或情欲解放的文化氛圍，來解讀這類儒學肯定男女之欲的文字，而忽略這類言論的更直接文本脈絡，以及這種看法早見於儒學傳統的事實。本章最後也以幾個生活實踐的個案，說明明清理學家在婚姻關係中「節欲」的努力。

---

33 類似的看法與討論，我曾於〈婦女與明代理學的性命追求〉一文中言及，該文主要的史料是明代理學家之母親與妻子的傳記，收入羅久蓉、呂妙芬編，《無聲之聲：近代中國婦女與文化，1600-1950》（台北：中央研究院近代史研究所，2003），頁137-176。

第七章是針對明清氣學人性論的探討。人性論是清初儒學的重要議題，其內容涉及儒學關於萬物生成、人的本質、天人關係等重要內涵，也與儒學成聖工夫論緊密相關。本章以比較宏觀的視角，即先擱置各家思想之差異，以一種「求同存異」的視角，先指出清儒氣學人性論述的兩點共識，說明其反對程朱學的立場與觀點。接著，討論清儒在氣學立場下，對於形上本原、天人關係、工夫論的看法，除了再強調清儒發言的語境有鮮明宗教對話的脈絡外，也討論清代儒學在以禮代理、轉向現實經世、重新定義「性」與「理」的發展中，對於天命、天人關係的重視與意涵。本章認為17世紀的儒學仍以「天」作為存有與道德的本原；與其說此時期儒學已捨棄形上本體義，毋寧強調儒者對於「天人關係」的想像起了變化。最後，本章也嘗試將天主教靈魂論帶入比較的視域，說明天主教漢語文獻以儒學話言和觀念轉譯天主教，促進天主教與儒學的對話與交涉，並思考天主教作為中國儒家士人思想資源的可能性。

結論部分則分別就「從晚明到清初學術思想的延續與創新」、「儒學的宗教關懷與庶民化傾向」、「再思17世紀儒學轉型在中國思想史上的意義」三方面，總結說明本書的主要論點。

I

成聖、不朽、家庭倫常

傳記書寫總是以有限的文字儘量呈現傳主一生最精采而重要的片段。晚明理學家的傳記常特別著墨傳主臨終時能坦然面對生死、長篇幅地敘述自己悟道的心得，頗有聖徒傳的意味[1]。這類臨終悟道的場景幾乎不再出現於清初理學家傳記中，我們從《道學淵源錄》與清儒年譜，更多看到的是忠孝的傳主形象。

劉宗周的傳記提供我們一個清楚的對照。據黃宗羲〈子劉子行狀〉，劉宗周在南明覆滅後絕食時屢屢表達孝思，他說：

> 吾平生未嘗言及二親，以傷心之甚，不忍出諸口也。已而曰：「胸中有萬斛淚，半灑之二親，半灑之君上。」[2]

當弟子張應鰲問道：「今日先生與高先生（攀龍）丙寅事相類。高先生曰『心如太虛，本無生死。』先生印合如何？」劉宗周的回答則是：「微不同！非本無生死，君親之念重耳。」[3]張應鰲的提問必須放在晚明理學家臨終表述悟道的文化脈絡中理解，劉宗周的回答則顯然有意要擺脫那種悟道表述，回歸忠孝人倫。黃宗羲寫劉宗周臨終的情形如下：

> 乙酉，先生撫心謂祖軾曰：「此中甚涼快。」祖軾問先

1 詳細討論，參見呂妙芬，〈儒釋交融的聖人觀：從晚明儒家聖人與菩薩形象相似處及對生死議題的關注談起〉，《中央研究院近代史研究所集刊》，期32（1999），頁165-208。

2 黃宗羲，〈子劉子行狀〉，《黃宗羲全集》，冊1（杭州：浙江古籍出版社，1985），頁248。

3 黃宗羲，〈子劉子行狀〉，《黃宗羲全集》，冊1，頁248。

> 生：「自裁不出他途，而必以絕食者，非但從容就義，蓋欲為全歸之孝乎?!」先生微笑不答。[4]

從劉宗周的臨終表現，或者說從黃宗羲選擇表述老師風範的場景，我們清楚讀到「忠孝」才是劉宗周生命最核心的情感與道德關懷，即使在殉國的行動中，仍時刻不忘孝親，連自殺的形式都不離孝思。

其他的例子，無論朱用純臨終前設先人位禮拜，以「學問在性命，事業在忠孝」勉勵子弟[5]；或是魏裔介於去世那年的元旦寫下一聯云：「烏頭宰相歸林下，十有六年，常思乾乾翼翼；白髮書生慶青春，七十一載，寧忘戰戰兢兢」[6]；或如查繼佐的《年譜》特別選擇以「孝友」來表彰其一生成就[7]。均可見清儒傳記以「忠孝」作為儒者的理想形象，不再標榜體悟道體、了究生死大義的智慧。

上述晚明和清初儒者傳記的書寫差異，相當程度反映了此時期儒學思想的轉型，此也是以下三章欲探究的課題。而朱用純「學問在性命、事業在忠孝」、魏裔介「常思乾乾翼翼，寧忘戰戰兢兢」，則是此時期儒學欲兼顧個人成聖與日用倫常的極佳寫照。

---

4 黃宗羲，〈子劉子行狀〉，《黃宗羲全集》，冊1，頁249。

5 黃嗣東輯，《道學淵源錄·清代篇》（台北：明文書局，1985），卷13，頁17b。

6 魏荔彤編，《清魏貞庵先生年譜》（台北：臺灣商務印書館，1978），頁104。

7 查繼佐弟子沈起特別選擇孝友來表彰老師。沈起，《查繼佐年譜》（北京：中華書局，1992），頁69-70。

第一章

生死觀的新發展

本章主要欲探討明清之際的儒學是否出現近似個體靈魂（individual soul）的概念？是否更具像地描述死後的情狀？中國傳統雖有關於魂魄和死後情狀的描述[1]，但並未明確提出個體靈魂

1 關於上古靈魂觀的變化及死而不朽的看法，參見余英時，〈中國古代死後世界觀的演變〉，收入氏著，《中國思想傳統的現代詮釋》（台北：聯經出版公司，1987），頁123-143；余英時，《東漢生死觀》（台北：聯經出版公司，2008），章1；蔡振念，〈時間與不朽——中國魏晉以前不死的追求〉，《文與哲》，期10（2007），頁153-171；王健文，〈「死亡」與「不朽」：古典中國關於「死亡」的概念〉，《成大歷史學報》，號22（1996），頁163-207；白瑞旭，〈漢代死亡學與靈魂的劃分〉，收入夏含夷（Edward L. Shaughnessy）主編，《遠方的時習——古代中國精選集》（上海：上海古籍出版社，2008），頁218-249；李建民，〈屍體、骷髏與魂魄：傳統靈魂觀新論〉，《當代》，期90（1993），頁48-65；杜正勝，《從眉壽到長生——醫療文化與中國古代生命觀》（台北：三民書局，2005）。關於民間信仰中靈魂與死後想像的多樣性，例見Myron L. Cohen, "Soul and Salvation: Conflicting Themes in Chinese Popular Religion," in James L. Watson and Evelyn S. Rawski eds, *Death Ritual in Late Imperial and Modern China* (Berkeley and Los Angeles: University of California Press, 1988), pp. 180-202; Alan E. Bernstein and Paul R. Katz, "The Rise of Postmortem Retribution in China and the West," *The Medieval History Journal*, vol. 13.2 (2010), pp. 199-257.

的概念[2]，而儒學發展到宋明理學階段，早期典籍中人格神的色彩大幅消減，形上義理成分加重。理學家基本上以氣之變化來解釋生死現象，雖然他們沒有否認鬼神的存在，但對於生死議題主要採取存而不論的態度[3]。晚明社會動盪、戰亂頻仍、宗教氛圍濃厚，學者對於生死議題格外關切，晚明許多理學家都追求悟道，強調儒學的終極目標在於了究生死[4]。本章主要研究清初儒者的生死觀，及其對死後理想歸宿的想像，將就此議題說明儒學在明清之際延續性的發展。

---

2 謝文郁指出，與其他文明相較，中國長期以來並未發展出個體靈魂的觀念。傳統儒家雖重視修德對魂的保養，相信生前保養良好的魂，死後得以歸入祖先神靈之中，但儒家並沒有明確提出個體性靈魂的概念。漢代王充從氣本源論的思想，對魂之來源與歸向提出說明，認為陰陽二氣之聚散是天地萬物生滅之源，人稟天地自然之氣而生，每個人因氣稟不同而各具獨特性。因此，人之個體性與其特定的氣質有關；然而，人死後，氣散回陰陽二氣之中，人之個體性亦隨之消亡。佛教雖將某種近似個體靈魂的觀念帶入中國，也引發士人激烈的討論，但佛教「空」、「無我」的教義，終未能促使中國思想界進一步發展出個體靈魂的觀念。道家所追求的成仙不死，乃針對形神整體的修煉而言，並不特別講求在肉體消亡後的靈魂不死；至於宋明理學的發展，基本上沒有超出傳統的觀念，同樣沒有觸及個體靈魂不朽的問題。謝文郁的看法可能過於簡單，從中國民間信仰和喪葬習俗的研究結果，很難說中國人沒有個體靈魂觀，雖然人們對於死後與魂魄歸屬的想像相當歧異多樣。另外，道教內丹的發展，也從早期肉體長生成仙的追求，轉向身體氣化還虛、與道合真的境界。不過儒學基本上沒有清楚提出「個體靈魂不朽」的概念，應無疑義。謝文郁，〈中國傳統思想中的靈魂觀〉，收入陳俊偉、謝文郁、樊美筠主編，《靈魂面面觀》（北京：中國社會科學出版社，2006），頁3-21；朱易，〈道家與道教的靈魂觀〉，同上書，頁38-52。

3 謝文郁，〈中國傳統思想中的靈魂觀〉。

4 呂妙芬，〈儒釋交融的聖人觀：從晚明儒家聖人與菩薩形象相似處及對生死議題的關注談起〉。

一、道德修養決定死後情狀

宋明理學從氣化的觀點講鬼神、不認為有永久不散的個體性神魂[5]。舉例而言，張載（1022-1077）以氣之聚散講生死，氣聚生成人物，人物死後，氣散歸回太虛。鬼神乃陰陽二氣之往來屈伸，是氣之良能妙用。張載認為，人死後個體性的靈明便隨之消散，他也以此批判佛教的輪迴觀[6]。二程對於張載氣化思想雖有批評，但同樣認為人死氣散的看法[7]。朱熹（1130-1200）對於鬼神、魂魄的討論，包括「氣聚則生，氣散則死」、死後「魂氣歸於天，形魄歸於地」、「鬼神乃陰陽二氣之靈」等，均可見其大體承繼二程與張載的看法[8]。目前學界對於朱熹鬼神觀的討論較多，學者指出他在不同語境下使用「鬼神」二字，有意指氣之往來屈伸、陰陽二氣之靈、人身之精氣、造化之神妙等不同意

5　關於宋明理學基本上從氣化觀點講鬼神、否定人格義的鬼神等，參見錢穆，〈中國思想史中之鬼神觀〉，收入氏著，《錢賓四先生全集》，冊46（台北：聯經出版公司，1994），頁69-134；姜廣輝，〈理學的鬼神觀〉，《理學與中國文化》（上海：上海人民出版社，1994），頁367-384。

6　張載：「惑者指游魂為變為輪迴，未之思也。大學當先知天德，知天德則知聖人，知鬼神。今浮屠極論要歸，必謂死生轉流，非得道不免，謂之悟道可乎？」張載，《張載集》（台北：漢京出版公司，1983），頁64。

7　楊立華，〈氣化與死生：朱子視野中的關洛分歧〉，收入吳震編，《宋代新儒學的精神世界——以朱子學為中心》（上海：華東師範大學出版社，2009），頁178-186。

8　黎靖德編，《朱子語類》（台北：華世出版公司，1987），卷3，頁33-55；錢穆，〈中國思想史中之鬼神觀〉；姜廣輝，〈理學的鬼神觀〉。關於朱子承繼張載與二程，又進一步發揮的部分，見方旭東，〈朱子對鬼神的界說——以《中庸章句》「鬼神」章的詮釋為中心〉，收入劉笑敢主編，《中國哲學與文化》，輯4（桂林：廣西師範大學，2008），頁196-218。

涵[9]。吳展良則指出朱熹的鬼神觀既非無神論，又非人格神論，而是具有統合神靈、精神、物質與人生界之特性[10]。儘管學者對於朱熹鬼神觀的詮釋重點不盡相同，然仍有相當的共識，其中與本章論旨相關的是：朱熹沒有個體靈魂不朽的概念，也反對具位格的鬼神觀，此又與其反對佛教輪迴有關[11]。朱熹認為人死後，氣會回歸天地間公共之氣，只有在子孫誠敬祭祀時，祖先神魂才可能被暫時性地感格而會聚，即使聖賢亦然。他說：

> 神祇之氣常屈伸而不已，人鬼之氣則消散而無餘矣。其消散亦有久速之異。人有不伏其死者，所以既死而此氣不散，為妖為怪。如人之凶死，及僧道既死，多不散。若聖賢則安於死，豈有不散而為神怪者乎！如黃帝、堯、舜，不聞其既死而為靈怪也。[12]

這段話一方面解釋祭拜山川神祇與祭祀祖先的原理差異，一方面

9　田浩，〈朱子的鬼神觀與道統觀〉，收入《邁向21世紀的朱子學——紀念朱子誕辰870周年逝世800周年論文集》（上海：華東師範大學出版社，2001），頁171-183；黃瑩暖，〈朱熹的鬼神觀〉，《國文學報》，期29（2000），頁77-116；吾妻重二，〈朱熹の鬼神論と氣論の理〉，氏著，《朱子學の新研究》（東京：創文社，2004），頁219-242；方旭東，〈朱子對鬼神的界說——以《中庸章句》「鬼神」章的詮釋為中心〉。

10　吳展良，〈朱子之鬼神論述義〉，《漢學研究》，31卷，4期（2013），頁111-144。

11　杜保瑞，〈從朱熹鬼神觀談三教辨正問題的儒學理論建構〉，《東吳哲學學報》，期10（2004），頁55-89；吳展良，〈朱子之鬼神論述義〉。

12　黎靖德編，《朱子語類》，卷3，頁39。

解釋古書中記載人死魂氣不散，回到人世報仇的事例[13]。朱熹承認確實有人死後氣不散的現象，但主要是因為凶死為厲作怪，或者如僧道是通過修養使氣不散，但朱熹認為此均非正道，亦非仁人君子所應嚮往追求的。生順歿寧、與道消息，才是儒者了然生死變化、大公無私的正確態度。

簡言之，張載、程朱等宋儒對氣之聚散的看法，基本上適用於所有人，即無論智愚賢不肖，生死聚散的原理並無差別，都是氣聚而生，死後氣散；人死後，個體性亦隨之消亡。生死的變化，並不是氣從有到無的變化（亦即氣仍存在），而是曾經聚集成個體生命的氣，隨著生命的死亡而散化，個體性亦隨之消失。朱熹明白說道：「若聖賢則安於死，豈有不散而為神怪者乎！」即使聖賢，死後氣亦散歸天地公共之氣，不再具有可區辨的個體性。這樣的看法構成理學論述的主流，影響後代學者甚鉅。宋儒中雖也有胡宏（1105-1161）、程顥（1032-1085）曾說心體不死，不過這樣的看法受到程朱的批評，在宋代較不顯[14]。明代心學思想高漲，晚明以降許多儒者都強調儒學的終極意義在了究生死，有關心體或性體不死的論述也更多。例如，王陽明（1472-1529）：「吾儒亦自有神仙之道，顏子三十二而卒，至今未亡也。」其臨終遺言「此心光明，亦復何言」，強力表達了對自己

13 參見李隆獻，〈先秦至唐代鬼靈復仇事例的省察與詮釋〉，《文與哲》，期16（2010），頁139-201。

14 程顥：「堯舜知他幾千年，其心至今在」；胡宏說心無死生。朱熹和張栻均不同意胡宏之說。參見程顥、程頤，《二程集》（台北：漢京出版公司，1983），卷7，頁96；黃宗羲、全祖望，《宋元學案》（台北：中華書局，1981），卷42，頁5b。

心體與道合一的信心[15]。唐樞（1497-1574）：「人之所以為人，其始也不始於生，而始於所以生；其終也不終於死，而猶有所未嘗死者。」[16]文翔鳳（1642卒）：「百年為有盡之身，萬古有不滅之性。」[17]李顒（1627-1705）：「形骸有少有壯，有老有死，而此一點靈原，無少無壯，無老無死，塞天地、貫古今，無須臾之或息。」[18]楊甲仁（約1639-1718）：「以形骸論，一生一死，百年遞嬗，乃氣之變遷也。至於此性，無有變遷，不見起滅，有甚生死。」[19]其他如「心如太虛，本無生死」[20]、「吾生有盡，吾生生之心無盡」[21]這類相信心體或性體不朽的說法，在明中葉以降的理學文本中經常可見。儘管如此，此尚不足以說明這些儒者已具有明確個體性靈魂的概念，除非我們可以更清楚看到個體性身分辨識

15　王守仁，〈答人問神仙〉，吳光等編校，《王陽明全集》（上海：古籍出版社，1992），卷21，頁805-806；卷35，頁1324。

16　唐樞，《太極枝辭》，收入《木鐘臺集》，《四庫全書存目叢書》子部，冊162-163（台南：莊嚴文化事業公司，1995），頁8b-9a。

17　文翔鳳，《皇極篇》，《四庫禁燬書叢刊》集部，冊49（北京：北京出版社，2000），卷10，頁14a。

18　李顒又曰：「若氣斷神滅，則周公『不若旦多材多藝，能事鬼神』及『文王在上』之言，皆誑言矣，曾謂聖人而誑言乎哉？」又說：「今日在名教為賢聖，將來在冥漠為神明。」李顒，《二曲集》（北京：中華書局，1996），頁6、18、133。

19　楊甲仁，《北游日錄》，收入《愧菴遺集》（同治三年重刊本，中央研究院傅斯年圖書館藏），頁31a。

20　高攀龍投水前遺言，見劉宗周，〈書高景逸先生帖後〉，戴璉璋、吳光主編，《劉宗周全集》（台北：中央研究院中國文哲研究所，1997），三下，頁834-835。

21　雷于霖，〈西銘續生篇序〉，收入李元春編，《雷柏霖西銘續生篇》（清道光刊本，中央研究院傅斯年圖書館藏），卷首，頁1b。

（individual identity）始終存在的表述，才能作如此推論[22]。

明清之際也開始出現許多質疑程朱鬼神觀與生死觀的聲音，我們從以下這段記載可以看到明代學者已有不同想法：

> 人有問劉獅泉（劉邦采）：「為學人，死了，何歸？」獅曰：「歸太虛。」又問：「不學人，死了，何歸？」獅曰：「歸太虛。」詢諸渠（鄧豁渠），渠曰：「學人不敢妄為，死歸太虛；不學人無所不為，死亦歸太虛。何不效他無所不為？同歸太虛，豈不便宜！」[23]

劉邦采（1528舉人）的看法接近朱熹，人死後氣散回歸太虛，是天道的自然變化，人不應該過分追求個體不死，因為那是違反天道的自私行為[24]。但是鄧豁渠（1498-約1569）的疑問代表了另一種聲音，也是關於個體生命終極意義的思索：如果儒家所重視的道德修養，最終並不能在修練者個人生命中鑄成永恆性的變化，其價值何在？就生命終極存在的境界而言，若果真不分賢愚都同樣散回太虛公共之氣，同樣無知，那麼是非善惡的價值與最終的公義何在？此似乎不符天道善惡之理。

---

22 不過，我們從文獻中亦可見某些晚明儒者對於道德修養的期望，確有超越今生的理想。例如，李贄說自己四十歲左右接觸王畿和王陽明的作品，才知道「得道真人不死，實與真佛真仙同」，故雖倔僵，不得不信之。可見其相信致力於理學心性工夫，確有追求個體不朽的盼望。李贄，〈陽明先生年譜後語〉，《陽明先生年譜》（北京：北京圖書館出版社，2003），頁331。

23 鄧豁渠著，鄧紅校注，《南詢錄校注》（武漢：武漢理工大學出版社，2008），頁26-27。

24 關於此，見錢穆，〈中國思想史中之鬼神觀〉。

對於這個問題的思索，鄧豁渠並不孤單，許多後來的儒者都持類似的看法，反對程朱等「死後氣散無知」之說。下文將一一列舉明清儒者如何反對賢愚善惡同歸於盡，強調個人道德修養具有決定死後神魂歸趨的作用，甚至出現近似個體靈魂觀的論述。這些學者並不隸屬於特定學派或地域，但都生活於晚明清初時期；他們的思想也存有許多差異，顯示此時期思想創作的活力與複雜性。儘管如此，他們試圖賦予個人道德成就超越死亡、具有不朽價值的眼光，則又頗一致。以下讓我們來看一些例子：

羅汝芳（1515-1588）認為人具有精氣凝成之形骸與神遊變化之靈魂，即魄與魂的二元組合。靈魂心智是修身入聖之關鍵，人死之後，形骸氣魄消散，至於靈魂之歸趨，則不相同。他說：

> 人能以吾之形體而妙用其心知，簡淡而詳明，流動而中適，則接應在於現前，感通得諸當下。生也而可望以入聖，歿也而可望以還虛，其人將與造化為徒焉已矣。若人以己之心思而展轉於軀殼，想度而遲疑，曉了而虛泛，則理每從於見得，幾多涉于力為，生也而難望以入聖，沒也而難冀以還虛，其人將與凡塵為徒焉已矣。[25]

人死後能否還歸太虛與造化者為徒，端賴生時之道德修養而決定。人若能妙用心知、感通得諸當下，生可望以入聖，歿可望以還虛；相反，若心思受限於軀殼，不僅生時難以成聖，死後也無法還歸太虛，終將與凡塵為徒。

25 羅汝芳，《一貫編》，《四庫全書存目叢書》子部，冊86（台南：莊嚴文化事業公司，1995），頁31a。

王時槐（1522-1605）說聖門論生死，不以形氣言，身體形氣隨死亡而消散，人心卻死而不亡[26]。他也反對人死神散、舜跖同歸必朽的看法：

> 夫學以全生全歸為準的，既云全歸，安得謂與形而俱朽乎？全歸者，天地合德，日月合明，至誠之所以悠久而無疆也，孰謂舜跖之同朽乎？[27]

高攀龍（1562-1626）和王時槐看法類似，同樣強調生死僅就形而言，性無生死[28]，也認為賢愚善惡不可能同歸於盡。高攀龍說：

> 伊川先生說遊魂為變，曰：「既是變，則存者亡，堅者腐，更無物也。」此殆不然，只說得形質耳。遊魂如何滅得？但其變化不可測識也。聖人即天地也，不可以存亡言。自古忠臣義士何曾亡滅？避佛氏之說而謂賢愚善惡同歸於盡，非所以教也。[29]

高攀龍雖知程朱是因為闢佛的立場而強調人死氣散，不欲落

---

26 王時槐，〈朝聞臆說〉，《友慶堂合稿》，《四庫全書存目叢書》集部，冊114（台南：莊嚴文化事業公司，1997），卷5，頁17b。

27 王時槐，〈朝聞臆說〉，《友慶堂合稿》，卷5，頁18a-b。

28 高攀龍集註，徐必達發明，《正蒙釋》，《四庫全書存目叢書》子部，冊1（台南：莊嚴文化事業公司，1995），卷1，頁4b；卷2，頁8a。

29 高攀龍，《高子遺書》，收入《文淵閣四庫全書》，冊1292（台北：臺灣商務印書館，1983），卷1，頁20b-21a。

入輪迴之說，但他不同意程朱的看法，他認為聖人不可以存亡言、忠臣義士何曾亡滅？高攀龍的弟子陳龍正（1585-1645）也看出老師的說法與程朱不同，他自己則在細體二說之後，認為老師高攀龍之說較長[30]。陳龍正說聖人無生死，其心充滿古今天地，死後精神周遍，故「不可作散觀，亦無處說得聚，總與生前一般」[31]。他又分辨聖人與忠臣義士，認為聖人死後之神靈，與忠臣義士之靈不同，一般鬼神（包括忠臣義士之靈）或靈於一方，或盛於一世，只有聖人之靈「無所專在，無所不在」[32]。陳龍正的想法，可以說已具有永恆個體性存在的概念了。

孫奇逢（1585-1675）也說：

> 昔人謂天地之性，即我之性，豈有死而遽亡之理？此說亦未為非，但不知天與我以性，我果能盡，則形雖亡，而此一段精氣神理當自常存於宇宙間；若不能盡，則當生時而神理已亡矣。朝聞夕可，謂不聞則罔生耳，與腐草何異。[33]

孫奇逢同樣欲區分修德與否對於死後情狀的影響，認為只有修德盡性者，其精氣神理才能常存宇宙間。

---

30 陳龍正：「程朱謂死即澌滅；高子謂如此是反墮禪家之斷見，豈有善惡同盡，而況聖人不可以存亡言乎。細體二說，高子較長。」陳龍正，《幾亭全書》（東京高橋情報據日本內閣文庫康熙四年序刊本影印，中央研究院傅斯年圖書館藏），卷6，頁24a。

31 陳龍正，《幾亭全書》，卷6，頁24b。

32 陳龍正，《幾亭全書》，卷6，頁24a。

33 孫奇逢，《夏峰先生集》（北京：中華書局，2004），頁577；亦參見頁543-544。

應撝謙（1615-1683）則認為「人死氣散」必非朱子終身之定論。他曾與友人辯論人死氣散一條，舉出幾個反對的理由：

1. 聖人日日修德，其形骸雖日衰，但精神益強。若其於未死一刻之前，尚是至聖至神之質，一刻之後頓無知覺、塊然一物，不唯與《中庸》悠久無疆之理相悖，亦不合常情。
2. 曾子易簀之時，神明堅定，則其性不與死俱亡，炳然無惑。
3. 孔子終身學道之勤，至五十方知天命。若纔得從心不踰，便已草木同腐，此與屋成遇火何異？
4. 儒者常言僧道不伏死，故死而氣不散；聖賢不貪生，故死而氣散。然而，好生惡死乃人所同然之情，豈有聖賢反更乖僻之理？而且聖人制禮，以死為凶，又以生為天地之大德，故若僧道死後尚有靈響，而聖賢一朝便腐，則不可解，也難怪世人歸趨僧道。
5. 應撝謙問友人：若人死無知，則發生於何時？人生前氣盛與氣衰，如何影響神魂散滅的速度？又問：「今言僧道之澌滅遲，而聖賢之澌滅蚤，將聖賢之氣衰於僧道乎？魄之在地，必腐爛以至於無，然亦有久僵不腐者；魂之在天，必澌滅以歸於盡，豈獨無耿著而不亡者乎？」[34]

應撝謙相信儒家道德的成就超越死亡的限制，個人修身工夫必能對個人死後的狀態造成永恆性的影響；儒學若不能對生死及永恆價值提出深刻的解釋，絕不能滿足人們對生命問題的思索與意義的追求。類似的想法普遍存在17世紀的儒學論述中，例如

34 應撝謙，《性理大中》，《故宮珍本叢刊》，冊349（海口：海南出版社，2001），卷23，頁26b-30a。

王夫之（1619-1692）說：「使一死而消散無餘，則諺所謂伯夷、盜跖同歸一丘者，又何恤而不逞志縱欲，不亡以待盡乎！」[35]王夫之雖服膺張載，但他對於生死與氣之聚散的看法，並不全然同於張載，而更強調「存神盡性」的工夫。他認為唯有存神盡性的工夫到極致時，才能達到生物不滯、萬物皆備、生死為一、全性歸天地的境界。換言之，「死而全歸太虛本體」不是自然發生，而是道德工夫的結果，故也不是眾人生命必然的歸宿[36]。王夫之又說：

> 君子修身俟命，所以事天；全而生之，全而歸之，所以事親。……惟存神以盡性，則與太虛通為一體，生不失其常，死可適得其體，而妖孽、災眚、姦回、濁亂之氣不留滯於兩間，斯堯、舜、周、孔之所以萬年，而《詩》云「文王在上，於昭于天」，為聖人與天合德之極致。[37]

此處和上文引羅汝芳之說相近，均以為只有存神盡性者，才能與太虛為一體，姦孽濁亂之氣則無法回歸太虛。

黃宗羲（1610-1695）也說：

> 吾謂有聚必散者，為愚凡而言也。聖賢之精神，長留天

35 王夫之又說：「生死分兩端，而神之恆存一。氣有屈伸，神無生滅，通乎其道，兩立而一見，存順沒寧之道在矣。」見王夫之，《張子正蒙注》，收入氏著，《船山全書》，冊12（長沙：嶽麓書社，1992），頁22、39。

36 陳來已注意到此處王夫之與張載的差異，見陳來，《詮釋與重建：王船山的哲學精神》（北京：北京大學出版社，2004），頁40、307-330。

37 王夫之，《張子正蒙注》，頁22；亦參見同書，頁33。

地，寧有散理？先儒言何曾見堯舜做鬼來，決其必散。堯舜之鬼，綱維天地，豈待其現形人世而後謂之鬼乎？「文王陟降，在帝左右」，豈無是事，而詩人億度言之耶？周公之金縢、傅說之箕尾，明以告人，凡後世之志士仁人，其過化之地，必有所存之神，猶能以仁風篤烈，拔下民之塌茸，固非依草附木之精魂，可以誣也。死而不亡，豈不信乎？[38]

黃宗羲相信聖賢之精神死而不散，能長留天地，此處他顯然是與程朱等先儒駁論。類似的想法也見於清初南豐學者謝文洊（1616-1682），謝文洊為學歷程從佛學轉向陽明學，最後歸正於程朱學，並以「畏天命」為學問之宗旨，謝的某些言論甚至透露出人格上帝的信念[39]。謝文洊說：

所以古之志士仁人，其精光與日星河嶽，並歸無盡。若無志之士，不仁之人，得此形骸，但知縱欲徇私，斲喪生理，雖意氣豪然自滿，究如奄奄泉下人耳，倏忽之間與草木同腐。[40]

天地間惟道明德立，心靜氣正之人，死有精爽，至於神

38 黃宗羲，〈魂魄〉，《黃宗羲全集》，冊1，頁197。

39 吳震，《明末清初勸善運動思想研究》，第9章。關於謝文洊的講學與思想，見呂妙芬，〈從儒釋耶三教會遇背景閱讀謝文洊〉，《新史學》，卷23，期1（2012），頁105-158。

40 謝文洊，《謝程山集》，《四庫全書存目叢書》集部，冊209（台南：莊嚴文化事業公司，1997），卷4，頁35a。

> 明。若彼倚權負勢，驕侈慆淫之徒，即在生前亦且瞶眊濁亂，安得死後純陰用事之時，而有精爽能為厲以殺人耶？[41]

謝文洊不相信佛教所說的輪迴、天堂、地獄等概念，也不認為遭厄而死者，其精爽能為厲殺人[42]，但他堅持賢愚之人死後的情狀必大不相同：至聖大賢、忠臣孝子之性可以長存，而庸德小人的下場就是死後魂魄俱散、與草木同腐。

王嗣槐（1620生）的看法雖略有不同，但他同樣不相信人死氣散說，並批評朱子的祭祀理論[43]。王嗣槐認為所有的人死後，生命的某些部分會繼續存留，他說：

> 夫以一人之生死，其生也，必有所自來；其死也，必有所自往。故人生死而朽矣，猶有不朽而如生者存，鬼神是也。[44]

至於人死後為鬼或為神，則取決於人生前的道德表現：「生為君子，歿而為神；生為小人，歿而為鬼。」[45]但是，王嗣槐也不認為人死化為鬼神之後，是永遠不變的狀態，他批評二氏追求長生不死之鬼神，認為儒家的鬼神觀符合《易》生生不息的變化，他說：「鬼神亦隨數而生死于陰陽之間」；「天下無知愚賢不肖之

41 謝文洊，《謝程山集》，卷3，頁3a-b。

42 謝文洊，《謝程山集》，卷2，頁44a；卷9，頁22b-23a。

43 王嗣槐，《太極圖說論．後序》，《四庫全書存目叢書》子部，冊1（台南：莊嚴文化事業公司，1995），頁31b。

44 王嗣槐，〈太極圖說理氣論六十五〉，《太極圖說論》，卷12，頁20b-21a。

45 王嗣槐，〈太極圖說鬼神論十〉，《太極圖說論》，卷2，頁16a。

人，生而死，無不為鬼為神；死而生，生而復死，亦無不為鬼為神。」[46]對王嗣槐而言，生死是道體生生不息變化的現象之一，鬼神與人分屬陰陽、幽明二界，而天道一理貫通幽明二界，生死變化就如同呼吸晝夜之變化一般。簡言之，人死後將依其生前的道德，或上升為神，或下沉為鬼，但鬼神亦有消亡之時；儒家祭祀先人之禮，親盡則祧，便符合這種想法[47]。

另外，查繼佐（1601-1676）相信少數修養有成者，其「神」可不隨形之存亡而為有無[48]；魏裔介（1616-1686）說，大忠大孝或德業有成的聖賢，其神明能長存，小人則死為下鬼，即氣散而不能久聚[49]；魏象樞（1617-1687）說：「惟清正之氣，附理而言，在天地間有常行不散者，大聖大賢忠臣孝子也。」[50]周燦（1659進士）說像關帝大忠大義之神明，與天地長存，其他凡愚，死則與草木同腐；他還強調人死後之歸趨，並「不決之魂升魄降之後，而決之摻修勵行之日」[51]。許三禮（1625-1691）也否認聖凡死後的境遇相同，他相信只有全性之聖人得登道岸，其餘人

46 王嗣槐，《太極圖說論．後序》，頁32a；〈太極圖說明教論七十〉，《太極圖說論》，卷13，頁21a-b。關於王嗣槐思想，參見呂妙芬，〈王嗣槐《太極圖說論》研究〉，《臺大文史哲學報》，期79（2003），頁1-34。

47 王嗣槐，《太極圖說論．後序》，頁32a。

48 查繼佐相信人能達到不化的境界，或者人死氣散的程度都不一樣，也相信強死為厲鬼、轉世報應之事。關於查繼佐之說，見氏著，《東山外紀》，收入沈起，《查繼佐年譜》，頁104-105。

49 魏裔介，《靜怡齋約言錄》（上海：上海古籍出版社，1997），〈內篇〉，頁121-122。

50 魏象樞，《寒松堂全集》（北京：中華書局，1996），卷12，頁658。

51 周燦，〈重修關帝廟碑記〉，《願學堂文集》，《四庫全書存目叢書》集部，冊219（台南：莊嚴文化事業公司，1997），卷5，頁6a-8a。

則將與草木同朽[52]。至於何謂道岸？下文將再討論。

勞史（1655）說聖賢之神明永不磨滅，其餘之人終會散亡：

> 人之死而成鬼也，根陰氣之凝而不遽消滅。大聖大賢，其精氣渾合於日星河岳，助兩大之生成，即凡忠孝節義有一端足以自立，亦各以類相從，分麗於四時之氣，歷久而不磨滅。常人之鬼，無所恃以自存，始不遽消滅，終必漸微漸泯，其強梁而死與負冤屈者，尤能為厲，然亦必久而熄。何則？客氣不能持久也。又常人之鬼，其靈久而漸微，其子孫能一氣感之，亦能片時萃聚。此陽又根陰，陰又根陽，則互根之理矣。[53]

由上可見，勞史的想像是：個人德性之實際成就，將決定其靈光在肉體死亡後存留的時間長短。只有大聖大賢者，其精氣可歷久而不磨滅；其他如常人之鬼或厲死者，則終必逐漸微泯而熄。

以上明清諸儒的看法並不全然相同，他們各自的思想脈絡也有差別。不過，他們之間有共通處，共識之一是：肯定個人當世的道德修養，對於死後個體性神魂的歸趨有決定性的作用，亦即儒學的修身工夫具有超越當世生命的價值與意義。他們當中許多人都相信，修德達於聖賢，則神魂能夠永不磨滅，一般凡人則終要消衰散亡，與草木同腐朽。

---

52 許三禮，《天中許子政學合一集》，《四庫全書存目叢書》子部，冊165（台南：莊嚴文化事業公司，1995），頁1a-4b、7b、23a。

53 勞史，《餘山先生遺書》，《四庫全書存目叢書》子部，冊28（台南：莊嚴文化事業公司，1995），卷4，頁12b-13a。

這樣的觀念如何受到其他宗教的影響？這個問題牽涉複雜，本書無法回答，不過至少可以指出：仙境的信念在中國有長遠的歷史[54]，死後報應的觀念在中國也早有發展[55]，道教也有「以德養生」的觀念，宋元以降的一些道派也強調追求人性的長生不死，而非肉體之長生。全真道有所謂「長生不死者，一靈真性也」[56]；元代黃元吉編纂的《淨明忠孝全書》也說：「忠孝之道，非必長生，而長生之性存，死而不昧，列於仙班，謂之長生。」[57]均為類似概念。這些道教觀念，明清儒者應不陌生，對於理學家的生死觀應有一定的影響。

綜上所論，明清理學對於個人道德修養的成就與死後情狀之關係的討論有重要突破。許多理學家都不願接受所有人死後歸宿一致，魂氣終將消散於太虛大化中的看法；他們更願意相信個人生前的道德成就將決定人死後的情狀，儒學的成聖工夫既然取決於個體自我的實踐，其成果亦將對從事修養的個人具有切身的永恆意義。雖然這樣的信念未必意味著個體靈魂觀的出現，未必等同於有一永恆可區辨的個體性存在。例如，王夫之雖強調唯有存神盡性工夫達到極致的聖人，死後得以回歸清明至美善的太虛之境，但他並沒有說聖賢個人的神魂始終不散，他並不強調聖賢可區辨的個體性永恆存在，他也沒有清楚說明聖賢之氣回歸太虛之

---

54 李晟，《仙境信仰研究》（成都：巴蜀書社，2010）。

55 相關討論見Alan E. Bernstein and Paul R. Katz, “The Rise of Postmortem Retribution in China and the West.”

56《晉真人語錄》，收入《正統道藏》，冊40（台北：新文豐出版公司，1985），頁4。

57 黃元吉編纂，徐慧校正，《淨明忠孝全書》，收入《正統道藏》，冊41（台北：新文豐出版公司，1985），卷5，頁520。

後，神氣將如何重新聚散[58]。王嗣槐的鬼神觀同樣不具永恆不變的個體性，因為人死後無論為神為鬼，終將散而復聚，個體性終究只是宇宙生化流轉中的暫時性而已，雖然他比其他人更詳細地描述了他對於死亡、鬼神、再度散聚之變化的想像。相對地，陳龍正、謝文洊、許三禮則較明確透露出聖賢死後神靈不散、可區辨的個體性始終存在的想法，可視為一種儒家式個體靈魂觀的出現。

而當儒者對於個體性不朽的信念加強，他們對於儒學的內涵與期許也相應有所變化。例如，謝文洊將死後永恆對比今生之短暫，便要人輕看今世的痛苦，又因相信死時的德性狀態決定死後之歸趨，他的思想翻轉了儒學重生輕死的態度，轉而極力看重死亡、時時警醒預備迎接死亡的到來[59]。又如勞史說：天下最可悲者，是客死他鄉而音信杳然者，這種悲至少世人都能體會，但另有一種悲哀——即「生不知所自來，死不知所自去，冥冥漠漠」——實更甚於前者，世人卻未必能知。他因此悲嘆道：人最終若不能把生理交還天地，便不能得正而斃，結果將是神靈客死他鄉永不得歸家（永遠的失落）[60]。關中學者楊屾（1699-1794）相信所有人都稟賦永不磨滅的上帝之靈，人死後，其靈要按著生前的行

58 王夫之：「死生流轉，無蕞然之形以限之，安得復即一人之神識還為一人！若屈伸乘時，則天德之固然，必不能免；假令能免，亦復何為？生而人，死而天，人盡人道而天還天德，其以合於陰陽之正者，一也。」可見他反對佛教個體輪迴的想法，但對於清明之神氣回歸太虛後如何重新聚散，則不論。王夫之，《張子正蒙注》，頁370。關於王夫之相天之道的看法，見嚴壽澂，〈船山思問錄導讀〉，收入王夫之，《船山思問錄》（上海：上海古籍出版社，2000），頁3-28。

59 參見呂妙芬，〈從儒釋耶三教會遇的背景閱讀謝文洊〉。

60 勞史，《餘山先生遺書》，卷5，頁16b。

為接受審判，善者上升帝庭，不善者將永遠受苦。他因此不斷告誡世人，人生首應明白始、中、卒三序之理，即真切知道自己生命的源頭在上帝，活著時要順服帝命而修業全仁，最終才能上升帝庭、永享福樂。楊屾的個體靈魂觀雖然來自基督宗教，但他所提出追求靈魂永恆福樂的憑藉則主要是儒學的倫常，即以五倫為升天之階[61]。這些儒家士人對於個人靈魂、永生、死後情境的想像，以及生命意義的表述與追求，實已賦予儒學深刻的宗教意涵。

二、聖賢會聚的「天堂」意象

聖人神靈不散，那麼這些不散滅的靈將居於何方？明清儒者是否曾因思索此問題而有儒學天堂的想像？大體而言，儒者多排拒佛教天堂和地獄的觀念，不願多談。「天堂無則已，有則君子登；地獄無則已，有則惡人入」[62]是許多儒者深信不疑的信念。晚明時期，雖然儒者關切生死議題，也關切臨終前的表現，認為一個人能夠臨終不亂、坦然迎接死亡，是悟道的重要表徵；他們當中仍有許多人表示不必在輪迴與長生議題上過度鑽研，對於死後情狀的描述也仍有限。然而，呼應著上述生死觀的發展，我們從清代理學文獻中，可以看到較多關於死後情狀的想像與描述，

61 在楊屾思想中，上帝是純靈無形，是創生萬有的源頭，讀來雖頗接近天主教上帝觀，但更可能是楊屾部分吸收天主教或中國伊斯蘭教思想，重新詮釋中國經典中的上帝意涵。關於楊屾的思想，參見呂妙芬，〈楊屾《知本提綱》研究：十八世紀儒學與外來宗教融合之例〉，《中央研究院中國文哲研究所集刊》，期40（2012），頁83-127。

62 李昉，《太平廣記》（台北：新文豐出版公司，1997），卷101，頁4b。

及根據聖賢永恆團契的意象來摹想的儒學式「天堂」。

《詩・大雅・文王》所云「文王陟降，在帝左右」，不僅是晚明天主教引以論證天堂存在的重要經典根據[63]，也成為儒者想像死後永恆歸趨的文本資源。「帝庭」、「在帝左右」等語詞，經常出現在學者的討論中。例如，陳龍正說：

> 聖人生無他事，小心翼翼，昭事上帝而已。其沒也，在帝左右，歸平生之所通。[64]

> 太極不與陰陽偕混，聖人之心，一太極也。此番混沌後，羲、堯、文、孔之靈何存？意者上帝左右，固有至清至虛一片境界，當陰陽淆亂而自如者乎，原無混沌，群聖之靈會焉。再開再闢，復當出現耶？不然，任是大聖，只在一混沌中撐持，僅同於陰陽而不能侔太極耶？以人之靈，以學之覺，六合以外，混沌前後，亦當討個明白否。[65]

陳龍正認為聖人之心永恆常存，不落於生滅變化，他是從太極（天理）的高度來理解永恆的聖人心體。在陳龍正的想像中，生前能確實昭事上帝的聖人，如伏羲、帝堯、文王、孔子等，死後其靈將上升到上帝之所；而「在帝左右」正是一片至清至虛、不與陰陽偕混的境地，也是群聖之靈會聚純粹天理之境。

---

63 利類思，《不得已辯》，周振鶴主編，《明清之際西方傳教士漢籍叢刊》輯1（南京：鳳凰出版社，2013），頁233-236。

64 陳龍正，《幾亭全書》，卷3，頁4a。

65 陳龍正，《幾亭全書》，卷20，頁39a-b。

類似地，文翔鳳也說儒家聖人因能效天法地，以道德功業盡人物之性，其不朽之精神能執鬼神之柄而昭於天，陟降上帝左右，終與古今眾聖人並馳於太虛之都。人若只知天而不知地，見陽而棄陰，終非天之肖子，亦終不能與聖人並馳於太虛之都[66]。他又說：

> 《詩》云：「文王在上，於昭于天。」「文王陟降，在帝左右。」蓋寔有帝焉。《易》所謂「大哉乾元，乃統天者」，非帝而孰為統？……天人之際，呼吸立通。[67]

文翔鳳不僅相信上帝真實存在，且相信人心得與上帝相通[68]。他對學聖永恆歸屬的願景則是：

> 人盡死而我獨存者，無論世俗之抔土，即見光（案即佛、仙），終屬有盡之期。吾輩須以大道為公之雅矩自律，庶幾長侍聖人陟降之堂，所謂乘白雲至帝鄉者，吾道其雄長乎。[69]

可見在文翔鳳的想像中，儒家聖賢之道最終的盼望乃是：與

---

66 他認為管仲、商鞅即是知地而不知天，見陰而棄陽，以形為實，以性為幻，禮偽而知昏，故雖有附地之功業，而精神不見乎天，其精神又沉淪在佛仙之下矣。見文翔鳳，《皇極篇》，卷10，頁17a-b。

67 文翔鳳，《皇極篇》，卷12，頁3b-4a。

68 文翔鳳又說：「君子之心常與天遊，而跡不免與人伍。」見《皇極篇》，卷11，頁18b。

69 文翔鳳，《皇極篇》，卷11，頁9b-10a。

古今聖賢共聚帝鄉，得以長侍聖人之側、陟降上帝左右。其他無學之凡夫則注定腐朽消亡，二氏之佛與仙亦終無法永恆不朽。他曾作異夢，夢遊帝闕，看見帝闕前殿祀孔子，有一巨大的孔子像，其他佛像則置於孔子膝下，夢中文翔鳳不禁讚嘆道：「吾道為帝王所隆崇至此。」覺後又賦詩為記[70]。

謝文洊也有類似的想法，我曾在另文中說明謝文洊對於儒家聖學有一永恆的盼望，他的文字透露著一種在生生不息的道體中，古今眾聖心性相通的聖賢社群意象[71]。他對於自己在程山講學的事業，也有一種超越現世教化的異象，講會中同志們彼此心氣相通，與先聖通為一體，講堂中瀰漫著「先聖之神臨之在上」的臨在感[72]。他也相信地上講會的覺民事業，最終要與歷代大儒的書院功業合為一體，同歸不朽[73]。

勞史相信鬼神和天堂確實存在，但是他明確反對佛教的天堂地獄觀，並試圖說明儒學式的天堂與地獄。他說：

> 釋氏謂人死後有天堂地獄之說，俗儒多宗之。噫！天堂地獄豈如釋氏所言乎！「文王在上，在帝左右」，是天堂也；伯有為厲、渾良夫叫天，是地獄也。[74]

---

70 文翔鳳，〈遊梁夢記〉，《皇極篇》，卷8，頁41a。

71 呂妙芬，〈從儒釋耶三教會遇的背景閱讀謝文洊〉。

72 謝文洊，《謝程山集》，卷4，頁28a-31a。

73 謝文洊：「由今日程山講堂之建，上溯歷代大儒書院，進而及於杏壇，下逮千百世無窮無盡諸大儒遊處聚會之所，莫不血脈貫通，合為一體。」此頗似基督宗教以地上眾教會合為一體（基督的身體）之說。謝文洊，《謝程山集》，卷4，頁31a。

74 勞史，《餘山先生遺書》，卷10，頁13b。

同樣是以「在帝左右」作為天堂的想像，而將伯有、渾良夫等厲鬼說成地獄，頗有神／鬼二分的看法。勞史又強調天堂之實，並以孔廟意象來想像眾聖隨侍帝側的天堂景象：

> 「文王陟降，在帝左右」，此是實理。真儒未及配享兩廡，亦必在孔子左右。彼王安石、王雱敢一刻厠孔廟乎！[75]

勞史的文字清楚表達了上帝居所是儒家聖賢永恆家鄉的看法，而且相信真儒終將隨侍孔子左右、共達帝鄉。這種隨侍孔子左右的聖賢群象，在地上的制度中，可以孔廟崇祀為代表。不過，地上的孔廟崇祀制度畢竟難免於政治與利益集團的操弄，人間的褒旌與紀念也總少不了「偶然」的成分。勞史是能夠深刻地洞悉人為的崇祀制度未必符合「天界之真實」[76]，他相信隱德君子亦能不虛生，真儒即使未能被地上政權所認可，也必不妨害其在天界上可以隨侍孔聖的真境遇。勞史以一介布衣終身修德行道、教化鄉人，「真儒未及配享兩廡，亦必在孔子左右」道出他對絕對公義的渴求，也是對自己生命永恆的盼望與信心。而此盼望與信心對

75　勞史，《餘山先生遺書》，卷9，頁14b。

76　勞史又說：「深山窮谷中實做聖賢工夫，其聲光必然騰燭，所謂修身見于世也。縱遯世不見知，自家喫飯自家飽，當下快足。只求己身有可稱之實，沒世之稱不稱，奚計焉。」勞史，《餘山先生遺書》，卷9，頁5a。關於孔廟崇祀的政治性因素，參見黃進興，〈權力與信仰：孔廟祭祀制度的形成〉、〈學術與信仰：論孔廟從祀制與儒家道統意識〉，收入氏著，《優入聖域：權力、信仰與正當性》（台北：允晨文化，1994），頁164-311；Koh Khee Heong, "Enshrining the First Ming Confucian." *Harvard Journal of Asiatic Studies*, 67:2 (2007), pp. 327-374.

於「儒教」的庶民化也有重要意義，藉著儒學式天堂境界的絕對公平與公義，達到德福一致，得以跨越地上社會身分、政治權力、歷史記憶所造成的一切障礙。

許三禮講究希聖達天之學，他說朱子學雖是學聖的第一正路，但可惜於「出聖入神達天德」之境界，尚有一間未達[77]。許三禮每天早晚以告天之禮，行其知天、事天的修德工夫[78]。他也相信，達天德的儒家聖人終將登道岸。曾有人問他：道岸果何所歸耶？許三禮回答道：

> 此先儒所引而未發者，愚告天功課有年，今不禁為先聖後賢一發之。為聖主在上，五百年昌期在此，且千歲日至，適在五、六之中，時在則然也。蓋道原于天，做出經濟，撰出著作，有一毫有憾于天，未全天之體，未滿天之量，家是不能到者，岸何能登？[79]

許三禮根據自己多年作告天功課的心得，大膽地對先儒未發的議題說出自己的看法。他認為學聖之人，若能夠作到補天之憾、全天之體、滿天之量，便能登道岸。他接著又說：

> 今伏羲開天，帝堯則天，帝舜動天，孔子律天，俱能受上帝好生之心，能滿上帝好生之量者。家且到矣，登岸云乎

77 許三禮，《天中許子政學合一集》，頁2b。

78 許三禮的告天禮儀，見王汎森，〈明末清初儒學的宗教化——以許三禮的告天之學為例〉，《新史學》，卷9，期2（1998），頁89-122。

79 許三禮，《天中許子政學合一集》，頁11b-12a。

> 哉。……《中庸》言之矣，唯天下至誠，原從天命看透，惟能盡己性、盡人性、盡物性，贊天地之化育，則可與天地參之。四聖者千古天縱至誠也，既到參贊，能合令千萬世之人與物遂生復性，服其教、畏其神，是以上帝自命而太極在我。所云道之岸之歸不，又可知耶。[80]

可見許三禮認為，伏羲、堯、舜、孔子這些古聖人是可以登道岸的，而聖人之教也為後世千萬世人指引了達天之階。

以上幾位儒者都相信聖賢神靈永不磨滅，他們的文字也都觸及了某種關於儒家聖人在天上永恆團契的想像，儒聖之神靈環侍上帝左右，成為地下眾儒在成聖路徑上的指引與盼望。事實上，儒家聖賢會聚天上、位列仙班的意象更早就存在道教文獻中[81]。宋元以降，三教聖人同祠或並列的文字與圖像資料也不少。例如，宋代蔡州開元寺內就有三教圓通堂[82]；元代的許奉建一座三教堂，內奉孔子、佛陀、老子像而事之[83]。馮夢龍（1574-1646）《古今小說》曾說：「從來混沌剖判，便立下了三教：太上老君立了道教，釋迦祖師立了佛教，孔夫子立了儒教。儒教中出聖

---

80 許三禮，《天中許子政學合一集》，頁12a-12b。

81 例如，陶弘景，《洞玄靈寶真靈位業圖》（台北：新文豐出版公司，1985）中，孔子、顏回、帝舜、夏禹、帝堯等人都位列仙班。見該書，頁9。

82 祖無擇，〈題三教圓通堂〉，《龍學文集》，卷3（台北：臺灣商務印書館，1974），頁1a。

83 王旭，〈三教堂記〉，《蘭軒集》，收入《文淵閣四庫全書》，冊1202（台北：臺灣商務印書館，1983），卷12，頁18b-21a。另外，明代王紳記載一道士於所居闢堂三楹，肖孔子、釋迦、老子像，合祠為三教堂。王紳，〈三教堂記〉，《繼志齋集》，收入《文淵閣四庫全書》，冊1234（台北：臺灣商務印書館，1983），卷8，頁3a-4b。

賢，佛教中出佛菩薩，道教中出神仙。」[84]而林兆恩（1517-1598）的三一教在晚明以降更是廣為流傳[85]。明中葉以後的寶卷也有儒學化、吸收孔孟之學的傾向[86]，《天仙五皇大帝消劫本行寶經》對儒家聖賢身處仙境則有如下描寫：五帝奉天尊教旨，駕祥雲至東魯，大成至聖文宣王（宣聖孔子）坐在杏壇之上，手抱五弦與七十二子談論《春秋》之道。見五帝到訪，宣聖遂傳旨命七十二賢人領三千弟子同出迎接[87]。儒家聖賢位列仙班的意象也表現於圖像（見附圖1、2、3）[88]，出現在人們的夢中，如李鳳彩曾夜夢孔子、文昌帝君及城隍之神列座，各有二侍者[89]。這些關於儒家聖賢團聚天上的具體想像，雖未必符合菁英儒學的論述，卻可能是影響士人想像的重要文化元素，也提醒我們民間三教的思想與意象與菁英儒學間的複雜互動，值得更多留意。

---

84 馮夢龍輯，〈張道陵七試趙昇〉，《古今小說》（北京：中華書局，1990），卷13，頁1a。太上老君、釋迦文佛、大成至聖並列的圖，亦見王秋桂，李豐楙主編，《歷代神仙通鑑（一）》（台北：臺灣學生書局，1989），頁55。

85 Kenneth Dean, *Lord of the Three in One: The Spread of a Cult in Southeast China*（Princeton: Princeton University Press, 1998）.

86 Daniel L. Overmyer, *Precious Volumes: An Introduction to Chinese Sectarian Scriptures from the Sixteenth and Seventeenth Centuries*（Cambridge and London: Harvard University Asia Center, 1999）, pp. 206-210; 228-230.

87《天仙五皇大帝消劫本行寶經》，收入宋怡明編，《明清福建五帝信仰資料彙編》（九龍：香港科技大學華南研究中心，2006），卷3，頁49。

88 例如《龍華經》就說：「孔聖臨凡號儒童，千賢萬聖緊隨跟。子路顏回傳書信，曾子孟子講三乘。三千徒眾傳法客，七十二賢考修行。不住升堂常說法，行住坐臥轉法輪。」《古佛天真考證龍華寶經》，收入《民間寶卷》，冊3（《中國宗教歷史文獻集成》，合肥：黃山書社，2005），卷4，頁123。

89 李鳳彩，〈孔子文昌孝經合刻序〉，《孔子文昌孝經合刻》，卷首（北京：北京出版社，1997），頁1b。

除了民間宗教外，國家支持的孔廟祭祀更是對於儒家聖賢不朽的表彰，孔廟崇祀的禮制也提供人們對於靈界中聖賢群像的某種具體想像。關於孔廟的宗教性，黃進興已有許多討論，他比較孔廟祭祀與基督教封聖體制，特別強調儒學做為國家宗教的性質[90]。明清學者夢見孔子的記錄不少，其中許多也都具有地上孔廟的意象。例如，魏象樞曾夢謁孔廟，由二位儒生引導，先拜孔子，孔子賜飯一盂；二位儒生又導謁四賢祠，看見顏、曾同龕並坐，子思降一龕獨坐，孟子別龕側坐。孟子還呼魏象樞之名，與他說話[91]。

【圖1】《銷釋真空掃心寶卷》（明刻本）（太原市：山西人民出版社：1994），頁1-3。

90 黃進興，〈「聖賢」與「聖徒」：儒教從祀制與基督教封聖制的比較〉，收入氏著，《聖賢與聖徒》（台北：允晨文化，2001），頁89-179。

91 魏象樞，《寒松堂全集》，卷8，頁410。

【圖2】明《至聖司命像軸》，北京白雲觀藏。至聖為孔子（上方著黑服者），司命為文昌大帝。
資料來源：中國道教協會編，《道教神仙畫集》（北京：華夏出版社，1995），頁41。

【圖3】明《孔子及各界仙眾》，甘肅省武威市古浪縣博物館藏，為該館所藏水陸畫四十二軸之一。左上著黑服者為孔子。
http://www.gulang.gov.cn Html/yxzp/151904151.html

孔廟式聖賢永恆團契的想像，反映在夏敬渠（1705-1787）以程朱理學為主題的小說《野叟曝言》中，則是154回「泄真機六世同夢，絕邪念萬載常清」，文素臣與母親水夫人在夢中榮登孔庭的情節。關於夏敬渠推崇程朱學，《野叟曝言》反映作者本人的學術傾向，即以崇正闢邪的態度排佛道、斥陸王，建立以程朱學為正的「理學理想國」，學者已多有論及[92]。小說結尾文素臣在夢中乘龍背抵達古帝王聖賢齊聚之天境，天境中帝王與聖賢的排序，基本上符合理學家道統與孔廟文化。黃進興詳細分析這一回異夢的情節，指出夢境體現一種聯繫個人、家族、學術與政治的理想價值觀，也帶領讀者一窺道學先生的心靈世界[93]。儘管夏敬渠的想像具虛構與個人色彩，然而置諸明末以降的理學論述與民間宗教文化的脈絡中觀察，頗有意義，他的想法呼應著當時儒學話語中關於個體生命不朽的重視，以及儒家聖賢永恆團契的天堂想像。

至於聖賢之靈會聚的天堂想像與家族團聚的想像之間是否存在矛盾？或者如何協商並存？若參考朱熹的想法，神祇與人鬼有區別，兩者雖均屬氣，卻不同類[94]。朱熹說：「神祇之氣常屈伸而不已，人鬼之氣則消散而無餘矣」[95]；「所以道天神人鬼，神便是氣之伸，此是常在底；鬼便是氣之屈，便是已散了底。然以精神

---

92 參見王瓊玲，《野叟曝言作者夏敬渠年譜》（台北：臺灣學生書局，2005）；關於夏敬渠在小說中的排佛書寫，見謝玉玲，〈儒教聖殿的無盡追尋——論《野叟曝言》中的排佛書寫〉，《文與哲》，期17（2010），頁427-456。

93 黃進興，〈《野叟曝言》與孔廟文化〉，收入氏著，《聖賢與聖徒》，頁244-258。

94 此也關係著歷來對於「鬼神」的不同看法，張栻（1133-1180）的綜述，提供我們一個很好的摘要：「鬼神之說，合而言之，來而不測謂之神，往而不返謂之鬼。分而言之，天地山川風雷之屬，凡氣之可接者皆曰神，祖考祠饗於廟曰鬼。就人物而言之，聚而生為神，散而死為鬼。又就一身而言之，魂氣為神，體魄為鬼。凡六經所稱，蓋不越是數端，然一言以蔽之，莫非造化之跡，而語其德則誠而已。」張栻，〈題周奭所編鬼神說後〉，《南軒集》，卷33（台北：臺灣商務印書館，1983），頁12a-b。

95 黎靖德，《朱子語類》，卷3，頁39。

去合他，又合得在。」[96]就祭祀而言，又可分為神祇與祖先，神祇即山川神靈或有功德於民之鬼，祖考則是已死之祖先。雖然明清儒者對於聖人神靈的想法不完全等同朱熹，但神示與祖考的分別或仍可用於區別聖人與凡愚之靈。聖人之靈與未能成聖的祖先之靈分屬神祇與人鬼的不同範疇，兩者就個體性的保存而言絕然不同，只有成聖者才得以永保個體性。聖人之靈既永不散滅，其在天上的會聚亦可想像為永恆存在的狀態；若依陳龍正的想像，正因為如此，聖人可以感通天下，而儒者拜聖的禮儀也主要是基於學聖者能夠與聖人神靈相感通的原理。

相較而言，未能成聖的祖先，死後魂氣會消散，只有在家庭祭祀的場合中，主祭子孫憑著血氣相通的原則及誠心，才能感格已散之祖先魂氣來聚，祭祀完畢後，祖先魂氣又再次散回公共之氣。因此，死後家族成員的團聚並非恆常的狀態，而且遠古祖先之魂氣，終將隨著時間而完全散盡，此也反映在儒家親盡而祧的規制中。我們可以說，古今眾聖神靈會聚之境更接近於上帝的居所、永恆天堂的意象；家族成員團聚的場所，則是世間家庭人倫與情感的延伸。這兩套祭祀禮儀與原理不盡相同，也沒有衝突；即使神靈不滅的聖人仍會接受、回應子孫的祭祀。就實際實踐而言，官府興修崇祀聖賢的孔廟也與孔氏後裔的家廟並存，而明清士人也有同時在家祭祖與拜聖賢的禮儀實踐，此將於第五章再論。

三、結語

本章主要討論明清儒學對於生死議題的論述與發展。晚明以

---

96 黎靖德，《朱子語類》，卷3，頁49。

降許多儒者均不滿意張載、程朱「人死氣散無知」的看法，他們相信個人的道德成就具有永恆的價值，將會對個人死後的狀態造成關鍵性的影響。此時期儒學文獻中出現許多有關聖賢死後神靈不散、強調聖賢死後有知的論述，出現近似「個體靈魂」的觀念。這種認為透過道德修養成聖可以使個人神靈不滅、永保個體性存在的信念，不僅將儒家的個體性意涵推到另一個高峰，也加深了儒學宗教化的意涵。同樣在此時期，我們也看見較多關於儒家「天堂」的想像與描述，在帝左右、長侍孔子之側、天上聖賢神靈永恆會聚的異象，是經常可見的表述，也成為修德儒士真心企盼的永恆家鄉。這個具象的天堂想像可能與民間宗教有關，也可能受到天主教的刺激，不過具體的影響與互動較難釐清。上述兩個現象發生在一般學界認為儒學已轉向經世與經驗層次的明清之際，格外耐人尋味，顯示明清之際的儒學在與其他宗教對話中所發展出的宗教性意涵，值得特別留意。

另外值得一提的是：魏晉南北朝的儒者在回應佛教思想時，基本上是採取「形盡神滅」的立場來質疑佛教、與之區隔[97]；而明清儒者雖同樣站在反對佛教、不信輪迴、堅守儒家的立場，許多人卻相信「形盡神不滅」、人死後有知、善惡果報不爽。在此思想氛圍下，其他宗教所相信的陰騭思想、天堂和地獄、不朽個體性的追求等，都更容易被吸納嫁接進入儒學的思想世界，加深儒學宗教性的意涵。

97 關於魏晉南北朝的討論，詳見鄭基良，《魏晉南北朝形盡神滅或形盡神不滅的思想論證》（台北：文史哲出版社，2002）。

第二章

儒門聖賢皆孝子

上一章從生死觀的角度，說明明清之際思想的延續發展，本章則將焦點轉向變化與斷裂的一面。晚明陽明學從義理到工夫實踐都體現了濃厚融會三教的特色，許多學者致力於逆覺體證的本體工夫，以契悟道體為工夫的首要目標。無論強調良知現成的江左學者，或是強調歸寂、收攝保聚的江右學者，都是以良知本體工夫為第一義工夫。亦即，成聖的首要工夫即心性本體工夫，家庭人倫固然重要，但屬發用層次，就工夫論而言為第二義。清儒對此工夫取徑多有批判，認為是受到佛、道二氏影響的結果，且有崇尚玄虛之弊。相對地，清儒重申家庭日用人倫的重要性，努力綰合成聖工夫與克盡家庭倫職。此變化正是本章討論的重點。

本章主要的問題意識是：在明清之際的儒學論述中，個人與家庭、仁人與孝子是如何被緊密地聯繫在一起？實際的家庭生活與人倫關係在儒學成聖工夫論中占何地位？克盡家庭倫職是否為成聖工夫的必要條件？清儒對於家庭人倫的重視如何反映於他們對儒家聖賢的描述？孝子與聖賢的關係如何被呈現？下文將從仁孝關係、聖賢必為孝子、家庭人倫與聖學工夫之關係，來進行說明。

一、自古無不大孝之聖人

仁人與孝子、事天與事親並論，是儒學中常見的表述，主要的經典根據是《禮記・哀公問》這段話：

> 仁人不過乎物，孝子不過乎物。是故仁人之事親也如事天，事天如事親，是故孝子成身。[1]

歷來學者對這段文字的解釋雖有不同，但並不影響仁人與孝子、事天與事親並列的結構關係[2]。大體而言，「仁」主要意指個人的道德成就或道德本體，更多指涉天人關係；「孝」則是就親子關係而言[3]。不過，學者多強調仁、孝兩者理論同源、互相涵攝

---

1 見鄭玄注，《重刊宋本禮記注疏附校勘記》（台北：藝文印書館，1965），卷50，頁14b-15a。

2 孔穎達以「事」釋「物」，將「不過乎物」解釋為「不誤其事」。理學家的解釋則更多指向天理與本性，明代的胡廣以一切事物、人倫、是非之理為「物」，「不過乎物」意指「不違天理」。黃道周以「天之所生者」為「物」，故從身體髮膚到家、國、天下均是「物」，物皆有本性，「不過乎物」即可解為修身盡性之事。黃佐以「實理之備於我」釋「物」，將「不過乎物」引伸到不愧屋漏、存心養性之事。郝敬則扣緊愛敬之情講仁孝：「物即愛敬之物。仁人惟其能敬天，孝子惟其能愛親。天親雖二，愛敬則一。惟孝子為能然，所以不過乎物，盡人道而成其為身，天道不外此矣。」參見胡廣，《禮記大全》，《文淵閣四庫全書》，冊122（台北：臺灣商務印書館，1983），卷24，頁13a-14a；黃道周，《孝經集傳》，《文淵閣四庫全書》，冊182（台北：臺灣商務印書館，1983），卷1，頁5a；黃佐，《庸言》，《四庫全書存目叢書》子部，冊9（台南：莊嚴文化事業公司，1995），卷1，頁31b-32a；郝敬，《禮記通解》，《續修四庫全書》經部，冊97（上海：上海古籍出版社，1995），卷17，頁11a。

3 例如，劉璣說：「仁人者，主事天言之也。孝子者，主事親言之也。仁人孝

的意涵，明清儒者更多言及「仁孝一理」。例如，羅汝芳說：「故善學者，在父母則為孝子，在天地則為仁人。」[4]吳從周在〈父母生之續莫大焉衍義〉中從「仁孝一道也」說起，全文闡明仁為天地生生之理，人之生命既承繼天地之理，也得自於父母，故人子對父母天然愛敬之孝即天地之仁，君子一切行思作為與道德功業，無非源於此仁此孝[5]。文翔鳳強調人憑著仁義本性事親盡孝、事君盡忠，就是尊天[6]；他說：「尊天為宗，作聖則尊天功夫。尊天者，事親之謂也；作聖者，守身之謂也。」[7]許三禮也說：「敬天敬地，當如親父親母；其事父事母，當如高天厚地。」[8]他在海昌講院的前講廳額題了「仁孝達天」四字，著作中屢屢闡明仁孝本於天，為人性本具的道德內涵，又說明「孝乃仁之本處，仁乃孝之達處」[9]。潘平格（1610-1677）則說：「知孝弟為為仁之本，則為仁而成仁，亦不過滿孝弟之量」、「學者但能純心於愛親敬長，則不忍之心盎然，滿腔渾然一體，真性全體貫徹」[10]。仁孝既

子，其所以事天誠身，亦不過不已於仁孝而已。夫豈有他哉？不已於仁孝，即所謂誠也，故君子誠之為貴。」劉璣，《正蒙會稿》，《續修四庫全書》子部，冊937（上海：上海古籍出版社，1997），卷2，頁8a。

4 羅汝芳，《羅汝芳集》上（南京：鳳凰出版社，2007），頁15。

5 吳從周，〈父母生之續莫大焉衍義〉，收入朱鴻編，《孝經總類》，《續修四庫全書》經部，冊151（上海：上海古籍出版社，1995），酉集，頁85a-86b。此文著於1591年。

6 文翔鳳，《皇極篇》，卷10，頁11b。

7 文翔鳳，《皇極篇》，卷10，頁13a。

8 許三禮，《天中許子政學合一集》，卷1，頁9a-9b。

9 許三禮，《天中許子政學合一集》，卷1，頁4a。

10 關於潘平格論孝弟即仁義與忠恕之道，見氏著，《潘子求仁錄輯要》（北京：中華書局，2009），卷6，頁133、136、138。

是一理，在理論上就無矛盾衝突，故潘平格也強調仁人饗帝與孝子事親是同一件工夫[11]。

在此思想脈絡下，作為儒家道德典範的聖賢既是仁人，也理應是孝德彰顯的最佳代表。以下將以明清儒者對於聖人孝行的史料，進一步討論上述的觀點如何反映在有關聖賢孝行的論述中，看儒者如何將孝行與仁人作緊密的聯繫。

儒家聖王先賢以孝行著稱確有經典根據，《中庸》稱舜大孝，稱武王、周公為達孝[12]；《禮記》言「文王之為世子，朝於王季日三」[13]；《孝經》以孔子傳孝道於曾子，《孟子》也記曾子孝行[14]；《論語》載孔子稱讚閔子騫之孝[15]；孔門曾子、閔子騫、子路之孝更常見於後代諸孝子傳[16]。這些上古的記載都成為後代述說

---

11 許三禮，《天中許子政學合一集》，卷1，頁4a。

12《中庸》：「子曰：『舜其大孝也與！』」「子曰：『武王、周公，其達孝矣乎！』」見朱熹集註，《四書集註》（台北：世界書局，1957），頁11、13。

13《禮記》：「文王之為世子，朝於王季日三。雞初鳴而衣服，至於寢門外，問內豎之御者曰：『今日安否何如？』內豎曰：『安。』文王乃喜。及日中又至，亦如之。及莫又至，亦如之。其有不安節，則內豎以告文王，文王色憂，行不能正履。王季復膳，然後亦復初。食上，必在視寒煖之節；食下，問所膳。命膳宰曰：『末有原。』應曰：『諾。』然後退。」《重刊宋本禮記注疏附校勘記》，卷20，頁1a-2a。

14《孟子．離婁》：「曾子養曾晳，必有酒肉。將徹，必請所與。問有餘，必曰：『有。』曾晳死，曾元養曾子，必有酒肉。將徹，不請所與。問有餘，曰：『亡矣。將以復進也。』此所謂養口體者也。若曾子，則可謂養志也。事親若曾子者，可也。」見趙岐注，《孟子》，《四部備要》經部，冊15（台北：台灣中華書局，1965），卷7，頁12b-13a。

15《論語．先進》：「子曰：『孝哉閔子騫！人不間於其父母昆弟之言。』」見朱熹集註，《四書集註》，頁69。

16 子路負米事，見王肅注，《孔子家語》，《四部備要》史部，冊99（台北：台灣中華書局，1965），卷2，頁4a。諸孝子傳在《蕭廣濟孝子傳》、《師覺授

儒家聖賢孝行典範的重要文本根據。

舉例而言，陶潛（365-427）曾作〈孝傳贊〉，分別為天子、諸侯、卿大夫、士、庶人五等孝行立傳，後來在道統中的人物如舜、禹、文王、周公、孔子均包含在內。陶潛主要引先秦典籍文字說明各人的孝德，對於孔子，他則是合孔子之行、論孝之言、春秋筆法、傳授《孝經》來表彰孔子之孝[17]。虞世南（558-638）《北堂書鈔》中的帝王部也列有「孝德」一項，同樣引先秦典籍以論證，分別以「克諧以孝」、「永言孝思」、「惟余小子夙夜敬止」指稱堯、武王、成王之孝[18]。

到了明清時期，對於古聖賢孝行或孝德的論述更多。例如，蔡保禎（約1568生）的《孝紀》共分16類，其中〈帝王孝紀〉有舜、禹、文王、武王、周公等共19位帝王傳記，敘述內容同樣取自古代典籍；〈聖門孝紀〉則包括孔子、曾子、閔子、子路、子羔、孟子、樂正子春七人[19]。《孝紀》表彰孟子之孝曰：

孝子傳》中有記載，見茆泮林輯，《古孝子傳》，收入《古籍叢殘彙編》，冊7（北京：北京國家圖書館出版社，2001），頁201、223、241、245。

17 〈天子孝傳贊〉寫舜、禹、殷高宗、周文王；〈諸侯孝傳贊〉寫周公、魯孝公、河間惠王；〈卿大夫孝傳贊〉有孔子、孟莊子、穎考叔；〈士孝傳贊〉有高柴、樂正子春、孔奮、黃香；〈庶人孝傳贊〉有江革、廉範、汝郁、殷陶。陶潛記孔子之孝云：「孔子，魯人也。入則事父兄，出則事公卿，喪事不敢不勉，故稱曰：孝乎惟孝，友于兄弟，是亦為政也。君賜腥，必熟而薦之，雖蔬食而齋祭如在。鄉人儺，朝服立於阼階，孝之至也。至德要道，莫大於孝，是以曾參受而書之，游、夏之徒，常咨稟焉。許止不嘗藥，書以殺父；宰我暫言減喪，責以不仁。言合訓典，行合世範，德義可尊，作事可法，遺文不朽，揚名千載。」陶潛，《五等孝傳贊》，收入朱鴻編，《孝經總類》，酉集，頁198-201。

18 虞世南，《北堂書鈔》（台北：文海出版社，1962），卷6，頁1a。

19 蔡保禎《孝紀》的序作於崇禎十二年（1639），其刊行時間應也約在此時，

「七篇之中，多言仁義孝弟之道及虞舜、魯參之行，以垂訓於世。當戰國時聖教漸漓，而身紹道統與孔子匹，休以成其親之名，孝莫大焉。」[20]可見主要是記孟子對孝道教化及傳承道統的貢獻，並非孟子個人孝行。

郭正中（1624舉人）的《孝友傳》，採商代至元末孝義事，按年代編纂。書中〈卷三〉記孔子、仲由、閔損、顏回、曾參等人之孝行，同樣以合記言行的方式來論證人物之孝。李之素的《孝經外傳》收錄各朝孝子傳近三百則，按時代排列，虞舜、夏禹、殷孝己、周文王、武王、周公均收錄在內，未收孔子，但孔門曾子、仲子、閔子均列名在內[21]。竇克勤（1653-1708）的《事親庸言》雖不是孝子傳，而是講明事親之所以重要及事親之道，但〈卷十七〉則專闢一節講舜、文王、武王、周公之孝，〈卷十八〉講孔子作《孝經》授曾子[22]。以上傳記均是從孝的角度，彰顯古聖王、聖賢之德。

另外，虞淳熙（1553-1621）的〈宗傳圖〉則是以類似道統的形式來表述孝道傳承。虞淳熙對於〈宗傳圖〉中人物的選擇，

據朱露的序，當時蔡保禎年約七十歲。此書共分十六類孝紀：帝王孝紀、聖門孝紀、純孝紀、世孝紀、祿養孝紀、苦行孝紀、神助孝紀、通神孝紀、尋親孝紀、格暴孝紀、復仇孝紀、死孝紀、永慕孝紀、瑞應孝紀、童孝紀、女孝紀。蔡保禎，《孝紀》，《四庫全書存目叢書》史部，冊88（台南：莊嚴文化事業公司，1996），卷1至卷2。

20 蔡保禎，《孝紀》，卷2，頁3b。

21 李之素自序其《孝經內外傳》云：「《內傳》採孝子之嘉言，《外傳》採孝子之實行。」此序作於康熙十五年。見氏著，《孝經內外傳》，《續修四庫全書》經部，冊152（上海：上海古籍出版社，1995），序頁1b、3b。

22 竇克勤，《事親庸言》（東京：日本內閣文庫藏），卷17-18。

一一有文字說明[23]。從這些說明文字，可見虞淳熙除了根據先秦典籍外，也有自己的創發。例如，他認為伏羲畫八卦已闡明孝的宇宙秩序；說少昊為司徒典教之官，名曰祝鳩氏，鳩是孝鳥，故可推論少昊之教專主於孝；又說堯「克明峻德，以親九族」，虞淳熙將「克明」之「明」字解為心之明德良知，意指堯以其心本具之孝道良知親九族而治國。其他如舜、禹、湯、文、武、周公之孝行，則引經典以說明[24]。至於孔門聖賢，虞淳熙也借重其學說有關孝的部分來說明，未必皆表彰具體孝行。例如，他以作《孝經》來說明孔子之孝；以傳《孝經》及終生戰兢守身的行為來說明曾子之孝。至於顏回的孝行，虞淳熙則說：「名回，明一陽初生之機，孔子稱其不遠復。彼知孝無不在，故事師如父。」此說顯然是虞淳熙自己的創發[25]。

對於舜、文王、武王、周公、曾子、閔子騫等孝行清楚載之典籍，又在歷代廣泛流傳者，要說明其孝行自不困難。但是，孔子、顏回、周敦頤、程子、朱子等人原並不特別以孝行著稱，其

---

23 關於虞淳熙〈全孝圖〉及孝論，見呂妙芬，《孝治天下：《孝經》與近世中國的政治與文化》（台北：聯經出版公司，2011），第4章。

24 舜之大孝表現在他「夔夔齊慄」敬事父親瞽瞍，而終能感化父親；禹之孝則表現在其七旬格苗和代父治水的行為；湯的孝行表現在虔肅祭祀宗廟及盤銘以日新自警的態度，故能承受天命；文王事父一日三朝，其光輝之德行即孝之表現；武王在牧野之戰誓曰「惟天地萬物父母」，顯示其洞悉本源，故《詩．大雅》稱其「永言孝思，孝思維則」。周公的孝行則以「郊祀后稷以配天，宗祀文王於明堂以配上帝」為代表。虞淳熙，〈宗傳圖〉、〈孝經邇言〉，收入朱鴻編，《孝經總類》，申集，頁167-168、177。

25 虞淳熙，〈宗傳圖〉、〈孝經邇言〉，收入朱鴻編，《孝經總類》，申集，頁167-168。

孝行史料亦缺乏[26]，將如何闡揚其孝德？上述文本的策略是，以先賢論孝之言作為其本身孝德的證明。這個方法雖不是很具說服力，但畢竟有關聯，故在歷來文獻中也普遍被運用。

除此之外，還有一些更積極的手法，即不再倚靠著作或言論，而是純粹以道德成就（仁）反推孝行的論述。例如，李槃（1580進士）在〈孝經別傳〉中說道：「故孝子之道，大人君子仁配天地之道也。」基本上是以「仁孝一理」的觀念，推論自古以來居大人之位、行大人之道者，如伏羲、神農、黃帝、堯、舜、禹、湯、文、武等君王，以及風后、力牧、皋、夔、稷、契等大臣，均是克肖天地的大孝子。至於孔門聖賢，李槃說孔門眾弟子中，唯顏淵聰明沉潛，藏於如愚，孔子盡教以「克肖克孝之道」，但可惜顏淵早卒，故孔子終將《孝經》明王孝治天下、守

---

26 筆者用資料庫檢視了一些有關孔子孝行的記載，發現《淮南子．主術訓》說孔子「專行孝道，以成素王」，但並未說明具體孝行內容。劉向〈諫營昌陵疏〉中云：「故仲尼孝子，而延陵慈父，舜禹忠臣，周公弟弟，其葬君親骨肉，皆微薄矣。非苟為儉，誠便於禮也。」此文主要講述孔子葬母於防，墓不墳之事。關於孔子葬母事，《史記．孔子世家》載曰：「孔子母死，乃殯五父之衢。」是說孔子少孤，不知父葬之地，母親去世，孔子殯於五父之衢，問於曼父之母才得知父葬之地，後才將母親與父親合葬於防山。後代學者對此段文字的討論並不特別針對孔子孝行，許多討論都在解釋為何孔子的母親不告以父墓所在。不過，晚明的黎遂球則以此段文字標舉孔子之孝云：「孔子孝於其母，乃殯於五父之衢。故古之為大孝者，其親在則事其親，親歿則敬其身。」參見陳麗桂校注，《新編淮南子》（台北：國立編譯館，2002），上冊，頁643；劉向，〈諫營昌陵疏〉，收入嚴可均編，《全漢文》，《全上古三代秦漢三國六朝文》（台北：世界書局，1961），卷36，頁8b；司馬遷，《史記》，《斷句本二十五史》（台北：新文豐出版公司，1975），卷47，頁2b；黎遂球，〈孟子不以像殉論〉，《蓮鬚閣集》，《四庫禁燬書叢刊》集部，冊183（北京：北京出版社，2000），卷11，頁21b-22a。

身事親仁配天地的道理傳授給曾子[27]。這篇文章因主題與《孝經》有關，故以孔曾傳孝作結，但文章內容則清楚反映了仁孝一理、古聖先王皆孝子的意涵，而且肯定顏子之孝。類似的論證手法，常見於明清時代。例如，曹于汴（1558-1634）在〈節孝祠會約序〉中說道：

> 然則無聖人之德者，其為孝也小矣。故三皇以孝皇，五帝以孝帝，三王以孝王，伊尹、周公以孝相，孔子以孝師，君子以孝別於小人，人類以孝別於禽獸。[28]

此處「孝」即「仁」的同義詞，強調古聖賢均以孝而成德。陳龍正也有同樣的強調：「孝者，道德之統與。篤行孝弟，莫如堯、舜、禹、文王、周公；表彰孝弟者，莫如孔、孟。」[29]明代文本《顏子疏解》中有〈孝思章〉，該章講顏子之孝，同樣未引證任何孝行，而是根據「孝為百行之首」之理，透過子貢對顏子德行的稱許，來推論顏子之孝[30]。

王啟元（約1559生）更是長篇大論孔子之孝。他在〈聖心隱念篇〉中，透過問答的方式來說明孔子集大成的意義。文中設問者從先天之學、後天之學、大全之智、豫立之本、如天之量、莫測之權、難名之德、萬世之功、有千古之公樂、有萬世之遠慮

---

27 李槃，〈孝經別傳〉，收入朱鴻編，《孝經總類》，酉集，頁235-236。

28 曹于汴，〈節孝祠會約序〉，《仰節堂集》，《文淵閣四庫全書》，冊1293（台北：臺灣商務印書館，1983），卷11，頁6b-7a。

29 陳龍正，《幾亭全書》，卷2，頁13a-b。

30 高明，《顏子疏解》（東京：日本內閣文庫藏），下卷〈言行識才第七〉，頁1b。

十方面，詳細陳述孔子之成就。無論就道理、學術、德行、功業各方面，都可謂陳述詳備。然而，王啟元卻認為他尚未能遡聖學之本、諒聖人之心[31]，接著表示要從「孝」的角度，才能明白聖人之心：

> 正為世儒視孝太輕，故不足以知聖人之心，明聖人之教，而適自陷于二氏之流耳。子試思帝王之盛，孰如堯、舜？夫堯居天子之位，此無論矣；舜固自匹夫而歷試而受禪者也，一身而三變矣，又父頑、母嚚、象傲，娶妻而不得告，處人倫之變亦無過于此矣。乃孔子總其尊富享保之隆，祿位名壽之全，一言以蔽之曰大孝。天下之道又豈有外于孝乎？聖人之德又豈有加于孝乎？[32]

在王啟元心目中，「孝」是區別儒學與二氏的關鍵，天下之道總歸於孝，聖人之德無以加於孝，道德成就之高低即孝德之大小；孔子既是至德聖人，必然也是大孝子。設問者雖贊同此說，但又針對孔子缺乏具體孝行提出疑問：

> 顧孔子未嘗以孝聞，而強以孝加之，不亦迂而無當乎？[33]

王啟元回答道：

31 王啟元，《清署經談》（明天啟三年刊本，中央研究院傅斯年圖書館藏），卷16，頁54a-60a。

32 王啟元，《清署經談》，卷16，頁60b-61a。

33 王啟元，《清署經談》，卷16，頁61a。

> 夫孔子少而失父，試以孝子之心推之，則其思慕之念，蓋有無時而不切者矣。顧已無可奈何，則豈不復求其所可自盡者乎？夫事親之道自守身始，聖人之孝固未嘗遺庸行也。[34]

此處王啟元純就「理」來推想，他把自己對儒家聖賢應然的想像，作為孔子之孝的證明，故即使孔子於庸言庸行間並未顯出特殊孝行，然以孔聖之德也必然要是大孝子。接著，他又按等級區分士人之孝、賢人之孝、聖人之孝、神人之孝，孔子則屬最高級的神人之孝。所謂神人之孝是：

> 上律下襲，祖述憲章，大德敦化，小德川流。會天地於一身，萬象異形而同體；通今古於一息，百王異世而同神。神無思也，化無為也，寂然不動，感而遂通天下之故，非天下之至神，其孰能與于此？斯其為神人之孝矣。[35]

王啟元認為孔子能移事親之道而事君，法天地而立萬世帝王之皇極，故其成就超越文武的「天子之孝」，也超越堯舜的「聖人之孝」，屬於最高級的「神人之孝」。又說孔子「立身則極于神人，行道則極于天地」，均不出於「孝」之一字[36]。

王啟元的論述方法與李槃、曹于汴接近，他純然以理推論，根據一孝立而萬善從、儒學一貫之旨在孝、孝是聖門之一粒靈

34 王啟元，《清署經談》，卷16，頁61a-b。

35 王啟元，《清署經談》，卷16，頁61b-62a。

36 王啟元，《清署經談》，卷16，頁62b-63a。

丹、孝涵括眾德等概念，將儒家聖人的偉大德行成就都收攝到「孝」，再根據孔子乃儒家聖人的斷言，論說孔子乃古今至孝第一人[37]。這種義理先行的推論並不需要有史料作證。姚際恆（1647-？）在討論《禮記‧文王世子》一篇為後人竄入時，便說文王之孝並不需拘於史書之記載或區區問視之節。他說：

> 自古無不大孝之聖人，如舜與文王、周公、孔子，應無不同，然其孝有傳有不傳者，則以所處之地異也。舜以父母之頑嚚，而其孝益著，此固人子之所不忍言，而亦其所不得辭者也。若文王之父王季，因心則友，其為慈父可知，縱使文王盡孝，亦無所流傳于簡策，而為後世所稱述，然千載之下，無不共信其孝者，則以其為聖人也。[38]

據姚際恆之言，舜之孝行實出於家庭之不幸，慈孝美滿的父子關係，反不易留下特殊的孝行傳，因此史書是否明確記載古聖之孝行並不重要，因為「自古無不大孝之聖人」是必然之定理，故凡儒學傳統公認具崇高道德成就的聖賢，都一定是大孝子。同樣地，梁章鉅（1775-1849）也說：「稱人亦何必全備。如孝，德之本也，孔子未嘗以稱顏子，豈顏子未孝耶？舜稱大孝，他聖不聞，豈他聖都未孝耶？」[39]從王啟元、姚際恆、梁章鉅之說可

37 王啟元，《清署經談》，卷16，頁63a-b。

38 姚際恆，《禮記通論輯本》，收入林慶彰主編，《姚際恆著作集》（台北：中央研究院中國文哲研究所，1994），冊2，頁320。

39 梁章鉅，《退庵隨筆》，《續修四庫全書》子部，冊1197（上海：上海古籍出版社，1997），卷19，頁15a。其他例子，參曹元弼，《孝經學》，《續修四庫全書》經部，冊152（上海：上海古籍出版社，1995），卷7，頁14b-17a。

見，有無史料記載聖賢之孝行已不重要，相信「聖人必定是孝子」的信念才是最關鍵的。這樣的思維反映著明清儒學的重要價值觀。

當然，在仁孝一理的觀念下，「孝」既是人道德本體與聖人全備德性的同義詞，孝的工夫便等同於成聖的工夫。而何為正確的成聖工夫？這個問題其實又回歸不同思想型態的不同詮釋。因此嚴格而言，我們並不能簡單將「孝」理解成家庭中的事親行為，在晚明的脈絡中，它也可能指某種本體工夫，如虞淳熙的「全孝心法」主要指馭氣攝靈的工夫[40]。不過，因為晚明本體工夫的路徑深受清儒批評，且講究孝心與孝行，也確實比講究良知、性體、求仁更切近於一般人的認知與日常生活[41]。從孝德的角度所描繪的聖賢氣象，也比抽象地講致良知、復性工夫更具體而切近人事。耿介（1622-1693）明確主張「欲學作聖人，必先學為孝子」[42]，更是緊密地把家庭人倫關係帶進儒學道德理想的想像中。正如陳廷燦所言：「聖人即天理以制人倫，使天下後世之人，不出戶庭而有父子兄弟夫婦之樂，且同井相助，親睦何等藹

40 呂妙芬，《孝治天下：《孝經》與近世中國的政治與文化》，第4章。

41 例如，張敘曰：「我非不知專以仁教之淵以懿也，廣以溥也。然淵以懿，有使人終日求之而無可捉摸者，廣以溥，有使人畢世圖之而未可究竟者，則不若顯而求之。孝，愚蒙皆曉，而賢知亦不能盡為，表粗而裏精也，則不若切而圖之。孝，家庭自足，而四海亦不能窮為，篤近而舉遠也，則夫仁之淵以懿也者，正以得孝而淵懿者也；則夫仁之廣以溥也者，正以得孝而廣溥者也。」張敘，《原孝》，《續修四庫全書》經部，冊152（上海：上海古籍出版社，1995），頁2a-2b。亦參見耿介，〈孔門言仁言孝之旨〉，《敬恕堂文集》（鄭州：中州古籍出版社，2005），頁340-341。

42 耿介，〈孝經首章〉，《敬恕堂文集》，頁342-343。

吉，此聖人所以樂天下後世之民也。」[43]這幅家居和樂的生活圖景是儒家三代理想社會的縮影，與求道者孤坐獨修的情景大不相同。

二、家庭倫職與成聖工夫

上一節主要從仁孝一理、聖賢必為孝子的角度，說明家庭人倫對於儒學的重要性。本節進一步探討家庭人倫在儒學成聖工夫論中所占的地位，將從明末清初學風轉變的角度，考察儒者在批判晚明學風、析辨儒學與二氏的立場下，如何重申家庭日用人倫是儒家成聖之學的基礎。

陽明學講究在良知本體上做工夫，即便陽明學者中有思想型態之別，在這一點上卻有相當共識。雖然良知本體工夫未必與家庭倫職有衝突，也不必然採取靜坐的方式，但是在實際生活中理學家確實多有靜坐的操練。學者研究也指出，靜坐在理學修養工夫中占據顯著而重要的地位，明代許多理學家都有某種徹悟的經驗，這徹悟的經驗對其學問也有重大影響[44]。再者，靜坐的地點

43　陳廷燦，《郵餘閒記》（清康熙二十年刊本，日本內閣文庫藏），下篇，頁25b。

44　參見楊儒賓，〈宋儒的靜坐說〉，《台灣哲學研究》，期4（2004），頁39-86；史甄陶，〈東亞儒學靜坐研究之概況〉，《台灣東亞文明研究學刊》，卷8，期2（2011），頁347-374；謝和耐（Jacques Gernet）著，耿昇譯，〈靜坐儀，宗教與哲學〉，收入龍巴爾、李學勤主編，《法國漢學》，輯2（北京：清華大學出版社，1997），頁224-243。陳來，〈心學傳統中的神祕主義問題〉，收入氏著，《有無之境——王陽明哲學的精神》（台北：佛光文化事業公司，2000），頁582-624；楊儒賓，〈理學家與悟——從冥契主義的觀點探討〉，收入劉述先編，《中國思潮與外來文化》（台北：中央研究院中國文哲研究所，2002），頁167-222。關於王門心學密契經驗的討論，有林久絡的博士論

雖然可以在家中，但我們也看到不少理學家選擇在書院或另闢道場專心求道；在家與否，對於講究心性工夫的理學而言，並非關鍵[45]。而晚明理學家在修養工夫及所達致的心境上（愉悅感、一體感等），也與佛、道二教有類似之處，以上種種都使得晚明理學從工夫形式到生活形態，呈現出三教交涉融合的風貌。

明清之際學風激變，不僅陽明學受到嚴厲批判，士人對於儒學與二氏的區辨也十分措意，在一波波反陽明學與闢二氏的聲浪中，反省並修正儒學的內涵，甚至不惜打破理學的框架，欲重溯孔孟真儒學。清初儒者也從不同角度、不同層次對二氏進行批評，或從本體論去區分有無，或從心性論去談知覺與性理，更有許多人從家庭人倫的角度申論儒釋之辨。以下將列舉明末清初儒士的言論，說明他們強調以家庭為修道場域、重視日用人倫、謹守倫序、不可忽略肉身父母躐等以親天地的看法。

首先讓我們看晚明周汝登（1547-1629）的例子。周汝登服膺王畿之學，是晚明浙中地區重要講學領袖[46]。周汝登對於仁孝一體、孝為良知、強調本體工夫的看法，與許多陽明學者相近[47]，此可見於其與許孚遠（1535-1596）之討論。在某日會講

文〈王門心學的密契主義向度——自我探索與道德實踐的二重奏〉（國立臺灣大學哲學研究所博士論文，2006）。

45 例如，羅洪先闢石蓮洞靜修，王時槐弟子賀沚晚年捨家居西原，守禮仁書院。胡直，〈念菴先生行狀〉，《衡廬精舍藏稿》，《文淵閣四庫全書》，冊1287（台北：臺灣商務印書館，1983），卷23，頁10b；羅大紘，〈賀定齋先生七十序〉，《紫原文集》《四庫禁燬存書叢刊》集部，冊139（北京：北京出版社，2000），卷5，〈賀定齋先生七十序〉，頁15a-17a。

46 周汝登私淑王畿，服膺王畿之學。見氏著，《東越證學錄》（台北：文海出版社，1970），卷5，頁50a-51b。

47 關於晚明仁孝一體的討論，見呂妙芬，〈〈西銘〉為《孝經》之正傳？——

時，許孚遠說舜之大孝一片精誠，為感格有苗之本，故萬世稱聖。周汝登問道：孟宗泣竹筍生、王祥臥冰鯉躍，其孝亦精誠有感，為何不能稱聖？許孚遠的回答是：孟宗、王祥因不能將孝德擴充於他事，行事偏全不同，故不能稱聖。周汝登不同意這樣的看法，他舉「一日復禮，天下歸仁」、「朝聞道，可以夕死」來說明重點不在於要事事俱全，因為「一孝立而萬善從」，故他認為孟宗、王祥之所以無法與舜相提並論，是因為他們雖有孝行，卻不能明察[48]。換言之，論孝不能只在行為層次上論，能否真實體道才是關鍵。周汝登總結此次討論曰：

> 愚蓋以為，誠使行之而著，則雖問寢問安尋常小節，而已該天經地義之全；使行之而不著，則雖達變知權，全生曲體，而亦不得為明物察倫之聖。故論聖，不當在每事上求；而論行著，不可以一念一事而忽之也。[49]

周汝登當然不是忽略躬行，他說：「今日論辨之意，非謂躬行可略，只欲於躬行處識箇旨歸，不徒為不著不察之行習而已。」[50]他傾向於從道體的高度、從本體工夫來談孝的實踐，認為不應只在

論晚明仁孝關係的新意涵〉，《中央研究院中國文哲研究所集刊》，期33（2008），頁139-172。

48 周汝登，《東越證學錄》，卷1，頁20a-21b。顏茂猷有類似之說：「蓋大舜從靈明上認親，王祥從郛廓上認親。」顏茂猷，《雲起集．孝弟總論下》（晚明刊本，日本內閣文庫藏），頁32b。

49 周汝登，《東越證學錄》，卷1，頁21b。

50 周汝登，《東越證學錄》，卷1，頁22b-23a。與周汝登類似的看法，強調不只要有孝弟行為，學問更要重視孝弟行為之本源（良知），參見李顒，《二曲集》，頁66。

跡（行為）上講求[51]。周汝登這些看法都與王畿之學相近；不過，周汝登比王畿更強調學問必須在家庭中實踐。綜觀《東越證學錄》，可以發現他屢屢強調在家中做學問的重要：

> 今遺教（案：指陽明遺教）具在，我輩正當以身發明，從家庭中竭力，必以孝弟忠信為根基，在境緣上勘磨。[52]

> 致良知須是下老實做工夫，如家庭日用間有不妥處，便須於此知非，知得便改，知要真知，不可自放出路。這箇學問再不許空談，空談得良知活靈靈，成甚用？[53]

周汝登又說：「學術不外尋常，舍了家庭，更無所謂學者。」故對於持齋念佛而不能合於父母者，他直言這種人不懂佛法，也不配學佛[54]。有人問他對於儒生深信佛法而出家的看法，他明確反對，認為不僅儒、道不許出家，即佛法亦不必出家；學佛者不須毀形、易姓、棄妻子、滅宗祀、作名教中罪人[55]。周汝登講究心法，但強調要在家庭內實踐，不可務高慕遠。他說人應時時查驗自己：處父母前，心是否能低下？處兄弟間，心是否能捨得？處奴僕間，心是否能忍？這些家居生活中的查驗就是修心的工夫。他甚至說，人若不能以家庭為道場、以父兄妻子為師友、在奴僕下人中砥礪己心，一切學問都是虛假。周汝登這方面的強

51 周汝登，《東越證學錄》，卷4，頁4a-5b。

52 周汝登，《東越證學錄》，卷4，頁6a-b。

53 周汝登，《東越證學錄》，卷5，頁5a。

54 周汝登，《東越證學錄》，卷4，頁38a-b。

55 周汝登，《東越證學錄》，卷2，頁13b-14a。

調，與王畿之好離家遠遊、在朋友中講學有所不同[56]，此或許是他對當時陽明後學之講學遭受批判的回應與修正[57]。

陳龍正一生尊崇老師高攀龍之教，但他的工夫論比高攀龍更強調在日用人倫間的實行。他說千聖教門總歸在人倫上用功，而孝弟又是人倫之起首[58]；說學問只能在倫常日用中息息體驗，由下學而上達天則流行，反之必不能成；又說：「若懸空解悟，則所認為上達者，到底止是虛光景。」[59]對於講學，他也主張要回歸日常生活、隨處應物而講，且以切篤人倫為主，不必建堂升席、定期集會，也不必立講學之名[60]。

又例如，文翔鳳繼承父親文在中（1574進士）講尊天之學，力闢佛教虛幻、滅倫、侮天[61]，認為儒學應事天尊孔，要

---

56 關於王畿之好遊，及其認為與朋友講學比處家庭中更有益於學，見呂妙芬，《陽明學士人社群：歷史、思想與實踐》（台北：中央研究院近代史研究所，2003），第7章；呂妙芬，〈婦女與明代理學的性命追求〉，收入羅久蓉主編，《無聲之聲：近代中國婦女與文化，1600-1950》（III）（台北：中央研究院近代史研究所，2003），頁133-172。

57 周汝登為良知學及王畿之學辯護的例子，見周汝登，《東越證學錄》，卷4，頁6a；卷5，頁50a-51b。學者批判晚明講學為清談、處士橫議，並呼籲回歸日用人倫者很多，例見陸世儀，《思辨錄輯要》，《文淵閣四庫全書》子部，冊30（台北：臺灣商務印書館，1983），卷1，頁14a-b。

58 陳龍正，《幾亭全書》，卷4，頁3a。

59 陳龍正，《幾亭全書》，卷4，頁12a。陳龍正在工夫論上贊同朱子，不過在靜坐、讀書之後，也強調應物的重要。見同書，卷5，頁15a。

60 陳龍正，《幾亭全書》，卷9，頁11a-12a。清初江右的張貞生也有類似之說，見張貞生，〈與景賢堂讀書諸丈〉，《庸書》，《四庫全書存目叢書》集部，冊229（台南：莊嚴文化事業公司，1997），卷12，頁21b-23b。

61 文翔鳳對佛教的批判包括：崇佛者必侮天，尊天者必闢佛；佛仙知天而不知地，見陽而棄陰，索性於形之外，知陂而禮亡，故有長住之精神而功業不垂乎地。文翔鳳，《皇極篇》，卷9，頁11b；卷10，頁17b。

「本天道以定人倫」、「即人倫以盡天性」[62]。儘管文翔鳳的學問以尊天為宗旨，強調修身工夫即尊天工夫[63]，但是他格外重視日用人倫，並以此與二氏劃清界線。他說道：

> 吾儒盡性至命之學，正死生公案，所操長於二氏者，聖人云：「朝聞道，夕死可矣。」又云：「未知生，焉知死。」「人之生也直，罔之生也幸而免。」其所聞何道？所生何直？非破除人倫，別一款則也。蓋聖人之所以存順沒寧者，以盡人倫而合天道，非如二氏求天道於人倫之外，又求自性於天道之外。聖人，人倫之至，於昭于天，萬古樹人天之表，人道盡而天之符節在手，又何事營營於其間哉？……吾道以盡倫為事天之繩尺，千參萬參，參向甚去？孝弟根滅，尚自多其功行，逆天而欲超天之上，萬萬不可通之說也。[64]

這段話清楚表明文翔鳳的看法：儒學與二氏不同，儒學成聖與求道之路絕不可能捨離孝弟人倫。反過來說，儒學盡性合天之道只能在人倫日用中實踐，因此有「人道盡而天之符節在手」、「吾道以盡倫為事天之繩尺」之說。他又說人欲達天，唯有盡人道；若於人道有虧，則自捐登天之梯；又說孔子以天之統人為本然、以父子君臣為實，此即聖人號令萬世之權柄所在，也是儒學

62 文翔鳳：「夫本天道以定人倫，萬古之律」；「事天尊孔之實際，即人倫以盡天性。」氏著，《皇極篇》，卷10，頁5b、6a。

63 文翔鳳，《皇極篇》，卷10，頁13a。

64 文翔鳳，《皇極篇》，卷10，頁20a-21b。

有別於佛教之處[65]。

強調日用人倫並不意謂輕忽心性或天道，關鍵是在工夫的進程。例如，潘平格為學之宗旨在復性求仁、萬物一體，但他強調孝弟是求仁復性之本。他明確反對理學家主靜持敬的工夫取徑，認為這樣的工夫進路易淪為虛無[66]；又批評默坐澄心、觀未發氣象等工夫，是違離三代聖學真諦、導致人才難成、天下難致太平的主因。潘平格認為只有從明人倫、愛親敬長之實事入手，才是聖學真諦。他說：

> 三代之學，皆明人倫，以此為學，即以此為教為治。學、教、治只是一轍，故人才易成，天下易致太平。後世學術不一，老氏致虛守靜，佛氏出世了生死。前輩見人靜坐，便嘆其善學，默坐澄心，觀未發氣象，瞑目靜坐，收拾放心，別事不管，只理會我宴坐返觀，澄然一片，學須從靜中養出端倪，方有商量。端居澄默，蚤夜參求，調息為入門，而時時習靜，察識端倪，冷然自照，以至致虛歸靜，收攝保聚，攝知歸止。又或云「須得一二年閒飯喫」，云「只因李先生不仕，做得此工夫」。若然，則為學是撥冗

65　文翔鳳，《皇極篇》，卷10，頁32b-33b。

66　例如，潘平格：「今之學者，發念必入於兩路。其欲除閒思雜念者，心意上操持，必入於主敬之說；欲明心見性者，求玄求妙，必入於靈明無知而無不知之說。若與之言愛親、敬長、強恕、反求，雖不以為非，卻謂於正心誠意不切，于明心見性不切。其能直信為孔、孟之真脈，而不當主敬以操持意念，不當頓悟以明心見性者，誰乎？嗚呼！此正學之所以難其人也。」見氏著，《潘子求仁錄輯要》，卷6，頁149-150。類似相關的批評相當多，見同書，卷1，頁10；卷2，頁45-46；卷6，頁146。

寬坐之事，是二三少事之人，天下當有不能為學之人，不可盡收之學問之內者矣！其學不可以為教，不可以為治。學、教、治判作兩三項，故人才難成，天下難致太平。[67]

潘平格認為靜修的心性工夫乃二氏修練法門，與一般人日常生活並不貼切，也偏離上古儒家聖人教化的本意。他心目中的孝弟工夫，並非專注於良知中一念愛敬而已，而是著重在家庭生活中事親盡孝，講求人子應如何服事貧賤、衰老、寡居之父母，如何以敬承之心順親之志，及服勞解憂等實事。他說：「人倫，性也；盡人倫，盡性也。此外更無妙道。」[68]當門人告訴他家庭難處時，潘平格的教導只是再次強調：唯有通過在家庭中的孝弟實踐，才有可能立身處世、效忠朝廷[69]。下面這段與友人的對話，清楚披露潘平格重視在家庭生活中落實孝弟為仁的工夫：

一友引陽明先生語舃在座云：「滿堂皆是聖人。」潘子曰：「滿堂皆是人子。」友云：「人人須為聖為賢。」潘子曰：「平格只願人人為孝子悌弟。」友又解〈西銘〉云：「乾父坤母，人須識得天地是一大父母，方能一體。」潘子云：「平格只願各人識自己之父母，自能一體。」[70]

簡言之，雖然潘平格強調渾然天地萬物一體，也從良知本體

67 潘平格，《潘子求仁錄輯要》，卷6，頁137。
68 潘平格，《潘子求仁錄輯要》，卷6，頁134-136。
69 潘平格，《潘子求仁錄輯要》，卷6，頁142。
70 潘平格，《潘子求仁錄輯要》，卷6，頁140。

的角度來理解孝弟，講究求仁復性的工夫，但他反對持靜主敬的工夫型態、批評二氏玄微高妙的義理，而極力主張「盡力於人倫，綿密於日用」[71]。他不認為儒者可忽略家庭與事親之職責去追求「識得天地大父母」或「證悟天地道體」。他一再強調：求道當於平實的家庭生活中，行出孝弟事親之實[72]；求仁當專力於孝弟。惟有力行愛親敬長，才有可能達到渾然天地萬物一體之境[73]。

謝文洊的看法與潘平格有相近處，他對於知天、畏天命、獨知本體、主敬工夫均十分講究，其學也體現一種追求生命不朽的宗教實踐精神，但他晚年嚴闢佛教和陽明學[74]，且同樣反對向內求未發本體的工夫取徑[75]。謝文洊強烈批判佛教虛空的本體論及出家、不婚等教義[76]，堅持儒學應以盡五倫、完成家庭責任為首務。他說：「吾人為學，只是要完全此天所與之性，以盡此五倫

71 潘平格，《潘子求仁錄輯要》，卷2，頁47。

72 潘平格：「學者但須篤信而力行之，肫肫於愛親敬長，切切於強恕反求，分毫未到則不慊，分毫未慊則必盡，如是綿密懇摯，則渾身是性善，渾身是良知。」「審知學脈而篤志力行，則確確一孝字盡之。」《潘子求仁錄輯要》，卷6，頁151-152。

73 潘平格，《潘子求仁錄輯要》，卷6，頁153。

74 謝文洊以儒家在日用行事中的實踐工夫為順法，以禪宗尋本來面目的工夫為逆法，認為理學傳統中觀未發氣象或向內求本體之工夫，均有墮入禪宗之嫌。其論見謝文洊，《謝程山集》，卷9，頁36a、39a-b；卷1，頁27a；卷3，頁74b-75a。

75 謝文洊重視主敬涵養的工夫，但對於虛靜光景很警惕，例見謝文洊，《謝程山集》，卷1，頁30b-31a；卷3，頁22a、34b-35a。

76 批評佛教為滅倫絕類之教，見謝文洊的學生傅同人所著〈禪根論〉，此文經謝文洊校正，收入《謝程山集》，卷8，頁1a-5a。

之道而已。……吾儒所當然者，惟盡性明倫是真本源。」[77]他認為那些淡薄於世緣，「棄父母妻子，不事人間生業，相聚於山谷間，潔身自適，一切是非風波之險杳不相及」的學道者，都是學問認知不清，受到出世之學的誘惑而走入迷途[78]，儒家聖人之學必不如此。謝文洊說：

> 若吾儒之學也，學以經世。世有君臣、父子、兄弟、夫婦、朋友之天倫，即有親、義、序、別、信之達道。聖人非有所強也，不過順此天倫之道，一為之經綸焉爾。[79]

又說：

> 溫凊定省，刑于教訓，理生居業，日用常行之事，何時可緩？若一概屏絕，閉關靜坐，萬事勿理，不幾與出家子滅棄倫常者相類乎？[80]

謝文洊在程山講堂的學則中，特別強調士人在家「孝父母、友兄弟、撫妻子、畜婢僕」等實踐工夫的必要性，絕不可躐等[81]。他雖頗佩服羅洪先，但對於羅洪先長期離家獨居石蓮洞的求道行徑，仍不免有微詞[82]。在他看來，凡欲遠離人群至山中養

---

77 謝文洊，《謝程山集》，卷1，頁3a-b。

78 謝文洊，〈癸巳復南城劉子淳書〉，《謝程山集》，卷9，頁22b-23a。

79 謝文洊，〈癸巳復南城劉子淳書〉，《謝程山集》，卷9，頁23b。

80 謝文洊，〈戊戌答彭躬菴書〉，《謝程山集》，卷9，頁36a。

81 謝文洊，《謝程山集》，卷7，頁1b。

82 謝文洊認為羅洪先之學尚空寂超脫的一面，但又佩服他處理邑中賦役之事的

靜者，均是「擔當不力，敬畏不密」，因為聖賢之教只有在日用當下做工夫，絕無別尋靜境之理[83]。而在寫給彭任（1624-1708）的信中，謝文洊也特別說明，處家庭之事非以才力或聰明可勝，亦不在高談性命、侈言經術，只有靠真誠惻怛之心實地去行，反而更加精微純粹；又說：「舍孝友而踐履，則踐履為馳騖耳。」[84]由上可見，謝文洊與周汝登、潘平格一樣，都認為儒學成聖工夫不可能離開家庭這個道場，儒者從事個人不朽生命的追求，唯有在日用中盡人倫之實踐。

王夫之對仁、孝的看法不同於多數陽明後學，也不同於潘平格。他不認為孝可以涵括眾德，也反對把孝提到明德本體的層次，或將孝的工夫等同於求仁盡性的本體工夫，他說如此是模糊理一分殊、家國殊等的道理，終將落入禪學的陷阱[85]。他看重儒學有差等、不可躐等的人倫關係，這一點與程朱接近，他在對〈乾稱篇〉（即〈西銘〉）的說明中清楚表達了這樣的思想。他從周敦頤〈太極圖說〉說起，認為〈太極圖說〉所言天地萬物生成之本，雖能洞悉人生命源頭崇高的一面，卻容易躐等而忽略本身父母與當世人倫，誤以為「人可以不父其父而父天，不母其母而母地」，故認為〈西銘〉最重要的貢獻，正如程頤所言，乃在陳明理一分殊的道理[86]。他又說張載不曰「天吾父，地吾母」，而曰「乾稱父，坤稱母」，是有深意的。因為：

能力。見《謝程山集》，卷3，頁21a-b。

83 謝文洊，《謝程山集》，卷1，頁32a。

84 謝文洊，〈丙申答易堂彭中叔書〉，《謝程山集》，卷9，頁31a-32a。

85 王夫之，《讀四書大全說》（北京：中華書局，1975），卷1，頁38-39。

86 王夫之，《張子正蒙注》，《船山全書》，冊12，頁351。

> 從其大者而言之，則乾坤為父母，人物之胥生，生於天地之德也固然矣；從其切者而言之，則別無所謂乾，父即生我之乾，別無所謂坤，母即成我之坤。……盡敬以事父，則可以事天者在是；盡愛以事母，則可以事地者在是；守身以事親，則所以存心養性而事天者在是；推仁孝而有兄弟之恩、夫婦之義、君臣之道、朋友之交，則所以體天地而仁民愛物者在是。人之與天，理氣一也，而繼之以善，成之以性者。父母之生我，使我有形色以具天性者也，理在氣之中，而氣為父母之所自分，則即父母而溯之，其德通於天地也，無有間矣。若舍父母而親天地，雖極其心以擴大而企及之，而非有惻怛不容已之心動於所不可昧，是故於父而知乾元之大也，於母而知坤元之至也。……則父母之外，天地之高明博厚，非可躐等而與之親，而父之為乾，母之為坤，不能離此以求天地之德，亦昭然矣。[87]

就創造的本原而言，人與萬物均生於天地之德，故以乾坤為大父母。但就切近者而言，人人均為父母所生，在家庭中成長，不僅氣質身體源於父母，人對父母愛敬之自然情感（惻怛不容已之心），更是道德本性的自然流露，也是道德修養的基礎。故王夫之主張，只有即父母而溯之（本愛敬之心行道德工夫），才是聖學的正途；除卻父母之外，人不可躐等與天地相親，人也不可能離開父母以求天地之德。以上這段話清楚表達了王夫之的基本立場：儒學永遠不可越過肉身父母、違離家庭人倫，而逕探個人心性本原，以求直契於天地大父母。儒家聖人之學必須通過切實在

87 王夫之，《張子正蒙注》，《船山全書》，冊12，頁352-353。

家中盡孝，才能真正達致窮神知化、致中和、天地位育之大用[88]。

王嗣槐不僅反對〈太極圖說〉[89]，也不欣賞〈西銘〉，他批評〈西銘〉有失聖門「親疏有別」、「親親之仁根於本性」的教導。他說上古聖賢雖有顧念同胞之意，卻未嘗敢稱同胞為兄弟，他也強調仁民之仁不等同於吾親親之仁，又說「民吾同胞」這種話連聖人都無法做到，孔子必不輕許[90]。王嗣槐說：

> 今橫渠父天母地，民胞物與，原以天地萬物一體為仁，無所分殊而始大也。以無所分殊為大，自必以有所分殊為小矣。以有所分殊為小，自必以各親其親，各長其長，各子其子為小矣。……推橫渠之意，以仁之為言公也，至公者莫如天地，反而言之為無私，無私者莫如天地。人苟一理而不以大公盡之，則非天地之仁矣；苟一事而不以無私推之，則非天地之仁矣。非天地之仁，即非吾體天地之仁以

88 王夫之：「然濂溪周子首為〈太極圖說〉，以究天人合一之原，所以明夫人之生也，皆天命流行之實，而以其神化之粹精為性，乃以為日用事物當然之理，無非陰陽變化自然之秩敘而不可違。然所疑者，自太極分為兩儀，運為五行，而乾道成男，坤道成女，皆乾、坤之大德，資生資始；則人皆天地之生，而父母特其所禪之幾，則人可以不父其父而父天，不母其母而母地，與六經、《語》、《孟》之言相為蹠盭，而與釋氏真如緣起之說雖異而同。則濂溪之旨，必有為推本天親合一者，而後可以合乎人心，順乎天理而無敝；故張子此篇不容不作，而程子一本之說，誠得其立言之奧而釋學者之疑。」氏著，《張子正蒙注》，收入《船山全書》，冊12，頁351-352。

89 王嗣槐認為無極而太極之說混淆有無，與儒學言有不言無之基本立場不符，其他尚有許多詳細的論辯，見氏著，《太極圖說論》。亦參見呂妙芬，〈王嗣槐《太極圖說論》研究〉，頁1-34。

90 王嗣槐，《太極圖說論》，卷4，頁1a-15b。

為仁矣。[91]

事實上，王嗣槐是反對張載的說法的，他認為若要推到大公無私的境界言仁，不僅人做不到，也違背儒學對人性的看法，反而接近墨、釋之說。又以為於人所不能及處言仁，看似至公，實為不公；孝弟親情本於天理，雖是私情，卻是至公之情，也是道德的根本[92]。簡言之，王嗣槐堅守儒家親親有差等之愛才符合人性與天理，認為人不可能違背天理、不根於道德本性而行善，故孝弟等家庭人倫即人類仁義本性之彰顯，也是個人成德與仁民愛物之本。他對於「先之以人倫，而天德在其中，成己成物亦在其中」的道理有清楚的說明，且一再強調：人道即天道、事父母猶事天地；聖人只有通過孝事父母，才可能通乎神明[93]。

竇克勤是耿介的學生，也是清初河南地區重要的理學家與講學領袖[94]。他說處家庭之間是進道之始基[95]，其晚年的著作《事親庸言》旨在闡明事親之道即聖賢之道，日用人倫看似平常，卻是

---

91 王嗣槐，《太極圖說論》，卷4，頁12a-13a。

92 王嗣槐：「夫私而至於父子兄弟，不謂之私，反而謂之公者，以父子兄弟之私乃天性之私耳。」

93 王嗣槐說古代聖王之制，四十強而仕，並非因無青年之才，而是考慮到家中有親，不忍奪之；又說「孟子以父母俱存，王天下不與。雞豚足以逮親，雖抱關擊柝，弗為之矣」，可見其對家庭倫職之重視。王嗣槐，《太極圖說論》，卷14，頁7a-13a；卷13，頁7b-8a。

94 關於清初河南地區的講學，參見呂妙芬，〈清初河南的理學復興與孝弟禮法教育〉，收入高明士編，《東亞傳統教育與學禮學規》（台北：臺大出版中心，2005），頁177-223。

95 竇克勤，《尋樂堂日錄》，《歷代日記叢鈔》，冊11（北京：學苑出版社，2006），卷3，頁42a。

千聖心傳、百王之道法所繫，也是天下之定理[96]。全書以「事親如事天、事天如事親」開卷，強調仁人事天與孝子事親之道無二，均秉天賦之性以盡乎當然之理。論到〈西銘〉則曰：

> 〈西銘〉之意在即事親以明事天。愚謂非熟於事親之道，則事天之道固不可得而知也；非得乎事天之道，則事親之道亦固不可得而盡也。[97]

《事親庸言》除前三卷講事親如事天、孝弟為仁之本、當尊事父師君之理外，其餘內容主要都與如何在居家生活中致孝、避免不孝之行為有關。我們從此書的內容，以及竇克勤所屬的清初河南理學的學風[98]，均清楚可見以事親實事作為學道成聖之階的主張，此亦即竇容莊所謂「人於綱常名教無虧欠，庶可於聖賢道路尋轍跡。」[99]

陳確同樣嚴闢佛教，反對向內求本來面目的工夫取徑。他指斥朱子「一旦豁然貫通」之說是誘天下而為禪[100]，批評宋明理學陷入高談性命、求知天而不求知人之弊病，堅持聖學必須在人倫日用中實踐，故其學詳論人倫而不敢泛論天道[101]。他說孝弟就是

96 竇容莊，〈校刊事親庸言紀略〉，收入竇克勤，《事親庸言》，卷首，頁1a。

97 竇克勤，《事親庸言》，卷1，頁40a-b。

98 關於清初河南理學學風，參見呂妙芬，〈清初河南的理學復興與孝弟禮法教育〉。

99 竇容莊，〈校刊事親庸言紀略〉，收入竇克勤，《事親庸言》，卷首，頁1a。

100 陳確，〈禪障〉、〈與劉伯繩書〉、〈翠薄山房帖〉，《陳確集》（北京：中華書局，2009），下冊，頁444-446、464-472、564。

101 陳確，〈答朱康流書〉，《陳確集》，下冊，別集卷5，頁472-475。

人的本性，是仁義禮智之本[102]，又說孔子「所謂時習之學，決自學為人子、學為人弟始矣。君子雖無所不學，要必以孝弟忠信為本」[103]。我們從陳確文集中許多討論養生送死、喪葬服制、廟祭禮儀、事親儀節的文字，即可知其對家庭人倫的重視[104]；而從其多次談論舜之大德乃根於孝而行於家庭之間，又說顏子企慕舜之大孝[105]，亦可見他心目中始終不離家庭人倫的儒家聖人形象。

另外，陸世儀說：「人謂出家修道，愚謂只出家，便不是道。」[106]毛先舒也以「盡人倫」來區別儒學與其他宗教[107]。他說舜與文王之事親，都行於日常之際。佛教出家了究生死以救度父母之說，荒茫不可知，其行為已傷父母之心，忍心離棄父母的作法已是害性之舉，他因而斷言：一個人若寧願不了生死，而不忍離其親者，其性敦厚，反而有可能了究生死[108]。毛先舒又說：「倫常本于性命」、「盡倫常處即是完性命處」[109]、「聖人格物欲而盡倫

---

102 陳確反對程頤「論性，則以仁為孝弟之本」的看法，認為孝弟是人的本性。見陳確，〈學而第一疏略〉，《陳確集》，下冊，別集卷12，頁539。

103 陳確，《陳確集》，下冊，別集卷12，頁538-359。

104 陳確著有《葬書》、《新婦譜補》、家約，以及討論喪禮服制等問題，俱見《陳確集》。

105 陳確談論舜的文字相當多，也多次說「顏子獨喜學舜」，例見氏著，《陳確集》，上冊，頁63、109-110；下冊，頁416-417、420-423、536-538、542、548-550。

106 陸世儀，《思辨錄輯要》，卷1，頁15b。

107 毛先舒，〈聖人之教說一〉、〈聖人之教說二〉，《東苑文鈔》，《四庫全書存目叢書》集部，冊211（台南：莊嚴文化事業公司，1997），下卷，頁15b-17b。

108 毛先舒，〈論佛〉，《小匡文鈔》，《四庫全書存目叢書》集部，冊211（台南：莊嚴文化事業公司，1997），卷2，頁10a-11b。

109 毛先舒，《聖學真語》，收入《思古堂十四種書》（東京：日本內閣文庫

常，則性命完而復歸於太極之理，無生無死矣，此古聖賢了生死之正法也」。而所謂盡倫常，則不僅要按儒家之禮克盡養生送死之責，並要使自己的後裔家族能延續此禮，不入他教[110]。另外，以嚴厲批判理學著名的顏元，堅持以嚴謹的家禮實踐來矯治理學之弊。我曾在另文中討論顏元思想中家庭、婚姻、生育都具有符合天道的神聖意涵，顏李學派學者們每天以幾近苛刻的家居禮儀來規馴自己、活化古聖傳統、矯治儒學內涵的作為；在他們的為學藍圖中，家庭就是儒學修德成聖的道場[111]。

強調事天、告天的許三禮，每天自省的十六句心銘充分體現事天即事親的理念：「小心翼翼，昭事上帝，上帝臨汝，毋貳爾心。父兮母兮，生我劬勞，欲報之德，昊天罔極。」[112]儘管重視事天之學，許三禮絕不輕忽平日事親的實踐，並嚴厲批判佛教坐靜觀空的修練，反對理學家靜坐的心性工夫[113]。他說：

> 人身之親有二，有本生父母，堂上二人是也；有眾生大父母，天地生成是也。人但知事父母，卻不知事天地；人亦

藏)，卷2，頁2a。

110 毛先舒：「盡倫常者，完性命；完性命者，了生死。」「純乎仁，便了生死。」毛先舒，《螺峰說錄》，《四庫全書存目叢書》子部，冊95（台南：莊嚴文化事業公司，1995），上卷，頁1b、13b、14b、19b。

111 呂妙芬，〈顏元生命思想中的家禮實踐與「家庭」的意涵〉，收入高明士編，《東亞傳統家禮、教育與國法（一）：家族、家禮與教育》（台北：臺大出版中心，2005），頁143-196。

112 許三禮，《天中許子政學合一集》，卷1，頁9b。

113 許三禮：「嘗閱前輩講學有以明善為宗者，大部語錄無數論辨，全無一語及於倫常，竟涉明心見性一邊，其說是矣，而未盡也。」許三禮，《天中許子政學合一集》，卷1，頁8a。

> 有時知畏天地，卻不能念念時時視天地如父母，是把天地、父母判為二事，終非仁孝極致。豈知仁人為能饗帝，與孝子為能饗親，總是一氣相通，一誠所感，何嘗有二？[114]

許三禮雖未強調事本生父母為事天之前提，不過他顯然不容許把天地與父母判為二，只講求事天地一邊的作法。他說：「吾黨今日講明聖學，無非欲立全體、致大用，而次第施為，未有不自敦篤人倫始。」[115]可見就實際的工夫次第而言，許三禮仍以家庭人倫為聖學起手處。

類似地，王啟元也批評內修重悟的性命之學，並指出儒學與佛教最大的差異即在於儒學謹守綱常倫理，並付諸實踐，佛教卻講究一悟即了：

> 要之佛法以君臣父子為世法、為常道，欲掃而空之，故可一悟即了，一超直入。儒者以君臣父子為大恩、為大義，故必行而後盡，斷斷乎必不可一悟即了，一超直入者。此儒、佛之分，千載未決之公案也。[116]

清初這類的說法非常普遍，例如魏象樞：「五倫之外無道。」[117]朱用純：「五倫之外更無人，五常之外更無道。」[118]申涵光

---

114 許三禮，《天中許子政學合一集》，卷1，頁8b-9a。

115 許三禮，《天中許子政學合一集》，卷1，頁7b。

116 王啟元，《清署經談》，卷16，頁49b。

117 魏象樞，《庸言》，《續修四庫全書》子部，冊946（上海：上海古籍出版社，1997），頁21b。

118 朱用純，《毋欺錄》，《叢書集成續編》子部，冊77（上海：上海書店，

（1618-1677）：「真理學從五倫作起。」[119]祝文彥：「聖人教人止是孝弟言行，……若深參性命、究極天人，恐非聖教本旨。」[120]陸隴其（1630-1692）：「君子以友輔仁，共勉於五倫之躬行而已，不必提宗也。」[121]李光地以人之異於禽獸者在人倫，又說：「道非他，即子臣弟友是也。……日用之間，瑣碎節目即是小，其根極天命，至於神化處即是大。」[122]桑調元（1695-1765）說聖學大要乃著力於五倫，又說：「一倫未盡即悖天。」[123]汪縉（1725-1797）說孔氏之道貫徹三界，相信「縱生天上，天上自有五倫，自有庶物」。王嗣槐也相信天地一道、幽明一理，忠孝等世道人倫即鬼神賞罰之判準[124]。楊屾則以「盡倫」作為人死後靈魂上升帝庭享樂或下沉欲囿受苦的判準[125]。

上述這些儒士的言論，明顯反映了對晚明學風的反省與修

1994），頁11b。

119 申涵光，《荊園語錄》，《叢書集成續編》子部，冊77（上海：上海書店，1994），卷上，頁8a。

120 祝文彥，《慶符堂集理學就正言》（東京：日本內閣文庫藏，清康熙二十五年序刊本），卷1，頁13a。

121 陸隴其，〈東林會約說〉，《三魚堂文集》，收入《清代詩文集彙編》117（上海：上海古籍出版社，2010），卷3，頁26a。

122 李光地，《榕村語錄》，《理學叢書》（北京：中華書局，1995），卷7，頁119。

123 桑調元，《弢甫文集》，《清代詩文集彙編》277（上海：上海古籍出版社，2010），卷17，〈道山書院學規〉，頁10a-b。

124 汪縉，〈與羅臺山二〉，《汪子文錄》，《續修四庫全書》集部，冊1437（上海：上海古籍出版社，1995），卷5，頁11b；王嗣槐，《太極圖說論》，卷2，頁14a-27a。

125 關於楊屾之學的討論，參見呂妙芬，〈楊屾《知本提綱》研究：十八世紀儒學與外來宗教融合之例〉，頁83-127。

正，其中許多人都是在鮮明闢佛的立場下，重新思考儒學的內涵。即使像周汝登是傾向融通三教的學者，也十分強調家庭職責與人倫的重要性。他們嚴辨儒佛、拒斥靜坐悟道的工夫取徑、強調日用人倫的平實工夫，把儒家聖賢之學與居家生活的人倫實踐更緊密地結合在一起。在他們的詮釋下，即使儒家聖賢之學仍重視沉潛不懈的心性工夫，甚至強調儒學要尊天、事天，但這一切都不能離開家庭而另闢修身之道場，也都必須以克盡家庭倫職為前提[126]。這樣的儒家聖學，在教義上並沒有觸及個人求道與家庭責任之間的衝突，因為前者必須完全以後者為前提。求道者必須在家庭人倫中求道，個人心性修養永遠要以克盡家庭倫職為必要條件，個人永遠不能捨離家庭這個淬鍊生命的場域而成聖。

三、結語

本章討論明清之際儒學思想中家庭、家庭人倫與成聖的關係。明清之際的儒學在修正晚明陽明學、區辨儒學與二氏方面，有鮮明的意圖與重要的論述。除了嚴厲批判晚明向內靜修以悟道的工夫型態之外，清初儒者也更加強調家庭價值：他們重申家庭

---

126 此與周可真研究顧炎武思想之心得相呼應，他指出顧炎武新仁學的內容包括「以盡人事為天職的性命觀」。周可真，《明清之際新仁學——顧炎武思想研究》（北京：中國大百科全書出版社，2006），頁88-91。事實上，佛教也有類似的強調，彌勒偈曰：「堂上有佛二尊，懊惱世人不識，不用金彩粧成，非是旃檀雕刻，即今現在雙親，就是釋迦彌佛。若能誠敬得他，何用別求功德。」不過儒者批評佛教時，總強調其廢倫常的一面，毛先舒就認為佛與儒對於性之認識無大差別，惟佛氏究性命而廢倫常，不知倫常即性命之用，故偏。嚴有穀，《嗜退菴語存》（清康熙十六年序刊本，日本內閣文庫藏），卷3，頁22a；毛先舒，《螺峰說錄》，下卷，頁9b-10a。

人倫的重要性，強調家庭是儒者修德之場域，只有在日常生活中克盡人倫之職，以孝親實事出發，才是入聖之階。簡言之，儒學雖以成聖為修身之目標，但成聖是以克盡家庭倫職為前提。每個人的家庭是其命定的一部分，儒家成聖之道永遠不可能捨離此命定，唯有在事親盡孝之中，才有可能成仁成聖。儒學走過晚明融會三教、自我心性修養高峰後，再次定位於家庭日用人倫中的聖賢之教，而家庭人倫也最能標幟儒學異於其他宗教的核心價值。與此同時，我們也看到儒者對於聖賢的描述，也更強調孝子的形象；即使沒有史料佐證，他們仍要極力地闡揚孔子、顏回之大孝。正因為深信五倫即是天理、孝弟為入聖之階，故聖賢必定要是孝子。中國歷史上最著名的大孝聖人應該是舜，下一章我們將藉著考察明清士人詮釋舜的理想形象，進一步討論此時期的儒學如何綰合個人成聖與家庭人倫的理想。

第三章

聖人處兄弟之變

上一章論到清儒對於家庭人倫的重視，強調孝弟是入聖之階、聖賢必定是孝子。本章將透過明清士人對舜象故事的詮釋，探討其對於理想聖人形像的構想，及其詮釋所反映的思想背景。

舜是中國歷史上著名的孝子，雖然關於舜的故事也有感生神話和政治神話，但是自《孟子》後，舜的傳說主要以處人倫之變的孝弟故事最為人知[1]。舜號稱大孝，何謂大孝？孟子說：「舜盡事親之道而瞽瞍厎豫，瞽瞍厎豫而天下化，瞽瞍厎豫而天下之為父子者定，此之謂大孝。」[2]舜最偉大的成就在於能處人倫之變而感化家人，進而感化天下，此即所謂「以一人之孝而定天下」，

1 關於堯舜傳說故事的形成與變化，及不同口傳文學版本，參見陳泳超，《堯舜傳說研究》（南京：南京師範大學出版社，2000）。緯書記載古代聖王均感星精而生，舜乃感樞精而生。見《尚書．帝命驗》，收入安居香山、中村璋八輯，《緯書集成》卷上（石家莊：河北人民出版社，1994），頁369；林素娟，〈漢代感生神話所傳達的宇宙觀及其在政教上的意義〉，《成大中文學報》，期28（2010），頁35-82。

2 焦循撰；沈文倬點校，《孟子正義》（北京：中華書局，1987），卷15，頁535。

這也是他獲取王權的主因。換言之，舜的道德與政治成就都取決於他處理家庭人倫的表現。舜的故事不僅體現了儒家以親親為主，由修身而齊家、治國、平天下的政教理想[3]，且廣為流傳，在《二十四孝》及許多孝子傳中，「舜孝感天」常是開篇的故事，它也曾藉著宣講的形式被傳頌[4]。

今日學者對舜孝弟故事的研究很多元，除了從比較神話的角度分析故事的母題，比較其與後母型故事（灰姑娘型故事）、兩兄弟型故事、難題考驗故事、仙女救夫型故事的異同外[5]，學者也指出舜孝弟故事在流傳中屢經修改添加，晚出的故事常更加強舜遭遇的險惡程度，使其逃脫的過程益加曲折神奇，以舜所受之奇苦來凸顯其異乎常人的大孝[6]。

儘管歷代對於舜之孝弟並無異議，但是說明舜處人倫之變的重要文本《孟子．萬章》篇中的記載，卻有著許多令人費解的細節。孟子與萬章的問答也不僅關係兄弟友愛的行為表現，更與舜之心思是否真誠、判斷是否明智、處事是否合宜，以及親情與百

3 關於孟子對舜的詮釋，參見吳冠宏，《聖賢典型的儒道義蘊試詮——以舜、甯武子、顏淵與黃憲為釋例》（台北：里仁書局，2000），頁59-101；陳熙遠，〈聖王典範與儒家「內聖外王」的質意涵——以孟子對舜的詮解為基點〉，收入黃俊傑編，《孟子思想的歷史發展》（台北：中央研究院中國文哲研究所，1995），頁23-67。

4 陳泳超，〈宣講書中的舜孝故事〉，《文史知識》，期12（2012），頁35-42。

5 陳星燦，〈舜象故事的母題蠡測〉，《中國文化》，期14（1996），頁66-71；李道和，〈舜象故事與葉限故事關係考辨〉，《民族文學研究》，期2（2005），頁36-43；陳昌茂，〈舜象傳說與兩兄弟型故事比較探微〉，《貴陽師範高等科學校學報（社會科學版）》，72期（2003），頁48-51。

6 例如，《舜子變》在感化與報應的故事主軸上加強了舜被迫害的描述。陳泳超，《堯舜傳說研究》，頁250-253。

姓公利孰重孰輕等問題相關。故許多明清士人都試圖針對《孟子》文本再詮釋，鋪展出更曲折的解釋、更多元的觀點。本章主要分析明清士人們對於《孟子》舜象故事的解釋，說明他們如何在前人詮釋的基礎上提出疑問、推新論點。明清士人對舜象故事豐富多元的論述，既與晚明以降《四書》學之興盛、科舉制藝論述求新、註釋考證等學風有關[7]，也反映當時對於儒家聖人與孝弟典範的想法，並觸及一些重要信念的差異。以下的討論將集中在「象憂亦憂」與「封象有庳」兩段文本的詮釋；將先交代程朱等宋儒的解釋，再梳理各家不同的論述，以呈現明清士人多元的觀點，及所反映的學術史意涵。

一、《孟子》的記載

本文主要討論《孟子．萬章》篇的二則內容，故先抄錄原文於下：

> 萬章曰：「父母使舜完廩，捐階，瞽瞍焚廩，使浚井，出，從而揜之。象曰：『謨蓋都君咸我績，牛羊父母，倉廩父母，干戈朕，琴朕，弤朕，二嫂使治朕棲。』象往入

7　晚明《四書》學出版大量著作，內容推陳出新，又與科舉有密切關係，參見佐野公治著，張文潮、莊兵譯，《四書學史的研究》（台北：萬卷樓圖書公司，2014），頁295-380。另參見周啟榮，〈從坊刻「四書」講章論明末考證學〉，收入郝延平、魏秀梅編，《近世中國之傳統與蛻變：劉廣京院士七十五歲祝壽論文集》（台北：中央研究院近代史研究所，1998），頁53-68。沈俊平，〈清代坊劇四書應舉用書探析〉，《武漢大學學報》，卷65，期5（2012），頁84-89。

舜宮，舜在床琴，象曰：『鬱陶思君爾』，忸怩。舜曰：『惟茲臣庶，汝其于予治。』不識舜不知象之將殺己與？」曰：「奚而不知也。象憂亦憂，象喜亦喜。」曰：「然則舜偽喜者與？」曰：「否。昔者有饋生魚於鄭子產，子產使校人畜之池，校人烹之。反命曰：『始舍之，圉圉焉，少則洋洋焉，悠然而逝。』子產曰：『得其所哉，得其所哉。』校人出，曰：『孰謂子產智，予既烹而食之，曰得其所哉，得其所哉。』故君子可欺以其方，難罔以非其道。彼以愛兄之道來，故誠信而喜之，奚偽焉。」[8]

萬章先描述舜的父母欲陷害他，舜如何驚險逃脫，又指出象在殺舜事件中的謀算，事後象來到舜的宮室準備掠奪兄產，卻發現舜沒有死，在床上彈琴。象說自己是因思念舜而來，但說話之間難掩忸怩之態，舜的反應則是要象幫忙治理臣庶。萬章接著提出問題：舜難道不知道象要殺自己嗎？孟子明確地回答：舜怎會不知？舜當然知道象欲殺己，然後說了一句難解的話：「象憂亦憂，象喜亦喜。」萬章接著追問：既然舜知道象要殺害他，難道舜面對象時表現出的歡喜之情是偽裝的嗎？孟子又明確否認舜偽喜，並講了子產和校人的故事，以「君子可欺以方，難罔以非道」來說明舜是因象以愛兄之道來，便真實喜之。

另一則記載，萬章和孟子的對話主題來到舜到底是「放象」或「封象」的問題。原文如下：

萬章問曰：「象日以殺舜為事，立為天子則放之，何

8　焦循撰，沈文倬點校，《孟子正義》，卷15，頁619-628。

> 也？」孟子曰：「封之也，或曰放焉。」萬章曰：「舜流共工于幽州，放驩兜于崇山，殺三苗于三危，殛鯀于羽山。四罪而天下咸服，誅不仁也。象至不仁，封之有庳，有庳之人奚罪焉。仁人固如是乎？在他人則誅之，在弟則封之。」曰：「仁人之於弟也，不藏怒焉，不宿怨焉，親愛之而已矣。親之欲其貴也，愛之欲其富也。封之有庳，富貴之也，身為天子，弟為匹夫，可謂親愛之乎。」敢問或曰放者，何謂也？曰：「象不得有為於其國，天子使吏治其國，而納其貢稅焉，故謂之放。豈得暴彼民哉？雖然，欲常常而見之，故源源而來，不及貢，以政接于有庳，此之謂也。」[9]

萬章問：象既處心積慮要殺舜，當舜立為天子之後，為何不正其罪而殺之，卻僅流放之？孟子回答：舜並非流放象，而是將有庳之地分封給象。萬章又舉舜處置共工、驩兜、三苗、鯀的作法，說舜因誅不仁者，故天下咸服，接著再追問：有庳之人何罪，必須接受象這位不仁之人的治理？難道聖王賞罰沒有一定標準嗎？對於不仁者的處置，難道可以是「在他人則誅之，在弟則封之」？孟子沒有直接回答這個問題，他強調舜愛弟之仁心，並說正是此天賦的倫理情感讓他可以做到「不藏怒、不宿怨」，故舜在任何景況下都能真誠面對象；舜在自己成為天子之後，也真心願意與象共享富貴，故將有庳分封給象。接著，孟子回應「有庳之人奚罪」的問題，說舜並未使象真正治理其國，而是讓吏代象治理，再將所收貢稅給象，並無暴虐有庳百姓之事。孟子又

9　焦循撰，沈文倬點校，《孟子正義》，卷15，頁628-633。

說：舜愛弟之情切，欲常常與象見面，故不待諸侯朝貢之期便常接見象，如此才能時常享受兄弟親愛之天倫。

以上兩則對話中，孟子的回答其實十分清楚，但仍有許多待討論的問題，後代儒者也不斷回到這些問題上闡述自己的想法。以《孟子》一書在近世的經典地位而言[10]，既然孟子的說明已經給出了某種「真理性」的答案，為何歧異駁論不斷出現？我想主要是因為整段問答涉及了一些價值衝突，以及舜的心理反應有令人費解之處吧。明清儒者最常討論的問題包括：

1. 舜既知象要殺己，卻又真誠地隨象而憂喜，這到底是怎樣一種心理狀態？這個問題引發許多深入的討論。其實孟子已清楚指出舜是既「知」又「誠」，這兩者顯然都是成聖的重要條件，因為「知」表明聖人具有洞悉事態變化的能力與智慧，唯有洞悉事態才能依天理行事，才能保護自己不受傷害、不陷父弟於不義，進而感化愚頑人；但是這種智慧又絕不能陷入逆億、機巧算計，聖人必須始終保有一顆真誠之心。因此，許多討論均徘徊在上述兩種情況，試圖揣摩舜面對象時的心理轉折，以更清晰而合理的方式說明聖人之心理。簡言之，如何解釋舜明知象之邪惡與虛偽，卻又真誠歡喜地接見他，且舜應當具備有不輕易受騙、不失去判斷是非的能力，這是讓學者費心的詮釋難題。至於這個問題為何引發士人如此多的討論，我想與孝

10 關於《四書》在宋代以後的重要性及宋明理學主導的經典詮釋，以及孟子地位在宋代的上升，參見楊儒賓，《從《五經》到《新五經》》（台北：臺大出版中心，2013），頁1-57；陳逢源，《朱熹與四書章句集注》（台北：里仁書局，2006），頁61-136；陳逢源，〈宋儒聖賢系譜論述之分析——朱熹道統觀淵源考察〉，《成大中文學報》，期13（2010），頁75-116。

弟典範的意義有關。若這是出於非常人所能理解的「聖人之心」，那麼這樣的孝弟典範對一般人有何意義？凡人可學而至嗎？這是儒學必須要回答的問題。

2. 舜封象有庳的作法是純粹出於愛弟之心嗎？還是一種政治智慧與手段的表現？此事不僅牽涉到聖人應如何處公私仁義，它還召喚出周公誅管蔡的事件，如果舜和周公這兩位聖人都是憑藉聖人之心依天理而行，為什麼他們的作法會如此不同？聖人的行事準則為何？

上述這些問題是明清士人在詮釋《孟子》舜象故事時最主要考量的，下文將詳細說明士人在註解上述這兩段經文時的論述重點。

二、象憂亦憂、象喜亦喜：何為聖人之心？

對於舜既知象欲殺己，卻又能做到「象憂亦憂，象喜亦喜」的解釋，趙岐注曰：「仁人愛其弟，憂喜隨之。」[11]程頤和朱熹的解釋也強調仁人自然愛弟之心，朱熹《集註》曰：

> 兄弟之情，自有所不能已耳。萬章所言，其有無不可知，然舜之心，則孟子有以知之矣，他亦不足辨也。程子曰：象憂亦憂，象喜亦喜。人情天理，於是為至。[12]

---

11 趙岐，《孟子趙注》（三），收入《無求備齋孟子十書》（台北：藝文印書館，1969），卷9，頁4b。

12 朱熹，《四書章句集注》（北京：中華書局，1983），卷9，頁304。

程朱認為萬章所言是否為歷史事實並不重要，孟子主要是就聖人之心與天理的層次來論說，未必承認真有其事；而《孟子》書中描述舜對象的表現，正是出於兄弟自然不容已的真情。朱熹與門人對答時，對於舜的心理，稍多作了揣摩與說明：

> 象謀害舜者，舜隨即化了，更無一毫在心，但有愛象之心。常有今人被弟激惱，便常以為恨，而愛弟之心減少矣。[13]

即使舜知道象要殺己，但他毫不懷恨，能隨即化掉一切負面情緒，一心只有愛弟之情。舜為何能做到這種地步？朱熹將舜與今人對舉，凸顯舜異於常人的心理反應。這樣的對比在《語錄》問答中頻繁出現，朱熹說舜「於許多道理都見得極盡，無有些子未盡」、「舜是生知」、「他合下渾全，都無欠闕」，一再強調舜能毫不勉強地依天理行事，有超越常人的天賦特質，所以能做到[14]。張栻（1133-1180）的說明略增了一些細節：

> 象之所為憂者，疾舜，故謀以害之也；而舜亦憂者，憂乎己何以使象之至此也。象之喜者有時，而彼以喜來，則舜固不逆其詐，亦從而為之喜也。其憂也純乎憂，其喜也純乎喜，親之愛之，而不知其他，此仁人之於弟也，天理人情之至也。象憂而舜漠然不以為憂，象喜而舜疑之不以為

13 黎靖德編，《朱子語類》，卷58，頁1358。

14 黎靖德編，《朱子語類》，卷58，頁1357-1358。

喜，則在我之誠先不篤矣，豈聖人之心也哉。[15]

張栻說象之憂與喜，分別意指其厭惡舜而欲謀害之，以及象歡喜地來到舜的宮室而言。而舜隨之的憂喜反應則是：舜明白象之殺意及象憂之故，但未被觸怒，反而「憂己何以使象至此」；當見象歡喜到來、又說因思君而來時，舜便不去猜測他的動機，歡歡喜喜接待他、相信他。張栻說這是仁人愛弟之心，舜因完全愛象，故不知其他，這是天理人情的最高表現。張栻並沒有深入探討象說「鬱陶思君爾」時的心理狀態，不過張栻的解釋觸及了幾個後儒時常論及的概念：(1)舜具有高度自我反省的傾向，總覺得是因自己不足，才使親人陷入不道德之境，絕無怨懟加害他人之心，後來湛若水（1466-1560）、王陽明均有類似之說[16]。(2)聖人雖具先覺的智慧，但其心絕不陷入機巧的謀算和臆測，亦即《論語》所謂「不逆詐，不億不信」[17]。倘若舜在迎見象時，心中

15 張栻，《孟子說》，收入《景印摛藻堂四庫全書薈要》經部第70冊（台北：世界書局，1986），卷5，頁5a-5b。

16 湛若水：「臣愚竊以為大舜之心，當時惟自見其實有未盡分處爾」；「但舜大聖人也，天理之全，人倫之至，常知有弟之親而不知有象之惡，故於象有謨蓋之憂，則憂之情亦與象同，曰吾何以使弟至此也。於象有鬱陶之喜，則喜之情亦與象同，幸得以遂天倫之樂也。」湛若水，《格物通》，收入《文淵閣四庫全書》，冊716（台北：臺灣商務印書館，1983），卷34，頁2a-2b；卷57，〈平天下格〉，頁9b-10b。王陽明：「舜能化得象的傲，其機括只是不見象的不是。」王陽明著，吳光等編校，《王陽明全集》，卷3，頁112。黃宗羲亦有類似之說，見黃宗羲，《子劉子學言》，收入《黃宗羲全集》，第一冊，卷1，頁282。另外，夏力恕說舜是期父母兄弟以聖賢者，其存心每自忘其己之為聖賢而終身於自反之地。見氏著，《原理》（清初刊本，中國國家圖書館藏），卷2，頁10b。

17 劉寶楠撰，高流水點校，《論語正義》（北京：中華書局，1990），卷17，頁

不斷猜測其動機、與之鬥智，而不能以誠篤之心與真實情感來面對兄弟，此又豈是誠篤聖人之所為？對於此，後儒的註解中也多有發揮，下文將再討論。

宋儒為此經文詮釋奠定了基調，主要強調舜異乎常人的聖人之心，這樣的解釋也為許多後儒所接受。舉例而言，真德秀（1178-1235）強調舜之心與天同量、非常人可比，他對於舜的心理也沒有太多著墨，只以「無一毫芥蒂於其中」帶過[18]。呂柟（1479-1542）說舜對象的至愛「無纖毫他意」[19]。孫應鰲（1527-1586）說舜是「至愛鍾於心而不可解」[20]。袁中道（1570-1623）則說：「象憂亦憂二句，不但見愛弟之情，亦見聖人化境，全不著意。譬如手足痛楚，心便不寧；手足康豫，心便自得。雖舜亦不自知其何為而然也。」[21]戴君恩[22]：「象憂亦憂，象喜亦喜，這是大

589。

18 真德秀：「象欲殺舜之跡明甚，舜豈不知之？然見其憂則憂，見其喜則喜，略無一毫芥蒂於其中。後世骨肉之間稍有疑隙，則猜防萬端，惟恐殺之不早，除之不亟。至此然後知聖人之心與天地同量也。」夏良勝，《中庸衍義》，收入《文淵閣四庫全書》，冊715（台北：臺灣商務印書館，1983），卷8，〈達道之義〉，頁2b。

19 呂柟，《四書因問》，收入《文淵閣四庫全書》（台北：臺灣商務印書館，1983），冊206，卷6，〈萬章上〉，頁18a。

20 陸隴其，《四書講義困勉錄》，收入《文淵閣四庫全書》，冊209（台北：臺灣商務印書館，1983），卷32，頁7b。

21 陸隴其，《四書講義困勉錄》，卷32，頁8a；王觀濤也說此見聖人化境全不著意，參見湯傳榘輯，《四書明儒大全精義》，收入《四庫未收書輯刊》，輯1，冊8（北京：北京出版社，1997），孟子卷9，頁8a。

22 戴君恩，明萬曆年間進士，曾官都御史、巡撫山西等。清高宗敕，《欽定大清一統志》，收入《文淵閣四庫全書》（台北：臺灣商務印書館，1983），冊480，卷287，頁31a。

舜勃然不容已，油然不自知的念頭。……大舜卻從天理中發見，我輩覺從人情上出來，此中一發千里。」[23]汪紱（1692-1759）：「此初不計其憂喜之何自，而自有動於天然者也。」[24]以上諸家均以超越常人的聖人之心來解釋，強調舜面對欲殺害自己的弟弟時，其反應乃出於一股不知其然而然、自然不容已的兄弟至愛，此是聖人之心的自然反應，也可以說是一種難以言說的聖人化境。

這樣的解釋雖然在詮釋史上占據重要地位，但實有令人難理解之處。朱長春（1583進士）便說：「然象方殺舜而舜喜之，幾於不近人情，故章疑其偽。」[25]朱長春直言舜的表現有不近人情、令人費解，萬章之疑並不奇怪。而將舜的心理與行為拉高到異乎常人、生知聖人的境界，強調其出於不知所以、不容已的自然愛弟之情，明知弟欲殺人的邪惡動機卻無所動其心，或者說舜因愛弟之至情，故「雖知其將殺己亦忘之也」[26]，也確實造成理解上的一些困難。若聖人之心理果真如此異乎常人、不可理解，那麼舜的孝弟如何成為人們學習和仿效的對象？儘管一般人達不到聖人的境界，但總要能想像、理解其崇高的心思意念，否則如此孝弟的典範便對常人失去意義，不僅無從效法，且將帶給人更多道德

23 戴君恩，《剩言》，收入《續修四庫全書》子部，冊1132（上海：上海古籍出版社，1997），卷6，頁6a。

24 汪紱，《理學逢源》，收入《續修四庫全書》子部，冊947（上海：上海古籍出版社，1997），卷4，頁40b。

25 朱長春，《新刻朱太復玄栖山中授兒四書主意心得解》（日本內閣文庫藏，明刊本），下孟卷9，頁42a。

26 盧伯儒編，《四書便蒙講述》（日本內閣文庫藏，明萬曆二十一年刊本），卷9，頁63a。

的困惑，而不是指引。

因此，雖然孟子已明確為舜的心理與行為定了基調，程朱等後儒的註解也強調符合天理之不容已的愛弟之情，然而在權威性經典詮釋傳統下，明清後儒仍不斷重探這段經文，顯然許多人感到有必要更清楚說明舜這位聖人在面對蓄意謀害自己的弟弟時，其心思意念到底如何？怎樣才能更清楚而有理地說明舜的作為符合儒家的道德標準？若無法解釋，是否應據理反駁《孟子》的判斷？

（一）舜可能受蒙蔽：聖人不逆億

當象以為舜已被謀害而來到舜的宮室準備接收其財產，才赫然發現舜未死，他忸怩地為自己的前來找理由，說是「鬱陶思君」。舜聽到後，歡歡喜喜地接待了象。舜知道象所謂「鬱陶思君」是謊言嗎？若舜不知道象說謊，則又引發另一個問題：先覺之聖人如此容易受騙嗎？事實上，孟子引子產和校人之例說「君子可欺以其方，難罔以非其道，彼以愛兄之道來，故誠信而喜之。」即認為聖人雖明無不察，但若誑以理之所有，是可能受欺的。換言之，孟子認為此刻舜並不去懷疑象說「鬱陶思君」是謊言，故誠信喜之。舜雖為生知聖人，明察庶物，但在當時情況下，他是被象所蒙蔽的。

既然舜知道象欲殺己，何以會在見面的那個時刻，就全然忘了象之前的殺機，而輕易相信他呢？對於這個心理轉折，有人以聖人之心如明鏡，物來自照，隨感而應，以及聖人不逆億的角度來理解。例如，湛若水說聖人之心如明鏡，「事物之來喜怒哀樂，聖人自順應，依舊此心」，並說舜完全與象同憂喜。他說：「一憂一喜皆在象，而舜無與焉」，又說舜「憂時不改其樂，樂時不改其憂，此乃是憂樂並行而不悖也。以此涵養，何等灑落。」[27]湛若水對舜之心理的描述並不容易體會，聖人之心始終如一，憂樂並行而不悖到底是怎樣的心境？他所要強調的應是聖人之心始終光明，能時時依天理而應物的境界吧。蔡清（1453-1508）則說舜不知象之偽，才能真實歡喜接待他，並將舜洞察力降低歸因於愛弟之心太強使然[28]。不過在另一處，蔡清也表達對此事的存疑，說孟子此說欠精細[29]。

朱長春說萬章之所以如此發問，是因其不知聖人無逆億之心[30]；即聖人因不逆億別人的動機，故可能受蔽。陳懿典（1554-1638）也說：「心機不可以操，而事機不可以不省。……忘者但不億逆，而非不先覺也。審者正求先覺，而非用億逆也。」[31]即強調先覺與億逆不同，舜之所以忘象之害已，正因不億逆其動機。陳龍正則區分聖人「先覺」與佛教「他心通」，並以此來理解舜的心理：

27 湛若水，《格物通》，卷57，頁10b；湛若水，《湛甘泉先生文集》，收入《四庫全書存目叢書》集部，冊56（台南：莊嚴文化事業公司，1997），卷8，頁11a-11b。

28 蔡清：「本註象以愛兄之道來，所謂欺之以其方也，舜本不知其偽，故實喜之，何偽之有？此數句最緊要。其不知其偽者，愛弟之心勝而然也，不然明洞秋毫，豈容不知哉。」蔡清，《四書蒙引》，收入《文淵閣四庫全書》，冊206（台北：臺灣商務印書館，1983），卷13，〈萬章章句上〉，頁8a。本註意指朱熹之註，見朱熹，《四書章句集注．孟子集注》，卷9，頁304。

29 蔡清，《四書蒙引》，卷13，〈萬章章句上〉，頁6b-7a。

30 朱長春，《新刻朱太復玄栖山中授兒四書主意心得解》，下孟卷9，頁42a。

31 陳懿典，〈省括編序〉，收入姚文蔚輯，《省括編》，《四庫全書存目叢書》子部，冊134（台南：莊嚴文化事業公司，1995），卷首，頁2a-b。

先覺如明鏡長懸，任物之來；他心通如手握明鏡尋物來照，特億之巧妙者耳。且詐與不信固有不當覺之時，如象偽喜，舜便真喜。設使他心通豈不立刻照破其偽？縱使照破不言，亦所以待他人，非所以待弟。謂覺弟之欺者是耶？謂不覺弟之欺者是耶？至誠故中庸，般若必奇特。[32]

陳龍正認為聖人先覺只是心如明鏡，任物自來而自照，不會特意機巧地去臆測、推敲別人的動機，或謀算因應之道。因此，即使象是偽裝說謊，然其以愛兄之道來，舜仍然以愛弟之真情接待他。在此情況下，舜確實可能被欺而不覺[33]。陳龍正說儒家聖人之心，不像佛教的他心通可立刻照破象之偽；若照破其偽還刻意選擇不說破，如此轉折多謀的心理，絕非聖人待弟之道。劉宗周也持類似之見，說聖人心體至誠，未嘗以詐與不信待人，又說先覺只是良知不蔽而已，非用察識之謂，故認為「舜受欺於象，正不失為先覺者」[34]。焦袁熹（1660-1735）則說：「聰明睿知如日月，無所不照，而於此顧有所不知，是其心純一無偽。凡人世逆億之私，機變之巧，一毫不得而與焉也。」[35]即認為舜此時之所以

32 陳龍正，《幾亭外書》，收入《續修四庫全書》子部，冊1133（上海：上海古籍出版社，1997），卷2，頁100a。

33 例如：馬世奇：「象雖非愛兄之弟也，而弟原有愛兄之理。彼以愛兄之道來，是非以象來，乃以弟來矣，天下無真人情，而有真道理，此要看出聖人一種真切念頭，有觸感而應之妙。」見張振淵，《四書說統》（日本內閣文庫藏，明天啟3年刊本），卷32，頁7a；馬世奇，《四書鼎臠》（日本內閣文庫藏，明刊本），下孟卷6，頁29b。

34 劉宗周，《論語學案》，收入戴璉璋、吳光主編，《劉宗周全集》（台北：中央研究院中國文哲研究所籌備處，1997），第1冊，頁553。

35 焦袁熹，《此木軒四書說》，收入《文淵閣四庫全書》（台北：臺灣商務印書

不知象偽，正顯示聖人之心太純正，絕無私心和機巧。

以上諸家均說明舜見到象時的欣喜之情是真誠無偽的，除了說舜能不藏怨怒外，也認為當舜見到象忸怩地說「鬱陶思君」的當下，並未察覺象之詐偽。他們接受孟子「君子可欺以其方」的說法，認為即使具先知先覺的聖人，當對方按著愛兄之天理而來時，聖人誠篤之心必然會依天理回應之，其受蒙蔽之事實正顯明其心之光明篤正。

（二）舜未受蒙蔽：聖人的智慧與教化

雖然上述的解釋為許多學者所接受，但也有人不滿意。主要因為聖人知幾的能力、洞悉事態的智慧，對於道德實踐而言，並非無關宏旨的末節。真正能孝弟者，必須有智慧去正確判斷情勢，才不致陷父母兄弟於不義，而舜「小杖則受，大杖則逃」正表明其具有洞悉事態而作出正確判斷的智慧。換言之，承認舜受欺騙蒙蔽，也同時必須承認舜可能讓自己陷入危險的景況，倘若他的生命因此而受傷害，他的親人也會因此背負殺人之罪，他將成為極不孝之人。程頤說：「聖人智足以周身，安可殺也。」[36]《性理大全》：

> 唯聖人無死地，無死地者不獨能知幾，而又且見於未萌也。所以能見於未萌者，以明乎理故也。如舜不為象所害，孔子不為匡人桓魋所殺是也，凡能為人所害所殺者，

館，1983），冊210，卷8，頁25b。

36 程顥、程頤，《二程遺書》，收於《文淵閣四庫全書》（台北：臺灣商務印書館，1983），冊698，卷18，頁45b。

謂之仁謂之難則可，不可以謂之聖也。[37]

清代李元度（1821-1887）不相信完廩浚井是史實，認為是後人為彰顯舜之孝而故意誇大瞽瞍與象之罪惡所編造的故事。他特別強調聖人必須具備正確判斷情勢的智慧，才能保護自己、不陷親於罪，否則像尾生抱柱，雖守信而不知變通，或如申生不忍傷父心而自縊，反陷親於不義，終究只能稱恭而不能稱孝，遑論稱聖[38]。類似地，黃瑞《家塾四書講義錄》也說：「神龍變化，豈受網羅。以象之至愚而欲害舜之至聖，自是萬萬不能。」[39]明清士人的註釋中，確實有不少人是從這個角度來思考，強調舜在整個事件中始終能洞察情態，未嘗受蒙蔽。

也有人從教化的角度來思考，作出新詮釋。李贄（1527-1602）對這段經文有獨特的看法，他說堯和孔子都知道自己的兒子不夠賢明，不能承擔治國、傳道之重責，他們當然會為此感到痛心，但他們也從未放棄對兒子的教誨，這兩位聖人必然會對兒子作出適當的安排。李贄說讀書要能看到這個層面，才能真正明白聖人愛子之心。他接著評論舜象故事說：

37　胡廣，《性理大全書》，收於《文淵閣四庫全書》（台北：臺灣商務印書館，1983），冊710，卷10，頁12b-13a。

38　李元度，《天岳山館文鈔》，收於《續修四庫全書》集部，冊1549（上海：上海古籍出版社，1995），卷1，頁2a-2b。尾生是《莊子》中的人物，申生是晉獻公之子，遭麗姬之難，枉受謗而不自申，自縊死。郭慶藩編，《莊子集釋》（台北：木鐸出版社，1983），頁1007；左丘明，《重刊宋本左傳注疏附校勘記》（台北：藝文印書館，1965），卷12，「僖公四年」，頁15a-16a。

39　黃瑞，《家塾四書講義錄》（日本內閣文庫藏康熙四十八年刊本），孟子卷5，頁3a。

> 乃孟氏謂舜之喜象非偽喜，則僕實未敢以為然。夫舜明知象之欲己殺也，然非真心喜象則不可解象之毒，縱象之毒終不可解，然舍喜象無別解法矣，故其喜象是偽也，其主意必欲喜象以得象之喜是真也，非偽也。若如軻言，則是舜不知象之殺己，是不智也；知其欲殺己而喜之，是喜殺也，是不誠也。是堯不知朱之嚚訟，孔不知鯉之痴頑也，不明甚也。故僕謂舜為偽喜，非過也，以其情其勢雖欲不偽喜而不可得也。以中者養不中，才者養不才，其道當如是也。養者，養其體膚，飲食衣服宮室之而已也，如堯之于朱，舜之于象，孔之于伯魚，但使之得所養而已也，此聖人所以為真能愛子與悌弟也。[40]

李贄斷言舜必然知道象欲殺己；若舜不知道，便是不智。而若舜知象欲殺己而還能真喜，則不可理解，因為面對一個懷著殺機的人，除非此人本身也有喜殺之心，否則不可能真喜。李贄因而作出與《孟子》原文相當不同的判斷，他說舜見到象的當下是「偽喜」。李贄揣摩舜的心理，認為按照真實的情感與理智的反應，舜的第一反應必不可能真正喜象，但此處舜之「偽喜」談不上過錯，反而是當時情勢下應然的反應。聖人面對自己不成才的親人，絕不會放棄對其之教化與期許，必要想出合宜對待之道。李贄說舜知道自己必須愛象，因為唯有真心去愛他，才可能解象之毒，且無論結果如何，這是唯一正確之道。因此，舜以意志選擇了正道：愛弟。而其愛弟的意志，及其相信真心喜愛能帶出美

---

40 李贄，〈與友人書〉，《李溫陵集》，收於《四庫全書存目叢書》集部，冊126（台南：莊嚴文化事業公司，1997），卷6，頁6a-6b。

好的關係，則是真誠的，故又曰：「其主意必欲喜象以得象之喜是真也，非偽也。」簡言之，李贄認為舜在理智與情感上都不可能（也不應該）自然而自然地喜象，否則其心有違常理，是非不明；舜是以其智慧和意志，定意真心去愛象。在李贄的筆下，舜這位聖人的心理與情感反應比較容易為常人所理解，他並沒有忘掉或忽視象欲殺己的邪惡動機，聖人對罪惡是深惡痛絕的，但是他能以智慧去看見愛的力量，且定意真實去愛眼前的罪人，因為他相信唯有真實親愛才是感化的力量。李贄也把舜和象的關係，與堯之於朱、孔子之於鯉類比，認為三者都是以聖人之才教養不成才子弟的典範，也都充分體現聖人愛子弟之心。李贄的解釋頗有說服力，唯獨他公然違背《孟子》原文，說舜「偽喜」，就經典詮釋而言，難被接受。

王陽明也試圖從教化的角度，以智慧之心來揣摩舜象互動。王陽明說：

> 舜只是自進於乂，以乂薰烝，不去正他姦惡。凡文過掩慝，此是惡人的常態，若要指摘他的是非，反去激他惡性。舜初時致得象要殺己，亦是要象好的心太急，此就是舜之過處。經過來，乃知功夫只在自己，不去責人，所以致得克諧，此是舜動心忍性，增益不能處。41

根據王陽明的詮釋，舜始終知道象的惡意，也能清楚判斷是非。舜之所以沒有立刻指摘象，是怕激起象的惡性，反而不能感化他。王陽明以「感化」為詮釋主軸，又加入了自己的想像，說

41 王守仁，《王陽明全集》，頁113。

初時就是因為舜要象好的心太急了，才導致象要殺舜，他甚至說這是「舜的過處」。這個前因事件並沒有文本根據，但在王陽明的解釋中，它讓舜領悟到「工夫只在自己，不去責望人」，也因而改變了舜教化的手法。舜這種極度自我反省、只看到自己不足的心態，是王陽明解釋舜之孝弟的重點，後儒中也有人持類似的看法[42]。但也有如羅澤南（1807-1856）對於王陽明公然指出舜之過，提出嚴厲批評的例子[43]。其實王陽明並沒有詳細說明舜的心理，也沒有明確解釋舜為何「信而喜之」，若舜明知象欺騙自己，只是因不願激其惡性而故意不說破，這樣還能算是真誠無偽嗎？

李光地的看法類似王陽明，他也認為舜知道不能太直接去格正象，只能慢慢引導：

> 夫父母之不愛舜，以有象耳，使舜不能與象和諧，則益拂父母之心，安能孝乎？故能和諧於象者，乃其所以盡孝也。象之姦甚矣，驟欲格而正之，適長其惡耳。舜惟以和氣薰蒸而嘿治之，而不格正其姦惡。如孟子萬章所述之事，雖未必有之，然亦可想見其親愛和厚而無幾微藏怒宿怨之心也。[44]

李光地把「孝弟」一起考量，無弟則不能孝。在父母偏愛

42 孫奇逢、劉宗周均有類似之說。見孫奇逢，《孫徵君日譜錄存》（北京：線裝書局，2003），卷7，頁29b-30a；劉宗周，《劉宗周全集》，冊2，頁452。

43 羅澤南，《姚江學辨》，收於《續修四庫全書》子部，冊952（上海：上海古籍出版社，1997），卷2，頁58b-59b。

44 李光地，《榕村集》，收於《文淵閣四庫全書》（台北：臺灣商務印書館，1983），冊1324，卷23，頁17a。

象、不愛舜的情況下，舜若不能與象和諧相處，必拂逆父母之心，即不孝；舜必須與象保持和諧的關係，才能盡孝。和王陽明一樣，李光地也考慮到如何才能達到教化效果的作法，他也說舜若急切去格正象，結果會適得其反，所以舜選擇以和氣委婉的方式來對待象，希望透過薰蒸嘿治之法，最終能感化象。

陳際泰（1567-1641）也有類似的解釋，強調舜具有洞悉事態的智慧。他說若象真有危害舜的能力，舜必不會讓自己身陷危機而陷弟於殺兄之罪，也不會放縱象作惡而不去教化他；正因為舜知道象之才不足以成事，所以選擇用迂迴委婉之法教化之[45]。陳際泰又說：

> 舜以為此其人易與也，於是有權焉，以善全于手足骨肉之間，迎其偽，託之語而予以可轉之途。……其平日之用心如此，特無可迎之機，使弟得有所轉，以善全于骨肉之間，而幸有鬱陶思君之言。乃猶然數其往事而誅其詐心，則象將顯出焉而其禍益甚，縱勝之，其損已多。天下後世有分象之責，而舜亦不得為聖人矣。[46]

陳際泰也強調舜教化象的用心，平時已用心尋求合適的機會來保全兄弟之情，因此認為當時舜是經過仔細思索後果，才決定不數落象之往事或揭發其詐心，並託言「為予治庶民」。

以上諸說都賦予舜較高理智思維和通盤考量的能力，弱化舜

---

45 陳際泰，《四書讀》，收於《四庫全書存目叢書》經部，冊166（台南：莊嚴文化事業公司，1997），下孟，頁8b-9a。

46 陳際泰，《四書讀》，下孟，頁9a-9b。

之反應乃出於聖人自然不容已之心的解釋，也暗示當舜見到象時的情緒必未必是單純的「真喜」，雖然未如李贄明確說出「偽喜」[47]。儘管如此，以上各家的解釋也都強調，舜尋求與象和睦相處並試圖感化他的心意是真誠的，並以此來解釋仁人「不藏怒、不宿怨」之心。李贄、王陽明、李光地的解釋較強調舜在處變時的理智思考，但也有使聖人落入機巧算計的可能性。

綜上兩節所論，許多明清士人都試圖更詳細解讀舜在面對象這位謀害自己未成、又忸怩編造出造訪理由之弟時的心理狀況，但綜觀各家解釋，似乎陷入一種兩難的困境。為保全舜的真誠無偽，詮釋者或強調舜見到象忸怩時，並不知其偽而真實相信他，然此卻必須犧牲舜智慧先覺的能力。相反地，為保全舜洞悉事態、判斷是非、掌握全局的智慧，則須承認舜在迎接象時心理充滿更複雜的思緒和考量，即使詮釋者賦予舜欲教化象的美好意圖，仍不免讓舜之心落入某種機巧和謀算。有沒有更「圓滿」的解釋可同時賦予舜真誠與智慧，又不逆不億，且又能盡量符合《孟子》原文的基調？確實有如此的嘗試，但在進一步說明之前，下節先討論對於舜封象有庳的各種解釋。

三、舜「封」象有庳

（一）分封或流放？

關於舜封象有庳的討論，孟子明確指出舜是出於真誠愛弟之

47 陳際泰的將象憂亦憂二句，解為平日舜對象的心態，而非一時的心理反應。見陳際泰，《四書讀》，下孟，頁9a。

心，欲象富貴而封之有庳，並非假藉名義流放之。而在回答萬章「敢問或曰放者何謂也？」之問時，孟子說：「象不得有為於其國，天子使吏治其國而納其貢稅，故謂之放，豈得暴彼民哉。」此乃針對「有庳之人奚罪？」而發，孟子承認象的品格和才智並不足以治理有庳，因此舜雖封象使其富貴，但不敢貿然讓他治理有庳。這段問答觸及親情與國家治理及人民公利的難題，若舜因愛弟之情而私厚象，卻不顧有庳百姓，即以私恩害公義，將不配為治理天下之聖王；若舜以公義廢私恩，則不僅有虧人倫而不仁，且兄弟是天倫，不能保全天倫者，亦不配為聖人。對於這段經文的詮釋，朱熹說：

> 孟子言象雖封為有庳之君，然不得治其國。天子使吏代之治，而納其所收之貢稅於象。有似於放，故或者以為放也。蓋象至不仁，處之如此，則既不失吾親愛之心，而彼亦不得虐有庳之民也。……吳氏曰：言聖人不以公義廢私恩，亦不以私恩害公義。舜之於象，仁之至，義之盡也。[48]

朱熹引吳氏說舜封象有庳，使之富貴，是不以公義廢私恩；而使吏代象治理，則是不以私恩害公義。因此，舜封象是仁義兩盡、天理人情皆至的兩全作法。

這種著重舜的政治智慧及封象有庳所帶出之政治效果的看法，確實為部分後儒所強調。例如，張居正（1525-1582）：「舜之待弟，不獨有親愛之心，而尤有善處之術，但其用意深遠，或

48 朱熹，《四書章句集註》，卷9，頁305。

人未能測識耳。」[49]桑拱陽（1633舉人）說此是舜親愛之深而慮之遠的表現，是後世郡縣之制之起源[50]；李光地也說：「象傲而舜封之有庳，使吏治其國，亦恐其叛逆，不全親親之愛耳。」[51]陳懿典更是完全從政治治理而非兄弟親愛的角度立論：

> 舜封象于有庳，使吏治其國而納其貢稅焉，此不惟制象，亦所以成象。操柄者，天下之大利大害也，君子有之以展志，而不肖者有之以逞凶，舜以名位養象，使漸向于君子之路，而不假以操柄，俾絕其不肖之心，此千古諸侯王之良法也。[52]

在陳懿典筆下，舜雖有成全象的美意，但也有牽制象的政治考量，舜既身為天子，必當為天下計，故採取以名位養象，又剝奪其政治實權的方法。陳懿典在文中接著討論封建制度在歷史中的實行，歷述三代的變化、秦之廢封建改郡縣，以及漢朝懲秦弊而大封同姓等不同作法，陳懿典說賈誼「眾建諸侯而少其力」的主張即得「帝舜封有庳之意」[53]。陳懿典盛讚舜封象的作法有封建之

---

49 張居正，《四書集注闡微直解》，收於《四庫未收書輯刊》（北京：北京出版社，1997），輯2，冊12，孟子卷22，頁12a。

50 桑拱陽，《四書則》，收於《四庫全書存目叢書》經部，冊166（台南：莊嚴文化事業公司，1997），下孟，頁37a。

51 李光地，《榕村續語錄》（北京：中華書局，1995），卷3，頁592。

52 陳懿典，〈舜〉，《陳學士先生初集》，收於《四庫禁燬書叢刊》集部，冊79（北京：北京出版社，2000），卷22，頁1a。

53 賈誼之主張見班固，《漢書》（北京：中華書局，1995），卷48，頁2230-2243。

利而無其害，又說舜思慮周詳，「其事制曲防已盡古今之變，真足為萬世法也」[54]。

更有人完全從政治權力牽制的角度考量，斷定舜當日作法其實就是「放」象，只是美其名稱之為「封」而已。事實上，歷史上對於舜如何處置象本有不同看法，韓非子便有舜放瞽瞍、殺象之說，不過這種看法基本不在儒學論述中，故此處不論[55]。回到明清儒學的論述，我們還是可以讀到歧異的聲音。例如，金聲（1598-1645）說：「蓋舜當日處象明是放之，孟子曰封，亦是戰國談鋒耳。在他人則誅之，在弟則封之，雖親愛，奚至差別若此？」[56]

上述幾家的詮釋都是從政治治理和權力牽制的角度來考量，與《孟子》原文所欲強調的仁人愛弟之情並不相符，所描述舜用意深遠的作法也與上文所論的聖人至誠之心有違。以上一節的討論為例，當士人在解釋舜面對象時，即使認定舜懷抱著教化的美意而隱藏情緒，都被認為這樣的理解有違聖人真誠無偽之心，而此處若將舜描述成深謀遠慮地將象封（放）到遙遠的有庳，又刻意使其不得政治實權，豈不明顯是陽賜之而陰奪其權，以富貴名位來牽制親兄弟的手段？擁有這樣心術的舜豈能符合聖人的理想形象？

---

54 陳懿典，〈舜〉，《陳學士先生初集》，卷22，頁2b。

55《韓非子》：「瞽瞍為舜父而舜放之，象為舜弟而殺之。放父殺弟，不可謂仁。」見陳奇猷編注，《韓非子集釋》（台北：莊嚴文化事業公司，1984），〈忠孝篇〉，頁1108。

56 金聲之言見呂留良引述，呂留良，《呂晚邨先生四書講義》，收於《四庫禁燬書叢刊》（北京：北京出版社，2000）經部，冊1，卷38，頁3b-4a。

（二）聖人純然愛弟之心

果然，許多明清士人都反對以政治謀略來詮釋此段經文，他們強調舜只是順從其親愛兄弟的真心，絕不可理解為政治權謀。舉例而言，王宇、王納諫（1607進士）、李光縉（1585舉人）均不同意朱熹以「仁至義盡」來解說此章經文，他們認為此章主旨只在愛弟之仁，並不是要兼言愛弟與愛民，亦非兼論仁與義[57]。鍾天元也說此章只重愛弟，並未論及仁民，舜之心意只是要象常常來見，以遂其親愛無已之情而已[58]。王夫之則說：「予奪生殺之權，有國者之所得為，而象以至頑不能為也，不樂為也，舜因令不得有為焉。」[59]換言之，王夫之認為是象自己沒有能力、也沒有意願治理有庳，舜才下令使吏治之。王夫之又說：

---

57 參見王宇，〈象日殺舜章〉，《四書也足園初告》，收於《四庫未收書輯刊》，輯1，冊7（北京：北京出版社，1997），下孟，頁67b；王納諫、王鼎鎮校訂，《新鐫王觀濤先生四書翼註講意》（日本內閣文庫藏崇禎十六年刊本），下孟，頁70b-71a；湯傳榘輯，《四書明儒大全精義》，孟子卷9，頁12a-b；類似的討論見李沛霖、李禎，《四書朱子異同條辨》，收於《四庫禁燬書叢刊》（北京：北京出版社，2000）經部，冊4，孟子卷9，頁18b-19a。另，錢肅樂亦曰：「此處切不可說舜制乎象，使不得暴彼民。」見錢肅樂、楊廷樞校訂，《二刻錢希聲先生手著四書從信》（日本內閣文庫藏明刊本），下孟卷8，頁6a。

58 鍾天元，《四書解縛編》（日本內閣文庫藏明萬曆四十三年刊本），卷14，頁4a。黃景星也說此章章旨在仁，最後孟子又一轉語強調欲常見象之心，正是「恐人看做智術制馭之法」。黃景星，《槐芝堂四書解》（日本內閣文庫藏明刊本），下孟，頁61b。

59 王夫之，《四書訓義》，收於《四庫未收書輯刊》（北京：北京出版社，1997），輯2，冊30，卷31，頁17b。

> 全象於羨度之外，即安民於吏治之中。仁人之親親仁民並行不悖者，其條理然也。雖然此自然之條理，不思而中，而舜豈念及此哉。使吏治之初心，則固極用其親愛也。舜不忍弟之殊己，欲常常而見之，以同其憂喜，惟有吏代治，故可以原原而來，而事無所妨，心無所沮也。[60]

同樣看到親親仁民、公私並行不悖的結果，但王夫之說此結果並非出於舜的深謀遠慮，故曰「舜豈念及此哉」。他也強調舜使吏治國完全是基於愛弟之心，主要為了能常與弟相見，絕無藉此牽制其政權的意思。呂留良更是極力批判政治牽制的看法，他反駁金聲說道：

> ……然遂謂舜有桎梏、處置、伺察之法，純從利害起論，然則充類盡義，舜亦日以殺象為事矣。至引聖人為天下棄子以證實放象，不知聖人不以天下與其子，亦正是富貴之而不得有為於天下耳。《中庸》所謂子孫保之，正見聖人親愛其子而使之得所，原未嘗棄也。總之，看商均便該與他天下，看象便該殺，輕也須放，此是後世庸人肺腸，如何可與論聖人。聖人於子弟未嘗無商量安頓，然總在親愛中曲成，如正希所云盡是私心作用。[61]

呂留良反對完全從利害起論，說舜用政治手段牽制象，他認為這種說法若推到極處，則「舜亦日以殺象為事矣」，此又怎會是聖

60 王夫之，《四書訓義》，卷31，頁17b-18a。

61 呂留良，《呂晚邨先生四書講義》，卷38，頁4a。

人之心？聖人雖不將天下授予不才之親人，但也不至於不使其富貴、不為其安排合適之位。呂留良又說：「舜之待象，純乎天理仁義上事，後世只在人欲利害上計較，此天淵之隔。」[62]

李沛霖、李禎《四書朱子異同條辨》也說：

> 按舜可以放象，即可以殺象，原是一緣上事，不以罪之輕重而有差也。惟封異放，則大不同。封則盡其愛弟之情，是天理上事；放則治象不弟之罪，是人欲上事矣。孟子安得不辨。[63]

流放和刑殺都是對待罪犯的方式，雖輕重有別，但處罰的意義並無不同。若舜放象，就等於以罪犯的身分來對待象、處治其不弟之罪。李沛霖、李禎說舜若治象之罪，便落入人欲，不符合天理，故相信舜只是盡其愛弟之情而封象有庳。他們立場比較接近儒家以親親為主的觀念。

以上諸說都強調舜封象有庳乃出於真誠愛弟之情，無論分封或請吏代治都是聖人愛弟的作法，絕無政治謀略，所謂「跡雖放而心實愛之」[64]。呂留良甚至強調舜的作法除了基於一片愛弟之誠外，更是「愛民之仁、成物之智，又未嘗不周見」[65]。與上一節的討論相似，聖人至愛之心尚需配合洞察事物的智慧，才能達到仁

---

62 呂留良，《呂晚邨先生四書講義》，卷38，頁5a。

63 李沛霖、李禎，《四書朱子異同條辨》，收入《四庫禁燬書叢刊》經冊3（北京：北京出版社，2000），孟子卷9，頁15a。

64 參見陶望齡，《陶石簣先生四書要達》，收於《四庫禁燬書叢刊補編》（北京：北京出版社，2005），冊3，頁464。

65 呂留良，《呂晚邨先生四書講義》，卷38，頁5a。

至義盡的結果；而即使聖人用智，亦不違其完全愛弟之心。

綜言之，強調親愛之仁的解釋讓舜不致落入機詐算計而保有聖人誠篤之心是重要的，亦符合《孟子》原文的精神，並與儒家以親親為主的政治理念相近，此也是這段經文詮釋的主調[66]。然而，即使認為處兄弟之際只論情而不當論法[67]，但國家法制與天下公利豈真可完全不顧？否則，周公誅管蔡的事件又當如何解釋？

（三）周公處兄弟之變

在詮釋舜象關係時，周公處兄弟之變的事件也不斷被相提並論。而周公誅管蔡的作法，其正當性只能訴諸國家、天下之公，同時周公聖人之心也必須被說明。《孟子・公孫丑》對於周公誅管蔡之事也有評論，齊國大夫陳賈與孟子有如下的對話：

> （賈）見孟子問曰：「周公何人也？」曰：「古聖人也。」曰：「使管叔監殷，管叔以殷畔也，有諸？」曰：「然。」曰：「周公知其將畔而使之與？」曰：「不知也。」「然則聖人且有過與？」曰：「周公弟也，管叔兄也，周公之過，不亦宜乎？……」[68]

---

66 儒家政治理論以親親為主，強調仁人之待親不同於待他人，不以天下之公法而不恤己親，而是相信基於親親人倫的道德基礎，才是行仁民愛物之王道的正路。《論語》「父子相隱」及《孟子》桃應虛擬舜父殺人的故事即關於此的討論。參見陳壁生，《經學、制度與生活——《論語》父子相隱章疏證》（上海：華東師範大學出版社，2009），頁23-119。

67 例見張居正，《四書集註闡微直解》，收於《四庫未收書輯刊》，輯2，冊12，卷32，頁11a；王夫之，《四書訓義》，卷31，頁18a。

68《孟子注疏》，〈公孫丑下〉，收入阮元，《十三經注疏》（台北：藝文印書館，1982），卷4下，頁4b-5a。

陳賈同樣以仁智難以兼備來質疑周公：若周公知管叔將叛卻仍使之，即不仁；若不知，即不智[69]。面對陳賈的問題，孟子說周公不知管叔會以殷叛，周公並未猜疑兄弟的動機，其處置的原則並無不妥，若硬要以最後不幸的結局來議論周公之過，那麼「此過不亦宜乎」。後代的詮釋者大體依孟子之說，而在與舜的比較上，也多強調周公與舜雖行跡不同，但聖人之心實同。例如，張栻說：

> 蓋管蔡挾武庚以叛，憂在廟社，孽在臣民，周公為國弭亂也。象之欲殺舜，其事在舜之身耳，固不同也。舜與周公易地則皆然，蓋其存心為天理人情之至則一也。[70]

張栻以事情傷害的對象及嚴重的程度來分辨。管蔡之叛傷及廟社臣民，是叛國之罪，與象之害舜僅及舜個人，犯罪的程度不同，因此聖人處置的方法也不同，張栻也說聖人本天理而行的原則並無差別。范祖禹（1041-1098）的看法也類似：

> 象日以殺舜為事，舜為天子，則封之；管蔡啟商以叛周，周公為相也，則誅之。其跡不同，而其道一也。……象得罪於舜，故封之；管蔡流言於國，將危周公以間王室，得罪於天下，故誅之。非周公誅之，天下所當誅也，周公豈

69《孟子注疏》，〈公孫丑下〉，卷4下，頁4b。

70 胡廣奉敕撰，《四書大全》，收於《文淵閣四庫全書》，冊205（台北：臺灣商務印書館，1983），〈孟子集註大全〉卷9，頁11b。

得而私之哉。[71]

聖人之心同然，只是事件情態不同。舜身為天子、周公為相，兩人權責亦有別，且象得罪舜，而管蔡得罪天下，故處置方式不同，此即所謂「其跡不同，其道一也」。類似的理由和解釋模式，為許多人所接授。王世貞（1526-1590）說：「得罪於天下，雖弟無赦也；得罪於己，雖疎無誅也，況親其弟乎。」[72]汪紱也說周公處兄弟之變之所以不同於舜者，乃因「管叔……流毒生民，禍及宗社矣，周公又安能復庇其兄而不置之辟也。」[73]根據這些解釋，國家、天下、臣民並非不重要，只是象欲殺兄的事件尚未嚴重到傷及國家臣庶的層次，故舜可以親愛處之，使之富貴[74]。然而到底什麼程度才算傷及國家臣民？各家看法其實頗有差異。有人認為舜封象已破壞國家體制，將天下臣庶私相授受，並不可取[75]；王夫之則認為國法固然重要，但面對親人與外人本應有不同處理方式，周公之所以必須誅管蔡，乃因其身為人臣的身分，才不得不然，若使周公身為天子，則「其不可加管蔡以上刑亦明

---

71 范祖禹，《唐鑒》，收於《文淵閣四庫全書》（台北：臺灣商務印書館，1983），冊685，卷2，頁6b-7a。

72 王世貞《弇州四部稿》收於《文淵閣四庫全書》（台北：臺灣商務印書館，1983），冊1281，卷139，〈 部〉，頁15a。

73 汪紱，《理學逢源》，卷4，頁41a-41b。

74 鍾惺《四書參》說孟子以仁人之于弟也回答萬章之問「亦失之」，「該對他說四罪之罪，罪在天下，象之罪罪在一家，所以處之不同。」也是以象之罪未傷及天下來合理化舜的行為。見鍾惺，《四書參》（日本內閣文庫藏晚明刊本），下孟卷11，頁5b。

75 見下文。

矣」[76]。

也有人在舜與周公之間評判優劣。畢竟兩個事件的結局極不相同，周公誅兄弟的人倫悲劇是事實，舜象的結局則相對圓滿。呂柟的門人曾問：「周公之處管蔡不如舜之處象何也？」呂柟回答：周公兄弟之間的問題並非從使監殷才開始，恐怕更早已不和。雖然呂柟仍相信周公有聖人之懷，是管蔡懷小人之心，但他也承認周公於兄弟委曲處或有未察，故有過[77]。焦竑（1540-1620）雖也為周公辯護，認為周公以天理人倫為重，不逆探兄弟之惡而使之，未料兄會叛周，是人倫之大不幸；但他也說，若周公能效法舜處象的作法，使吏治其國，即能保全其兄。顯然也認為舜處象的作法更高明[78]。

綜上所論，無論強調周公與舜之心相同，只是情勢不同，故作法有異，或者對舜處兄弟之變的各種解釋，無非不是欲闡明聖人之心與行為的合理性[79]。對於舜封象有庳的解釋，雖然孟子的回答主要強調仁人愛弟之親，但後代詮釋者顯然認真思考萬章的問題，更多著意於一位儒家聖王應有的完美作法。清人金松便說：「『則仁人固如是乎』三句，正要兼兩意說。仁人至公，當不至在他人則誅，在弟則封；仁人至普，當不至有誅以除害，而

76 王夫之：「夫周公者，人臣也，不得以有其身者也。身不得有，故兄弟亦不得而有。」氏著，《讀四書大全說》，卷9，頁644。

77 呂柟，《四書因問》，卷6，頁18a-18b。

78 焦竑，《焦氏四書講錄》，收於《續修四庫全書》（上海：上海古籍出版社，1995）經部，冊162，孟上卷9，頁43b。

79 以舜不告而娶為例，黃宗羲說是因瞽瞍不肯主婚，舜才請堯為之主，並非不使瞽瞍聞之也。又說：「若非堯為主而舜自主之，使父不與聞，其不孝大於無後矣。」此也是一種試圖合理化舜行為的解釋。黃宗羲，《黃宗羲全集》，冊1，頁101。

復有封以貽害。兩語夾說，纔盡萬章之意。」[80]換言之，仁人不當只知親愛家人，也要能做到至公至普。明清士人對於舜象故事的解釋，總希望在孝弟與仁義、內心與行為、公與私之間找到合理而完備的解釋，但似乎存在著困難。上述各家的解釋各有所偏重，下一節將以莊存與的詮釋為主，說明另一種努力合理化舜之心理與行為的嘗試。

四、向善轉化的象：以莊存與的詮釋為主

據我目前所見，將舜象的互動過程敷衍得最詳細、結局構想得最理想的，莫過於莊存與（1719-1788）[81]。莊存與試圖加入許多沒有文獻根據的細節來詮釋舜象的互動關係，不僅讓舜這位處人倫之變的聖人之心思與行為都更合情理，也讓舜封象有庳的決定更具政治正當性，讓整個故事在義理層次上達到圓滿，減少讀者的疑惑而增加其教化的說服力。莊存與詮釋的關鍵之一是：扣緊孟子性善論的精神，不將人物的善惡定型，而是強調惡人向善的轉化，讓「象的改變」作為整個故事的主軸，成為合理化舜之作為的關鍵。以下先看莊存與如何解釋「象憂亦憂，象喜亦喜」，他說：

---

80 金松、朱邦椿校訂，《四書講》（日本內閣文庫藏康熙五十九年刊本），卷35，頁7b。

81 莊存與的詮釋載於《尚書既見》，至於莊存與以上書房師傅的身分著作該書，其不重訓詁而重孔孟正道的詮釋重點，以及莊存與經學特色、舜這位聖人在莊存與經學詮釋中的重要地位等，參見賴志偉，〈莊存與的《尚書》研究：對《尚書既見》的新解讀與新看法〉，《原道》，28輯（東方出版社，2015），見www.rujiazg.com/article/id/7382/（參閱日2016.4.5）。

> 嘻嘻！變化以作詐，象也，陰主危害，陽以父母為辭，士師莫能詰也。暴之天下，後世過失殺子孫獄爾，洵其謨哉。舜則以無事置之，先知也，先知忠信也，忠信有九知，上至天，下至地，深慮高舉，莫之能測。象之淫眩，殆同兒戲，其事已若浮雲之過，而象殊未之知也。愕乎見舜之在床琴，而卒不知舜之何以出井，機心庶其息哉。夫象之將殺舜，不過欺之以其方也，可也。使象而果殺舜，則直罔以非其道也，難也。舜可以將殺而決不可以殺，蓋象至是而始遂無殺舜之心矣。以愛兄之道來矣，喜矣，迎而導之，是底豫之大幾也，故誠信而喜之。其忸怩也，舜固見之矣，見其愧也，見其非偽也。象且無偽而舜又奚偽焉？若自常人觀之，象未入舜宮，以為是象之喜也，象既入舜宮，以為是象之欺也。雖然能欺於其言，不能欺於其色。鬱陶之言，人為之；忸怩之色，天為之也。象示以人，舜見其人之天。使象不設為思君之言，則將不見舜而去矣，為是言而無忸怩之色，則舜亦不能知象之所終也。嗟乎，苟非至聖，孰能遭骨肉之變而察微知顯，不失其忸怩之一幾乎？[82]

莊存與描寫了象的陰詐謀算及舜的智慧。在莊存與的筆下，舜智慧超絕，深慮高舉，莫之能測，他雖沒有採取任何舉動（雖以無事置之），但象之詭詐無法逃其法眼。「舜可以將殺而決不可以殺」意指舜絕不可能讓自己落入受蔽而見殺的窘境。最重要

82 莊存與，《尚書既見》，收於《續修四庫全書》經部，冊44（上海：上海古籍出版社，1995），不分卷，頁37a-37b。

的是，莊存與強調了象在整個事件中逐漸向善的變化，他說當象愕然發現舜未死，還在床上彈琴時，其「機心庶其息哉」，在與智慧仁慈的舜的互動中，象殺兄之行動受阻，此反而讓象開始放下殺舜之心，莊存與說「象至是而始遂無殺舜之心矣」。

莊存與也讓舜能夠時時掌握象的心理變化，並藉機引導，成為象被感化的一大契機。象見舜說「鬱陶思君」時的忸怩之態，雖可解為作偽心虛的表現，但也可以是其善性未泯的表現，莊存與特別強調後者，並說「舜見其人之天」。換言之，舜在象說謊的神情中看見其良性未泯，故莊存與又說，舜當下見象是「見其愧也，見其非偽也」。象既本性未泯，舜也因此能真誠歡喜地接待他，而此又成為象改過向善的之契機。簡言之，舜之真誠喜象正是喜其能化也，並非如李贄所言是喜殺。

莊存與的解釋盡可能地保有舜「聖人先覺不受欺蔽」與「聖人真誠無偽之心」的雙重特性，亦即仁智兼具的特性，為這則難解的經文想像出一較圓滿的結局。即使在沒有明確的文本根據下，他仍特別著重描寫象在整個事件過程中逐漸向善轉化的細節，因為「向善轉化的象」不僅對於解釋後來兄弟良性互動十分重要，也是合理化舜封象有庳的關鍵。莊存與論到舜封象有庳曰：

> 舜曰：「惟茲臣庶，汝其于予治。」其貌言與？可言也而不可行也？曰：舜言之先，行之矣。百官莫不承事，象未出舜宮而居處已極富貴矣。象恣為取而皆可以為其有焉，乃知舜之力無所不致，而無吝於己固如此。曩之勤身從事，一若無可使，乃其尊父母也，昏然迷，適然驚，憮然悔，蘧然覺，日者欲殺舜之心不知何自盡矣。於是日以愛

> 兄之道事舜，舜之臣庶莫不以君弟之禮禮象。象日得所求而喜，母日見所愛而喜，不知辟心之何自平也。舜待弟之道至矣，舜事親之道至矣。所謂盡道而瞽瞍厎豫者，幾實由乎象也。[83]

莊存與想像並詳細刻畫象在整個過程中的覺醒與改變，前文描寫象忸怩之色顯示內心之愧，此處則接著寫其因「看見」（感受到）舜對自己之無吝與寬容，內心驚悔覺悟的變化，終於使先前欲殺舜之心盡除。莊存與又賦予象徹底改變的新形象曰：「於是日以愛兄之道事舜，舜之臣庶莫不以君弟之禮禮象」；又說因著象的轉化，象的母親也終能改變向善。至此，舜成功地做到了和睦家庭，而且此和睦不僅是表面的和平相處而已，更是源於家人的內心徹底改過遷善。莊存與還說舜之父母能夠改變的契機「實由乎象」。當然更根本而言，還是「舜待弟之道至矣，舜事親之道至矣」所帶出的結果。最後，莊存與也抒發其支持孟子性善論的看法，他說正是連象與瞽瞍這樣的人都能幡然改悟，才足以見人性本善、人有改過向善的能力[84]。

另外，莊存與也從天生無可取代的家庭人倫關係來進一步闡釋：

> 天下皆謂舜為聖人，瞽瞍獨謂舜不順，則天下莫能自持其說。天下皆謂象為凶人，瞽瞍獨謂象能孝，則天下莫能執象之口而服其心。士之賢否問其君，子之逆順問其父。瞽

83 莊存與，《尚書既見》，頁37b-38a。

84 莊存與，《尚書既見》，頁38a-b。

> 瞍父也，堯君也，堯安能非象是舜以教天下哉？[85]

父子之道是天性，家庭人倫是最親近的人際關係，即使君王也無法介入別人的家庭，為父母判斷誰是孝順子孫。莊存與說「子之逆順，問其父」，若舜不能感化瞽瞍，使其從內心感受到舜之孝，即使天下人都認為舜是大孝子，也無濟於事。堯也無法以君王之尊介入，作出「非象是舜」的判斷以教化天下。莊存與又考慮到舜象兄弟事後長久相處的情形，說道：

> 苟象不克念，則舜猶未免乎罔念也；象之心一日不安，則舜之心終身不著。……人苟不能為舜，則亦晉共世子、鄭莊、衛惠之終為不孝不慈而已矣，必無中立之道也。曰誠如是也，則象終為舜之徒矣。[86]

又說：

> 曰象終不仁者，則舜之兄弟終缺矣。不得謂之盡善，且終不仁，象則何以日見舜，縱其肯來，面目若此，肺腸若彼，終身忸怩以相視乎？曾不可以終日。且舜亦何以致其情哉。……天下之為人兄者，不可以不善其弟。弟之不仁，兄不可以為仁人也。[87]

85 莊存與，《尚書既見》，頁39a。

86 莊存與，《尚書既見》，頁39b。

87 莊存與，《尚書既見》，頁40a-b。

若象始終不化不仁，舜之心將終身不著，其於兄弟之倫將終身有缺憾。莊存與把兄弟間的道德作了極緊密的連結，他沒有像孟子一樣將舜無法生（教）出肖子的事實歸諸天命，而是強調「弟之不仁，兄不可以為仁人也。」他賦予家庭成員之道德成就更深彼此相連的意義。在此理念下，莊存與強調了舜道德教化的果效，堅信象最終已成為舜之徒，而舜之大孝也才能成立。

既然象已改正歸善，舜使象治臣庶便無不宜，因為受封者是那位日益從兄向善的象，已不再是桀驁不仁的象了[88]。莊存與反駁舜只是藉由政治手段封象有庳、實際上不使其治理的看法，他認為聖人之心絕對真誠，斷不會假借分封名義而實奪其治理權[89]。在他筆下，象不僅因自身品德的成長，足以承擔受封有庳的富貴，更是真心從兄向善，兄弟真心親愛，時常相見，滿足父母之心。莊存與說這樣的轉化當然非一蹴可成，是逐漸完成的，不過他堅持「道德轉化」是這則故事的主旨。

莊存與的解釋並非完全沒有前例可循，事實上前人也曾有類似的看法，或從象之忸怩看出其內心之愧恥，或引性善論來說明象與舜在本性上並無差別，只要有好善之心，人人可為堯舜。例如，黃景星（1474-？）說象有忸怩之色，「其良心之偶觸耶？抑悔心之漸萌耶？」[90]陳確強調舜與象之差別並不大，又說：「蒸乂不奸，象之善端于斯畢現。」[91]鍾天元則說舜知道象思兄之言並非真誠，但想其「肯為此言，亦是天性之萌，我即任使而惠愛之，

88 莊存與，《尚書既見》，頁40a。

89 莊存與，《尚書既見》，不分卷，頁41a-41b。

90 黃景星，《槐芝堂四書解》，下孟，頁58b。

91 陳確，《陳確集》，頁451。

正以默為感化，使即偽為誠。」[92]以上均可見莊存與的詮釋有前例可循，只是他比前人鋪陳得更詳細、解釋得更完整。

至於象被感化的說法，方孝孺（1357-1402）曾說：「焉知象謨蓋後，忽見舜在床，不幡然自悔前過？忸怩，正是他真心動處。」[93]王陽明〈象祠記〉也說：「象之不仁，蓋其始焉爾，又烏知其終不見化於舜也。」[94]不過，兩人都還只是推臆之詞。晚明以降有更多人相信象已被舜感化而歸仁，語氣也更堅定。天啟年間張嵩《四書說乘》言及其所聽聞的不同說法，其中之一是「彼既有以化其傲，則有庳之貴介，弟誠然一仁弟也，即謂封之而非放之，可也。」[95]汪紱說：「迨夫瞽瞍允若，則象已必有以化其傲者。」[96]吳裕垂[97]也說：

> 君不見象往入舜宮，鬱陶尚知恥，安在聞義不能徙。又不見禹會諸侯會稽山，後至只戮防風氏，可知有庳循規復蹈矩。象如終不仁，罪不容於死，庭堅詎坐視。嗚呼，常常而見，源源來，至誠之感良有以。[98]

---

92 鍾天元，《四書解縛編》，卷14，頁3b。

93 參見金輝鼎、金楠，《四書述》（日本內閣文庫藏清康熙二十二年刊本），卷9，下孟，頁7a。

94 王守仁，〈象祠記〉，吳光等編校，《王陽明全集》上，卷23，頁893-894。

95 張嵩，《四書說乘》，下孟，頁3b。

96 汪紱，《理學逢源》，卷4，內篇，頁41b。

97 吳裕垂是涇縣茂林人，其《史案》受到洪亮吉賞識，為之作序出版。參見葉彩霞、吳小元，〈洪亮吉的茂林情結〉（http://blog.sina.com.cn/u/1255773977，參閱日2015.7.3）。

98 吳裕垂，《史案》，收於《四庫未收書輯刊》，輯4，冊20，卷19，頁2a。

吳裕垂強調象忸怩的表情正是其知恥的表徵，又從後來的歷史未記禹有對有庳之懲罰，推測象終已改過向善。也有人強調舜封象使其富貴、欲其常來相見的作法，本身就蘊涵不斷教化轉移之意。金輝鼎說：「富貴內卻隱寓轉移化導，意全得親愛初心，不然徒參以富貴去養惡，天倫一間，豈所謂仁至義盡者哉。」[99]以上都是以象之改過遷善為前提的詮釋，目的則是希望讓舜的作為更符合仁至義盡、公私兩全。

五、質疑《孟子》

對於《孟子》記舜象事向來有不少質疑者。例如，司馬光（1019-1086）對瞽瞍與象欲謀害舜之事發生於舜被舉薦之後，表示懷疑，認為不通情理，故以為是「閭父里嫗之言，而孟子信之，過矣。後世又承以為實，豈不過甚矣哉！」[100]蘇轍（1039-1112）也認為《孟子》記事有失，質疑既然舜為庶人時已能化其親，且因此而受堯重用，何以此時其父與弟又要殺之？[101]事實上，程頤也認為這些記事未必可信，孟子只是就此言聖人之心而已。這個看法為許多後儒所接受，包括朱子、劉宗周、李光地、宋繼澄等[102]。崔述（1740-1816）《考信錄》也主要在考辨史事，

---

99 金輝鼎、金楠，《四書述》，卷9，下孟，頁9b。

100 司馬光撰，李文澤、霞紹暉點校，〈史剡〉，《司馬光集》（成都：四川大學出版社，2010），卷74，頁1495-1496。

101 蘇轍，《古史》（台北：臺灣商務印書館，1976），卷2，頁12b-13b。

102 劉宗周，《劉宗周全集》，冊2，頁452；李光地，《榕村集》，卷23，頁17a；宋繼澄，《四書正義》（日本內閣文庫藏清康熙九年刊本），孟子卷18，頁6b。

比對上古典籍以判斷史實之真偽，崔述基本上認為〈堯典〉可信，《孟子》和《史記》的記載則有商榷處。他說舜發於畎畝之中「一年而所居成聚，二年成邑，三年成都」的記載，「皆後人追美舜德之詞，不必實有此事」，並指出關於舜的歷史記載有許多後世添加的，並不符史實。崔述又說《孟子》記舜號泣于天之事，乃出於孟子門人之手，欲極言舜之慕親非外物所能移而作如此書寫，未必有其事[103]。崔述認為這些不符史實的記載大抵是戰國時期的傳聞，但他也說：「孟子但以義裁之，苟不害於大義，亦不甚核其事實之有無也。」[104]

以上諸家對於《孟子》的質疑，主要就史事層面而言，未必撼動孟子所言的義理。值得注意的是，明清時期出現了更多就義理層次質疑《孟子》的聲音，這些不同的看法顯出儒學內部對於某些價值觀的歧異，而常被言及的理據是「國家法制不容違」、「應以天下臣庶為重」、「反對天下治理之公可私授」等。例如，蔡清說：「舜既為天子，而封之有庳，尚且使吏治其國，豈以帝堯託其臣庶乃轉以託其不肖弟耶？而孟子乃不辯其非，且從而筆之書。」[105]蔡清因此質疑孟子之說有未盡善處，高拱（1513-1578）也說孟子之說「於理有難通者」[106]。

管志道（1536-1608）對孟子的質疑也上升到義理的層次，他說：

103 崔述，《唐虞考信錄》，收入《崔東壁先生遺書十九種》（北京：北京圖書館出版社，2007），卷1，頁194。

104 崔述，《唐虞考信錄》，卷1，頁196。

105 蔡清，《四書蒙引》，卷13，頁6b。

106 高拱，《四書問辨錄》（日本內閣文庫藏萬曆三年刊本），卷10，頁15b。

> 程子之訓象憂亦憂，象喜亦喜，天理人情於是為至。果至乎？曰未也。聖人雖不億逆而亦先覺，象果橫逆至此，而舜不與較？雖曰父母之所愛亦愛之，何至慰以臣庶子治。情乎？不情乎？其曰彼以愛兄之道來，故誠信而喜之，吾恐此言亦非出於孟子之口也。出於萬章之附會，則不可知。[107]

管志道認為舜若一味忍讓愛護惡弟，不與之計較，並不符合天理人情；而將有庳臣庶託與象，更是不合情理的作法。管志道因此說《孟子》關於舜處兄弟之變的看法，恐非出於孟子之口。

另外，朱一是（1642舉人）指出孟子說「封之」是失實之論：

> 舜容象匹夫之前，而亦放象于為天子之後，豈天子與匹夫異乎。蓋舜為匹夫，象惡行于匹夫，止一身耳，可諱也。舜為天子，象惡行于天子，即不行天子而禍及天子之天下，不可諱也。況象為天子之弟，則為惡有力，舜有天子之權，則制惡亦有法。絀法以狥象，天下尤而效之，將因象而廢法，故斷然放象有庳而不疑。放之，所以重法也，然象亦于是乎全。蓋使象不得有為于國，其罪亦止于放也已矣。孟子乃謂封之而非放，此失實之論也。[108]

---

107 引自葛寅亮，《孟子湖南講》，收錄《四書湖南講》，收入《四庫全書存目叢書》經部，冊162（台南：莊嚴文化事業公司，1997），卷2，頁43b。

108 朱一是，〈象論〉，《為可堂初集》，收入《四庫未收書輯刊》，輯1，冊21（北京：北京出版社，1997），卷1，頁4a-4b。據朱一是言，他史論的許多聞見得自於同里屠聖武先生，見氏著，〈史論序〉，同書，頁1a~1b。

朱一是著眼於天下百姓之公利及治國法制，認為既然天子不能以天下私與人，若象果真惡而不仁，舜不應封其為王，而應流放他。朱一是強調當舜為匹夫與天子時，處事原則應有不同。舜為匹夫，可以不計較弟對自己的傷害；但當舜為天子之後，象對舜的傷害便上升到國家天下的層次，舜必須有制其惡的適當舉動，否則便是絀法以狥象，也將因此而喪失治國之法。基於上述理由，朱一是認定舜流放象至有庳，此不僅是尊重國家法制的合理作法，也是保全象的明智之舉，而孟子當時之所以說「封」之，乃因顧慮戰國時期人倫之薄而美言之。朱一是也反駁以象之惡只及於家，故尚可格之的說法，他舉鄭莊公成叔段之惡、漢文帝縱淮南王之例，認為舜惟有在大惡未成之前放象，才是保全之道。朱一是並以有庳遠在邊陲，來否定象「源源而來，常常而見」的可能性[109]。

李元度也斷然否定封象的作法：

> 象果稔惡不悛，舜為天子即當放之流之，不當親愛富貴之。何也？忠孝友弟人之大倫，存之則人，去之則獸。以弟弒兄，禽獸不若也，封之是賞亂也，周公誅管叔亦以其干犯倫紀也，豈謂害於國則誅，害於家則賞乎？[110]

李元度把忠孝人倫提升到人禽之別的層次，反對舜可因自己愛弟之情而不顧人倫天理，隨意賞亂，也反對以「害之於國則誅，害於家則賞」這種標準來綰合舜與周公處兄弟之變的不同作法。李

109 朱一是，〈象論〉，《為可堂初集》，卷1，頁6a。

110 李元度，〈舜論〉，《天岳山館文鈔》，卷1，頁3a。

元度認為除非象已改過遷善，否則舜既為天子，就應該嚴懲如此干犯倫紀的惡人，言下之意，周公誅管叔並無不妥。

徐芳（1619-？）則從義理的層次判斷《孟子》所記之事不可信。對於舜不告而娶之事，徐芳不僅嘗試以事理推斷其不符史實，並說：「舜有娶堯二女之事，後世相傳以為不告父母，果若是，是舜當日有夫婦而無父子也，尚可以為聖人乎？」[111]徐芳認為，若不辨明義理而輕言聖人之心、聖人之權，將會為許多不守禮法之徒提供託辭：

> 《書》之言，信；則《孟子》之言，吾知其非實矣。不然，但以為聖人耳而曲護之，晦其事之必無，而恕以情之或有，則將有縱情狗欲，舉禮義而蕩軼之者，皆曰：舜，聖人也，其于親如此，我何譏焉。更進而甚之曰：娶妾，大禮也，而可不告，他何弗可焉？則是後世羨□□□舜實倡之，而滿眼佻達，若相如之琴挑文君，太史放女之私耦法章，皆敦倫而達聖人之權者也，其可哉？[112]

另外，徐芳也認為《孟子》所載井廩之事荒謬不實，他說世人多因欲表揚舜之大孝，刻意誇大瞽瞍與象之惡，到了無法理解的地步。他也為厎豫之瞽瞍、烝義之象不得蒙世之嘉許而打抱不平。徐芳對於象的看法較接近上述莊存與之見，主張應強調瞽瞍與象的轉化，而非誇大其惡行，並說：「蓋嘗論之，瞍與象，天下之

111　徐芳，〈舜不告而娶論〉，《懸榻編》，收於《四庫禁燬書叢刊》集部，冊86（北京：北京出版社，2010），卷1，頁36a。

112　徐芳，〈舜不告而娶論〉，《懸榻編》，卷1，頁39b-40a。

賢父弟也。其始頑，以舜之盡道而格；其始傲，以舜之仁而又格。……夫人至於底豫烝義，而向之非，可以釋矣。」[113]

綜言之，雖然司馬光、蘇轍已發疑孟之聲，程朱也認為《孟子》所記舜象事未必屬實，但他們並沒有尖銳地挑戰孟子之見。明清時期出現了更多從義理層次質疑孟子的聲音，且其質疑的理據是百姓公利、國家法治與人倫大義。管志道、朱一是、李元度、徐芳都明確地表示，若象真的犯下欲殺兄之亂倫大罪，且無悔改之心，舜即便不嚴懲他，也絕無封賞使其富貴之理。反之，若要接受舜封象有庳的行為，就必須選擇相信焚廩浚井乃無稽之談，而那位桀驁不馴的象已在舜的薰陶感化中幡然悔改了。

六、結語

本章主要討論近世士人對於《孟子》所載舜象故事的討論。雖然《孟子》原文與程朱的註釋均十分清楚，但明清時期仍出現許多翻新之論，努力尋求對舜這位聖人的心理與行為更合理化的解釋，甚至不惜反駁《孟子》的觀點。在試圖理解舜明知象欲殺己的情況下，如何能夠真誠無偽地歡喜接待象？程朱等主要訴諸異乎常人的「聖人之心」來解釋舜的反應，但許多明清士人並不滿意這樣的解釋，紛紛提出更細緻的分析。明清士人為何不滿意程朱的解釋而努力尋求新解？他們的想法與前兩章所論明清儒學的思潮有所呼應嗎？

舜「不告而娶」這種明顯違背禮法之行為，只能訴諸聖人之權；舜看似為愛弟而放鬆是非的作法，則被冠上「聖人之心」不

113　徐芳，〈井廩論〉，《懸榻編》，卷1，頁26b-27a。

容已的自然反應，這樣的解釋其實頗有心學的意味。而明清之際主流學術對晚明陽明學的批判與修正，正是希望削減心學主觀的成分，重建客觀禮法的有效性，此或許是舜象故事不斷被重新詮釋和討論的主因。

當然，傳統的解釋仍有其擁護者。不過我們也看到許多嘗試更細緻而合理地去梳理舜之心理與行為的解釋，然而許多詮釋都遊移於強調「舜之真誠無欺」或「智慧洞察」兩端，難以綰合。只有像莊存與將詮釋的焦點轉移到「象之改過遷善」，讓象逐漸被舜所感化的這段兄弟互動成為詮釋的主軸時，才能給予舜的心理與行為較合理的解釋，整個故事也獲得更圓滿的結局。儘管如此理想化的詮釋必須加入許多想像，未必符合史實，但就闡釋儒學的價值而言，它具有深刻的意義。它不僅比較全面而圓融地詮釋舜這位大孝聖人的形象，描繪出一般人可以認同的心理與行為準則，同時也肯定孟子的性善論。而人性論正是明清儒學的重要議題，特別是為糾正晚明陽明學「無善無惡」之說，重申性善論的基調是清代儒學的主流[114]。

至於舜封象有庳的解釋，雖有人以政治謀略來理解舜的作法，但更多人強調舜的舉動純然出於愛弟之情。也有不少人質疑舜不應私愛其弟而不顧國家治理與賞罰之原則。在這些質疑聲中，我們發現強調孝弟人倫是天理，主張若象犯了人倫大罪必當受罰的看法，也看到士人重視國家法制的主張。這些標舉人倫與政教統治原則的看法，也呼應清代重人倫的學風及朝廷孝治意識形態。

士人如何詮釋舜象故事，實與其對聖人及理想道德的看法密

114 關於此時期儒學對於人性論的看法及新的發展，見本書第七章。

切相關。儒家傾向從人際關係中去定義人的價值，人不只是一個個體，更是家庭、宗族、鄉黨、國家中的一分子。莊存與說：「弟之不仁，兄不可以為仁人也。」舜的道德成就不僅關乎他自己，更與家人的德性，及其政治社會身分和責任息息相關。此道德理想亦主導了士人的詮釋：若象終究不能悔改、作惡到底，舜也將失去作為聖人的資格。究境言之，正因為舜象故事具有一個圓滿結局的原型，它不像周公誅管蔡的人倫悲劇，也不像「舜父殺人」是虛構以凸顯父子之情與法之間的矛盾和困境，因此它更有潛力被詮釋得盡符儒家的理想。就像耶穌作為基督宗教教義下完美的人格形象在不同時代中不斷被詮釋一樣，舜作為儒家大孝聖人的典範意涵，也在明清士人的筆下重新被詮釋而彰顯。我們看到明清士人努力維護舜的真誠無偽、智慧洞達、公私仁義備至，使其在自身道德、家庭、國家、天下各層面都無所虧欠。為達到此詮釋目的，就必須擺脫民間講故事的手法（以象之極惡與高度迫害來凸顯舜之大孝），轉而強調象之轉化向善。在莊存與的筆下，不僅孟子性善論被強調，家庭人倫之真實親愛與和諧，以及儒家寓個人成德於家庭倫理的理想，都再次被標舉。

II

道脈與血脈的雙重認同

有別於前三章主要討論思想觀念，以下兩章將以行為活動為主，分別從孝行與禮儀實踐來說明儒學對於父子之倫、養生送死的重視，以及如何藉著禮儀表達對聖賢道脈的認同，更緊密聯繫家庭與聖學的關係。雖然第四章討論的萬里尋親的孝行，實踐者並不限於理學家或士人，不過確有理學家親身實踐；而支持此類孝行的理念主要是儒家的孝道思想，也與當時盛行的宗族文化密切相關，更與本書所論家庭人倫的主題有關，頗能表達儒學對於家庭血脈與人死後歸屬的看法。

第四章除了說明萬里尋親作為一種社會實踐，普遍發生於明清江南社會，也將分析萬里尋親相關的文化實踐，包括書寫風格、繪畫與戲曲等傳播媒介、人們對此孝行的看法等。上一章我們從經典詮釋的角度討論舜的聖人形像，明清士人的諸多論述，無非是要賦予這位承受苦難之孝子完美的德行與智慧，而最圓滿的結局則是其父母與弟均受舜的孝行所感化（生命獲得救贖）。在萬里尋親故事中，我們則看到更多平凡的孝子，這些遊走於社會中的小人物，同樣是一個個受苦的孝子，他們也以行動救贖自己失聯的父母。而支撐他們行動的理念，更有超越現世事親的心願與責任；許多孝子出發是為尋找已去世之父母，欲將其骸骨與魂魄帶回家，他們相信唯有如此才能讓亡者與生者同得安息。因此，此孝道行為實與儒家對於為人子應如何盡到養生送死之責，以及對於人最後歸屬與安頓的看法密切相關。

第五章主要探討17世紀理學家在家拜聖賢的禮儀實踐。透過許多實踐的個案，我們看到思想與儀式、禮儀活動與工夫實踐之間複雜的關係，也看到理學家在官方公共禮儀的系統之外，創造更具個性化的禮儀實踐。在這些個案中，「家」同時作為祭祖與拜聖賢的禮儀空間，顯示士人對於血脈與道脈的雙重認同，這種雙軌的祭祀也被許多明清士人標舉為「儒教」的特色，並一直延續到晚清的孔教會[1]。可見晚清孔教運動固然與西洋勢力和基督教的刺激有關，但中國傳統的資源亦不可忽視。

以下兩章將透過探討尋親、祭祖、拜聖賢等活動，再次申論明清儒學對於聖賢道統與家庭人倫的重視，並觸及明清儒學宗教性與庶民化的面向。

1　孔教會規定信徒要「祀天、祀聖、祀祖以崇三本」見陳煥章，〈孔教教規〉，《孔教資料》，收入王見川主編，《中國民間信仰民間文化資料彙編》，第8冊（台北：博揚文化，2011），頁547-550。

第四章

萬里尋親的孝行

本章根據大量萬里尋親孝子傳史料，探討此類孝行的社會文化史意涵。下文將先從時間、地域、類型、實踐者的社會身分與性別等方面，討論萬里尋親孝行在社會上實踐的情形，分析歷時性的變化，也說明這類孝行由於受到士人普遍的認同與讚許，在文藝創作與文化動員上都有明顯可觀的成績。接著，將分析萬里尋親孝子傳的敘事結構，分別以孝思、受苦之旅、天人交助、救贖四個主題，來闡釋文本的意涵。最後則試圖從文本的裂縫，觀察故事的另一些面向，藉此呈現孝行實踐在日常生活所牽涉的複雜情境，並反思此類孝行的普遍性與特殊文化制約。

一、萬里尋親的孝行實踐與相關文化生產

萬里尋親的孝行在文獻上至少可以追溯到晉[1]，不過就漢魏六

---

1 蔡保禎，《孝紀》，卷9，頁1b-2a。《宿州志》載步遊張尋母，斷為東漢事，但《鳳陽府志》列為宋代事；見何慶釗修，丁遜之纂，《宿州志》（台北：成文出版社，1985），卷19，頁33a-34a；馮煦等修，魏家驊等纂，《鳳陽府志》（台北：成文出版社，1985），卷18之下，頁2a-b。

朝的孝子傳內容而言，它稱不上是顯著的孝行典範[2]。元代郭居敬輯《二十四孝》，載宋代朱壽昌棄官尋母事，廣為流傳，宋元以降文獻記載萬里尋親的事例漸多。明洪武年間的旌表已清楚標出「萬里尋親」作為一種孝行的範疇[3]，著於元末明初的《黃孝子傳奇》也以黃覺經萬里尋母為故事本事[4]，晚明蔡保禎的《孝紀》亦特別標出「尋親孝紀」一類[5]，以上均可見萬里尋親到了明代已成為一種普遍被認知和接受的孝行典範。

就文獻數量而言，萬里尋親的故事在明清之際有大量增加的現象[6]。根據廣泛檢閱明清地方志所掌握共282個萬里尋親的事例而言[7]，除了5例時代不明外，宋代有12例（4.3%）、元代有16例（5.7%），其餘249例（88.3%）均屬明清時代[8]。雖然數字的本身並不能充分說明社會實踐的真實，因為明清的史料在數量上遠多

2 Keith Knapp研究二世紀至七世紀的孝子傳，分析孝子傳所記孝行的主要內容，當時萬里尋親尚未成為一種顯著的孝行。見Keith Knapp, *Selfless Offspring* (Honolulu: University of Hawai'i Press, 2005)。

3 張廷玉，《明史》（台北：台灣中華書局，1981），卷296，頁1b。

4 作者不詳，《黃孝子傳奇》，收於《金元戲曲》（北京：人民文學出版社，1999），卷12，頁1-92。

5 蔡保禎《孝紀》共有十六類孝行，萬里尋親為其中一類。

6 明清之際大量萬里尋親孝子傳的書寫，從下文分析方志紀錄情形可見。另外，黃宗羲說：「嘗觀史傳，人子所遭不幸，間關踣頓，求父求母者不絕書。」且特別感念其祖先尋兄事，並作〈萬里尋兄記〉，可見當時這類事件的記載廣泛流傳。黃宗羲，〈萬里尋兄記〉，見《舊小說》（上海：商務印書館，1914），己集，頁19。

7 主要檢閱中央研究院近代史研究所郭廷以圖書館、歷史語言研究所傅斯年圖書館所藏地方志的結果，資料未必完整，但既已有282事例，據此分析的結論應不至於太偏頗。

8 其中明代有49例，明清之際到清代共200例。

於宋元時期，但根據史料數據的懸殊差距，我們仍可以說：萬里尋親的孝行紀錄在宋元以後才逐漸浮現，並且在明清有激增的現象，這也顯示這種孝行實踐作為一被認可的孝行典範，是在明清時期才逐漸定型；也是在明清時期才發揮廣大的社會效應，不僅數量上有激增的現象，實踐也更積極徹底[9]。

就地域分布而言，282個事例中有236個（83.7%）發生在華中地區，其中又以安徽（84例；29.8%）、江西（52例；18.4%）、江蘇（48例；17%）、浙江（41例；14.5%）四省最多，華南和華北區域分別各有23例（8.2%）[10]。由於「孝」與儒家宗族禮法有密切關係，我們若參考宗族與家禮的研究成果，可以發現元明清時期中國南方宗族文化興盛[11]。常建華對明代家族的研究指出，明代宗族祠廟祭祖活動以安徽、江西、福建三地最盛，尤其集中在安徽徽州、江西吉安、福建興化三府[12]。萬里尋

9 所謂孝行更積極徹底，意指早期的事例多是已得知父母的消息，才出發尋親，後期的例子則常在完全茫然無知的情況下，即決意尋親。關於孝行傳在史料上隨著朝代遞增，尤其在明清兩朝達到高峰的現象，我們從李飛研究古代婦女孝行史也可見同樣的變化趨勢。另外，關於孝行日益激烈和求新的情形，也不是明清時期特有的現象，早期孝子傳也有類似情形。李飛，〈中國古代婦女孝行史考論〉，《中國史研究》，期3（1994），頁73-82。

10 各省記載事例件數如下：華南地區：廣東(2)、廣西(1)、福建(12)、雲南(7)、貴州(1)；華中地區：江蘇(48)、浙江(41)、安徽(84)、江西(52)、湖北(1)、湖南(6)、四川(4)；華北地區：河南(2)、山東(4)、河北(9)、山西(3)、陝西(4)、甘肅(1)。

11 例如，黎小龍研究義門大族的區域分布指出，元明清時期南方逐漸興起、最終超越北方的趨勢；在演進的時序上，則是長江流域先發展，再向東南沿海擴張。黎小龍，〈義門大家庭的分布與宗族文化的區域特徵〉，《歷史研究》，期2（1998），頁54-63。

12 常建華，《明代宗族研究》（上海：上海人民出版社，2005），頁8。

親實踐的方志紀錄在地域分布上與上述研究成果有若干呼應，安徽省和江西省確實是例證最多的區域，其中徽州府（28）和吉安府（9）在事例總數上都算突出。但值得注意的是：宗族組織和貿易活動都興盛的華南地區，則未見太多萬里尋親實踐的紀錄，福建省總共只有12個事例，興化府更僅見1例。對於這樣的現象，我無法提供充分的解釋，只能說即使萬里尋親的實踐確實與孝的家庭倫理價值有關，但它並不是孝道的必然行為，並非所有重視家庭與孝道者都必定會採取的行動。

萬里尋親實踐者的社會身分如何？總數282個傳主史料可明白判讀出直系家屬中有士階層者[13]，至少有120人（42.6%）；若以「士商」合論，則有163人（57.8%）。如果一個人有字號代表他受過基礎教育，那麼傳主中一些看不出士或商背景，但有字號者，則有53人。換言之，受過基礎教育以上（包括士商階層）共有216人（76.6%）之多。宋代的12筆紀錄中，至少有7個傳主屬於士階層（58.3%）；元代的16筆記載中，有8個傳主是士人（50%）；明代49筆紀錄中，25人為士階層（51%）；明清之際到清代共200筆紀錄中，可明顯判斷為士人家庭出身者有80人（40%），若以士商合論，則共有118人（59%）。由此可見萬里尋親的實踐，或者更準確地說，萬里尋親實踐獲得地方認可與記錄的情形顯示：實踐者的社會身分有所變化，從宋元主要以士人為主，轉向明清以士商為主，庶民實踐者的比率有上升的趨勢。

---

13 我將傳記資料中可以看出傳主的祖先、父母或子孫有任何人曾屬於士紳階層者都算為士的家庭背景，原因是士商轉換身分的例子非常多，而且有些傳主之所會被旌表極可能與其兒孫後來的成就有關，有些例子則顯示父祖的身分有關鍵性的影響。

至於性別方面，萬里尋親則是屬於男性的孝行[14]。

根據這些尋親故事，我們可以將其內容分為幾個主要的類型：(1)戰亂中孝子與父（母）失聯，孝子遂開始尋親；(2)孝子年幼時，父親出門遠遊，長期音訊全無，孝子長大後，立志尋父，展開尋親之旅；(3)孝子的生母因為種種原因被迫離開，甚至已改嫁，孝子最終將生母迎歸奉養；(4)父（母）或祖父（母）卒於外，無力歸葬，孝子盡力尋訪親人屍骨，負歸完葬。

以時代而言，宋代的12筆紀錄中，有10筆（83.3%）講述母子失聯、孝子尋母的經歷。元代的16筆記載中，尋母的故事同樣占極大比例，共有13筆（81.3%）。明清時代的故事內容則明顯有變化，雖然還是有母子失聯、孝子迎歸生母的故事，但是父親因經商或其他原因遠遊不歸，導致後來孝子必須萬里尋親的故事大幅增加。明代49筆紀錄中，尋母僅占13筆（包括1筆為尋父母；26.5%），其餘36筆均為尋父（包括1筆為尋祖父；73.5%）的故事；明清之際與清代共200個事例，尋母（包括祖母、母弟、父母）僅有29例（14.5%），其餘171例均為孝子尋父（85.5%）。據此，我們可以發現萬里尋親的實踐從宋元到明清在內容上有所變化，即從宋元以「士人尋母」為主轉變到明清以「士商尋父」為主。而造成這種變化的原因，除了與明中葉以降社會控制減弱、社會流動性增加等因素有關，商業活動的發達也是重要因素之一，因為明清時期許多孝子是尋找遠遊貿易的父親，且當時商業最發達的江南地區同時也是這類孝行盛行的區

14 只有極少數的例外，如《舊唐書》載孝女王和子隻身西行千里尋父兄屍，負骨還鄉下葬事，但明清方志中幾不見這類女子尋親的故事。劉昫，《新校本舊唐書》（台北：鼎文書局，1976），卷193，頁5151-5152。

域；更重要的，應該還有文化與價值觀的因素，尤其15世紀以降宗族組織的興盛及其對宗法和家禮祭祀的重視，應是最重要的原因[15]。

明清的尋母故事仍維持早期孝子傳的基調，即以孝子長大繼承家主身分後，致力於改變母親的地位為主；而多數士商尋父的故事，則顯然超出早期孝子傳的內容，呈現一種以儒家父子關係為主軸的故事典型。我們知道魏晉時代許多孝子傳均以母子關係為主軸，故事內容也多反映家庭生活中的母子之情[16]，然而萬里尋親這類以父子關係為主軸的故事，卻鮮少以實際生活中的父子情感為基礎，更多是奠基於儒家父系家庭組織的禮法名分，是一種以儒家「孝」文化意涵為核心所展開的孝行。關於這部分的內容，將於下文再細論。

另外，造成萬里尋親的實踐在明清社會中快速激增的原因，除了戰亂導致骨肉乖離之事頻繁，做為孝行典範的價值觀與教化功能，以及書寫、旌表的工作對於文獻保留的貢獻，更是重要的因素。萬里尋親作為一種被表彰的典範式行為，它增益普及的情形，與孝義、貞節等行為在同時代的類似發展有極相近的原因。都是在朝廷旌表[17]、士人提倡、宗族組織、民間文化等多股力量

---

15 常建華，《明代宗族研究》；徐揚杰，《宋明家族制度史論》（北京：中華書局，1995）。

16 關於佛教報恩孝子故事，如何為中國母子情感的表達提供一種抒發的管道，見Alan Cole, *Mothers and Sons in Chinese Buddhism*；關於魏晉時代的母子關係，見鄭雅如，《情感與制度：魏晉時代的母子關係》（台北：國立臺灣大學文史叢刊，2001）。

17 關於明代旌表節孝的制度，見費絲言，《由典範到規範：從明代貞節烈女的辨識與流傳看貞節觀念的嚴格化》（台北：臺大出版委員會出版，1998），頁91-101。

交互影響下的結果。正如邱仲麟對割股療親的研究所指出的，這涉及了文化建構與文化動員的過程：「里人、士紳的狀告、呈稟，族長之以其事上聞，及宗族以為美談的想法，士大夫的發言讚許，與地方官熱心的旌褒，皇帝的明旨建坊，都是文化動員的一環。」[18]也如曼素恩（Susan Mann）對貞節的研究所指出的，婦女貞節行為得以讓地方士人爭取更高的社會地位，也有利於清政府對地方教化的施行[19]。萬里尋親孝行的普及化也有類似的現象。

然而，不像割股療親或過激的貞節操守因涉及自殘而曾受到朝廷的禁止，其在實踐擴展時也有社會階層和性別的差異，士人對這類行為的態度也較保留而分歧[20]。相對地，萬里尋親孝行因其社會身分與性別屬性，明顯更多獲得士人的認同，甚至主動義助。我們從清初陽汝貞尋母的故事，可清楚看見士人主動參與促成的熱情：康熙十五年（1676）寇亂，陽汝貞的父親被殺，母親

18 關於割股療親的研究，見邱仲麟，《不孝之孝：隋唐以來割股療親現象的社會史考察》（台北：國立臺灣大學博士論文，1997），引文見頁201。同樣地，從萬里尋親孝子傳的事例，我們也可以清楚看到士人和地方官員等以詩文傳頌並保舉的作為，例證極多，此處僅舉二例，下文亦會論及。參見《中華歷史人物別傳集》（北京：線裝書局，2003）所收錄關於劉弘甲尋親事例，載於冊28，頁99-129；潘一駿事見劉昌嶽修，鄧家祺纂，《新城縣志》（台北：成文出版社，1975），卷10，頁22b-23a。

19 Susan Mann, "Widows in the Kinship, Class, and Community Structures of Qing Dynasty China,"*Journal of Asian Studies* 46.1（1987), pp. 37-56. 關於明代貞節烈女的觀念與實踐，亦見費絲言，《由典範到規範：從明代貞節烈女的辨識與流傳看貞節觀念的嚴格化》。

20 邱仲麟認為割股療親更多屬於庶民階級自發性的行為，關於朝廷對割股行為的禁止與士人的反對意見，參見邱仲麟，《不孝之孝：隋唐以來割股療親現象的社會史考察》。有關士人的討論，參見呂柟，《涇野子內篇》（北京：中華書局，1992），卷18，頁178-179。

被兵掠走，後來陽汝貞流落南楚，母親吳氏則託身衛輝蘊門李新為妻，母子天各一方，十餘年已全無音訊。他們母子後來之所以能夠重逢，完全因為蘊門孝廉孫淳主動設法將吳氏音訊告知汝貞，汝貞遂徒步四千里到衛輝尋母；到達之後，當地士大夫又極力幫忙，邑令陳升菴捐俸、給執照，明經冀欽承倡助歸資，鄘城進士郭遇熙正好要往東赴任，又順便攜之就道，免其長途跋涉之苦。故方志記曰：「母子分離一十五年，復得完聚者，蓋由衛多君子好義急難之所致。」[21]

明清士人對於萬里尋親的孝行有深刻的認同，並樂意義助成全，更不吝以文字宣揚，也因而促成了大量的文藝創作。許多明清之際的萬里尋親事例，都有著不同文類的書寫與描繪，呈現了多元文化實踐的風貌與交相刺激的社會效果。以下僅就幾個萬里尋親的著名例子，說明相關文化生產的情形。

從元初祖浩然（約1278生）的例子[22]，我們已可見當時士人爭相傳頌尋親孝行的情形。世祖至元二十年（1283）祖浩然的母親全氏為亂兵所掠，是時祖浩然方六歲[23]，28年後，祖浩然將要出任三山書院山長時，收到母從河南寄來書信，於是「浩然痛悼，遂棄職辭父，抵河南，每舍逆旅聞操南音者，必就問，冀其或遇也」，最後輾轉追行了約二千里，終於在別蓋山與母相逢，

21 申毓來修，宋玉朗纂，《南康縣志》（台北：成文出版社，1989），卷12，頁13b-14b。

22 祖浩然生年由黃華之亂時（1283）祖浩然六歲推算。何喬遠，《閩書》（台南：莊嚴文化事業公司，1996），卷100，頁24a；黃仲昭修纂，《八閩通志》（福州：福州人民出版社，1990-1991），卷65，頁30a。

23 一做五歲，見翁天祜等修，翁昭泰等纂，《續修浦城縣志》（台北：成文出版社，1967），卷26，頁2b。

奉母南歸。當時聞其事之士人如趙孟頫（1254-1322）、李孟、張養浩（1269-1329）、程鉅夫（1249-1318）、虞集（1272-1348）、鄧文原（1258-1328）、揭奚斯、元明善、王仕熙、袁桷（1266-1327）等，皆作詩歌贈之。祖浩然自己亦作詩記其本末，並有楊載（1271-1323）為之序，杜本（1276-1350）跋其後。韓性和丁復為之作孝子傳[24]。從這個例子，我們看見祖浩然本身士人的身分與人脈，不僅讓他可以自記事情的本末原委，也快速為這個事件累積大量的文字書寫。

類似的情形到了明清更多，著名的例子有王原尋父的故事。王原的父親王珣，在正德年間因家貧役重而逃家，時王原尚在襁褓中。二十餘年後，王原娶妻照顧母親，離家尋父。數年流浪後，一日在田橫島上的神祠，睡夢中得神啟示，醒後又得一老人指點，最後終於在河南輝縣的夢覺寺裡尋獲父親。王原的故事之所以在日後大為流傳，主要因為王原家族後來興盛，子孫多有仕宦者，且有士人為之作傳，並成功獲得旌表。李維楨（1547-1626）記道：「博士吾嵩董玉林、方伯紀常為傳，其事越數十年，有司上直指使者，直使者以聞詔旌其門。原子六人，孫十有五人，曾孫二十有二人，應霖、應期舉進士，為世聞。」[25]

這個事件在晚明更獲得大量的文字書寫並刊印流傳，依筆者所見有：紀常〈王孝子傳〉；李贄《續藏書》有〈王公〉一文；江盈科（1553-1605）著〈王孝子〉；何喬遠（1558-1631）輯《名

24 翁天祐等修，翁昭泰等纂，《續修浦城縣志》，卷26，頁2b。丁復所著〈祖孝子行〉，見氏著，《檜亭集》（台北：臺灣商務印書館，1983），卷3，頁11a-13a。

25 李維楨，〈孝子王公傳〉，收於崔啟元修，王胤芳等纂，《文安縣志》（北京：中國書店，1992），卷3，頁68b。

山藏》、焦竑（1541-1620）輯《國朝獻徵錄》均有收錄；《文安縣志》與《明史》亦有著錄[26]。另外，王原的故事也以小說的形式出現在以下的作品中：周清源《西湖二集》、天然痴叟《石點頭》[27]、陸人龍《型世言》[28]。又成為後來許多類似故事的引子或插曲，例如《黃孝子尋親紀程》中記載了父親黃孔昭（1589？-1678）[29]讀到李贄《續藏書》所記的王原故事有感，後更視此為他們父子相逢的先兆[30]。紀昀在《閱微草堂筆記》中書艾子誠尋父事，最後也引述王原事：「昔文安王原尋親萬里之外，子孫至今為望族，子誠事與相似，天殆將昌其家乎。」[31]

---

26 紀常之傳與李維楨〈孝子王公傳〉，收於崔啟元修，王胤芳等纂，《文安縣志》，卷3，頁66a-72a；李贄，〈王公〉，氏著，《續藏書》《四庫全書存目叢書》史部24冊（台南：莊嚴文化事業公司，1996），卷24，頁11b-12b；江盈科，〈王孝子〉，於《雲濤閣集》卷之二，收於《江盈科集》（長沙：岳麓書社，1997），頁113-114；何喬遠，《名山藏》（北京：北京大學出版社，1993），卷98，頁9a-10a；焦竑，《焦太史編輯國朝獻徵錄》（台南：莊嚴文化事業公司，1996），卷112，頁39a-41a；張廷玉，《明史》，卷297，頁7604-7605。

27 關於《石點頭》的作者，徐志平考為席浪仙。徐志平，《晚明話本小說石點頭研究》（台北：臺灣學生書局，1991），頁31-32。感謝廖肇亨提供此資料。

28 周清原（源），《西湖二集》（瀋陽：春風文藝出版社，1997），卷31，頁520-534；天然痴叟，《石點頭》（台北：文光出版社，1969），卷3，頁57-89；陸人龍，《型世言》（台北：中央研究院中國文哲研究所，1992），卷9，頁437-494。

29 鄭鍾祥等修，龐源文纂，《重修常昭合志》（台北：成文出版社，1974），卷29，頁16a-b。生年據其自述在琅井見王原尋親事，時年64歲推斷。

30 黃向堅尋親事見下文，黃孔昭提及王原事，見《黃孝子尋親紀程》（台北：新興書局，1985），頁7a。

31 紀昀，《閱微草堂筆記》（成都：巴蜀書社，1995），卷18，頁444。

明萬曆年間趙重華尋父也是一個流傳頗廣的故事，趙重華的父親趙廷瑞是雲南大理府太和縣人，補弟子員，省試數不第後離家遊歷天下，久而未歸。父親離家時重華年僅七歲，15年之後，他不顧親友勸阻，請路郵於郡守，更立下誓願：「從今即與家人訣，不覯親顏誓不還。」[32]出了家門，重華在身上寫了「萬里尋親」做廣告，又寫了父親的里系、年貌等資料數千張，貼在所歷州郡都會區的街市。同時想到父親好名山，又信山神有靈，故往武當山尋去，果真在武當山巖上發現父親於嘉靖四十四年遊於此的題字。在武當道士為之卜兆後，趙重華繼續渡江尋父，又經歷許多波折考驗之後，終於在無錫南禪寺中找到父親。這個故事同樣有多種書寫文本，包括：茅坤（1512-1601）的〈趙氏客遊述〉、朱國禎《湧幢小品》中的〈萬里尋親〉、《徐氏筆精》中的〈滇二孝子〉，謝肇淛（1567-1624）的《滇略》和《明史》亦均有著錄[33]。

明清之際最著名的萬里尋親故事當屬黃向堅（1609-1673）遠赴雲南尋親的經歷。黃向堅的父親黃孔昭在崇禎十六年（1643）為雲南大姚知縣，明清鼎革，滇、黔大亂，道路受阻，黃向堅與雙親失聯，順治八年（1651）歲暮遂隻身從蘇州出發到雲南尋親，至順治十年（1653）六月始迎雙親回歸故里。這段穿越戰區的萬里尋親歷程，黃向堅在自撰的《黃孝子尋親紀程》中

32 朱國禎，《湧幢小品》（台北：新興書局，1984），卷20，頁10a。

33 茅坤，〈趙氏客遊述〉，氏著，《茅坤集》（杭州：浙江古籍出版社，1993），卷19，頁600-603；朱國禎，〈萬里尋親〉，《湧幢小品》，卷20，頁9b-11a；徐𤊹，《徐氏筆精》（台北：臺灣學生書局，1971），卷7，頁694-696；謝肇淛，《滇略》（台北：臺灣商務印書館，1983），卷10，頁24b-25b。張廷玉，《明史》，卷297，頁10a-11a。

有非常詳盡的文字紀錄，同時黃向堅也以圖畫形式記錄尋親的旅程與心情[34]。黃向堅的經歷很快吸引了當時人的注意，《黃孝子尋親紀程》也在友人的幫助下，於順治十二年（1655）初刊行，獲得許多士人的回響。除了李楷叔撰序、陸世儀書跋，王抃（1628-1692）等人贈詩外[35]，又有歸莊（1613-1673）為之撰〈附傳〉，汪琬（1624-1690）撰〈題萬里紀程〉[36]，沈德潛（1673-1769）、王峻等人作傳[37]。黃向堅所繪的尋親圖，在當時也廣為流傳，據黃孔昭言：「向有十餘幅捧祝天童，木陳老和尚愛而珍之，凡遇高士名流，出以賞鑒。」[38]後又有徐樹丕（？-1683）、徐晟、周茂蘭（1605-1686）、汪溍等為之題跋[39]。

黃向堅故事亦被敷演成《萬里圓》（又作《萬里緣》）傳奇[40]，廣為流傳。王抃記載其家在順治十八年（1661）曾搬演該劇[41]，《娛目醒心編》曰：「孝子（黃向堅）徒步萬里，歷盡艱苦，尋其二親以歸，聞者爭相敬慕，或作傳紀，或為詩歌，甚至

34《尋親圖》軸藏北京故宮博物院，又《萬里尋親圖冊》藏蘇州市博物館、南京博物館。出版圖冊有《黃端木萬里尋親圖冊》（出版地不詳：國立新竹教育大學圖書館藏，1900）。

35 王抃，〈贈黃孝子端木〉，收入氏著，《巢松集》（北京：北京出版社，1997），卷1，頁16a-17a。

36 序跋與歸莊之附傳，俱見《黃孝子尋親紀程》。

37 各家傳文見錢儀吉纂，《碑傳集》（北京：中華書局，1993），冊11，卷142，頁4200-4203。

38《黃孝子滇南尋親圖冊》題跋，收入黃向堅，《黃孝子尋親紀程》，頁6a。黃向堅似分別在順治十三年、十四年作圖，參見顧文彬，〈黃孝子萬里尋親圖冊〉，《過雲樓書畫記》（南京：江蘇古籍出版社，1999），頁148-149。

39 以上所舉序跋和附傳文字，均見《黃孝子尋親紀程》。

40 李玉，《萬里圓》（台北：天一出版社，1983）。

41 王抃，《王巢松年譜》（上海：上海書店，1994），頁796。

演為傳奇，至今優人演唱，雖婦人孺子，莫不痛哭一回，欣喜一回，盡知黃孝子之名。」[42]陳瑚（1613-1675）亦曰：「端木徒步走天南，……聞其事者驚相傳告，以為美談，梨園子弟作為樂府，被之管弦，觀者莫不涕泗交頤，欲一見其人而下拜之。」[43]而從長洲蔣宇均隨父戍新疆，曾四次跋涉返家葬母，這段經歷也被其從姪「倣黃向堅《萬里緣》傳奇製曲，播其事」[44]，此亦可側面印證黃向堅故事隨著《萬里圓》而更廣為人知。另外，清人文集、筆記和小說中對此事亦時有記載，除了上述諸例外，顧公燮的《消夏閑記》、錢泳（1759-1844）的《履園叢話》、王應奎的《柳南隨筆》，以及小說《娛目醒心編》亦均有載錄[45]。

類似地，康熙年間生員劉弘甲遠赴雲南尋父劉興邦之事，同樣吸引許多士人的注目，也同樣製造了大量詩文傳記的文字，並同樣獲得地方官的保舉，到乾隆五年（1740）即順利獲得旌表[46]。寧國府沈壽民（1607-1675）之孫沈廷璐尋親事，也在當地

42 草亭老人編，《娛目醒心編》（上海：上海古籍出版社，1990），卷1，頁8a。關於《萬里圓》劇中加入南明史事的描寫及其所反映當時江南社會心態，見巫仁恕，〈明清之際江南時事劇的發展及其所反映的社會心態〉，《中央研究院近代史研究所集刊》，期31（1999），頁5-48。

43 陳瑚，〈旌孝編序〉，收入氏著，《確菴文稿》（北京：北京出版社，2000），頁327。

44 錢泳，《履園叢話》（北京：中華書局，1979）上，叢話5，頁122。

45 例如顧公燮，《消夏閑記摘鈔》（上海：上海書店，1994），上，頁15b-16a；道光年間，錢泳撰寫周芳容尋親事曰：「其事與蘇州黃向堅萬里尋親相類，記之以傳其人焉。」見《履園叢話》，頁143。草亭老人編，《娛目醒心編》，卷1，頁7b-8b。王應奎，〈計甫草〉，收入氏著，《柳南隨筆》（上海：商務印書館，1936），續筆卷3，頁1590。

46 關於此事的許多文字記載與詩文，收於《中華歷史人物別傳集》，冊28，頁99-129。

引起共鳴，先有吳肅公（1626-1699）作序、諸同學贈詩，後沈廷璐因詩文俱有名，當地名儒施閏章（1618-1683）聘其為孫子之啟蒙業師[47]。

綜上所論，萬里尋親的文字史料顯示，此類行為雖在宋元已不少見，但到了明清時代有激增的現象，且尋親的內容也從早期士人尋母轉變為以士商子弟萬里尋父為主。這些真實發生在明清社會中的尋親實踐，製造了大量的文字和圖像紀錄，也在社會上產生了不可忽視的文化政治動員力與教化效應。孝子尋親就像一齣齣在社會中搬演的戲碼，吸引著眾人的目光、牽動著眾人與孝子感同身受的悲喜情感，而眾人不時發出對「孝感」的讚嘆，也彷彿一次次驗證著上天向世人揭示的孝道真理[48]。這種尋親的行為在朝廷旌表、文人書寫表彰、戲曲演出宣揚的簇擁下，其所具有的教化力量更是不容忽視。我們不僅在許多尋親故事中看到前代事例對後人的激勵作用，也看到家人主動利用戲曲媒介勸誘尋親的事例[49]。又因為萬里尋親的主角主要出身士商家族的男性，

---

47 吳肅公，〈送沈先生萬里尋親序〉，收入氏著，《街南文集》（上海：上海古籍出版社，2010），卷11，頁4a-5b；施閏章，〈寄沈元佩〉二書，收入氏著，《施愚山集》（合肥：黃山書社，1992），卷28，頁584-585。

48 許多故事敘述孝子們奇妙地找到父母親時，觀者皆為之感動，並斷言是孝感所致。此類例子甚多，僅舉數例以為參考：李亨特總裁，平恕等修，《紹興府志》（台北：成文出版社，1975），卷59，頁4a-b；張宗泰撰，劉增齡補輯，《備修天長縣志稿》（台北：成文出版社，1969），卷8上，頁5a；王琛等纂，《邵武府志》（台北：成文出版社，1967），卷23，頁24b；沈元泰等撰，《道光會稽縣志稿》（台北：成文出版社，1983），卷18，頁11b-12b。

49 例如，孫鍔尋父的始末乃因：「其姑氏命俳優侑燕至教子尋親事，乃大慟曰：吾父何在？即治裝行之陝西。」見曹秉仁修，萬經等纂，《寧波府志》（台北：成文出版社，1974），卷24，頁12a。

其行為難能可貴，經歷曲折離奇，已值得特別表彰書寫，且又絕無自殘傷生、鄙俗無知之嫌，故無論就社會身分、性別認同度或教化內容的正當性而言，這類行為都更廣泛而一致地獲得士人的讚許，其在士人圈內所引起的認同度亦較高，也因此有更多文藝創作的成果。這類事件的文字書寫在某種程度上也更直接反映著當時士人心目中孝的意涵。

二、萬里尋親故事的敘述模式與意涵

雖然萬里尋親的文化實踐面貌豐富，再現這類社會事件的媒介與文類亦頗多元，然而無論就敘述的手法或再現的意涵，各類文本之間實則頗為一致，主要環繞著「孝」的主題書寫，視角也主要聚焦在尋親的孝子身上[50]。這類故事的敘述有一個相當固定的模式，可簡述為：孝子自幼與父（母）因故分離，不通音訊，長大後立志尋親，在經歷漫長而艱辛的尋親歷程之後，多半能夠骨肉相逢。所尋之親若仍存活，則迎歸奉養終年；若已逝世，則負骨還鄉安葬。而貫串在這樣敘述之中的，則是一些重要的主題（motifs），關係著當時文化對孝道內涵的詮釋。以下則試圖說明萬里尋親孝子傳敘述的幾個重要主題。

50 劉勇強，〈歷史與文本的共生互動——以「水賊占妻（女）型」和「萬里尋親型」為中心〉，《文學遺產》，期3（2000），頁85-99。雖然余新忠對於明清江南方志所記載的孝友傳做了詳細的分析，認為明代的敘述較多孝感現象，清代則更具榜樣性，然而這樣的差異並不影響我們此處所言萬里尋親孝子傳敘述的主要模式。余新忠，〈明清時期孝行的文本解讀——以江南方志記載為中心〉，《中國社會歷史評論》，期7（2006），頁33-60。

（一）不容已的孝思

萬里尋親的故事敘述主要涉及一個漫長而茫然求索的艱苦旅程，這個旅程完全是在孝子的意志驅動下才得以展開，也只有孝子一人全程參與。為什麼孝子們要捨棄家園、甚至親人而遠遊尋親？是怎樣的動力驅使著他們踏上艱難未知的旅程？特別值得注意的是，故事中的許多孝子都是在年幼、甚至尚在襁褓或在母腹中，就與親分離。這類例證很多，例如：張吉，母方娠，父客遊西蜀不還；張賓，週歲時父因事遠出，音問莫通；馬維英，一歲時父貿滇不返；江大賓，生未及歲，父遊學京師，落魄不歸36年；劉毓桂，襁褓時父遊幕諸省，家問乏絕[51]。這些自幼即與父（母）分離的孝子們，其實未必對於他們所欲尋找的父（母）有任何記憶，因此，催促他們萬里尋親的動力並不是親子間實際共同生活的經驗或記憶中的溫情，而是一種孝思，一種在中國文化傳統中被認為是天生不容已、是人之所以不愧為人的重要質素。

《孝經》:「父子之道，天性也。」《論語》:「孝弟也者，其為仁之本歟！」[52]在中國儒家傳統文化中，父子間血脈精氣相承，往往被認為具有獨特、不可被取代的意義，且是關乎祭祀之正邪與能否感格祖先神靈的重要關鍵[53]。親子精氣相感的故事，

---

51 錫德修，石景芬纂，《饒州府志》（台北：成文出版社，1975），卷23，頁32b；梁棟修，張大于纂，《含山縣志》（台北：成文出版社，1985），卷10，頁25a-b；張龍甲修，龔世瑩纂，《彭縣志》（台北：成文出版社，1976），卷7，頁25a。王琛等纂，《邵武府志》，卷23，頁36a。莫祥芝、甘紹盤修，汪士鐸纂，《上江兩縣志》（台北：成文出版社，1970），卷23，頁19b。

52《孝經注疏》，〈聖治章第九〉（台北：藝文印書館，1982），卷5，頁6a；《論語注疏》，〈學而第一〉，（台北：藝文印書館，1982），卷1，頁2b。

53 這類論述，可參見陳淳，《北溪字義》（北京：中華書局，1983），卷下，頁

幾乎只發生在親生母子之間，以及負骨歸葬的故事中；錯認屍骨而有神蹟顯明的故事，同樣表明著血脈關係的特殊性[54]。代表這種血肉之親的孝思，基本上被理解為一種天生自然的道德情感，一種人性本具之道德能力最直接、最具體、最有力的彰顯。「孝」也被認為跨越社會身分、年齡、性別、資賦等差異，是人人能感受、應付諸實踐的道德，也是其他眾德之基。在萬里尋親故事廣為流傳的明清時代裡，不僅許多人直接以「孝」等同於「良知」，講論「仁孝一體」[55]，更視孝弟、孝思為人之所以異於禽獸之幾希所在。例如，薛瑄（1389-1464）說：「不能盡父子、君臣、夫妻、長幼、朋友之倫理，與禽獸無別。」[56]楊起元說：「然則人之所以貴者以能育物也，人之所以能育物者，以有孝思也。」[57]因此，在未經蔽錮干擾的情況下，人之孝思應該是一種不學不慮、自然不容已的道德情感湧現。相反的，人若失去這種孝

59-60。另外，John Dardess指出明代泰和幾個具養子身分士人，面臨要不要改回原姓、認祖歸宗時的抉擇，不少人持贊成意見，主要認為回歸親生父家才不致血脈混淆，也可見親生血脈在家族宗法中的特殊重要性。John Dardess, *A Ming Society* (Taipei: SMC Publishing Inc., 1996), pp. 122-123.

54 鄭雅如，《情感與制度：魏晉時代的母子關係》，頁161。李景嶧修，史炳纂，《溧陽縣志》（台北：成文出版社，1983），卷12，頁28a。

55 見本書第2章。

56 薛瑄，〈誡子書〉，收於張伯行輯，《課子隨筆鈔》（台北：文史哲出版社，1987），卷1，頁24a-b。

57 楊起元，〈誓戒編序〉，《太史楊復所先生證學編》（東京高橋情報據日本宮內廳書陵部藏明萬曆二十四年（1596）序刊本影印，1990，中央研究院歷史語言研究所傅斯年圖書館藏），卷4，頁35a-36b。這種看法非常普遍，20世紀楊曾勗在《孝譜》序中亦持同樣看法，認為人之異於禽獸者在於人能盡孝，人若不能盡孝則於天性有虧，亦淪為禽獸。見楊曾勗，《孝譜》（出版於香港，出版年不詳），頁1-2。

思，便如同失去仁心一般，注定要一步步墮入禽獸的可怕境地。故涵養孝思，可說即儒學「求放心」之工夫的同義詞。置諸人子孝養父母的實際作為而言，為人子者除了需要做到「居則致其敬，養則致其樂，病則致其憂，喪則致其哀，祭則致其嚴」外[58]，孟子所說的「大孝終身慕父母」更是一人人應終身竭力學習的功課[59]。

從這樣的文化背景，再看這一幕幕萬里尋親的故事，我們就不難理解何以明清之際有如此多對於父（母）幾乎毫無認識、沒有記憶的兒子們，會在成年之後，甚至會忍心拋下相依為生的親人，無視親人強力的勸阻[60]，毫無頭緒卻義無反顧地踏上涯漫無際的尋親之旅。正因為「孝思」關乎著人之所以為人的根本價值，人若對此漠然，便如同禽獸一般。而在孝的文化實踐裡，為人子者的價值永遠以父母為座標[61]，養生送死均有一整套合宜的行為和心理機制；失聯的父母，生死未卜，不得其所，不但阻斷了為人子從事養生送死之孝行的可能，也造成孝子們生命價值的重大失落。因此，孝子的尋親旅程在相當的意義下，也是一趟自我生命價值的尋求歷程[62]。這一點我們還可與佛教報恩故事略做

58《孝經注疏》，〈紀孝行章第十〉，卷6，頁1a。

59《孟子注疏》，〈萬章章句上〉，卷9上，頁2b。

60 孝子受到家人力阻的例子很多，如經章紳、楊朝舉、賈煦、吳愛等；見張紹棠修，蕭穆纂，《續纂句容縣志》（台北：成文出版社，1974），卷8下，頁9b；劉王瑷纂修，《碭山縣志》（台北：成文出版社，1974），卷11，頁41a；阿克當阿修，姚文田纂，《揚州府志》（台北：成文出版社，1974），卷50，頁19b。

61 亦參見楊國樞，〈中國人孝道的概念分析〉，《中國人的心理》（台北：桂冠，1988），頁39-73。

62 楊國樞說這種萬里尋親的事件主要與孝道的社會規範與道德意念有關，當事

比較，報恩故事多強調孝子為報答母恩而有種種孝行，對於母恩之深重也有極多的書寫[63]；相對的，萬里尋親孝子傳並不強調「父恩」或父子之情，而是以人子之孝思為出發，以人子充分實踐儒家道德規範下為人子之責任為目標。因此，故事雖然同樣以尋找、救拔失聯之父（母）為主軸，但孝子之意念與意志，及其對自我的期許、理想的生命觀才是促成萬里尋親故事展開的重要動機。

早期尋親故事中親子相感的情節較多見[64]，這類情節在明清萬里尋親故事中已極少見，相對而言，後來的尋親故事多半描述孝子單方向的行動與意願。促成這行動的動力，不是過往的生活回憶，也不是父母的需求，更多是孝子心中的孝思（文化價值觀）幻化成流離失所之父母的聲聲召喚，催促著他們不得不踏上尋親之途，正如黃向堅所說：「儼如親之召我行矣」[65]。

許多孝子在未能找到失聯的父母時，生命是完全無法安頓的，經章紳：「兒不見父，何以生？」王原：「人而無父，曷以為人？」林祖：「不得吾母，奚用生為？」都是這種心情的表述[66]。

人在孝道的規範下，追尋一位想像中的生身父或母。楊國樞，〈中國人孝道的概念分析〉，頁39-73。

63 Alan Cole, *Mothers and Sons in Chinese Buddhism*.

64 例如申喜、庾道愍尋母事，均有母子相感的情形。見呂不韋，《呂氏春秋》（台北：台灣中華書局，1981），卷9，頁10a。李延壽，《南史》（台北：台灣中華書局，1981），卷73，頁14b-15a。此見解與史料，感謝鄭雅如提供。

65 黃向堅，《黃孝子尋親紀程》，頁1a。

66 張紹棠修，蕭穆纂，《續纂句容縣志》，卷8下，頁9b。劉業勤修，凌魚纂，《揭陽縣正續志》（台北：成文出版社，1974），卷6，頁1a。何喬遠，《名山藏》，卷98，頁9b。從萬里尋親的敘事中，我們可發現「天下安有無父之人哉！」是經常用以描述孝子立志尋親的語詞，例見葉滋森修，褚翔纂，《靖只有在親子重逢，妥善盡到養生送死的責任之後，孝子的生命價值才得以安頓。有些故事的結局並不圓滿，親子終未能重逢，這些孝子們或從此茹素廬墓而居，或終生不仕不娶，更有不少人因過哀勞瘁而早卒，甚至有自殺者[67]。

故事中被尋的父（母）幾乎總在最後才出現，他們除了偶爾會因為兒子的孝心而感動落淚或抗拒回家，在整個故事敘述中，這些父（母）多半不在場，也幾乎沒有任何文字會述及他們對兒子的思念之情，可以說在故事中他們多半屬於沒有情感、沒有行動力的被動角色。因此，萬里尋親的故事敘述，透過聚焦於孝子的特定視角效果，營造出一種以孝子孝思之強烈意欲所展開的單向向度，牽引著讀者跟隨其尋親的腳蹤，走一趟實踐孝思之旅，也就在這單向而專一的視域開展過程中，讀者更容易被引導去認同孝子之孝思與孝行的價值。

（二）危厄艱困的旅程

萬里尋親故事敘述中第二個重要主題是，孝子在尋親旅程中

江縣志》（台北：成文出版社，1983），卷13，頁60a；侯光陸修，陳熙雍等纂，《冠縣縣志》（台北：成文出版社，1968），卷8，頁30b；韓志超修，張瑲纂，《蠡縣志》（台北：成文出版社，1969），卷6，頁37b。

67 例如清代李大義，十五歲出尋其父，越十年歸，其父竟無音耗，遂矢志不娶，樵蘇乞丐以養母。顧景濂修，段廣瀛纂，《續蕭縣志》（台北：成文出版社，1970），卷12，頁5a-b。方君訓，年十五隻身數千里尋父親遺骸，不得，後歸設位禮奠，終身不茹葷酒。魯銓修，洪亮吉纂，《寧國府志》（台北：成文出版社，1970），卷28，頁27a。經章紳尋父不得，茹素終身。張紹堂修，蕭穆纂，《續纂句容縣志》，卷8下，頁9b。董友儀三尋父屍不得，悲憤絕粒十五日卒，事在朱忻修，劉庠纂，《徐州府志》（台北：成文出版社，1970），卷22中之中，頁38a。

必然經歷種種的險厄困苦。這部分的描述在方志的史料中，限於篇幅，還不能充分表現，除少數略有鋪陳外[68]，多半僅有「間關萬里，瀕死者屢」、「間關萬里，備歷艱險」、「遍尋數年，辛苦備嘗」這類概括性的描述[69]。文人寫作的傳記則相對有更細膩的描寫。例如趙重華尋父的故事，《滇略》對於趙重華到武當山見到父親手書之字後直到南禪寺與父重逢之間的旅程，僅記：「又間關至建康，祈於三茅君，夢神謂之曰：爾父故在。如是者三，至毘陵，遇老僧示往無錫南禪寺。」[70]而茅坤〈趙氏客遊述〉對這段旅程有更詳細的描述：

> 由南陽穎壽東涉淮泗以泝金陵，又卒無所遇。謀曰：今且渡江矣。聞三茅峰冠江以南，吾再禱之。禱訖，宿觀音寺，夢玄帝鉤簾而坐，華哭而前訴云云，帝呼謂曰：汝父猶未死。如是者三，覺而爽然。從丹陽過毗陵前，復被盜攫其貲以去，所遺者獨前所請郡太守路郵耳。當是時，華窘甚，且行且乞，次橫林觀音寺，一老僧杖錫而前，雙眉覆面，殆浮百年者也。前謂曰：孺子何從來？華曰：吾雲南人，吾父出訪中州諸名山，不歸者十有七載矣。吾是以萬里裹糧，蹤父至此而猶未獲也，不幸為盜所窘，且奈何。僧曰：汝胸所囊者何？曰：路郵。輒出以示僧，僧笑曰：汝父猶未死，客無錫南禪寺中，汝第往。又顧囑他道

---

68 參見朱忻修，劉庠纂，《徐州府志》中對於賈煦的描寫，見該書卷22中之中，頁31b-32a。

69 王琛纂，《邵武府志》，卷23，頁36a；37b。蔣繼洙修，李樹藩纂，《廣信府志》（台北：成文出版社，1970），卷9-5上，頁29a。

70 謝肇淛，《滇略》，卷10，頁25b。

> 人導之，老僧忽不見。[71]

從茅坤的文字，我們知道趙父離家已17年，趙重華從雲南出發，先在河南山區中尋父，後抵達南京，不但尋親的路線記載得更清楚，路途中的危難也獲得較多書寫。我們看到趙重華被盜走所有路費，困窘到極致，只能「且行且乞」，最後在走投無路的景況下才得到觀音寺老僧的進一步指點。

姜宸英（1628-1699）為劉龍光尋親事所寫的〈劉孝子尋親記〉，對於旅途中的險境也有生動的描寫：

> 所過藤峽通仙一線天，皆山谷窮絕處，匍伏晝夜行，數百里不見人煙。最後至白石嶺，嶺陡接霄漢，阪道陿者纔六七寸。俯臨不測之谿，捫壁絕險，既上復下，履巉巖，衝虎豺，攢棘破膚，血流殷足。每仰天一號，則陰風颯然，山木悲嘯，瀕於阽危者數矣。[72]

劉龍光得到神明夢示往閩廣之交尋父，但當時因戰亂，兵阻道塞，後在僧尼的指點下，抄危險的山徑潛行。這段路程在姜宸英的筆下，主角的處境全然孤絕無援，處處生死交關，令讀者望而生畏，這也是這類尋親文學希望帶給讀者的閱讀效果，一種透過移情而能感受到艱苦之情，進而興起孝思的教化作用。

更鮮明的例證尚有在清初引起強烈回響的黃向堅尋親記，黃

---

71 茅坤，〈趙氏客遊述〉，收入黃宗義編，《明文海》（台北：臺灣商務印書館，1983），卷346，頁3b-4b。

72 姜宸英，〈劉孝子尋親記〉，收入《舊小說》，己集，頁149。

向堅在尋親記中詳細記述了自己從蘇州出發，沿途經過江西、湖廣、貴州、雲南各省之州縣衛驛與山川險要，對於自己漫長旅程中所遭遇的險厄，有相當細膩的描述[73]。由於這個文本的敘述者（narrator）同時也是行動者（actor），字裡行間充滿著親身經歷、親眼所見的第一手資料，其細膩的描述手法，帶給讀者某種身歷其境的臨場感，其感動力也更強。文中除了指出旅途中「群盜焚劫」和「虎狼之虞」的危險外，對於自然山川的險阨亦多有描摹。例如，寫江西袁州地區「山徑崎嶇，多圮橋斷岸，臨之股慄」；寫湖廣地區「山中叢篁古木，陰森蔽日，悉從無路處覓路」；寫廣西苗族之地，「地方久無統轄，亂山環繞，極目草迷，多漲沙，多流潦，多獸跡」；寫貴州平越府「山勢巍峨，路紆折如羊腸，兩旁俱苗蠻巢穴」。甚至在湖廣與貴州，作者還親眼見到「髑髏遍野，虎跡如碗」，「嶺頭坡足，骸骨枕籍」的駭人景象。他筆下的自然山川不再是傳統文人筆下的佳山秀水，而是一幕幕險山惡水，反映著作者的身心之境，孝子在未能尋獲雙親之前，所歷的山川「悉成苦況」[74]。而感染力最強的是黃向堅敘述自己身體所遭遇的危險，除了幾次被衛所駐軍逮捕盤問的經歷外，他的身體在旅途中更是刻畫了無盡的傷痕與痛楚：

> 在途時，遇雨雪，踵趾破裂，痛楚頻頻，倒地身如泥塗。

73 黃向堅於順治八年冬十二月出發，九年夏五月抵雲南白鹽井，親子重逢，順治十年正月舉家由雲南出發返家，於六月十八日抵家，前後共歷三年。回家的旅程記載於黃向堅，《滇還日記》，收於《黃孝子尋親紀程》。亦見歸莊，〈黃孝子傳〉，收入黃向堅，《黃孝子尋親紀程》，附傳。

74《黃孝子尋親紀程》，頁1b。

> 自顧堪憐，往往僵臥道旁。[75]
>
> 寓湘潭縣城外，左足血瘀腫赤，痛不能禁，用瓦針刺血，憔悴支離，眠餐幾廢。[76]
>
> 過安莊衛，歷白水驛，……霪雨，兵馬踐踏，擁成泥浪，循平沙躍走，深陷沒膝，身若墜淵，幾不得升。次關嶺，……不易登，上嶺將半，氣喘力絀，倒嶺畔。有老僧出茶，啜之，強起，用蓋作杖，約步登嶺頭。[77]

透過黃向堅白描式的文字及其所繪的尋親圖冊，讀者可以感受到獨行在險山惡水之間的孝子，正以其羸弱孤單的身軀和壯濶無情的大自然進行著驚險的搏鬥。故當時許多文人在閱讀他的《紀程》之後，都對此留下深刻的印象。愚古道人說：「試看端木所履，步步皆死地。其志之成，亦幸耳。」[78]陸世儀也說：「今觀其所紀，道路之遠，跋涉之艱，經歷之險。嗚呼，自天地開闢以來，出萬死一生以求二親，而百折不回，卒如其願，孰有如吾孝子者乎。」[79]汪琬更直言黃向堅尋親的經歷比起王原和趙重華的經歷更加驚險艱難，他綜述其所遭遇之艱險如下：

> 當孝子旁皇羽檄之間，蒲伏無人之境，櫛風沐雨，心與身俱瘁，繭足黧面，絕無人色，遠方之人視之，不猜為間

75《黃孝子尋親紀程》，頁 1b。

76《黃孝子尋親紀程》，頁 1b-2a。

77《黃孝子尋親紀程》，頁 3b。

78 愚古道人，〈跋〉，收入《黃孝子尋親紀程》，頁 1b。

79 陸世儀，〈跋〉，收於《黃孝子尋親紀程》，頁 1a。

諜，即誅為匪類，其幸脫於刀刃劍鋒者僅耳。[80]

萬里尋親的故事，雖然不是每一則都能像黃向堅一般詳細記載旅程中的艱難險厄，然而這畢竟是整個故事的重要主題，故文字總會點出數千里或數十年求索過程之艱難，讓讀者想像其中的辛苦和考驗。這段險厄艱困的旅程之所以是故事的核心主題，主要因為這是一條通往親子重逢的必經之路，既是考驗孝子心志的歷程，也是開啟希望的通道。這段路程愈艱辛、愈危險，就愈顯出孝子尋親心志之堅定不移，也愈值得被書寫；而孝子堅毅之志，則是孝感的關鍵，更是開啟天人交助網絡的重要契機。故有所謂：「更有孝子尋親骨殖一事，其事愈難，其情愈苦，而天之所以報答孝子者，其跡愈奇。」[81]這種孝子必須歷經驚險、通過重重考驗才能完成尋親目的的主題，在佛教故事中更為明顯，《觀音菩薩傳奇》中的〈吳孝子萬里尋親〉，故事中雖然觀世音菩薩一路相隨救助，但是吳璋必須要親身接受試驗，即使在被毒蛇所咬、為菩薩所救之後，菩薩也讚嘆道：「吳璋啊，你為母忘軀，真是純孝的鐵漢！上天絕不負你這一片苦心的。」但前面仍然有色誘的魔障等著吳璋，吳璋必須親身通過所有的試驗，才能完成尋親的目的[82]。

---

80 汪琬，〈題萬里紀程〉，收入氏著，《堯峰文鈔》（上海：上海書店，1989），卷38，頁4b。

81 草亭老人編，《娛目醒心編》，卷1，頁7a。

82《觀音菩薩傳奇》，第39回，見http://www.open-lit.com/listbook.php?cid=39&gbid=254&start=0（參閱日期2007. 4. 21）。

（三）天人交助的網絡

萬里尋親故事敘述中第三個重要主題是：隨著整個尋親歷程的展開，由於孝子純全堅定的孝志，感動天人，形成一種天人交助的網絡。雖然故事中未必都有「孝感」的情節，但有相當多數的故事確實包含這個情節，也使得這類孝子傳與割股療親的故事，共同構成明清孝子傳有關「孝感」主題的重要類型。不過，若與割股療親孝子傳相比，我們會發現萬里尋親故事有更多人的作為與人際關係網絡的涉入，形成一種天人交相幫助的管道。

不像在割股療親的故事中，孝子只能在親人病重、束手無策之際，割股祈天，等待著天的神蹟作為，旁人幾乎完全無力幫忙。相對的，從萬里尋親的故事，我們看到在孝子數千里或數十年的浪遊尋親過程中，人的幫補是極重要的環節。雖然有些孝子以字畫醫卜營生[83]，但還有更多人經常接受著各類人士的幫助。因著尋親的孝行在社會上普遍受到肯定，許多人都願意慷慨地對孝子伸出援手，尤其對出身士商的孝子而言，士紳交際網絡或商人網絡的救助幫補格外明顯。這類例證極多，僅舉數例以供參考：張振祺在找尋母弟的過程中，曾因四川省布政使對其遭遇的憐憫，而幫忙推薦工作[84]；繆士毅尋親時，曾經接受同鄉難友吳

83 學醫卜以資行李的例子有張振祺、袁化遠、王調元、馬祚昶等，見黃雲修，林之望纂，《續修廬州府志》（台北：成文出版社，1970），卷50，頁36b；定祥修，劉繹纂，《吉安府志》（台北：成文出版社，1975），卷35，頁40a-b；韓志超修，張瑲纂，《蠡縣志》，卷6，頁37b；高維嶽纂，《綏德州志》（台北：成文出版社，1970），卷7下，頁44b。又程棟九以一技之長，邊工作邊尋親，見曹夢鶴纂，《太平縣志》（台北：成文出版社，1985），卷6，頁8a。

84 黃雲修，林之望纂，《續修廬州府志》，卷50，頁36b。

某資助馬匹、閻某代為覓車，又有同行商人劉某的協助[85]。鄭立本在尋親途中曾接受路人的幫助與父親舊識的款待，攜父親骸骨返鄉時，又「沿州縣給夫馬護送歸」[86]。周芳容之尋親也是在耿省修、戴寶德、旅舍主人、里正、醫者、史君、鍾君、劉州牧眾人的義助下，方能成功[87]。

從黃向堅詳細的敘述，我們更可以清楚看出這種屬於人與人之間的幫補在孝子尋親旅程中的重要性。黃向堅走出豐城臨江界時，受到鰲坊李姓人家「情深如故人」的招待。在苗地，有能通漢語者款待他。而逮捕、盤問他的軍隊將領在獲悉他尋親的目的後，也給予相當的幫助。黃向堅曾路遇楚黃人楊某，楊某不僅帶他進入貴州，更對他有「親厚」的照顧。到了廬州，有程某幫助他到衙門查父親的履歷和下落。從廬州再出發時，則有「他鄉三、四友相賀贈別」。到了安順府，府公李春鯤留署中。在登關嶺時，得老僧贈茶；下嶺時，又在兵營驗票後，接受飯食招待。進入雲南，則有浙東人錢士驌、江右客桑某，以及許多父親的舊識朋友與蘇籍官僚的款待與幫助，或親邀至家，或致贈旅費。而在黃向堅與親重逢後籌備回鄉旅程時，也同樣獲得許多縉紳友朋的資助，送馬匹、贈旅費、設席言別，在在可見士人之間的人際

85 張宗泰纂，《備修天長縣志稿》（台北：成文出版社，1969），卷8上，頁5a。

86 朱忻修，劉庠纂，《同治徐州府志》（南京：鳳凰出版社，2008），卷22中之中，頁25b-26b。

87 錢泳曰：「非耿君不能出京，非戴君書，即往歸州，與不往等，非史君濟以資斧不能至漢口，非鍾君遣老役指迷，力任其事，無由覓塚得棺，非劉州牧與張將軍倡賻贈舟，不能浮江歸里。」錢泳，〈書周孝子事〉，《履園叢話》，叢話5，頁135-143。

網絡所提供的各項幫補[88]。如果說黃向堅所繪的《萬里尋親圖》主要呈現的是踽踽獨行於萬里關山途程中的孝子（見圖4、5、6）[89]，那麼《黃孝子尋親紀程》的文字脈絡間，則進一步向我們揭示屬於人情世界中的互動與幫補。

【圖4】黃向堅，萬里尋親圖，南京博物館藏品。

【圖5、6】萬里尋親圖（局部），南京博物館藏品。

關於士人人際網絡的幫補與運作，我們從明清之際的著名儒

88 見黃向堅，《黃孝子尋親紀程》。

89 有關黃向堅尋親圖的藝術表現，參見朱良津，〈談《尋親圖》，冊的審美特徵〉，《貴州文史叢刊》，期3（2000），頁75-78。

者李顒招父魂的記載，也可以得到進一步的觀察。李顒的父親李可從在崇禎十四年（1641）時隨總督陝西都御史汪喬年（1642卒）出關征討李自成之亂，當時李顒15歲，第二年（1642）李可從便在襄陽陣亡了。李顒與母親兩人在困苦的環境中相依為命，李顒更苦學成名，受到地方官紳士人的敬重。到了康熙九年（1670），44歲的李顒在母歿服闕之後，終於決定遠赴襄城招父魂。他遠行的旅費是向鄉人借貸而得[90]；到了襄城之後，則受到當地官紳熱烈的歡迎和幫助。知縣張允中不僅出城迎接[91]，第二天還為其撰文禱於城隍神以覓父魂；而且襄城官紳士庶，也謀劃為李可從等殉難者舉祠起塚，以慰孝思。當襄城邑紳劉宗洙等人為之區畫立碑建祠等事的期間[92]，李顒則接受常州知府駱鍾麟（1624-1676）之邀南行[93]，從揚州到常州無錫，從謁唐荊川祠到講學東林書院，一路上與官紳士人有密切的往來，直到康熙十年（1671）三月二十五日才重抵襄城[94]。李顒重回到襄城，知縣張允

90《年譜》中記：李顒「貸於鄉人得四金」。吳懷清，《關中三李年譜》（台北：允晨文化，1992），頁43。

91 張允中，山西崞縣人，康熙七年至十二年任襄城知縣。佟昌年原修，陳治安增修，《襄城縣志》（北京：線裝書局，2001），卷5，頁10a。

92 劉宗洙之父劉漢臣為明諸生，汪喬年守襄城時，置其為佐城守，在戰役中受重創，其子宗洙、恩廣有孝行，宗洙更有「嘗糞孝子」之稱。其孝行見毛際可，〈劉氏二孝子傳〉，收入錢儀吉纂，《碑傳集》，冊11，卷142，頁4264-4265。

93 駱鍾麟，順治四年進士副榜，任盩厔知縣時，延李顒講學延陵書院，並北面執弟子禮，後轉任北城兵馬司指揮、西安府同知、常州府知府等職。其傳見李桓輯，《國朝耆獻類徵初編》（台北：明文書局，1985），冊33，卷216，頁13a-15a。

94 吳懷清，《關中三李年譜》，頁43-57。

中再次迎之入城，此時祠碑已備妥[95]，又派遣「工徒十餘人砌案」準備招魂，當晚李顒齋沐宿於城隍廟內，在夜分將寢之際，「忽鬼聲大作」，眾皆震慄。「次晨滿城喧傳，人人駭異，平日絕不信鬼神者，至此莫不悚然爭相虔祭」。第三天當李顒捧著魂牌辭歸時，則是「闔城鄉官、舉貢生員，祖餞於十里鋪」的送別場面[96]。

當然，李顒赴襄城招父魂時已是一位著名儒者，他父親又是因公殉難，故襄城當地官紳在招魂事件上所提供的資助與介入的方式，也盛大公開，將之視為公眾之事。襄人為紀念李可從之殉難，劉宗洙捐西郊之田以建義塚，題名「義林」，每年清明時祭，由劉宗洙率子姓奉祀，至於豎立在南郭的祠碑，春秋丁次，則由邑宰致祭[97]。在其他尋親故事中，孝子們未必都能接受這種規格的幫助，不過由於許多尋親的孝子出身士人之家，藉著士人群體的人際網絡，也因當時文化對此孝行的肯定，人為的幫補清楚可見。這一點我們從《儒林外史》中郭孝子的故事可進一步獲得印證。

《儒林外史》描寫明清科舉社會文化下的士人類型，小說中安排萬里尋親郭孝子這樣的人物登場，可見這是當時熟悉的士人行徑。小說第三十七、三十八回，郭力三度來到江南，當時他已是「二十年走遍天下，尋訪父親，有名的郭孝子」[98]。他打聽到父親已到四川山裡削髮為僧，所以正準備遠赴四川。武書聽到他的遭遇，立刻主動提出可以幫助的管道：

---

95 張允中，〈襄城記異〉，收於李顒，《二曲集》，卷23，頁289。

96 馬永爵，〈敘事〉，收於李顒，《二曲集》，卷23，頁291。

97 馬永爵，〈敘事〉；張允中，〈義林記〉，收於李顒，《二曲集》，卷23，頁291；卷24，頁311。

98 吳敬梓，《儒林外史》（台北：聯經出版公司，1978），回37，頁354。

> 可憐！可憐！但先生此去萬里程途，非同容易。我想西安府裡有一個知縣，姓尤，是我們國子監虞老先生的同年。如今託虞老師寫一封書子去，是先生順路，倘若盤纏缺少，也可以幫助些須。[99]

透過武書的引介，郭孝子受到杜少卿熱情的款待，不僅留宿家中、治辦酒肴款待他，杜少卿又令妻子為其漿洗衣服。短短兩三日內，南京幾位官紳士人便捐了二十兩銀子，加上兩封引介書信，送郭孝子赴四川尋親。憑著引介的書信，郭孝子也能一站站地接受款待和幫助[100]。郭孝子的故事雖是虛構，但故事中呈顯出萬里尋親的孝子在旅途中所接受的資助管道，不僅與若干史實書寫相呼應[101]，更進一步讓我們想像因著萬里尋親所得的「孝子」美名，在明清社會中浪遊時所可能獲得的好處。

孝的感動力當然不僅止於人世，「至孝格天」是中國孝文化中重要的主題，萬里尋親故事中的孝子所受到的幫補也因此不會僅止於人間，更有許多「孝感」神蹟。故事中的孝感情節，有不同的表現方式，最普遍的情節之一則是：當孝子經歷千辛萬苦，在絕望不知所措時向神明發出哀號，神明藉著夢示等奇蹟式的指引，最終能夠親子重逢。孝子放聲「號哭」的情景在故事中也屢屢出現，此號哭舉動既表達了孝子內心的痛苦與絕望，也是孝子向天地神明（大父母）孺慕真切的哀求，故在敘事中通過孝子號

99　吳敬梓，《儒林外史》，回37，頁354。

100　吳敬梓，《儒林外史》，回38，頁356-358。

101《履園叢話》記周芳容尋親事，戴寶德也同樣以書信引介周芳容給歸州吏目江寧鍾光範。見該書，卷5，頁135-143。

哭的舉動，經常會帶出天人相感的好結果[102]。這類的故事很多，以下僅舉數例：林福為尋父墓，不得其所，他朝暮至筍江「號哭」，終於夢見一老人指示而尋獲壙志[103]；王溥與母相失十八年，赴貴溪尋母，不得，「晝夜號泣」，後有人告知其母已被賊逼投井而死，他也終於在井中尋獲母骸[104]；徐州的賈煦為尋父來到合州，「乃仰天號泣」，日呼父名，行乞市中，終於獲得楊秀昌的幫助，父子重逢[105]；鄭一左和鄭一右兩兄弟，在荒山亂塚中尋覓父親骸骨，兩人「號泣八晝夜」，遂夜夢神告以柩處，而得攜骨歸葬[106]；施本孝為尋父母骸骨，不可得，「日夜悲泣」，乘舟四訪，最後也是在夢中得神示而終於尋獲[107]。

向神虔誠祈禱也是一種常見的方式，例如，廖人俊為尋父骨，「日夕焚香籲天，願知父骨所在，久之，若有指導之者，竟得於叢塚間」[108]；薛鸞因戰亂與母失聯，「號泣禱神，裹糧出訪，果得母」[109]；黃贇偕弟欲尋父墳，在無助之際，「中夜禱於神明，

---

102 當然歷史不是照著人為的劇本發展，也有少數例子在孝子號哭、用盡一切辦法之後，仍然找不到父親的下落，最後只能放棄，例如王汝煒尋父故事，見沈元泰等撰，《道光會稽縣志稿》，卷18，頁16b-17a。

103 方鼎修，朱升元纂，《晉江縣志》（台北：成文出版社，1967），卷10，頁29a-b。

104 蔣繼洙修，李樹藩纂，《廣信府志》，卷9之5上，頁25b-26a。

105 朱忻修，劉庠纂，《徐州府志》，卷22中之中，頁32a。

106 曹秉仁修，萬經等纂，《寧國府志》，卷28，頁19b。

107 嚴辰纂修，《桐鄉縣志》（台北：成文出版社，1970），卷15，頁30b。

108 魏瀛修，鍾音鴻纂，《贛州府志》（台北：成文出版社，1970），卷53，頁2b-3a。

109 宋若霖纂，《莆田縣志》（台北：成文出版社，1968），卷25，頁4b。

既倦就寐，夢一老叟鬚眉皓白，杖而前指葬處」，果然尋獲[110]。趙重華在尋父途中，曾禱於武當山、三茅峰，後在觀音寺夜夢玄帝，重華向玄帝哭訴，得蒙指示「父猶未死」，最後終於輾轉找到父親[111]；鄒應運與母兄相失，「叩天虔禱，即得母處」[112]；周毓華尋訪父骨，也是禱之神，得徐老人指示而尋獲[113]。另外，清初名儒顏元以50歲之齡，踏上尋找失聯46年的父親，也是沿途在關侯祠、城隍廟、東嶽廟中祈禱求籤與夢兆，最後關帝在夢中向其妹顯現指示，兄妹遂得相逢，顏元也終於能夠請靈將父親的神主帶回家中奉祀[114]。其他傳統孝子傳用以表徵孝感的手法，如「風息虎馴」等出現瑞徵與感格凶暴之物，亦同樣出現在尋親故事中[115]。

故事中孝感神助與人世間的幫補並沒有任何衝突，誠孝能感動天地鬼神，也能感動眾生萬物。這種因孝感而導致天人交助的訊息，在文學作品中被更鮮明地標舉出來，例如，《娛目醒心編》中的〈走天涯克全子孝，感異夢始獲親骸〉，全文以「人力可回天數、孝可格天動神」為基調，故事中的孝子曹起鳳在旅途

110 德馨修，朱孫詒纂，《臨江府志》（台北：成文出版社，1970），卷27，頁5a。

111 朱國禎，《湧幢小品》，卷20，頁9b-10b。

112 陳釗鏜修，李其馨纂，《趙州志》（台北：成文出版社，1975），卷3，頁23b。

113 蔣繼洙修，李樹藩纂，《廣信府志》，卷9之5上，頁32a。

114 顏元，〈尋父神應記〉，《習齋記餘》，卷2，收入顏元著，王星賢等點校，《顏元集》，下冊（北京：中華書局，1987），頁417-421。

115 例子極多，可參見葉長揚、顧棟高纂修，《淮安府志》（台北：成文出版社，1983），卷22，頁13b-14a；李景嶧修，史炳纂，《溧陽縣志》，卷12，頁28a；盧思誠修，季念詒纂，《江陰縣志》（台北：成文出版社，1983），卷16，頁數不清，總頁數為1908-1909。

中屢遇奇怪可怖之事，包括夜宿老虎洞、誤闖賊窩、在深山撞見山魅等，卻都能全身而返，這些情節所傳遞的訊息便是：因他是個尋親的孝子，神、人均不願傷害他的性命。當寫到曹起鳳在漢陽遇大雪而極度困乏、奄奄一息時，作者明白說：

> 天憐孝子，必不忍令其命絕於此，故當萬死一生之際，自然走出個人來保全他性命。[116]

這個故事便安排了項秀章和許遇文來救助曹起鳳，曹起鳳最後也果然在父親的夢示，以及許、項二人和另一老人的共同幫助下，尋獲父親的骸骨。又因許、項二人慨贈盤纏，得以回家安葬父親，孝養老母。作者「天憐孝子……故當萬死一生之際，自然走出個人來保全他性命」的想法，當然不是每個尋親事件的真實寫照，卻反映著當時人們對於「孝感神應」的信念與心理期望，這也是萬里尋親故事的一個重要意涵。

（四）救贖的主題

萬里尋親故事中的另一個主題，通常也是故事的圓滿結局，即孝子在經歷漫長的求索和重重艱難的考驗之後，終於將那流離失所的父母，帶回到儒家所重視的家族系統與親情倫常之內，重新被安置在屬於他（她）的「正確」位置上。就像許多「契約—背約—復約」的故事情節一樣，萬里尋親故事也可被視為：奠基於家庭倫理的契約關係中，背約（離家）與復約（歸家）的情節發展。當孝子尋獲父母時，父母的生死並不是重要的關鍵，生者

---

116 草亭老人編，《娛目醒心編》，卷1，頁15b。

將被迎歸、受兒子奉養終老；死者屍骨也會被負歸、合禮地安葬與祭祀。總之，流離失所的父母最終要能夠被帶回家庭之內，讓孝子充分盡到為人子的責任，才是重點。我們從故事敘述中可以清楚看見，儒家的孝道與家庭倫常具有終極的價值意義，孝子基於孝思與儒家孝道理想而構築的尋親之旅，最終就是要將父母救贖回到血緣家族的系統之內。

這一個主題具有一種以孝救贖父母的深刻意涵，所謂「救贖」，除了在身體和名分上將流離失所的父母重新帶回到他們「正確」的位置，同時也包含了原諒並彌補父母所虧欠的一切，傳遞著「孝可以遮掩許多過錯」的訊息。例如，劉湊的父親因積欠龐大債務而逃亡，他後來得以還家，主要都靠著兒子多方的尋找，並借貸金錢償還債務；王官禱的父親因私售祭產不見容於族人，也是在兒子代為贖回祭產後，才可能再度參與家族的祭祀[117]。另外，我們從許多故事中也看見，孝子冒著生命危險所尋求的對象其實是好遊不歸、不負責任、徹底失職的父親，這類例子極多，包括鮑倫、經章紳、楊朝舉、劉長醇、賈煦、曹美謹、李先誠、沈士鳳、王官禱等人之父，或外出經商或遊學，從此音訊渺茫，甚至已在他地另組家庭。但是如此棄子離家的事實卻絲毫無改於孝子對父親的孝思，及其堅定尋親之志願；父子重逢後，兒子也都能竭力曲盡孝子之職[118]。有一個極端的例子是吳先

117 王官禱尋父事，見許應鑅修，謝煌纂，《撫州府志》（台北：成文出版社，1975），卷64，頁18b-19a；劉湊尋親，見盧承業原修，馬振文增修，《偏關志》（台北：成文出版社，1968），卷下，頁18a。

118 曹秉仁修，萬經等纂，《寧波府志》，卷24，頁14b-25a；張紹棠修，蕭穆纂，《續纂句容縣志》，卷8下，頁9a-10a；劉王瑷纂修，《碭山縣志》，卷11，頁41a；張佩芳修，劉大櫆纂，《歙縣志》（台北：成文出版社，1975），

民尋父的故事：

> 父喜遨遊，久不歸，先民方十五，孑身徒步尋父，浮江涉漢，泛洞庭，入閩粵豫燕秦晉，卒不得；復出塞而北，乃得父奉之歸。無何，父復行，卒於外，先民復徒跣負父骨歸。[119]

面對自己好遊的父親，吳先民其實是完全被動無奈的，但他最終還是成功地把父親（屍骨）帶回到家庭系統之內。

另外，故事中也有許多被擄失節或改嫁的母親，如廖人俊之母被寇擄後已有新家庭，陳斗龍、宮安、徐子壽、謝用、汪宗淮的生母亦都已改適，但這也絕無礙於孝子對母親的情感，及迎歸奉養的決心[120]。范鍾的母親是婢女，生下他後因約滿被遣即從此失聯，後來范鍾任縣尉，與母相逢，立即具衣冠迎歸。另一個特別的例子是邱緒迎母的故事：邱緒的生母黃氏在他年幼時被逐出家門，後又轉適包、李、吳、陳四氏，邱緒尋得母親時，黃氏為陳翁之婦，邱緒遂一起將母親與陳翁迎歸，並別築室奉之，迨陳

卷13，頁23b；許應鑅修，謝煌纂，《撫州府志》，卷64，頁18b-19a，卷65，頁5b；李亨特總裁，平恕等修，《紹興府志》，卷59，頁39b。

119 馬步蟾修，夏鑾纂，《徽州府志》（以下簡稱道光《徽州府志》，台北：成文出版社，1975），卷12之4，頁60a。

120 魏瀛修，鐘音鴻纂，《贛州府志》，卷53，頁2b-3a；于尚齡修，王兆杏纂，《昌化縣志》（台北：成文出版社，1983），卷15，頁1b-3a；《淮安府志》，卷22上，頁3a-b；潘紹詒修，周榮椿纂，《處州府志》（台北；成文出版社，1974），卷20，頁26a；周溶修，汪韻珊纂，《祁門縣志》（台北；成文出版社，1975），卷29，頁3a；丁廷楗修，趙吉士纂，《徽州府志》（以下簡稱康熙《徽州府志》，台北：成文出版社，1975），卷15，頁29b。

翁過世後才將母親請入已室奉養[121]。

上述這些在儒家傳統觀念中被視為虧德的父母，在萬里尋親的故事中卻都能因著孝子的孝思及所受的苦難而得到救贖，獲致儒家賦予父母的尊榮與地位。許多孝子為救贖父母，則付上身體苦難的代價，或勞瘁早卒，或在身體上烙下終生的傷痕，這些傷痕也都獲得了方志的特別記錄[122]。Keith Knapp指出，孝子傳的某些特色頗似基督宗教傳統中的聖人傳書寫[123]；呼應這個觀點，我們可以說就像耶穌聖傷代表著神救贖人類的大愛，即使復活後也永遠烙印的光榮記號，尋親的孝子在其身體上所烙印的傷痕正是中國文化傳統中崇高而神聖的「孝」的印記。

關於救贖的主題，我們還可與佛教目連救母的故事發展到晚明的情形略作比較，晚明萬曆的《目連救母勸善戲文》，在過去佛教故事與變文的基礎上，繼續發展成為一齣雜糅三教、強調忠孝節義精神的宗教家庭倫理大戲，並且極盡詳細地描繪了目連遍歷地獄求母的經過。根據陳芳英的研究，此戲把「一個本當屬於佛家故事的目連救母，寫成了國人模式的『孝子尋親娘』」[124]。可見《目連救母勸善戲文》確實在某種敘述情節中，融入了萬里尋親故事的架構，並同樣以「孝」做為勸善的內容。戲文中的佛教

121 彭循堯修，董運昌纂，《臨安縣志》（台北：成文出版社，1975），卷7，頁1a；曹秉仁修，萬經等纂，《寧波府志》，卷24，頁20a。

122 例如王廷璜因背負父親回家而跛腳，趙維信因尋父所留下的足脛傷痕，終生未癒；見盧思誠修，季念詒纂，《江陰縣志》，卷16，總頁1902；侯光陸修，陳熙雍等纂，《冠縣縣志》，卷8，頁30b。

123 Keith Knapp, *Selfless Offspring*, pp. 5-6.

124 陳芳英，《目連救母故事之演進及其有關文學之研究》（台北：臺大出版中心，1983），頁40-49。

義理與救拔母親脫離地獄的內容，固然不同於本文所論的尋親孝子傳，目連尋親所遍歷的地獄苦景也迥異於尋親故事中的人間山川，但是孝子不容已的孝思、矢志尋親的意念，以及必須極盡辛苦地輾轉求索都是相同的；而孝子竭盡所能要把父（母）親從「不得其所」的困境中救拔出來，帶到一個適當的、可以令孝子安心的位置上，也是一致的。或許萬里尋親故事與目連救母戲之所以能如此地結合，正是因為兩者同樣蘊涵了孝思、旅程、受苦、孝感、救贖的重要主題。

綜上所論，在萬里尋親的故事敘述中，不得其所的父母最終是否能夠被帶回到儒家重視的血脈家族系統中，接受子孫們養生送死的合禮孝養之道，成為判斷整個事件成功或失敗，以及判斷孝子人生幸或不幸的關鍵。故「親歸其所」的主題在故事中具有一種終極的意義指標，關係著孝子全家在儒家親親、尊尊的禮義世界中是否得以圓滿幸福，此情節也應該是故事的最高潮。然而，真實的世界未必都能曲盡符合孝子一人之孝思與願望，人的價值觀與生命觀也未必盡是儒家孝道理想所能滿足的，因此某些故事的發展，即使受到特定敘述模式的限制，卻仍透露出些許更複雜的訊息，反映著生命的複雜情境，甚至凸顯了父子間的衝突與意志的角力。

三、故事的另一面

因著特定的書寫目的與價值取向，萬里尋親孝子傳主要欲傳遞孝行的正面意涵，不過我們從若干文本的裂縫，卻隱約可見故事的另一面。儘管這些記載是碎裂不全的，也未必反映更真實的面相，但卻能帶領我們窺見日常生活中，萬里尋親的實踐所可能蘊涵的更複雜情境。

（一）棄母拋妻的孝子

當孝子義無反顧地踏上尋親的旅途時，不僅他個人要付上身體、錢財和精神受苦的代價，許多時候與他相依為生的其他親人也被迫要一起犧牲。故事中的一些孝子們，在孝思激動下尋親志願愈堅的同時，亦愈顯出對其他親人的無情與不負責任。例如，洪維陶父親在他週歲時即離家未返，洪15歲辭母尋父，後雖顧念母親無人照養而返家。母親去世後，族人強迫他娶親生子，在二個兒子出世後，他「囑妻以祀先訓子」，毅然再踏上尋親路程，最後客死他鄉[125]。這種娶妻代替自己履行家庭義務的作法，在萬里尋親故事中屢見不鮮，徽州的鮑福海「娶婦，迨有妊，乃得請於母而行（尋父）」[126]；吳大亮已在外流遊尋父十餘年，人勸他以宗祧為重，「因歸娶，復出」[127]；施元龍「娶妻甫三日，即白母往尋父」[128]；程世鐸新婚後即矢志尋父，五年多的時間全靠妻子徐氏孝養其母[129]。著名的王原尋親亦然，王原是在娶妻月餘之後，即告訴母親要離家尋父，《明史》記載：

> 母泣曰：「汝父去二十餘載，存亡不可知。且若父甿耳，流落何所，誰知名者？無為父子相繼作羈鬼，使我無

125 魯銓修，洪亮吉纂，《寧國府志》，卷28，頁21a。

126 丁廷楗修，趙吉士纂，《康熙徽州府志》，卷12之4，頁37a-b。

127 丁廷楗修，趙吉士纂，《康熙徽州府志》，卷12之4，頁57a。

128 李亨特總裁，平恕等修，《紹興府志》，卷59，頁32a。

129 勞逢源、沈伯棠等纂修，《歙縣志》（以下簡稱道光《歙縣志》，台北：成文出版社，1984），卷8之7，頁25a。

> 依。」原痛哭曰：「幸有婦陪母，母無以兒為念，兒不得父不歸也。」號泣辭母去。[130]

事實上，有許多孝子是選擇先壓抑自己尋親的欲望，盡責地孝養母親，等到完成對母親養生送死的責任後，再踏上尋親之途，如趙重華、吳宏祥、艾子誠、王興福、張立屏等皆是，這也是比較合乎情理的作法[131]。然而王原選擇了另一種作法：將奉養母親的責任完全交給新婚的妻子，無顧於母親的哀泣，毅然離家。對於王原的這種作法，小說《石點頭》有一番鋪衍揣摩，雖未必盡合實情，卻更充分凸顯出「孝」的理想落實於家庭生活中可能產生的複雜情境。小說中王原的老師白秀才闡釋《孝經》之義說：

> ……又有一等，貪財好色，但知顧戀妻子，反把父母落後，這也不足為孝。……又有一等，貪戀權位，不顧父母，生不能養，死不能葬，如吳起母死不奔喪之類，這也不足為孝。[132]

---

130 張廷玉，《明史》，卷297，頁4b。

131 吳宏祥甫生時，父外貿未歸，宏祥欲尋父，母誡之：「汝之一身，嗣續所繫，遠出尋父，脫有不虞，其如嗣續何。」故宏祥在母歿後才外出尋父歸家。見《康熙徽州府志》，卷12之4，頁57b。艾子誠「力作以養母，越二十年，母以疾卒，營葬畢，遂治裝裹糧赴遼東」；見《閱微草堂筆記》，卷18，頁444。王興福是清道光年間撫州人，在辦妥母親喪葬事宜後，才赴雲南尋父；《撫州府志》，卷65，頁10a-b。張立屏也是奉養老病的祖父母，既終，遂出尋父，事見祝嘉庸修，吳潯源纂，《寧津縣志》（台北：成文出版社，1976），卷8，頁29b-30a。

132 天然痴叟，《石點頭》，卷3，頁71。

王原因此感悟，想到自己「生不識其（父）面，死不知其處，與那母死不奔喪的吳起何異。」[133]遂定意尋父。而他離棄妻子、委以奉養母親的作法，也正符合了不因戀妻子而後父母的孝之教誨。

另一方面，王原母親的心聲在《石點頭》中也獲得更深刻的書寫，母親張氏在聽取兒子誓言不尋獲父親誓不還家之後，質問王原：

> 好孝心，好志氣，只是你既曉得有爹，可曉得有娘麼？[134]

接著，張氏又長篇地述說了自己從懷胎生下王原、孤孀扶養他成人的辛酸，以及多年來對他的牽掛與指望，如今兒子居然要棄她去尋父，她繼續質問道：

> 你卻要棄我而去，只怕情理上也說不過。還有一句話，父母總是一般，我現在此，你還未曾孝養一日，反想去尋不識面的父親。這些道理尚不明白，還讀甚麼書？講甚麼孝？[135]

王原棄母尋父的作法，在《石點頭》的作者安排下，透過張氏的口第一次被質疑，這樣的質疑在今日讀者看來，是合情合理的，但這種觀點卻絕不出現在其他歌頌尋親孝行的傳記中。而小說中的王原雖聽出母親的苦楚，卻仍執意要尋父，最後母親只能

133 天然痴叟，《石點頭》，卷3，頁71。

134 天然痴叟，《石點頭》，卷3，頁73。

135 天然痴叟，《石點頭》，卷3，頁73-74。

無奈地妥協：「罷！罷！龍生龍，鳳生鳳，有那不思家乞丐天涯的父親，定然生這不顧母、流浪溝渠的兒子。」[136]透過小說的敘述，讀者所感受到的訊息也更複雜，與其說單純為故事中王原尋親的孝行所感動，毋寧更摻雜著對這位早年為夫所棄、如今又遭子棄養的母親深深的同情，也因而更多感受到孝子王原狠心的一面。

（二）父子意志的衝突

還有一些故事讓我們看見親子重逢所帶來的，絕不單純是團圓的喜樂或人生意義的滿足，反而令人有平地起波瀾的感慨，因為孝子尋著久已失聯的親人後，便接著開啟了兩個家庭的戰爭、連接不斷的厄運，甚至父子間人生觀的衝突與意志的拉鋸戰。例如黃馴大因避難離家，後來幼子黃珏遍尋數年，終於找到父親，但此時黃馴大已在他鄉另組家庭，又生有五子，故當黃珏要求父親回家時，黃馴大起初並不願意，最後是在黃珏「牽衣哭泣，闔省家人力勸之」之下，才與之同歸[137]。這個故事中的孝子雖然如願以償，但卻注定有一個家庭要失去父親；黃馴大必須先從另一個家庭、從五個兒子生命中出走，才能回歸黃珏的家。再看鮑倫尋父的例子：鮑倫到漢陽尋找父親的骸骨，父親生前也已在漢陽娶妻，生有二女，當鮑倫抵達漢陽時，漢陽的家庭感受到威脅，訟於縣，導致鮑倫被繫入獄數年，最後是在監司主持下以滴血驗親的方法判定鮑倫與父親的關係，才允許他買棺殮父歸葬。但當鮑倫扶父柩回到家後，家中卻像染煞般連遭厄運，短短不到十日

136 天然痴叟，《石點頭》，卷3，頁74。

137 蔣繼洙修，李樹藩纂，《廣信府志》，卷9之5上，頁28a-29b。

之間「妻妾子女死者七人，靡有孑遺」，只是鮑倫毫不後悔[138]。

以上這些牽涉到兩個家庭的故事，縱使有難以兩全的遺憾，並沒有涉及父子間的正面衝突。然而，下面的故事則充分顯出親子之間觀念與意志的衝突：

> 鮑達圻，字治卿，昭文人。父焯病死三日，蘇，悟出世法，往山東勞山寺為僧。達圻偵知之，趁海舶，歷大洋，登岸越山數百里，尋得之。泣求同歸，不允。不得已返里，復具書哀懇，父屏弗與通。音耗以絕。後聞父沒，達圻再往覓父骨，不知所在。每言及，輒下淚引為終身痛。[139]

鮑焯既已悟出世法，他就不再認同兒子儒家孝道觀念所衍生出的一套禮法行為的意義，當這位父親堅持自己信仰時，兒子顯然無法真正認同父親的信仰，卻又無力改變，故只能引以為終身之痛。類似的故事尚有：謝廣的父親因求仙不返家，謝廣娶妻後離家尋父，在開封與父相遇，但這位父親顯然出家意願堅決，利用所學的方術乘間脫去。謝廣在再度失父後的二十餘年間，四處打聽父親的消息，循著各種傳聞，輾轉各方尋父，然終無所得，方志記其：「往來跋涉，神枯髮禿，拜斗祈神，垂二十年，終不可得，以母老且病，馳歸，結樓繪父像事之。」[140]另外，曾珪尋父也有類似的遭遇[141]。上述父親的態度都非常決絕，兒子只能被迫

138 曹秉仁修，萬經等纂，《寧波府志》，卷24，頁14b。

139 鄭鍾祥等修，龐源文纂，《重修常昭合志》，卷29，頁38b-39a。

140 周溶修，汪韻珊纂，《祁門縣志》，卷29，頁4a-b。

141 定祥修，劉繹纂，《吉安府志》，卷35，頁33b。

屈服於現實，但由於他們對儒家孝道堅定的價值觀，他們自己生命反而注定要終身帶著遺憾，活在失敗與不孝的陰影中。

我們很容易想像長久失聯的父子在重逢後彼此不適應的情形，故事中也確實記載了一些不情願回家的父親[142]；我們也不難想像人世間的眾生絕非都能輕易地被儒家的孝道倫常所規範。而最可能凸顯或藉以說明這種種不適應與矛盾的，則是儒、釋、道對於生命以及家庭倫理觀念的差異，這種差異也更可能為那些不想回家的父親們提供充分的理由去開闢另一片天地。這種情況可能反映著某種程度的真實，或至少是為人熟知的衝突典型，故《儒林外史》、《鏡花緣》中都觸及了這樣的內容[143]。

關於父子生命觀差異造成的衝突，以下這則鵝山大德的故事有更清楚的表達：

> 鵝山大德者，栢邑人也，嘗為士子，蜚聲黌序有年矣。偶以探親至於湖南，忽遭逆變，亂阻不得歸，與余春山諸子遊寶蓋源諸名山，逢異僧說法，有契於心，慨然嘆曰：大千茫茫，人生碌碌，妻子火宅，轉盼成空。年過耳順，不思生死事大，無常迅速，直待臘月三十日閻王老子來呼喚時，四大無主，眼光入地如螃蠏，落湯渺渺，游魂作何歸

142 故事中有許多是父子重逢後，父親起初堅持不歸，但終捱不過孝子的哭求與旁人的勸說的例子，如施元龍、王隆漢、胡士鐖尋父事，見沈元泰等撰，《道光會稽縣志稿》，卷18，頁20b；李肇奎修，牟泰豐纂，《開縣志》（台北：成文出版社，1976），卷25，頁39b；勞逢源、沈伯棠等纂修，《道光歙縣志》，卷8之7，頁66a。

143 吳敬梓，《儒林外史》，回37，頁362；李汝珍，《鏡花緣》（台北：三民書局，1999），頁284。

著耶。於是決意披剃，博覽經藏，兼修宗教，未及三載，頓而圓通。洞庭以南，梧以西，凡善知識咸來參正會。[144]

受到戰亂阻隔不得歸家的鵝山已在佛教中找到永恆的依歸，遂不想再回到世俗的家。但後來寇亂平定，道路通達，他的兒子「趼足尋親」，找到寶蓋源山中，痛哭請求父親回家。鵝山告訴兒子：

吾以天地為室廬，以山水為供養，以生死為旦暮，尚何以家為哉？[145]

鵝山不與之歸的態度堅決，但是兒子的意志更堅定，甚至勞動儒家紳士向父親施壓：

且告之邑令及紳士，令暨紳士咸促之北歸，以為有子如是，何忍負之。且明心見性，隨地淨土，豈必戀戀於此山也。[146]

最後鵝山在紳士的勸說壓力下只好隨兒子回鄉，但是回到故鄉後，他仍然堅持不見妻子，也不住進家裡，選擇棲身於崇光寺之藏經閣下，繼續修佛弘法[147]。這個故事不僅讓我們看到父子信仰

144 魏裔介，〈募修崇光寺藏經閣大藏經疏文〉，收入魏裔介，《兼濟堂文集》（台北：臺灣商務印書館，1983），卷15，頁34b-37a。

145 魏裔介，〈募修崇光寺藏經閣大藏經疏文〉，頁34b-37a。

146 魏裔介，〈募修崇光寺藏經閣大藏經疏文〉，頁34b-37a。

147 魏裔介，〈募修崇光寺藏經閣大藏經疏文〉，頁34b-37a。類似的故事還有，

和人生觀的差異，同時也看到父子間意志的拉鋸戰，以及儒家「孝」的觀念在社會文化上的強勢作用。故事中的孝子因著「孝」的強勢文化，得以讓地方紳士介入他們的家務事，強勸父親離開他修持的地方，迫使父親「順從」兒子行孝的意志，與之一同回家。這位極力要堅持自己信仰的父親終究不得不在儒家孝道政治文化的壓力下，局部妥協。

（三）其他社會問題

明清時代的「國家」機器尚不能掌握所有人民的戶籍、身分和動向，因此鼓勵四民各安生理，限制人民遷移的自由，是控制社會秩序的重要措施。明代法律規定任何人離鄉百里，都必須持有官府開具的路引[148]。但是明代中葉以後，由於土地兼併、賦稅徭役加重、饑荒等自然災害，加上城鎮興起造成工作機會增加等因素，流民問題十分嚴重[149]。朝廷也因應採取各種控制流民問題的政策，從防患於未然的土地政策和積穀、減負，到亡羊補牢地捉拿流民、以工代賑、留養資送等，都是希望把人民再度安置回

元代高必達的父親棄家遠遊，在黄州全真道院中學道幾三十年，高必達歷往四方十餘年後尋得父親，叩頭哀號乞歸，父不得已，乃還家。曹養恒修，蕭韻纂，《南城縣志》（台北：成文出版社，1989），卷11，頁31b-32a。

148 李東陽等修，《大明會典》（台北：新文豐出版公司，1976），卷139，頁39b；江立華，〈我國戶籍制度的歷史考察〉，《西北人口》，期1（2002），頁10-13。

149 李洵指出明代流民問題主要發生在15世紀中葉到17世紀中葉期間，尤以1430年代到1530年代的百年間最嚴重。李洵，〈試論明代的流民問題〉，《社會科學輯刊》，期3（1980），頁68-80。

到本籍，減少社會上無業的流民[150]。

許多萬里尋親的孝子們，為了尋親，長期過著不農、不工、不事生產的流浪生活，其中一些人甚至落入行乞的行列，從其行徑而言，實與流民（游民）沒有太大區別[151]。但是他們不像其他流民主要是農民身分，是被迫於環境，在苦無生計下才離開家園的；尋親孝子們則大多出身士商家庭，他們是在崇高的孝思激動下，主動離家，甚至主動變賣田產而成為無業遊民，並且他們是懷抱著偉大的尋親使命而流浪，最終要把那流離失所的父母帶回到祖籍。因此，在儒家孝道文化的支持下，孝子的行為脫去了它無業浪遊的可議性，普遍獲得社會的認可，儒家官員基本上也較願意開具路引，成全孝子尋親的孝行。

既然尋親的行為普遍受到社會的認可與接受，也容易引發人們的同情和主動幫助，我們可以想像，尋親的名義也因此更容易被人不當利用，做為詐欺與不法行為的掩護。當然，這些事是不會出現在一般孝子傳的記載中，因為那些多半是被查證過或被旌表的例子。我們只能從零星的文字例證，察覺到這種事情發生的可能性。

清人王調元，幼時父親外出，17年全無音訊，後來從一位自關東回籍的人打聽到父親可能在瀋陽東六七百里處，王調元遂出發尋父。王調元到了京師、通州，路費用盡，也沒有路引，出

150 池子華，《流民問題與社會控制》（南寧：廣西人民出版社，2001）。官員呼籲流民歸鄉的例子，可見湯斌，〈勸諭流民急歸故業事〉，《湯斌集》（鄭州：中州古籍出版社，2003），頁358-359。

151 廣義的「流民」指脫離戶籍，流亡他鄉者；池子華認為流民主要指喪失土地的農民，游民則指混跡於城市與鄉村，無固定職業或執賤業的流動人口。池子華，《流民問題與社會控制》，頁4-5。

不了關。這時候剛好有大車數輛經過，他於是跪下懇求，車中之人聽了他萬里尋親的理由後，出於憐憫，讓他登車，並攜他出關。作傳者曰：「迢迢千餘里，不費一錢，不勞一步，豈非孝感哉。」[152]另外，清人王懋璋的父親死於交趾，懋璋隻身前往尋找父骨，「懋璋號泣者三載，交趾人感動，始告以所在。」但是當時交趾有明令嚴禁棺槨出關，王懋璋在孝心驅動下，竟以計紿關人，遂潛越境而回[153]。上述兩則記載，從孝子尋親的觀點出發，當然是被解讀為：純孝可以穿越現實政權和法制限制的孝感故事，但故事也同時透露著尋親孝行在當時如何能夠博取世人的同情，甚至做出違背法令的行為。

唐代范攄的《雲谿友議》記載了一則無賴之徒的詐欺事件。李令是個狡猾之人，他經常向任職於江陵醝院的歸君求救貸，由於歸君有恤士之懷，悉皆允諾。一日李令告訴歸評事：「某欲尋親湖外，輒假舍而安家族。」歸亦憫諾之。李乘舟而去，不久其妻又遣僕來乞糧，歸亦拯其乏絕。最後是因為李令寄書中有贈家室詩，透露出欲羅織罪名、陷害歸君之意，歸君才意識到被人欺騙，後悔莫及。這個故事也被用以告誡後人要謹慎交友[154]。故事中李令所說的「尋親」雖然未必是後來萬里尋親的模式，但以尋親為說辭博取他人的同情，則與後代尋親故事並沒有太大差異。所不同的是：這是一則無賴的故事，故它向我們透露了尋親之名被狡猾之徒利用的可能性。

這種以尋親名義博取世人同情的作法，即使從今日的社會新

152 韓志超修，張瑲纂，《蠡縣志》，卷6，頁37b-38b。

153 馬步蟾修，夏鑾纂，《道光徽州府志》，卷12之4，頁18b。

154 范攄，《雲谿友議》（上海：上海書店，1934），卷上，頁16a-17a。

聞我們仍能不時發現，例如小女孩編出一個動人的尋親故事，讓警方大力奔波之後，才發現竟是一個小孩逃家的個案[155]；也有媒體為了炒新聞而報導九歲兒童尋母記，引來各方關切，結果竟是捏造的新聞[156]。「尋親」之所以能夠跨時代、跨文化地獲得許多人的關注，主要因為骨肉之親對於人們的自我認同有意義，極難被完全解消與取代。而利用這種人之常情的心理作為達成其他目的的手段，恐怕也將始終伴隨著尋親的社會實踐而存在。關於此，清朝官方也是了然於心，乾隆敕撰的《皇朝文獻通考》有關於夾帶流民私渡的刑制規定：

> 其有民人藉稱尋親，覓食出口，並無確據者，地方官概不許給票。如不查明確實，濫行給票放行，致有私刨樵採及邪教煽惑等事，別經發覺，將給票之地方官，照濫行出結例議處。[157]

從這段告誡地方官要確實查明，勿濫行給票放行的文字，我們不僅更可以確定當時社會中必然有人假藉尋親名義從事其他非法行徑，為帝國法制的落實帶來更多的挑戰；也看見清帝國標舉孝治天下、肯定萬里尋親孝行的同時，也必須面對違反帝國社會控制原則的可能後果，加強防禦與檢驗的工作。

155　見http://www.china110.com（參閱日期2006. 4. 21）。

156　見http://news.yam.com/chinatimes/politics/200605/20060505615883.html（參閱日期2006. 4. 21）。

157《皇朝文獻通考》（台北：臺灣商務印書館，1983），卷202，頁13b-14a。

四、結語

萬里尋親孝行雖在宋元已見諸史傳，但到明清時期則有激增的現象；從宋元到明清，在尋親的內容上也產生變化，即從早期「士人尋母」為主轉向後期「士商尋父」為主的內容。在地域分布上，主要集中於華中地區，尤其以安徽、江西、江蘇、浙江四省最多，與當時商業活動、宗族組織與對家禮的重視等都有密切關係。由於社會階層、性別與孝行內容等因素，尋親孝行也獲得士人更多認同與讚許，故在訴諸文藝創作的稱頌與文化動員以追求朝廷旌表等實踐上，也有多元而豐富的表現。萬里尋親孝子傳有特定敘述模式，主要為表彰孝子的孝行，也多從孝子的立場與視角來書寫，然而文本無意之間亦透露出故事的另一面，包括孝子拋妻棄母的行為、父子價值觀與意志的衝突與角力，以及假冒與違法等社會問題。

明清時期萬里尋親的孝行雖有普遍的心理基礎，然也是特殊孝文化下的產物。從這些尋親的歷史故事中，我們可以觀察到一些與本書主題相關的訊息：「孝」構成道德自我認知的重要內涵，許多孝子都是在孝思的驅動下踏上尋親的旅程，擔負起家庭人倫的重責；尋親的孝行預設了一種以「家」作為人最終歸屬的想法，流離失所的父母必須被孝子帶回到家中的正確位置上供養或安葬祭祀，如此父母才能得享安息，孝子也才算克盡子職。此與本書所探討的個人成聖、家庭人倫主題有關。另外，尋親故事涉及儒家家禮、至孝感天的信念，體現了儒學庶民宗教化的一面。至於與其他宗教交涉的面向，父子衝突的事例經常反映不同信仰間的張力，本章分析尋親孝子傳與佛教報恩故事之異同，則又觸及文字背後不同思想與信仰的差異。

第五章

在家拜聖賢的禮儀

上一章透過分析萬里尋親的孝行，來探討明清社會對於孝道、家庭血脈、死後歸屬的想像，以及為人子者必須克盡子職的心理。我們在第一部已論到，克盡孝弟家庭倫職是成聖的基本要求；且就祭祀原理而言，祭祖和企盼與聖賢神靈會聚，並無矛盾。這一章我們將以明清士人在家拜聖賢的禮儀實踐，來說明儒家士人如何在日常生活中，以禮儀的形式表達對聖賢的尊崇，及欲與聖賢神靈相交的心願。而呼應著本書「成聖」與「家庭人倫」的主題，本章亦將說明，祭祖與拜聖賢二套禮儀共同行於士人之家，所顯示的思想與文化意涵。

明清時期的中國，祭拜儒家聖賢的禮儀主要行於孔廟、鄉賢祠、學校和書院，參與者為儒家士大夫與儒生，一般庶民通常被排除在外。孔廟、鄉賢祠等官方祭祀活動，屬於國家公共祭典，非私人禮儀。相較之下，私修書院的祭祀活動較具私人性質，主事者往往依師承與學術傾向，選擇祭祀的對象。此從明代江門學派、陽明學派書院的祭祀，都清楚可見[1]。不過，書院在體制上仍

1　湛若水在許多書院內祀陳獻章，而陽明後學所建的書院或講會，則多祀王陽

不脫廟學制[2]，祭祀也以釋奠、釋菜禮為主，地方上的大書院經常有官員介入主導，甚至有官方資源挹注，地方教育官員也經常參與祭祀，故就其政治教化目的與公共祭典性質而言，與官方廟學並無明顯差異[3]。

儒家聖賢也會被奉祀在民間宗教的寺廟裡，成為一般人膜拜的對象。舉例而言，三教融合色彩鮮明的三教堂中會同時奉祀老子、釋迦牟尼、孔子的塑像[4]；泰山神民間信仰融合儒、釋、道各教，位於岱頂之孔子廟中的孔子，也如其他宗教的神祇一樣受民眾膜拜[5]；儒家聖賢也可能以行業神的身分接受特定行業從事者之祭祀，如算盤業、說書業、教育業拜孔子，刻字業拜朱熹[6]。另外，學者研究當代雲南地區的儒教，也發現孔子有兩種樣貌：孔廟中的孔子象徵政治權力，民間信仰中的孔子則以保護神的姿

明。朱漢民，《中國的書院》（台北：臺灣商務印書館，1993），頁110-111；楊布生、彭定國，《中國書院文化》（台北：雲龍出版社，1997），頁182。另外，顏元弟子建習齋祠堂奉祀顏李學派學者，參見馮辰，《清李恕谷先生（塨）年譜》，收入《新編中國名人年譜集成》，輯1（台北：臺灣商務印書館，1978），卷5，頁60b-62b。

2 學校教育與祭孔祀典結合的廟學，基本規模在唐代已發展完成，雖然未必完全落實。參見高明士，《中國中古的教育與學禮》（台北：臺大出版中心，2005），頁1-35；胡務，〈宋元明三代廟學的建築結構和祭祀〉，《中國文化研究所學報》，卷43（2003），頁157-181。

3 書院大小的規模差別大，難一概而論，有些書院的祭祀活動可能不完全仿效官方禮儀。

4 例見王旭，〈三教堂記〉，《蘭軒集》，卷12，頁18b-21a；王紳，〈三教堂記〉，《繼志齋集》，卷8，頁3a-4b。晚明杜文煥會宗三教的思想與禮儀實踐，參見呂妙芬，〈杜文煥會宗三教〉，《明代研究》，23期，頁47-89。

5 邵雍，《近代會黨與民間信仰研究》（台北：秀威出版公司，2011），頁262。

6 李喬，《中國行業神崇拜》（台北：雲龍出版社，1996），頁47-52、133、138。

態，護佑讀書人，成為當地居民信奉的對象[7]。邢千里研究歷代孔子畫像則發現，清代孔子像的形式與材質都更多元，他說：「孔子圖像形式的多樣化反映人們崇拜孔子形式的多樣化，學堂、孔廟、家宅等都可以成為表達對孔子的崇敬，甚至祭拜以尋求保佑和庇護的場所。」[8]因此，雖然孔廟官方政治祭典的性質使得儒教與一般庶民宗教有隔閡[9]；但作為民間信仰的孔子與儒教，則顯然較親近民眾的生活。

除了上述官方廟學祀典與民間信仰中的儒家聖賢崇拜外，明清時期祭拜儒家聖賢之禮是否尚有其他形式？現存文獻確實顯示至少另有一類禮儀活動存在，即士人在家中私祭儒家聖賢之禮，此也是本章主要探討的主題。下文將先針對筆者蒐集到的實踐個案逐一說明，再分析此類禮儀實踐所透露的學術及文化意涵。本章所論的個案雖不屬特定學派，也不限於某地，但有一些共同點：時間主要集中於晚明到清初時段；禮儀實踐者主要是理學家。所拜的對象是儒家往聖先賢，包括道統中的聖賢人物、地方鄉賢、行禮者所仰慕的先儒，基本上多是儒學史上的著名人物。行禮的地點都在私家範圍內，包括家塾、書齋、屋室等私人空間。這些禮儀實踐者因具有士人或官僚的身分，故本有資格參與官方廟學或書院的祭祀，他們也不排拒官方公共禮儀，但又另創新的私人家庭禮儀。他們當中大多數的人（特別是清初的儒者）都反對儒學與佛、道融會，甚至多有嚴闢二氏、釐正真儒學的言

7　鍾雲鶯，〈信念與信仰——儒教在雲南發展的現況考察〉，《成大宗教與文化學報》，期19（2012），頁119-134。

8　邢千里，《中國歷代孔子圖像演變研究》（濟南：山東大學出版社，2013），頁200。

9　黃進興，《聖賢與聖徒》，頁141-147。

論，其中不少人的思想言論已見於前面各章。簡言之，此類禮儀實踐既不同於官方公共祀典，也不屬於特定民間教派，是士人自主創作的禮儀。

以下將先說明禮儀實踐個案，接著再討論四個問題：一、儒家祭祀理論或士人思想何以支持此類禮儀實踐；二、說明此類禮儀所具個性化的意涵，以及士人在禮儀創作上的自主性；三、說明士人對於用像與否、禮儀是否必要之看法；四、討論「家」作為拜聖賢的儀式空間所反映的士人認同，及其在明清儒學史上的意義。

一、禮儀實踐個案

明清史料中有不少關於士人在家祭拜或禮敬儒家聖賢的記載[10]。這類與實踐有關的史料多零碎分散，蒐集不易，記載詳略不一，以下僅就筆者所見的史料分類說明。

（一）肖像拜聖賢、鄉賢、先師

有人在老師去世後奉祀老師畫像或肖像，按時禮拜。例如，賀欽（1473-1510）懸掛老師陳獻章（1428-1510）的畫像於室中，行出告反面之禮[11]；楊起元（1547-1599）在羅汝芳去世之

10　本文主要討論明清時期的實踐，未全面檢視宋代史料，也不特別討論。不過，明清史料也有言及宋儒類似實踐者，如賀時泰：「張子韶列諸聖賢像于座上，朝夕對之，又有室中置楊伯起影者，又有置范文正公像，每日拱向三次兩次者，古人攝心皆有道矣。」賀時泰，《思聰錄》，收入《四庫全書存目叢書》子部，冊16（台南：莊嚴文化事業公司，1995），頁72a-b。

11　孫奇逢，〈陳白沙公獻章〉，《理學宗傳》，收入《續修四庫全書》史部，冊

後，肖師之象於室，「出入必奉以偕，晨夕有事，必稟命而行」[12]。也有人在家中奉祀心儀景仰的先儒：王承裕（1465-1538）立孔子木主，拜祭之[13]；安世鳳（1583進士）家中奉有孔子古像，並有木刻的四大賢像，每晨率子輩拜而拭之[14]；范鄗鼎（1626-1705）在家中建木鐸樓，肖聖賢像，瞻禮景行，出入必告[15]。秦松岱因為仰慕王陽明之學，構築願學齋，肖陽明像而嚴事之[16]，尤時熙（1503-1580）則是在書齋中「設文成位，晨起必焚香拜」[17]。吳愛、繆好信，因為慕王艮（1483-1540）之為人與學說，而在家中奉祀王艮的木主[18]。山西儒士辛全（1588-1636）則因景

514（上海：上海古籍出版社，1997），卷20，頁27b-28a。

12 鄒元標，〈嘉議大夫吏部左侍郎兼翰林院侍讀學士貞復楊公起元傳〉，收入焦竑編，《焦太史編輯國朝獻徵錄》，收入《四庫全書存目叢書》史部，冊101（台南：莊嚴文化事業公司，1996），卷26，頁75b。

13 馮從吾，〈關學編三．平川王先生〉，《少墟集》，收入《文淵閣四庫全書》集部，冊232（台北：臺灣商務印書館，1983），卷20，頁19a；張萱，〈練達．王承裕〉，《西園聞見錄》，收入《續修四庫全書》子部，冊1168（上海：上海古籍出版社，1997），卷15，頁4a。

14 安世鳳，《燕居功課》，收入《四庫全書存目叢書》子部，冊110（台南：莊嚴文化事業公司，1995），卷5，頁2b。

15 李顒，〈題跋．誌愧（書仁者贈）〉，《二曲集》，卷19，頁228。

16 王心敬，〈南行述〉，收入李顒，《二曲集》，卷10，頁78。

17 張元忭，〈河南西川尤先生墓誌銘〉，收入尤時熙，《尤西川先生擬學小記》，《四庫全書存目叢書》子部，冊9（台南：莊嚴文化事業公司，1995），〈擬學小記附錄〉上卷，頁30b。許多明清理學家都有禮拜先儒或王陽明畫像的實踐，關於此，張藝曦指出此類拜像行為在陽明學流傳之後更為普遍。張藝曦，〈明代陽明畫像的流傳及其作用——兼及清代的發展〉，《思想史》，5期（2015），頁95-155。

18 周右修，蔡復午纂，《嘉慶東臺縣志》，收入《中國地方志集成江．蘇府縣志輯》，冊60（南京：江蘇古籍出版社，1991），卷24，頁6b、7b。

仰薛瑄之學，在書冊之首「摹繪德容，揭之齋中，日夕虔事」，又在家中建構願學亭，事孔子、顏、曾、思、孟、二程、朱子及薛瑄，焚香對越[19]。勞史讀《近思錄》深受感動，便在家中設香案，北面稽首拜朱熹為師，立志學聖[20]。後來他又取《周易啟蒙》、《周易本義》以參究橫、圓二圖奧旨，遇有疑義時，便乞靈朱熹曰：「仰呼吾朱夫子在天之靈，啟我昏鬖，寢食魂注不暫釋。」[21]

大約在1658年間，刁包（1603-1669）因讀到《高子遺書》而感服高攀龍之學，自覺數十年疑團魔障渙然冰釋，於是開始在家中設位祭拜高攀龍。刁包說道：

> 先生（高攀龍）若乘我悱而發之，舉數十年疑團魔障渙然冰釋，渾忘手舞足蹈，彷彿弄月吟風。嗣是特為位祀先生，朔望焚香展拜。或有愧心惰行，必稽首自責於先子暨先夫子之前，私心慰幸，竊比於七十子之服孔子。[22]

---

19 辛全，〈謁祠祭文〉，收入范鄗鼎輯，《理學備考》，《四庫全書存目叢書》史部，冊121（台南：莊嚴文化事業公司，1996），卷1，頁15a-b。

20 江藩，〈勞史〉，《國朝宋學淵源記》，收入江藩撰，鍾哲整理，《國朝漢學師承記》（北京：中華書局，1983），卷下，頁175。

21 桑調元，〈餘山先生行狀〉，收入《餘山先生遺書．附錄》，收入《四庫全書存目叢書》子部，冊28，頁1b-2a。

22 刁包，〈與高錫山學憲書〉，《用六集》，收入《四庫全書存目叢書》集部，冊196（台南：莊嚴文化事業公司，1997），卷4，頁1b-2a。刁包58歲時，若自考有一件未著實去做，便會在次日清晨於父親和高攀龍神位前叩頭服罪，務求改過自新。刁包也說：「吾于高子遺書，尊之如天地，親之如父母，敬之如神明。」見刁包，《潛室劄記》，收入《續修四庫全書》子部，冊945（上海：上海古籍出版社，1997），卷上，頁34b、頁20a。另外，張來鳳撰刁包拜高攀龍除了感佩高攀龍的學問外，也有遺憾不得及門而欲私淑之意[23]。我們從其朔望焚香展拜、在先子與先夫子木主前自責的行為，可看出他對待這位跟自己沒有血緣關係的先儒，與對待自己的祖先同樣尊敬。

刁包的實踐影響了顏元。順治十八年（1661），27歲的顏元到祁州拜訪刁包，看到刁包家中設「益友龕」，每朔望拜[24]。顏元回家之後便仿效其，設立「道統龕」，正位設伏羲至周公、孔子之位，配位則是顏、曾、思、孟、周、程、張、邵、朱，以及先醫虞、龔[25]。「虞、龔」應是虞摶（1438-1517）和龔廷賢（1522-1619），兩位均是明代著名儒醫[26]，顏元本人行醫，故其拜先醫是可以理解的。此時的顏元尚尊崇朱子學，其道統龕所奉祀的聖賢主要是理學道統中的人物，也包括後來他極力反對的朱熹[27]。從顏元學刁包的例子可見，士人之間不僅會觀摩仿效，也會按著自

〈文孝先生長傳〉曰：「以潛室距家頗遠，不便省視，即宅後隙地搆樓三楹曰順積，五公山人題其室曰寸行。設忠憲神主其上，每朔望展拜報德祠畢，即登拜忠憲，垂簾靜坐，遵其復七規諸功課行之。」此文收入《刁蒙吉先生崇祀鄉賢錄》卷末（作者不詳。上海圖書館古籍室藏道光年刊本），頁19a。

23 刁包：「包生也晚，每以不獲及門為憾，然而哲人悲切，私淑情深，不得於先生之身者，將得於先生之後身焉。」刁包，〈與高錫山學憲書〉，《用六集》，卷4，頁2a。

24 李塨輯，《顏習齋先生年譜》，卷上，收入顏元，《顏元集》，下冊，頁714。

25 李塨輯，《顏習齋先生年譜》，卷上，收入顏元，《顏元集》，下冊，頁714。

26 虞摶著有《醫學正傳》，龔廷賢有醫林狀元之稱。此判斷與資料由張哲嘉協助，特此致謝。

27 關於顏元反對朱子學的心理變化，見Jui-sung Yang, "From Chu Pang-liang to Yen Yuan: A psycho-historical interpretation of Yen Yuan's violent rebellion against Chu Hsi," 收入熊秉真主編，《欲掩彌彰：中國歷史文化中的私與情，私情篇》（台北：漢學研究中心，2003），頁411-462。

己的想法與需求而調整祭拜的對象。顏元「道統龕」所祭祀的對象主要反映他當時的學術傾向，除了遵照朱子道統系譜而奉祀先賢外，他又加入兩位儒醫，體現其個人職業與認同。

顏元在34歲那年（1668）經歷思想上的大變化，從此以後，他「毅然以明行周、孔之道為己任，盡脫宋、明諸儒習襲」[28]。呼應著他揚棄理學的立場，顏元於1670年也對自己崇祀聖賢的規制也做了重大的改變，他「罷道統龕所祀炎帝、黃帝、唐帝、虞帝、殷西伯主，不祀。專祀孔子」[29]。他將奉祀孔子的聖龕設置在書齋（習齋）中，每天清晨必到孔子神位與父親木主前各一揖，行出告反面之禮[30]。若有犯過，顏元便到孔子聖位前罰跪伏罪[31]。此時顏元仍像刁包一樣，對待孔子之禮頗近事親之儀，無論出告反面、犯過跪罰等，顏元在自己父親木主與孔子聖位前的行禮並無大差異，他也如此描述自己的行為：「設夫子主如家齋，奉如父母，出告反面，朔望、令節必拜。」[32]

然而隨著顏元更多講習禮儀祭義，他開始覺得「事夫子如親」有褻瀆之虞，於是不敢每天都去行禮，而改以歲祭的方式祭拜孔子。他55歲時制定常儀功，規定每歲季秋有祭孔禮儀，祭

---

28 李塨輯，《顏習齋先生年譜》，卷上，收入顏元，《顏元集》，下冊，頁726。

29 李塨輯，《顏習齋先生年譜》，卷上，收入顏元，《顏元集》，下冊，頁733。

30 顏元幼年生父離家，生死未卜，他於1670年為父親立生主，行出告反面禮。直到1684年才親赴關東尋父，確知父親去世，1685年才奉父主回鄉安葬。李塨輯，《顏習齋先生年譜》，卷上、卷下，收入顏元，《顏元集》，下冊，頁733、756-758。

31 顏元，〈常儀功第一〉，《顏習齋先生言行錄》，卷上，收入《顏元集》，下冊，頁621。

32 李塨輯，《顏習齋先生年譜》，卷上，收入顏元，《顏元集》，下冊，頁734。顏元，〈季秋祭孔子文〉，《習齋記餘》，收入《顏元集》，下冊，卷7，頁523。

前須守中齋[33]。另外每月朔望在書齋行「學儀」如下：焚香，率子及門人拜聖龕四，禮畢，顏元坐受弟子拜四[34]。此時顏元雖仍然在家中祭孔，但祭祀的禮儀與對待聖人的態度已明顯與祭祖之儀有別，更接近廟學制的禮儀。

禮儀實踐占顏元學問極重要的位置，他也要求弟子們必須像他一樣實踐家禮[35]，因此顏元居家拜聖的禮儀實踐很可能也為其弟子們所仿效。我們從其弟子李塨（1659-1733）的年譜可知，李塨「每日辰謁母及祖先影堂、先聖，各一揖」。由於李塨父母居住在鄉下，他每朔望前一天都會回鄉，以便能在朔望日向父母省安，此時李塨同樣會行拜父母、拜生母、拜影堂、拜先聖之禮[36]。可見「拜先聖」之禮也是李塨家禮中的一部分。另外，李塨閱讀許三禮的著作，對於許三禮有關「鬼神」、「學格幽明」之論十分佩服，又曾親自拜訪許三禮，聽其在家行禮的教導。文獻中雖未詳載許、李二人討論關於拜聖賢的觀點，但兩人對於禮儀之觀念與實踐上的相契與交流，仍值得一提[37]。

（二）作異夢與拜聖賢

有些人是在特殊的異夢經驗之後，才開始奉祀聖賢的畫像或

---

33 顏元在常儀功中規定，每歲春祭祖考，秋祭考，俱大齊。季秋祭孔子，孟春祀戶，孟夏祀竈，季夏祀中霤，孟秋祀門，孟冬祀水，俱中齊。李塨輯，《顏習齋先生年譜》，卷下，收入顏元，《顏元集》，下冊，頁762。

34 李塨輯，《顏習齋先生年譜》，卷下，收入顏元，《顏元集》，下冊，頁762。

35 關於顏元弟子效法老師行禮的討論，見呂妙芬，〈顏元生命思想中家庭實踐與「家庭」的意涵〉。

36《年譜》記李塨70歲時行常儀功，仍有「每日晨起，揖先聖、先師」。馮辰，《清李恕谷先生年譜》，卷1，頁8a、9a；卷5，頁56a。

37 馮辰，《清李恕谷先生年譜》，卷2，頁2a- 6a。

木主。方良永（1461-1527）曾夢見朱子，夢中朱子要他「留此講學，慎毋歸」，方良永夢醒後，想到自己未能切實為學，不覺淚下，因此畫了一幅朱子像，「每晨興退食皆焚香對越，恆如侍翁於夢中」，又特別作記寫下事情原委。可見方良永是希望透過朱子畫像來激勵自己向學的熱誠。不過兩年之後，方良永又把圖記收藏起來，他希望加強自己內省的工夫，不必再倚賴圖記的幫助也能切實向學，能做到求朱子於圖記之外[38]。

魏象樞也是因為異夢才開始於家中設置孔子木主，崇祀聖人。他在〈夢謁孔廟記〉中對此夢有詳細記載：

> 樞行年四十有二，未嘗一至魯邦，瞻仰先師廟貌。順治戊戌歲之仲冬，太原友人講《孟子》「盡心知性」章，於立命有異解。樞不敢聞，曰：「此異端之說，非孟子意也。」力辨之，直至二鼓，散去就寢。是夜夢青衣儒絛高巾者二人，導入廟，立殿門閾內，令跪拜，兼古今儀。先師命賜飯一盂，謝畢，二人導謁四賢祠，顏子、曾子同龕並坐，子思子降一龕獨坐，孟子別龕側坐。呼樞名，語者再。二人復導之出。覺，遂記之。[39]

魏象樞夢謁孔廟和四賢祠的時間在順治十五年（1658，42歲），作夢之前他曾與友人熱切地辯論《孟子》，或許是日有所思，夜有所夢。夢中魏象樞被兩位儒服裝扮的使者引導進入孔廟，之後

38 方良永，〈覺軒序〉，《方簡肅文集》，收入《文淵閣四庫全書》，1260冊（台北：臺灣商務印書館，1983），卷4，頁11b、12a。

39 魏象樞，〈夢謁孔廟記〉，《寒松堂全集》，卷8，頁96a。

又拜謁四賢祠，見顏、曾同龕並坐、子思降一龕獨坐、孟子別龕側坐。雖然夢中的魏象樞與孔子、四賢之間有互動和對話（賜飯、呼樞名、語者再），但並不是人與人之間的互動，而是人與被奉祀之神明間的溝通。魏象樞在夢醒後特別為文記下此事。後來魏象樞回到家鄉，於康熙三年（1665，49歲）在自家的授經堂中設立了先師神位，規制特別依照當年夢中所見而設：孔子神位居上，「左設四配，依夢中所見位次，題其龕曰『夢見淵源』；右設宋大儒諸子神位；外則恩師位於東，益友位於西。」除了聖賢神位，魏象樞也設立師友之位，他每朔望都會焚香展拜，若聞師友訃音，也會置其神位，陳酒果並為詩哭之[40]。

相信學聖者能感通聖人之心，或者聖賢之靈會在夢中啟迪學者，這類的記載在明清理學家文集中頗常見。魏象樞便是如此，他曾於夢中得一文句：「天地何功，功在乾坤之後；鬼神何事，事在性命之先」，他的朋友魏裔介認為此乃先聖之微旨，造化之奧義，並為之解夢[41]。魏象樞也曾於康熙元年（1662）夢與一長者講《易》。他說夢雖是幻境，但古人常以夢驗學力，夢中言理言事若有裨於身心者，雖幻亦真[42]。對於人在夢中與先聖精神相對的解釋，魏象樞說學道者若能持敬用功，真積力久，自有夢寐之通，並說這種在夢寐中與先賢恍惚對晤即「性地靈覺之神悟也」。他認為感通鬼神的原理，大概亦是如此[43]。因其對夢有如此的理解，魏象樞認為自己夢謁孔廟的經驗正如同當年孔子夢見周

40 魏象樞口授；魏學諴等手錄，《清魏敏果公象樞年譜》，收入《新編中國名人年譜集成》，輯2，頁26a。

41 魏象樞，〈夢記告魏石生先生〉，《寒松堂全集》，卷8，頁94a。

42 魏象樞，〈夢易記與王允升廣文〉，《寒松堂全集》，卷8，頁97a-99a。

43 魏象樞，〈夢易記與王允升廣文〉，《寒松堂全集》，卷8，頁97a-99a。

公，是自己精神學力未衰的表徵。他醒來記夢，後又奉祀先聖木主，主要都是欲提醒自己當致力於學思精進，以免「虛生浪死，為孔門罪人」或「夢在宮墻之中，而醒在宮牆之外」[44]。

夢見聖人的經驗在明清學者中甚多，以下再舉數例說明：姚舜牧（1543-1627）曾在71歲時（1613）夢見自己到了孔庭，求賜觀夫子玉印，見一印方正，惟一角有殘缺，故跪請以金鑲之以期垂久遠，孔子笑答：「予意正欲如此。」醒來之後，他認為正是因為自己平生所著四書五經疑問，蚤夜以思，必求印正夫子之心而後可，才會有此奇夢[45]。涂宗濬（1550生）在42歲時（1592）曾有悟道經驗，又在夢中受到聖人啟發。涂宗濬的夢境也發生在孔庭，但夢中的孔子是人而不是被奉祀的神明，兩人的互動更像師生間的問學，涂宗濬主要以自己所悟《大學》知止知本之義請教孔子，而獲肯認[46]。雖然未見涂宗濬日後在家中祭拜聖賢的記錄，不過他在夢醒後的第一時刻即「盥漱更衣，焚香拜謝」，還說自己經此異夢後，對於聖人遺言無不洞曉，不僅洞悉《大學》古義，甚至術數與兵陣之學都有長進[47]。

---

44 魏象樞，〈夢記告魏石生先生〉，《寒松堂全集》，卷8，頁94b。類似的想法常見於明清儒學文本，例如沈近思說：「有事未至而先兆於夢者，由其念慮清也，所謂神以知來也」；羅欽順的後裔羅維善之傳亦記道：「公真不媿文莊苗裔，且學之所至，常夢尼山，夢考亭。」沈近思，《天鑒堂集．勵志雜錄》，收入《清代詩文集彙編》，冊226，頁14b；黃嗣東（輯），《道學淵源錄清代篇》（一）（台北：明文書局，1985），聖清淵源錄第5，頁20b。

45 姚舜牧，〈夢見孔子記〉，《來恩堂草》，收入《四庫禁燬書叢刊》集部，冊107（北京：北京出版社，2000），卷3，頁1a-2b。

46 管志道，《論學三箚》（晚明刊本，日本內閣文庫藏），頁23b-24a。

47 涂宗濬是江西南昌人，曾先後巡按廣西、河南、山西、順天，後擢大理寺丞，萬曆三十四年升都察院僉都御史，巡撫延綏。直到萬曆四十三年養疴歸類似的，湯之錡（1621-1682）因讀《高子遺書》而努力從事復七靜坐，一日靜坐至夜分，假寐間忽覺有人拊背呼之，「儼然如見先師夫子也，乃大驚起，趨像前肅拜，心中便覺陰翳頓開，洞然如洗。自此之後，日用動靜間，方覺有真把柄在。」[48]湯之錡在此神奇經歷後，立即趨像前肅拜，可見他家中平日即有先師像，才能在事後第一時間趨像禮拜。查繼佐也有類似之夢：

> 嘗夢登尼山夫子之堂，北面行四拜禮。夫子王冠服，東面答，亦拜。長身丈餘，起倒影，為動，有聲廓廓然，如衣拈鐸者。後與端木並拜，端木居先生左，拜已，欲拉其共遊，不記。[49]

查繼佐平日也在書閣中奉孔子掛像[50]。雖然我們無法知道查繼佐之夢登夫子之堂與其拜孔子是否有關，但他與魏象樞類似的經驗與拜聖之舉仍值得在此一提。

（三）類似書院之禮儀規制

有些士人是在家中設置一組聖賢的木主神龕，規制類似地方

里前，涂宗濬都為北邊封疆大吏，官至兵部尚書右副都御史，約卒於天啟元年。涂宗濬師從李材止修之學。其傳見江召棠修，《南昌縣志》（北京：北京圖書館出版社，2007），卷30，頁10a-12b；徐開任，《明名臣言行錄》（台北：明文書局，1991），卷75，頁5a-9a。

48 金敞，〈前處士默齋湯先生行狀〉，收入湯之錡，《偶然云》，《四庫全書存目叢書》集部，冊237（台南：莊嚴文化事業公司，1997），卷10，頁2a。

49 劉振麟、周驤輯，《東山外紀》，收入沈起撰，汪茂和點校，《查繼佐年譜》，頁84。

50 沈起撰，汪茂和點校，《查繼佐年譜》，頁68。

學校和書院的祭祀。例如，山東劉源淥（1618-1700）因讀宋儒語錄而篤信朱子學，便在家中設立朱熹的木主，每年九月十五日舉行祭祀，並以朱熹之子朱在（1169-1239）、門人黃榦（1152-1221）、廖德明（1169進士）、李方子（1214進士）配享，又以輔廣等八人從祀，每次祭祀時必品物豐潔，極其誠敬[51]。劉源淥篤信朱子之學[52]，其拜聖賢之禮也以朱子為中心，共奉祀13位朱子學派先賢的神位；後來劉源淥言於當地士大夫，在城東郭營建一座專祠，將神位移至專祠，一切祭儀均用朱子白鹿洞祭孔子例[53]。

江右張貞生在自家園林興建講學山房及學園，園中又特別建了「我師祠」祀孔子，並以薛瑄、胡居仁（1434-1484）、羅欽順（1465-1547）、高攀龍四先生從祀[54]。張貞生每朔望率子弟在祠中禮拜聖賢並談道，有時也偕士人朋友共禱於聖賢靈前[55]。關中學者張志坦（1657-1686），師從李顒，也在自家屋室設立先聖牌

51 劉源淥是明末清初山東人，生平參見馬長淑，〈劉直齋先生傳〉，收入劉源淥，《讀書日記》，《四庫全書存目叢書》子部，冊26（台南：莊嚴文化事業公司，1995），卷首，頁1a-4b；陳舜錫，〈劉直齋先生墓誌銘〉，收入劉源淥，《讀書日記》，卷首，頁1a-5a。

52 劉源淥著有《近思續錄》，主要輯自《朱子或問》、《朱子語類》、《朱子文集》，此三書亦是他反覆閱讀沉潛的心得。見馬長淑，〈劉直齋先生傳〉，收入劉源淥，《讀書日記》，卷首，頁2a。

53 張在辛，〈直齋劉先生別傳〉，收入劉源淥，《讀書日記》，卷首，頁2a。

54 講學山房東邊有致知、誠意、正心三堂，又有退思、日省二遊息之所，南方則為學園，園內有二堂，及我師祠，祠右有齋、亭、軒、池等建築。張貞生，〈講學山房記〉、〈奉安聖位於我師祠，以薛文清、胡文敬、羅文莊、高忠憲四先生從祀告文〉，《庸書》，卷6，頁20b-21a；卷11，頁1a-2b。

55 張貞生，〈與大安羅先生〉，《庸書》，卷14，頁6b-7a。

位，並以周、程、朱、張四賢配享，他不但朝夕焚香，又揭其微言要語於座右，以自警策[56]。

許三禮家中建有尊經家塾，是子弟講學之所。家塾中龕設有孔子像，旁設五經、四子及濂洛關閩之書；家塾之前畫太極及河洛三圖，柱上對聯題曰：「主宰乾坤一太極，裁成民物幾函經。」[57]雖然此處的描述只提到在家塾中奉祀孔子像及經書，未及其他先賢像，但在《讀禮偶記》中，許三禮則說：

> 余家塾供有魯司寇大像，得自蜀府，由曲阜請來者。又有七十二賢像，請自浙庠，宋高宗時筆。文者文像，武者武像。每瞻拜，如聽金聲玉振，見宗廟百官之富，絕不同冷齋木豆之岑寂也。[58]

可見許三禮的家塾除了供奉孔子像外，另有72先賢像，據稱是宋高宗時期所畫，來自浙江學校。此處所謂「絕不同冷齋木豆之岑寂也」，乃因許三禮主張拜聖賢要用像，因為聖賢體相尊嚴，能起人肅穆瞻仰之情，他並不認同明嘉靖朝孔廟改用木主的作法[59]。事實上，許三禮家中拜聖賢的設置始於其父，《懷仁堂遺稿》中對所奉祀的對象有更詳細的說明，除崇祀孔子為萬世不祧

56 張志坦是張承烈的長子，見張驥編撰，刁忠民校點，〈張伯欽先生〉，《關學宗傳》，收入《儒藏》史部，冊164（成都：四川大學出版社，2009），卷42，頁590。李顒，〈張伯欽傳〉，《二曲集》，卷20，頁254。

57 許三禮，〈丁巳問答〉，《天中許子政學合一集》，中卷，頁3a-b。

58 許三禮，〈讀禮偶見〉，《天中許子政學合一集》，下卷，頁5b。

59 許三禮，〈讀禮偶見〉，《天中許子政學合一集》，下卷，頁5b。關於嘉靖朝孔廟改制，見下文討論。

之主及道統諸賢外，也奉祀羲農以下之聖王與帝佐、歷代註經大儒與忠良名將[60]。以上幾個例子在拜聖賢的規制上比較接近書院、鄉賢祠、地方專祠，除了主祀孔子或朱子，又以其他先賢配享，只是地點設在私人家塾或書齋。

是鏡（1693-1769）是清代著名東林講學家。根據是鏡的《年譜》記載，他在30歲時曾於孔聖先師神位前矢志向學，嚴格勵行省過法，每月總核其數焚香告天[61]；他在35歲那年，於孔子忌辰時「齋宿焚香，謁神位前」[62]；38歲時則「以聖林文楷，敬鐫朱子手書大成至聖先師神位，配以香枏趺座，終身師事之。」[63]是鏡60歲時葬父親於舜山，廬居講學，後又在居廬之旁建了講學所，建有亭臺堂閣，他在最上方的潛心閣「中奉宣聖，顏、曾、思、孟侍，端木、言子祔，旁列宋明諸賢以迄道南餘裔，而虛其後以待來者。題曰『幾希一脈』。」[64]是鏡是清代東林重要學者，此處奉祀先賢的規制主要反映清初東林學者欲重建道南學脈的想法。後來是鏡因受謗，書院被命移到郡城建龍城書院，原先祭祀的規模也移至書院[65]。我們從《舜山學約》中可以看到是鏡主持講會時的拜聖儀注，除了上香、跪拜、獻茶外，還有歌聖讚、宣

60 許三禮，〈許氏先略德紀〉，《懷仁堂遺稿二》，收入《傅斯年圖書館藏未刊稿鈔本》集部，冊5（台北：中央研究院歷史語言研究所，2014），頁75。

61 張敬立編，金吳瀾補注，《舜山是仲明先生年譜》，收入《乾嘉名儒年譜》2（北京：北京圖書館出版社，2006），頁5b。

62 張敬立編，金吳瀾補注，《舜山是仲明先生年譜》，頁13b。

63 另一處做36歲。張敬立編，金吳瀾補注，《舜山是仲明先生年譜》，頁17b、24b。

64 張敬立編，金吳瀾補注，《舜山是仲明先生年譜》，頁49a。

65 張敬立編，金吳瀾補注，《舜山是仲明先生年譜》，頁57a。柳商賢，〈是仲明先生傳〉，收入上書，卷前，頁3b。

四願和四戒的儀式[66]。

從上述諸個案，我們看到明清時期士人祭拜儒家聖賢之禮不僅行於孔廟或鄉賢祠，也不限於書院中，它更進入私人居家範圍，成為士人日常生活中的一部分。因祭拜聖賢原不屬家禮範疇，《家禮》中沒有明訂在家拜聖的儀注，故此類禮儀實踐無論在規制，或禮儀所反映的思想，都沒有共識，呈現多元多變的性質。以下將進一步討論此類禮儀實踐相關的思想與文化意涵。

二、禮儀實踐的意涵

儒家士人本可參與孔廟、鄉賢祠、書院中的祭典，故就參與性而言，他們並未受到排拒，為什麼還需在自己家中另闢新的儀式？他們如此做的思想依據為何？目的為何？這種私人化聖賢崇拜的舉動反映著怎樣的心態與文化意涵？而本文個案多集中在明末清初時期，此禮儀實踐與當時學術思潮之間是否有呼應的關係？本節主要欲回答上述的問題，將分別從拜聖賢的思想依據、儀式的個人化、關於用像的問題、家作為儀式空間四方面來討論。

（一）拜聖賢的思想依據

就儒家祭祀原理而言，主祭者的身分必須與受祭對象具有相

66 聖讚的內容為：「度越前聖師表，百王綱維斯道，萬世彌昌，萬世彌昌」；「大哉孔子，孔子以前既無孔子，孔子以後又無孔子，大哉孔子。」四願：願為天地立心，願為生民立命，願為千聖繼絕學，願為萬世開太平。四戒：一戒鄙夫之患得患失，一戒鄉愿之同流合污，一戒石隱之果於忘世，一戒偽學之徇外為人。是鏡，《舜山學約》（上海圖書館古籍室藏），頁24a-25a、30a。

類符應的關係，才可能感格其神，所謂「神不歆非類，民不祀非族」[67]。祭拜祖先時，主祭者必須是有血脈關係的後裔，其他如天子祭天、諸侯祭社稷等，同樣因其身分職責相類才合宜，士人祭拜聖賢也是係於相類原則。朱熹說：「祖考之精神魂魄雖已散，而子孫之精神魂魄自有些小相屬。故祭祀之禮盡其誠敬，便可以致得祖考之魂魄。」[68]朱熹又說：

> 天子統攝天地，負荷天地間事，與天地相關，此心便與天地相通。不可道他是虛氣，與我不相干。如諸侯不當祭天地，與天地不相關，便不能相通。聖賢道在萬世，功在萬世。今行聖賢之道，傳聖賢之心，便是負荷這物事，此氣便與他相通。[69]

身分與行事合宜，其氣便能相通，如天子統攝天地，其心能與天地相通，而祭孔之所以在學校，也是因為士子學聖賢之道，其心氣能與聖賢相通，即所謂「行聖賢之道、傳聖賢之心，便是負荷這物事，此氣便與他相通」，或謂「今祭孔子必於學，其氣類亦可想」[70]。

除了身分相符應外，誠心更是感格祖靈或神靈的關鍵因素，故曰「祭祀之禮盡其誠敬，便可以致得祖考之魂魄。」[71]或許因為

67《十三經注疏．左傳》（台北：藝文印書館，1981），頁221。

68 黎靖德編，王星賢點校，《朱子語類》，卷3，頁46。

69 黎靖德編，王星賢點校，《朱子語類》，卷3，頁46。

70 黎靖德編，《朱子語類》，卷3，頁52。

71 黎靖德編，《朱子語類》，卷3，頁46。朱熹也以合理與否來判斷祭祀的有效性。杜保瑞，〈從朱熹鬼神觀談三教辨正問題的儒學理論建構〉；吳震，〈鬼

士人拜聖賢在身分上本是合宜，因此士人會更強調誠敬的重要性。楊名時（1661-1737）也說：

> 聖人之終，雖不知其所往，而有精意以饗者，未嘗不來格焉。有尊崇正學者，未嘗不錫祉焉，蓋真實無妄之理，以真實無妄之心感之，而氣若相接，緣其所以為生理者本一，誠之所為也。[72]

雖然不知道聖人離世後的最終歸宿為何，但楊名時相信後之學者若本著真實無妄之誠心，必能感格聖人，因為他們的生命與聖人同稟一天理，故心氣能與之相接。我們在第一章中已論到，明清不少士人相信聖人神靈不散，聖人之心充滿宇宙、無所不在，真心學聖者，其心能與聖賢相感通。此類思想都強調真誠學聖之心的重要性，認為即使不倚賴特定儀式也能與聖賢心氣相通；反之，若行禮者無真誠敬虔之心，便無法與聖賢相通，禮儀實踐將淪為虛禮。

另外，許三禮從「人之生命本源於天」的高度主張人人都當事天敬聖，社會身分的差異相對次要[73]。許三禮心目中的儒家聖學，是能夠為上帝立心、為生民立命的希天之學。為了實踐希天之學，他每天力行告天禮，以此作為戒懼慎獨的工夫，也相信自

神以祭祀而言：關於朱子鬼神觀的若干問題〉，《哲學分析》，3卷，5期（2012），頁73-95。

72 楊名時，《程功錄》，收入《四庫全書存目叢書》子部，冊25（台南：莊嚴文化事業公司，1995），卷2，頁15b-16a。

73 許三禮並沒有完全消解社會身分與禮儀的關係，祭天之禮仍應由天子主祭，參見許三禮，〈戊午問答〉，《天中許子政學合一集》，中卷，頁8a。

己能因力行此告天禮而感通天地[74]。據許三禮自言，他在力行告天禮六年之後，更加體悟到「我身既在，則高曾祖父之魂魄未死；抑我身既在，則千聖百王之性根不斷；抑我身既在，則天地造化之根柢永綿亙不朽。」[75]許三禮不僅看見自己與先祖之間的血脈傳承，更從天命之性的高度，洞見自己與千聖百王同稟一性，也因此主張人人均應敬聖。他說：

> 蓋天地既為吾大父母，古聖人原為吾大宗子。以魯司寇為百世不祧之主，固也。[76]

又說：

> 天生萬物，人為其靈。人者，天地之心也，聖又為人中之靈，代天而為民物立命，如宗子代大父母，綜理家政，教養子姓，職分在此，所以慰悅天心在此。[77]

人類的生命同源於天，聖人是人中之靈者，地位如同代天地大父母理家政、教養子姓的宗子，故配得眾人的尊敬。此基本符合〈西銘〉的思想，也可能受到晚明入華天主教的啟發和影響[78]，從

---

74 許三禮，〈讀禮偶見〉，《天中許子政學合一集》，下卷，頁5a；關於許三禮的告天禮，參見王汎森，〈明末清初儒學的宗教化：以許三禮的告天之學為例〉。

75 許三禮，〈丁巳問答〉，《天中許子政學合一集》，中卷，頁4a。

76 許三禮，〈讀禮偶見〉，《天中許子政學合一集》，下卷，頁5a。

77 許三禮，〈讀禮偶見〉，《天中許子政學合一集》，下卷，頁20b。

78 劉耘華，《依天立義：清代前中期江南文人應對天主教文化研究》，頁138-166。

天地創生的高度將所有人類都包含在一擬血緣關係的大宗族內，孔子的地位就如同「百世不祧之主」。許三禮不僅賦予所有人學聖拜聖的合法性，也因相信眾人本性與聖賢相同，能憑藉本性與聖人相通，從而保證了禮儀的有效性。類似地，駱問禮（1527-1608）也認為天下之人皆得祭孔子，因為孔子是人類道德之宗主[79]。

綜上所論，拜聖賢的主要思想依據是合宜的身分、心氣得與聖賢相通，後者尤為重要。或許因為士人祭拜聖賢本無身分不符的問題，故其言論多強調應真誠學聖。這樣的想法是支持士人私祭聖賢的重要思想依據，既然內心之真誠敬虔最重要，祭祀的地點與形式就相對變得次要。彭定求（1645-1719）在蘇州重建尊經閣時，將原奉祀於郡學先師殿中的孔子神像改祀於尊經閣時，他也依照自己的想法作了一翻何以應如此的論述[80]；許三禮的告天拜聖之禮，隨其身分轉換則從私塾移至官署，同樣有其思想依據。這些例子都顯示士人在特定思想支持下，對於禮儀空間與形式採取彈性的作法。本章所論士人在家拜聖賢的個案，本無禮書規範，而其行禮之形式、地點、時間與意義也都不一致，此應與士人相信唯敬虔與真心學聖才能與聖賢相通的思想有關。

（二）個人化的禮儀

士人為什麼需要私祀聖賢？私祀聖賢的目的與特質為何？對於私祀聖賢的必要性，李塨從官學虛設的角度提出解釋：

---

79 駱問禮，〈啟聖公祠論〉，《萬一樓集》（明刊本，日本公文書館內閣文庫藏），卷41，頁13b。

80 彭定求申論的重點是孔子其人最能體現經書的精神。彭定求，〈長洲學重建尊經閣恭塑至聖暨四配神像記〉，《南畇文稿》，收入《四庫全書存目叢書》集部，冊246（台南：莊嚴文化事業公司，1997），卷4，頁1a-3a。

> 古始立學及教學皆釋奠於先聖先師，雖屬鄉國建學之制，非士子私行。但今官學虛設，而士家自為學，則釋奠先聖孔子以及賢儒先師，似亦每年入學之始，可義起者。[81]

李塨承認地方官學中的釋奠非士子可私行，他把士人私祀聖賢的作法歸因於官學虛設，即教育私有化所導致的結果。教育私有化確實是中國教育史上的重要現象，無論南宋以降大量私人書院的興建，或隨著近世宗族組織的興盛，義學、家塾數量的增加，整體教育之普及，都與近世私學教育激增有密切關係[82]。而每年入學之始，在私學中行釋奠之禮顯然很普遍，李塨也從「禮以義起」的角度，認可這樣的行為。

毛奇齡（1623-1716）則將原因歸諸州縣官不懂古禮、禁止士子入學私祭聖賢所致。毛奇齡說：

> 古于先聖有釋菜釋奠之禮，不尸不舞，不備儀物，不卜時日。自天子至中下士皆可行之。則孔子先聖，漢儒先師，在春秋二仲，州縣官既主殷祭，而釋菜、釋奠則學士隨時可行。今徒以官祭之故，致不學之儒反謂釋奠私祭為僭為褻，而州縣官亦遂禁士子入學私祭，是尊而不親，將古禮

81 顏元、李塨，《學禮》，收入《顏李叢書》二（台北：廣文書局，1989），卷4，頁15a。

82 關於書院、義學、私塾的研究成果太多，僅列數種參考。周愚文，《中國教育史綱》（台北：正中書局，2001），第8-11章；Linda A. Walton, *Academies and Society in Southern Sung China* (Honolulu: University of Hawai'i Press, 1999)；劉祥光，〈中國近世地方教育的發展──徽州文人、塾師與初級教育（1100-1800）〉，《中央研究院近代史研究所集刊》，期28（1997），頁1-45。

> 所稱入學贄師、博習親師諸義，悉蕩然矣。今欲入學，祭則或致煩瀆，當先擇祠宇，然後卜日設位，合諸士子或子弟行事，其儀物則設饌奠酒必潔，致芹藻，以少存釋菜之意。[83]

這段話未必是針對士人居家拜聖賢之禮而發，而是說古禮並不禁止士人於每年春秋二仲丁日的官方釋奠之外自行行禮，如此才能落實親師之義。今地方儒學禁止士人入學私祭，以私祭為僭禮而褻瀆，毛奇齡認為實有傷古禮精神。毛奇齡說今日士人入學，可另擇「祠宇」設立木主神位，然後「合諸子或子弟」一同祭祀聖賢，以少存釋菜之意。

王復禮在談及拜聖賢之禮時，大篇幅引用毛奇齡之言，但在文字上作了少許的更動，以下標出他更動文字的部分：

> 毛西河云：「古于先聖有釋菜釋奠之禮，不尸不舞，不備儀物，不卜時日。……今欲入學祭，則或致煩瀆，惟擇堂宇，選日為位以祭，其儀物則設饌奠酒必潔，致芹藻，以少存釋菜之意。」[84]

王復禮在說明行禮的地點上，選擇了「堂宇」這個更寬泛的字眼，意謂著未必需要選擇祠寺，行禮地點可能是家中堂宇，他又

---

83 毛奇齡，《辨定祭禮通俗譜》，收入《文淵閣四庫全書》經部，冊142（台北：臺灣商務印書館，1983），卷5，頁17b-18a。

84 王復禮，〈祭聖賢〉，《家禮辨定》，收入《四庫全書存目叢書》經部，冊115（台南：莊嚴文化事業公司，1997），卷9，頁30a-b。

刪掉「合諸子或子弟行事」這些表示集體行禮的字眼，顯示個人私下的祭拜行為也是容許的。雖然王復禮沒有明確說士人可以在家中拜聖賢，但他顯然不排斥這個可能，也容許單獨個人拜聖賢的行為；他將此文收在《家禮辨定》中，也顯示他承認拜聖賢的禮儀可隸屬家禮的範疇。簡言之，雖然王復禮大篇幅引用毛奇齡的文字和見解，但少許文字的變動，卻拉近了拜聖賢與家禮間的關係。根據毛奇齡、王復禮的說法，士人拜聖賢的頻率顯然應比每年兩次的官方祭祀更頻繁，才能滿足士人學聖親師的心理要求，然而因為地方官禁止士人入廟私祭[85]，致使士人必須另闢行禮空間，促成此類禮儀的私人化。

李塨、毛奇齡、王復禮均認為士人確有私祭聖賢的必要，他們主要從從私學勃興、官方禁止私自入廟祭祀，來解釋士人私祭聖賢之現象。此確實可以解釋部分原因，上文所舉張貞生、劉源淥、是鏡之例也確實接近學校或書院祭祀的規模。然而，僅從教育私有化的角度並不足以解釋本文所有個案，我們從許多個案中可見，行禮者並不只是將學校祀典整套挪移到私人空間舉行而已，其中尚有關於祭祀對象的選擇與個人情感表達的面向。例如，劉源淥選擇祭拜朱子學者、劉貞生選擇四位江西明儒陪祀，都表達了他們個人獨特的學術傾向與認同，而其他個案也顯示士人們藉行禮表達個人情志，尋求個人心靈與聖賢相交之滿足，或乞靈智慧與啟示等，均不僅是反映教育私有化或官學禁止私祭聖

85 聖廟重清肅莊嚴，門均常鎖，閑雜人等不得擅入。參見史調，《史復齋文集》，收入《四庫全書存目叢書》集部，冊281（台南：莊嚴文化事業公司，1997），卷3，頁12a；李九功，《慎思錄》，《明清天主教文獻》，冊9（台北：台北利氏學社，2002），頁115；黃進興，〈孔廟的解構與重組：轉化傳統文化所衍生的困境〉，《優入聖域》，頁314-324。

賢所產生的結果而已。

以上主要說明若僅從行禮空間坐落於私家的角度來討論此類禮儀的私人性，尚不足以凸顯其體現個人精神的意涵。再舉一例說明：某些明清士人的居所緊鄰書院或儒學，例如劉宗周的居家就緊鄰他講學的蕺山書院[86]；竇克勤出任泌陽教諭時，也借棲於學宮旁的民房，他整頓荒廢的學宮，恢復學宮內的講學和祭祀[87]。在這樣的空間關係下，即使劉宗周、竇克勤是在書院中行拜聖賢之禮，以日常活動範圍與生活作息而言，可能與其他在自家私塾中拜聖賢的士人沒有太大差異。因此，在分析禮儀實踐之意涵時，不僅行禮的地點坐落私家範圍是值得強調的重點，行禮者對於禮儀的構想、行禮的活動與目的等，更是觀察此類禮儀私人化與個人化的重要角度。

我們從上一節的個案可見，士人拜聖賢的行為意涵相當多元，態度和目的也不一致。賀欽拜陳獻章、楊起元拜羅汝芳的舉動，主要表達對先師的紀念與尊敬。辛全拜薛瑄，除了對其學問與人格的仰景，更有對於山西本地與河汾學術傳統的認同與繼承之情。方良永因異夢而拜朱子像、魏象樞因異夢而拜孔子木主，則有勉勵自己學聖及持續追求與聖賢心意相交的意味。勞史拜朱子、刁包拜高攀龍，除了表達對先賢的尊崇與私淑之意，也有祈求先賢之靈啟示智慧、明白真道的意思。而劉源淥、是鏡在私建講所中奉祀先賢，清楚反映其認同的學派，規制則頗近書院內的祭祀，後來也果真轉移到書院及公共祠寺中。由此可見，不僅士人所選擇祭拜的對象、禮儀形式不同，其所欲表達的意義也有異。

---

86 根據2014年1月8日實地考察劉宗周故居，由劉宗周後人告知。

87 竇克勤，《尋樂堂日錄》，收入《歷代日記叢鈔》11，卷4，頁7b-38a。

顏元的個案特別能顯明士人對於禮儀制定的創造力與自主度，以及禮儀與行禮者個人學思經驗的緊密關係。當顏元篤信朱子學的時候，他所立的道統龕充分體現朱子的道統觀，但也因自己的職業身分，他在道統龕中自由地加入了虞摶和龔廷賢兩位儒醫的木主。等到顏元思想上變得極力反對朱子學之後，他幾乎廢掉了原先道統龕上的所有神位，只留下孔子的木主。顏元能夠如此自由地決定他要奉祀那些聖賢，隨心所欲地加添或減損，只因為這是他私人的禮儀，為要滿足他個人思想與心靈需求。至於行禮的方式，他早期基本上是以事親之禮來面對孔子神位，秉持事死如事生的態度，朝夕行出面反告之禮，也在祖先和孔子神位面前悔過。但是後來當他研讀禮書之後，他開始感覺到不宜太頻繁禮敬孔子，而改以禮書所記釋奠的形式來行禮。顏元決定更改儀注及其常儀功的設計，仍出於自己研讀與思考的結果，並未受到外界的壓力，因此也充分顯示他在制定禮儀上的自主性。

事實上，傾心詩文的士人也有類似的禮儀行為。牛運震（1706-1758）因熱愛經史古文，置紙牌書「先師昌黎韓子」而祀之；明末劉毅崗愛讀諸葛亮（181-234）文章，於書堂中置其木主而拜之；鄭階因嗜詩而拜杜甫（712-770）；洪舫也因愛詩而拜屈原（340BC-278BC）和杜甫[88]。我們從《儒林外史》匡超人誇

88 蔣致中編，《清牛空山先生運震年譜》，收入《新編中國名人年譜集成》輯6（台北：臺灣商務印書館，1978），頁7；李煥章，〈劉毅崗傳〉，《織水齋集》，收入《四庫全書存目叢書》集部，冊208（台南：莊嚴文化事業公司，1997），頁712；陳田，《明詩紀事》，《續修四庫全書》集部，冊1712（上海：上海古籍出版社，1995），辛籤卷28，頁48a；沈葆楨、吳坤修修；何紹基、楊沂孫纂，《重修安徽通志》，收入《續修四庫全書》史部，冊654（上海：上海古籍出版社，1997），卷260，頁16a；勞逢源、沈伯棠等纂

大吹噓之詞也可以想像當時科舉士人拜先儒的現象可能相當普遍。匡超人是個時文選家，他對牛布衣、馮琢菴吹噓道：

> 弟選的文章，每一回出，書店定要賣掉一萬部。山東、山西、河南、陝西、北直的客人都爭著買，只愁買不到手。……不瞞二位先生說，此五省讀書的人，家家隆重的是小弟，都在書案上，香火蠟燭，供著「先儒匡子之神位」。[89]

《儒林外史》當然是譏諷匡超人，這位時文選家居然連「先儒」之意都不明白，不過他的說辭應能反映當時的文化現象。士人在自家書案上供奉「先儒神位」或學文作詩者奉祀韓愈、杜甫、屈原，雖與本文所言士人拜聖的目的不同，但透過祭祀以期乞靈護祐的想法與作法則相近。

另外，士人拜聖的行為也令人聯想到行業神的祭拜，如茶坊祀陸羽、酒室祀杜康、木匠祀魯班等，這類祭拜也是私祀[90]，與儒家士人祭拜儒學先賢的作法，確有某些類似處。根據李喬的研究，行業祖師的崇拜受到祖先崇拜與尊師重道觀念的影響，而且孔子等儒家聖賢也被某些行業奉為神明，因此就禮儀形式而言，本文所論的禮儀實踐確與行業神崇拜是有相近處，不過也有差別。行業神的祭祀本無官方禮制規範，是民間逐漸發展出的禮儀，禮儀實踐的形式與意涵較一致而明確，均與保護祝福特定行

修，《歙縣志》，卷8之10，頁5b。

89 吳敬梓，《儒林外史》，回20，頁192。

90 張潮，〈廣祀典議．跋〉，收入吳肅公，《廣祀典議》，《四庫全書存目叢書》子部，冊20（台南：莊嚴文化事業公司，1995），頁6a-b。李喬，《中國行業神崇拜》。

業有關。相較之下，儒家聖賢崇祀本是官方祀典，士人私祭聖賢的實踐是在官方禮制之外發展而出，而且無論就祭祀對象、禮儀形式或意義而言，都比行業神祭祀更具多元性與個人色彩。

綜上所論，士人選擇在家中另創拜聖賢的禮儀，並非因被排拒在官學或書院的禮儀系統之外，或欲以新儀式對抗舊有制度。其中雖有因教育私有化而造成祭祀空間移轉的因素，但此並不足以解釋所有的個案，尚有個人精神與心靈需求的因素。上述個案顯示官方和公共集體儀式無法全然滿足人心的現象，士人欲選擇自己最尊崇或對自己學問最具特殊意義的先賢，將其畫像、肖像或木主設立在自己覺得最合適的地方，用自己覺得最合宜的形式來行禮，且經常是獨自一人行禮。行禮者通過禮儀實踐與聖賢相交，也藉著禮儀體現自身的學思與認同之情，此都讓這類居家拜聖賢的禮儀具有高度的個人特質。相較於孔廟崇祀的官方政教性質，這種士人拜聖賢的禮儀實踐則走出官方祀典、公共空間、集體行禮的範圍，進入日常居家空間，展現濃厚個性化的特質，提供行禮者更多尋求個人心靈滿足與自我表述的空間。而士人在這類禮儀實踐中，不僅以主祭者的身分行禮，更親身參與禮儀的創發與制定，擁有充分的自主性[91]。

（三）關於用像的問題

上文援引的史料多體現士人重視禮儀，且恭肅行禮的態度，行禮者也多相信在儀式過程中確實存在著精神與性靈層次的接

---

91 黃進興說自唐宋以來，祭孔的主祭者上自天子、孔家聖裔，下自朝廷命官，均有官方身分，儒生只是典禮的陪祭者。黃進興，〈孔廟的解構與重組〉，《優入聖域》，頁314-324。

遇，禮儀並非虛設。儘管如此，我們從文獻中還是能讀出更複雜的訊息：士人對於用像與否的態度並不一致，對於有形之像的定義與作用也有不同的看法。即使致力於禮儀實踐的同時，士人也能反思具體儀式的限制。再者，既然敬虔之心、心氣與聖賢相通，是祭拜聖賢的重要條件，甚至因此使得行禮的地點與形式都可彈性辦理，那麼再推一步，拜聖賢真的需要依賴有形的像或木主嗎？需要通過具體的儀式嗎？理學家對晤聖賢的主敬工夫不也是一種敬聖、拜聖的行為嗎？本節主要根據所見文獻，試圖對上述問題加以說明，首先將先說明使用木主或聖像的問題。

從上文所列舉個案，我們看到多數人設立木主神位，少數人用畫像或塑像，此應主要反映明代孔廟改制的結果。根據黃進興研究，孔廟造像大約始於佛教在中國開始流行之際[92]，到了初唐已成為定式，直到明初才有大變化。明初南京太學曾易像為神主，但未遍行全國；直到嘉靖九年（1530）的孔廟改制，才下令一律毀像，改用木主。這個改制的舉動當時曾引發激烈的討論，士人對於是否用像的問題始終存有不同的看法，雖有人稱許是更夷制以合古禮的明智之舉，但也有人表達憤恨難過之情，甚至不忍毀聖賢像而藏之夾室中[93]。雖然本文所舉居家拜聖賢之禮屬於

92 最早較可信的孔子塑像大約出現於北魏時期，見邢千里，《中國歷代孔子圖像演變研究》，頁115-116。

93 黃進興，〈「聖賢」與「聖徒」：儒教從祀與基督教封聖制的比較〉，〈毀像與聖師祭〉，收入氏著，《聖賢與聖徒》，第4、6章。關於丘濬反對用像，見Deborah A. Sommer, “Destroying Confucius: Iconoclasm in the Confucian Temple” in Thomas A. Wilson, ed., *On Sacred Grounds: Culture, Society, Politics, and the Formation of the Cult of Confucius* (Cambridge: Harvard University Asia Center, 2002), pp. 95-133.

私祀，與孔廟禮制不同，也不一定受限孔廟的規定，但顯然明代的改制影響頗大，上述多數例子均置木主，只有少數個案用像。

丘濬（1420-1495）是明中葉激烈反對用像的士人，他的主張上承宋儒，也影響嘉靖朝的改革。丘濬之所以反對用像的主要理由，便是認為祭祀更應講究的是內在道德而非形式，他說：「祭祀之道曰仁、曰孝、曰誠、曰敬而已。」[94]他說塑像之設來自佛教，不合古禮，肖像也不能真實繪出受祭者的容貌[95]，神無形、聽無聲，人只能以心去感通，用像反而是對神的褻瀆，而且會混淆內在誠志的道德標準[96]。相反地，士人主張祭祀用像的理由，主要是認為見像的威儀可興學聖之志，許三禮、彭定求均抱持此主張[97]。

士人對於在私室或几案上擺置聖賢像的作法，也有不同意見。例如，吳訥（1372-1457）反對隨意摹繪或刊刻聖賢畫像，他在補注熊節（1199進士）的《性理群書》時，特別將熊氏原編中所刊載的宋儒畫像刪除，因他認為將聖賢像置於室而宴處其中並不合宜，何況置之几案而坐對之，實有褻瀆之虞[98]。呂維祺

94 丘濬，〈總論祭祀之禮（下）〉，《大學衍義補》，收入《文淵閣四庫全書》，冊712（台北：臺灣商務印書館，1983），卷55，頁17a。

95 丘濬，〈釋奠先師之禮（上）〉，《大學衍義補》，卷65，頁12a-13b。

96 Deborah A. Sommer, “Destroying Confucius: Iconoclasm in the Confucian Temple”.

97 例如，許三禮：「古聖人原為吾大宗子，以魯司寇為百世不祧之主，固也。然此斷當用像，廟廡巍峨，體相尊嚴，依類求神，且肅人瞻視。木主之改，殊覺不必。」許三禮，〈讀禮偶見〉，《天中許子政學合一集》，下卷，頁5a。彭定求：「若奉聖人之身而瞻其威儀，思其神理，則洋洋如在，誠不可掩，庶乎尊經以實而不以名者乎。」彭定求，〈長洲學重建尊經閣恭塑至聖暨四配神像記〉，《南畇文稿》，卷4，頁1b。

98 吳訥，《性理群書補注．凡例》（明刊本，日本內閣文庫藏），卷首，頁1a。

（1587-1641）的想法不同，他所著《聖賢象贊》一書便包含聖賢畫像與贊詞。他在序中特別設問：刊聖賢像於書中是否褻瀆？此問顯示呂維祺知道士人對此有不同的看法，呂維祺不但不以為褻瀆，反而肯定聖賢像有興發人心的作用。他說：

> 列象于書，令學者揭而見孔子儼然在上，又見顏孟諸子及歷代配祀諸先生森然在傍，憬然有羹牆寤寐之思。[99]

呂維祺為進一步支持自己的論點，更賦予「象」非常廣泛的定義，他說：「大凡為之本而可法，使其尊而主之者，皆曰象。」[100]他說上古聖人見天垂象而作《易》，天地本是一大法象；而「象」的作用在使人知本而能尊法之。換言之，宇宙天地自然之間無處無象，無物非象，又何拘於人物畫象？象的作用無非是要讓人知本而尊法，因此他認為士人於几案中翻閱《聖賢象贊》不僅無褻瀆之虞，書中的聖賢像還能引導人尊聖、法聖。他也反問：主佛、主老、主天主者，均畫其神象以幫助信徒，何獨儒者不能以聖賢象啟發人向學之心呢？[101]

然而，若真如呂維祺所言，天地自然無物非象，到處充滿啟示，那麼也未必要憑藉畫像才能明白聖賢所傳之道。以本文所述

99　呂維祺，〈聖賢像贊序〉，收入氏著，《聖賢像贊》（明崇禎五年刊本，上海圖書館藏），卷首，頁4a-b。

100　呂維祺，〈聖賢像贊序〉，收入氏著，《聖賢像贊》，卷首，頁1b。

101　呂維祺，〈聖賢像贊序〉，收入氏著，《聖賢像贊》，卷首，頁4b。類似的，彭定求也說聖賢神像之威儀啟發人向學的作用：「奉聖人之身而瞻其威儀，思其神理，則洋洋如在，誠不可掩。」彭定求，〈長洲學重建尊經閣恭塑至聖暨四配神像記〉，《南畇文稿》，卷4，頁1b。

個案為例，雖然行禮者多不反對使用像，他們也相信在行禮過程中有精神或神靈的實際接遇，但並不認為就道德修養或接遇聖賢而言，聖像是不可或缺之物，甚至禮儀本身也非絕對必要。我們從方良永撤朱子像的作法，即可見他認為自己若能做到不憑藉圖像以求聖賢，代表工夫更加進深。

再從心性工夫修養的層面來看，理學家平日閱讀或靜坐，時常操練自己要對越上帝、對晤聖賢。例如，楊名時說：「人平居坐立，時常如侍於聖賢之側，庶幾心日益虛，過日益改。」[102]又如楊起元〈誦孝經觀〉，觀想者最後想像自己是隨侍孔子身側的曾子一般[103]。在這類工夫實踐中，修行者心中很可能浮現出敬侍聖賢或類似行禮之影像，因此即使沒有以身體去從事拜聖賢的活動，其內在思想情感可能相去不遠[104]。故就心思與聖賢相通而言，士人未必需要倚賴物質性的圖像或具體的禮儀行動，也可以從心的默想操練而得。

即使身體從事拜聖的活動，士人的心思也未必受限於具體的圖像或儀式。辛全在〈謁祠祭文〉文中對此有很深刻的經歷和表達。上文已說到辛全曾摹繪薛瑄像而拜之，又在自家的願學亭中設立聖賢木主禮拜。他說自己曾在願學亭中焚香對越聖賢，想像著自己謁廟時「恍如會夫子於一堂之上」，接著他又想到佛教徒也常登山拜頂，而且佛教廟宇實更加宏偉壯觀。他因此更深思想

102 楊名時，《程功錄》，卷1，頁9a。

103 關於〈誦孝經觀〉的文本解讀，參見呂妙芬，《《孝經》與近世中國的政治與文化》，頁173-181。

104 天主教的默想也分有形的默想和無形的默想，有形的默想例如要人想像耶穌的受難，彷彿身歷其境一般。參見馮秉正譯述，《聖年廣益》（乾隆三年刻本，上海圖書館藏），第一冊，卷首說明。

有形之象與聖人的關係，進而突破祭祀空間與禮儀規制的種種限制，最後領悟到：

> 觀天，見夫子之高也；觀地，見夫子之厚也；觀日月之代明，見夫子之明不息也；觀四時之錯行，見夫子之行有序也。……天地間無往非夫子。[105]

既然宇宙自然處處均能見聖人，辛全最後體悟到自己所要追求的是自我生命時時與聖人通而為一的境界，並不一定要藉有形的禮儀才得與聖人相交[106]。這個例子充分顯示，雖然理學家藉著行禮表達對聖賢的尊崇之意，但禮儀實踐本身並非最終目的，學聖之人最終仍要突破有形的圖像、木主、儀式，回歸心性，追求心靈時時與聖賢相通的境界。

（四）家作為儀式的空間

本章雖討論士人居家拜聖賢之禮，但事實上家庭最主要的祭祀是拜祖先。中國祭祖之禮起源甚早，但從宋代始經歷重大改革，才逐漸成為近世的樣貌。中國近世儒家家禮的改革，除了讓士人取得建家祠的合理性外，也提倡以更「純正」、不雜仙佛的形式來祭祖；而隨著宗族組織的普及、宗族文化的興盛，祭祖之禮也有與佛教、道教分離的現象[107]。在近世儒家家禮的規範下，

---

105 辛全，〈謁祠祭文〉，收入范鄗鼎，《理學備考》，卷1，頁15b。

106 辛全，〈謁祠祭文〉，收入范鄗鼎，《理學備考》，卷1，頁15b。

107 何淑宜，《香火：江南士人與元明時期祭祖傳統的建構》；科大衛，〈祠堂與家廟——從宋末到明中葉宗族禮儀的演變〉，頁1-20。

祭祖的主要場所在家庭，此也是儒家文化的重要表徵[108]。

本章所論在家拜聖賢的士人，同時也在家中進行祭祖的活動。我們可以說，這些士人透過祭祖與拜聖的雙軌禮儀實踐，體現了他們對於血脈與道脈的雙重認同。我們從上文可以看到刁包、顏元拜聖賢的實踐，帶有某種近似拜祖先的意味，他們在祖先牌位與聖賢神位之前都行出面反告之禮，也在兩者之前悔過。我們也看到許三禮體認到自己的生命與祖先、聖賢有密切關聯，他將家庭人倫關係擴展到涵蓋全體人類，以天地為眾生之本，以聖人（孔子）為百世不祧之主。許三禮雖重視告天和拜聖之禮，但他同時強調必須由事親盡孝、克盡倫職做起[109]。我們從許三禮的思想，同樣可以看到他試圖結合家庭人倫與個人道德修養的努力，及其對於血脈與道脈雙重認同之情。

除了表達對於家族血脈與聖學道脈的雙重認同外，我們從士人的發言也可以讀出濃厚與佛、道二氏區辨的意味。明末江夏諸生賀時泰說：

> 從佛之說者，宗祀一主于佛，不知有老也。從老之說者，宗祀一主于老，不知有佛也。生我者父母，成我者夫子，吾儒尊祖敬宗之外，其朝夕所宜致虔者，宜一于夫子而已矣。[110]

108 古代雖有家內祭五祀神（戶、灶、中霤、門、行）之禮，但明清時期除了祀灶神外，其他並不普遍實行。李九功，《禮俗明辨》，收入鐘鳴旦、杜鼎克主編，《耶穌會羅馬檔案館明清天主教文獻》，冊9，頁38-39。

109 許三禮，《天中許子政學合一集》，上卷，頁7b-11a（466-468）；亦參見本書第二章。

110 賀時泰，《思聰錄》，頁61b。

賀時泰先說佛、道二教各自推尊崇祀其教主，唯有儒家堅守人倫，始終尊祖敬宗。儒家也重視道德生命與倫理文化之養成，故特尊孔子，故有「生我者父母，成我者夫子」之說。「成我者夫子」一說源於王通（584-617）《中說》，原文如下：

> 子遊孔子之廟，出而歌曰：「大哉乎，君君、臣臣、父父、子子、兄兄、弟弟、夫夫、婦婦、夫子之力也。其與太極合德，神道並行乎！」王孝逸曰：「夫子之道豈少是乎？」子曰：「子未三復白圭乎，天地生我而不能鞠我，父母鞠我而不能成我，成我者夫子也。道不啻天地父母，通於夫子，受罔極之恩。吾子汩彝倫乎。」[111]

王通是在遊孔子廟後，發出對孔子的讚美。此發言的語境是，王孝逸欲以王通比擬孔子，王通則以「成我者夫子」表達自己受孔子罔極之恩。王通這段話也經常被引用於重建孔廟或地方儒學的記文中[112]。但賀時泰的文字與王通原文文義略有不同，有別於原文推尊孔子為生民之師，其恩大於生我鞠我者，賀時泰是以「生我者父母，成我者夫子」的平行結構來表達對於父母與夫子，即對於家庭與道統的雙重認同。賀時泰還主張士人除了敬祖外，應

111 王通，〈王道篇〉，《中說》，收入《文淵閣四庫全書》，冊696（台北：臺灣商務印書館，1983），卷1，頁7b-8a。

112 例如，竇充，〈大宋興元府褒城縣新修至聖文宣王廟記〉，收入王昶，《金石萃編》，《續修四庫全書》史部，冊886-891（上海：上海古籍出版社，1997），卷133，頁9b-10a；王應麟，〈慶元府學重建大成殿記〉，《四明文獻集》，收入《文淵閣四庫全書》集部，冊1187（台北：臺灣商務印書館，1983），卷1，頁10a-12b。

該朝夕虔祭孔子以報本，從「朝夕虔祭」我們可以推斷他會支持士人在家中同時行祭祖先與拜聖賢的禮儀。

士人這種對家族血脈與儒家聖學道脈的雙重認同之情，是否與明清之際整體學術思潮有所呼應？本書第一部各章所論的儒學發展，是否可以提供我們更深入理解此禮儀實踐的學術脈絡？以下即試著說明。

首先，我們看到賀時泰之言具有明顯區辨儒學與二氏的意涵，士人在家拜聖賢之禮是以一種有別於民間信仰、更純粹儒家形式或足以標幟儒教特色的禮儀姿態出現。正如本書所強調，這種宗教對話與比較的語境是此時期儒學論述的重要背景，將於以下兩章中有更多的說明。再者，正如第一、二章所論，明清之際的儒學既重視個人成聖的道德修養，又針對晚明學風提出許多修正，更維護社會禮法，強調家庭日用人倫，申明仁人必須是孝子，認為聖賢之學須以家庭為場域，以克盡人倫為主要內涵。這樣的思想清楚見於張貞生、許三禮、刁包、顏元、勞史、劉源淥等人著作中；此不僅是大時代的學術氛圍，同時也是本章所論禮儀實踐者的思想內涵。既然唯有「家」才是儒者個人修身成聖的道場，「家」就不只是生育後代、吃喝睡覺的生活空間，同時也是儒學修德成聖的場域。那麼透過家庭禮儀體現對於祖先、聖賢的尊崇與承志繼善之心志，也是合理的表現。因此我們可以說，儒家士人居家拜聖賢的禮儀實踐，呼應著當時學術思潮的變化，將士人禮敬聖賢、傳承道統的心志具體展現於他們致力於修德的家庭場域中，此舉也是以禮儀的形式進一步聯繫家庭與儒家聖學的關係。

最後必須說明的是，「在家拜聖賢」的活動除了本文所描述的現象外，尚有更多複雜的源頭，其背後的思想也不容易釐清。

看似同樣「在家拜聖賢」的行為，在不同脈絡中可能有相當不同的意義。此處無法全面性探討此問題，以下僅就目前所見史料，舉例說明其他可能的現象。上文已論及儒家聖賢如孔子、朱熹等被視為某些行業的祖師神，而祭祀行業神的地點也可能在家中，因此儒家聖賢可能以行業神的身分在某些家庭中受崇祀[113]。又如下面這張畫有孔、顏、曾、思、孟五大聖人的紙馬，便是民間信仰以儒家聖賢為神明的表現，它可能貼在許多民間家中。

【圖7】：馮驥才主編，《中國木版年畫集成・楊柳青卷》（北京：中華書局，2007），頁412。

113　李喬指出行業神不僅在公用神廟中祀神，也在家中設祀。見氏著，《中國行業神崇拜》，頁83。

筆者曾在北京國子監的展示廳中看到一塊「家宅平安」木牌（圖8），上面刻著許多儒家先賢的姓名，據說是來自民宅，工作人員亦不能說明其時間或原來的作用為何。即便如此，這個物品不禁令人聯想到明清以來人們在家中祭拜儒家聖賢的實踐，同時也又帶著濃濃庶民宗教的色彩。而近世民間拜「天地君親師」的習俗[114]，雖形式簡化許多，但觀念頗接近。以上諸例都顯示在家拜聖賢並非儒士的專利，亦不限於本章所論之意涵。

綜上所論，本章所論士人在家拜聖賢的實踐雖有儒學宗教化的現象，但它在觀念與儀式仍不同於民間教派信仰，也與孔廟官方祀典有別。它以「家」作為禮儀空間，與祭祖禮儀並列，成為士人家禮的一部分，也與士人修身成聖之學緊密相關。這些士人透過禮儀實踐，表達了個人對於家族血脈與聖學道脈的雙重認同；而這類禮儀本身，也發揮了進一步聯繫家庭與儒家聖學的功能。研究中國宗教的學者已注意到中國宗教與中國家庭組織、日常生活的密切關係，又指出當居家空間被聖化為宗教場域時，較能保持民眾宗教生活的自主性，免受國家干涉[115]。本文討論之個案雖然與在家過會等民間宗教信仰不同，但同樣因為在家行禮、禮儀私人化，而具有適度擺脫國家干預、更自主與自由的特色，此也是這類禮儀實踐具有更多元豐富之形式與意涵的主因。

114　余英時，〈談天地君親師的起源〉，《現代儒學論》（美國加州：八方文化企業公司，1996），頁97-101。

115　例如岳永逸研究華北梨區的家中過會，指出當地信奉本土民間宗教的居民，家中除了供奉祖先，也供奉其他具地方宗教色彩神靈，此讓宗教生活與日常生活有緊密的聯繫。岳永逸，〈家中過會：中國民眾信仰的生活化特質〉，《開放時代》（2008），頁101-121。

【圖8】：家宅平安牌，北京國子監，作者攝。

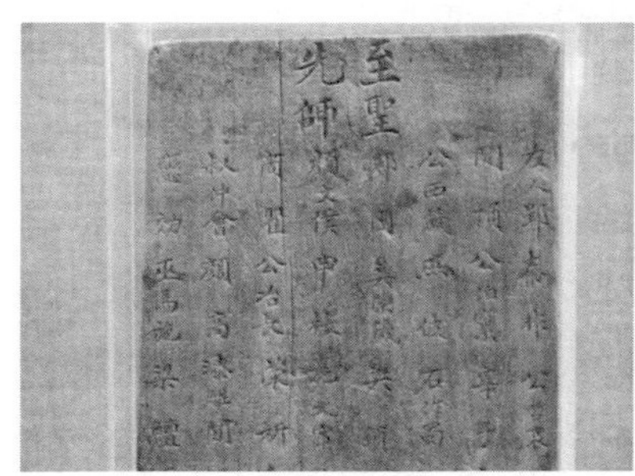

【圖9、10】：上、下局部圖，作者攝。

三、結語

本章主要討論明清之際儒家士人在家拜聖賢的實踐，說明儒家聖賢崇拜之禮不僅在孔廟學宮中集體公開地舉行，也不僅融入其他民間宗教，它還以一種堅持儒學正統、不與其他宗教混合的方式，走入士人家居生活，以更多元彈性、更符合個人精神需求的形式進行著。我們從這類禮儀實踐的紀錄發現，士人們會依自身的學術傾向或經驗來選擇所奉祀的對象、設計禮儀、安排儀式的空間，並賦予自己的實踐特殊的意義。士人會隨著自身思想的變化而更改儀式，展現高度的自主性與創造力。士人之間也存在彼此仿效的行為，不過此種仿效屬於學禮或廣義文化影響的層次，並不妨礙士人對禮儀的個人詮釋。這類禮儀實踐突破了儒家聖賢崇拜原本屬於官方、公開、集體的性質，讓士人得以主祭者的身分個別行禮，展現鮮明的個性化特質。

這類禮儀之所以能夠在儀式、空間、時間上以較彈性的方式進行，與理學家強調內在誠敬、真誠學聖者得與聖賢相通等觀念有關。而士人對於是否應倚賴聖賢像或具體禮儀來表達對聖賢的敬意、尋求與聖賢之靈相通，則有不同的看法，並有深刻的反省。反對用像者強調心意的重要，質疑像所能再現的精確度，深怕褻瀆聖賢；贊成者則肯定目睹聖賢像能啟人向學問道之心，但卻也不執著於用像。即使認真行禮者如辛全，也能意識到有形圖像與儀式的限制，強調應追求自我心性時時與聖賢相通的境界。

最後，此類禮儀實踐讓「家」成為祭祖和拜聖賢的禮儀空間，不僅展現士人對於家族血脈與聖學道脈的雙重認同，也呼應明清之際儒學思想的主要發展趨勢，即強調日用家庭人倫與在家修身的重要性，並據此與其他宗教區隔。當明清之際的儒學論述不斷以家庭人倫、家禮來區辨自己和其他宗教的差異時，儒學本身的宗教性也進一步被強化；而當儒家士人將祭拜聖賢的儀式吸納成為家禮的一部分時，祭祖與拜聖賢也同時成為標幟儒教的重要表徵。本章所論士人居家拜聖賢之禮，不僅賦予儒家禮儀更多元的性格，使其在孔廟所代表的國家政教之外，得以一種貼近士人日常生活、表達個人認同情感的形式呈現，同時也以禮儀的形式加強了家庭與聖學之間的聯繫。

III

宗教對話語境下的儒學論述

以下兩章屬於舊題新作，分別針對學者已廣泛討論的議題，即明清之際的人欲論述、人性論進行再思考，並試圖提出不同的看法。兩章的內容都格外強調儒學與其他宗教對話的語境，認為不同宗教間彼此的激盪與吸收是提供儒學建構並強化自身論述的重要資源，也是明清之際儒學創新的重要因素。這兩個主題乍看之下雖不太相關，然實緊扣本書的主題。夫婦是人倫之首，也是維繫家庭血脈的重要人倫關係，儒學對於夫婦之倫的教導帶有一種既高揚又壓抑的態度，也最能凸顯儒學欲維護家庭人倫的用意。人性論則關係到儒學的「人觀」，及其對「人與天」、「人與萬物自然」的看法，當然也與修身成聖的工夫論息息相關。總之，以下兩章的內容不僅緊密呼應著本書有關成聖與家庭人倫的主題，也更多觸及儒學與其他宗教的交涉。

第六章討論明清儒學關於夫婦之倫的論述與實踐，除了反駁明清儒學有情欲解放的觀點外，也透過檢視儒學論述夫婦之倫的不同面向，說明儒學在延續家庭血脈與控制家內秩序之間，以及儒家士人在克盡家庭倫職與自我修身之間，所呈現的緊張關係。

第七章討論明清之際氣學立場的人性論述。此是學術史上的重大議題，過去學者已廣泛論及，本書舊題重探，有兩個新意：(一)雖然此時期儒學對於「性」和「理」的定義都更緊扣形氣實物立說，有別於宋明理學「天地之性」、「理一」的詮釋，看似形上義被消解，然而儒學以「天」作為宇宙生生與道德本原的觀念並沒有大變化，仍保留「儒學本天」的基本架構，維繫著儒家重天人之際的精神樣態。(二)試圖引進天主教之人觀、靈魂論，與清儒人性論進行比較，指出兩者之間有許多呼應比附之處。此章除了說明天主教漢譯文獻可能提供中國士人思想資源外，也試圖從天主教的靈魂論（人性論）格局，及其明確的上帝觀，反思明清氣學人性論未必要完全排拒形上本原義或具人格神意涵的「天」與「天命」觀。此也支持本書一貫的立場：明清之際的儒學固然有整頓社會秩序、注重日用人倫的經世面向，但也不乏敬天、事天、畏天命的虔誠與宗教精神，儒學宗教化與經世並不矛盾，此乃是明清之際儒學的重要內涵。

第六章

夫婦之倫

宋明理學總給人高度壓抑和近乎禁慾的印象，「餓死事小，失節事大」和明清時期無數貞節列女的血淚故事，更加深了這個印象[1]。而中國禮教對於男女之防也確實嚴格，各種訓詞、善書和宗教戒律，常都在「萬惡淫為首」的觀念下，透過各種方式來宣導戒淫。然而，儒家並不鼓勵童貞，也不禁絕性關係。基本上儒家為每位男女所構想的理想角色都是走入婚姻，為人父母。家庭不僅是中國傳統社會的基層單位，家庭倫理更是儒學的核心價值與道德實踐的關鍵。子嗣被視為個人生命的延續，而延續家族血脈也是上天賦予人們的重要職責。為延續家族的血脈，男人可以娶妾，他的妻子甚至應該主動為他物色對象，好共同完成傳宗接代的神聖使命。因此，夫婦之倫又是人倫之始，夫婦相交不僅不是淫亂，更有著體現宇宙生生之道、完成人類生命傳衍的神聖意義。

本章主要討論明清儒學有關夫婦之倫的論述與實踐，探討儒

1 關於「餓死事小，失節事大」原並非專指婦女貞節而言，參見費絲言，《由典範到規範：從明代貞節烈女的辨識與流傳看貞節觀念的嚴格化》，頁9-13。

學在夫婦之道的神聖性與戒淫之間的張力，以及因發言語境的差異所形成的不同論述面向。下文將主要討論兩種論述的語境與內容：一、在維護家內秩序與家庭和諧的前提下，夫婦間的恩愛經常被視為必須管束的對象，以免導致丈夫與同姓親屬的疏離；二、在闢二氏的語境下，夫婦之情與男女之欲則常被提升到天理自然、宇宙創生的高度，論述其不可禁絕的必要性與神聖性，並藉此凸顯儒學與其他宗教的差異。上述兩種論述重點之間雖未構成矛盾，但因說話的對象與語境的不同，側重點明顯有別。其中有關肯定男女情欲的論述在學界早已受到關注，也有相當研究成果，本章指出這個論述的主要文本脈絡是儒學與佛道二教的對話，並不是與禮教對立的情欲解放，其批判宋儒的意味亦不特別強烈[2]。另外，本章也進一步說明明清時期的儒者對於色欲的警戒心理並未鬆懈，他們經常訴諸訓誨與禮敬之儀來節制自己的欲望，因此我們不宜援引晚明商業經濟發達或情欲解放的文化氛圍來解讀這類儒學肯定男女之欲的文字，而忽略這類言論更直接的文本脈絡與意涵，及其早已存在於儒學傳統中的事實。最後則試圖以幾個生活實踐的個案，說明明清儒者在婚姻關係中「節欲」的努力。

一、論述夫婦之倫

本節主要討論儒學有關夫婦之倫的兩個論述重點，這兩個論述重點都有長遠而豐富的文獻傳統，並非明清時期少數儒者的特

2 即使有批評宋儒的言論，通常也是在批判二氏的語境下發言，認為宋儒受到二氏影響故連帶批評。

別主張。兩個論述重點雖有不同，然其欲維護家庭組織與家庭倫理的意圖卻頗相和。

(一) 維繫家內秩序的語境：壓抑夫婦之情

中國傳統婚姻主要為建立家庭、延續家族血脈，婚姻制度也是社會制度之基礎，夫婦之倫更是一切人倫之始，是齊家的關鍵，也是為政之本、王化之基。關於婚姻門當戶對、擇偶條件、禮儀要求等的討論和建議很多，主要都與齊家的目的相關[3]。夫婦關係親密，但婦人與夫家成員之間並無自然血緣親情，只有名分關係，在現實生活中，因為婚姻關係導致父子或兄弟感情生變的情形並不少見。因此，如何維繫夫婦間適當親密關係，能互相扶持，又不破壞其他家庭成員關係的和諧，常是儒者治家的重要考量。許多家訓類文本都清楚顯示：人們認為婦女是影響家庭和睦的重要因素。例如，宋代的袁采（約1140-1195）在《袁氏世範》中說道：

> 人家不和，多因婦女以言激怒其夫及同輩。蓋婦女所見，不廣不遠，不公不平，又其所謂舅姑伯叔妯娌，皆假合，強為之稱呼，非自然天屬，故輕於割恩，易於修怨。非丈夫有遠識，則為其役而不自覺，一家之中，乖變生矣。於是有親兄弟子姪，隔屋連牆，至死不相往來者；有無子而

3　關於中國傳統婚姻意義，參見劉增貴，《漢代婚姻制度》（台北：華世出版社，1980），第1章；徐儒宗，《人和論：儒家人倫思想研究》（北京：人民出版社，2006），第2章；劉錦賢，〈儒家之婚姻觀〉，《興大中文學報》，期21（2007），頁1-38。

> 不肯以猶子為後；有多子而不以與其兄弟者；有不卹兄弟之貧，養親必欲如一，寧棄親而不顧者；有不卹兄弟之貧，葬親必欲均費，寧留喪而不葬者。其事多端，不可概述。[4]

這段話將家庭不睦的主因歸諸婦女的見識不廣、生性不公，及其與夫家成員間無自然情感基礎所致。袁采認為若丈夫沒有見識，輕易受妻子的影響，就會導致人倫乖變。這種將婦人視為離間親情的主因而強調女教的重要，要求丈夫要能掌管駕御己妻、不聽信妻言、禁枕邊私語、禁戒夫妻間過度親密關係等，也是傳統禮教規範夫婦之倫的重要準則[5]。這類看法在中國有長遠的歷史，漢代三綱思想和《女誡》的教導已然可見[6]，明清禮教社會更是重視，類似的強調在家訓和省過類的文本中極常見，其主要目的乃為維護家內秩序及家庭整體和諧。

---

4 袁采，《袁氏世範》，收入《叢書集成初編》，冊974（北京：商務印書館，1991），卷1，頁12。

5 類似之例，見柳開，〈宋故穆夫人墓誌銘〉，《河東集》，收入《文淵閣四庫全書》，冊1085（台北：臺灣商務印書館，1983），卷14，頁7b-9a。又如《許雲邨貽謀》：「婦來三月內，女生八歲外，授讀女教、列女傳，使知婦道。」則希望父家與夫家同時要擔負女教的責任。又說：「家人離多由婦人，婦人離多由黠婢。婦勿聽婢語，男勿惑婦言，雍睦其可以漸敦已夫。」見許相卿，《許雲邨貽謀》，收入《叢書集成新編》，冊33（台北：新文豐出版公司，1985），頁6 a。

6 Marina H. Sung, "The Chinese Lieh-nu Tradition," in Richard W. Guisso and Stanley Johannesen eds., *Women in China: Current Directions in Historical Scholarship* (New York: The Edwin Mellen Press, 1981), pp. 63-74，亦見下文討論。

為抗衡夫婦間的親密關係，及維護家庭內親疏長幼的秩序，士人也多強調父子、兄弟間的親情比夫妻之情更自然、更重要。以下先舉例說明這類壓抑夫婦親密情感的言論普見於明清家訓文獻，龐尚鵬（1524-1580）在《龐氏家訓》中說：

> 男子剛腸少，常偏聽婦言，離間骨肉，爭長競短，嫌隙橫生。婦初入門，當先諭而禁抑之，教子嬰孩，教婦初來，言當防之於早也。[7]

龐尚鵬視婦人為離間骨肉的主因，因此主張在婦人初嫁入夫家時，就必須先被調教得謹守婦道，丈夫必須能「禁抑」己妻，不要因心腸軟而聽信婦人之言。呂坤（1536-1618）也說：「家人之害……尤莫大於婢子造言而婦人悅之，婦人附會而丈夫信之。禁此二害而家不和睦者，鮮矣。」[8]孫奇逢說：「（男子）只不聽婦人言，便有幾分男子氣。」[9]姚廷傑（1677貢生）則說：

> 夫婦相愛，人之常情。乃世有不孝者，當其未娶，猶稍具人心，一旦成婚，遂致昏迷溺愛。妻之言，金石也；親之言，草芥也。其視妻也，錦繡珠玉之足珍也；其視親也，豺狼虎豹之足畏也。其視妻也，天帝菩薩之足敬也；其視親也，奴隸犬馬之足賤也。妻所愛，即愛之；妻所憎，即

7　龐尚鵬，《龐氏家訓》，收入《叢書集成新編》，冊33，頁194。

8　呂坤，《呻吟語》，收入《呂坤全集》（北京：中華書局，2008），頁638；亦參見張廷玉，《澄懷園語》，收入《叢書集成續編》，冊60（台北：新文豐出版公司，1989），卷3，頁747。

9　孫奇逢，《夏峰先生集》，卷13，頁565。

> 憎之。……堂上之千言，不如枕邊之一訴。嗟乎，人雖下愚，既以身殉妻，而併以父母殉妻，是何心哉？[10]

這類論述多將人妻與人母對立，評估著男子在為人夫與為人子的身分上是否有違倫序。對於傳統家內秩序而言，盡孝於父母是最重要的；人若因娶婦而導致不孝不弟，是重大的罪過。而一般又將家內秩序的最大破壞力歸諸婦言毒害。明初大儒曹端（1376-1434）在《夜行燭》中就說「聽婦言」是導致個人與家庭快速禍敗之因：

> 不忍事、聽婦言、好飲酒、惡諫諍四者，皆足以速禍敗，小則殞身滅性，大則覆宗絕嗣。所以古之君子切以此戒焉。[11]

曹端又慨嘆時人昵妻子之愛而忘兄弟之親：

> 兄弟本一氣而分形，乃同胞共乳，是則舉世之人，豈有如兄弟之至親哉？今人多昵妻子之愛，忘兄弟之親。小則鬩牆鬥狠，大則分門割戶，側目相視，如讎如敵，切齒相恨，如狼如虎。[12]

---

10 姚廷傑，《教孝編》，收入《叢書集成續編》，冊45，頁2b-3b。

11 曹端，《夜行燭》，收入王秉倫點校，《曹端集》（北京：中華書局，2003），頁149。

12 曹端，《夜行燭》，《曹端集》，頁157。

曹端強調兄弟之情理應遠勝於夫妻，因為「兄弟天合者也，夫妻人合者也」，接著又慨嘆：「今人有兄弟分居，未聞有夫婦分居者焉，是則疎天合而親人合者也，豈非惑之甚哉？」[13]曹端認為即使賢德之妻與夫生死不離，都無法與兄弟間自然親密的情感相比擬。他歌頌手足永遠親愛的美好：「有識君子何若與兄與弟相親相愛，以篤吾天合之好？生則同樂於一門之內，死則同樂於一墳之中，豈不美乎？」[14]張英（1637-1708）也說，五倫之中兄弟相處時日最久，若兄弟能終生和好，真是人間至樂[15]。這樣的觀念同樣有長遠的傳統，儒家對於父子、兄弟、夫婦三倫的倫序看法，夫婦是列於昆弟之下的，在郭店竹簡〈六德〉篇中，已有「為昆弟絕妻，不為妻絕昆弟」之說[16]。《詩經．小雅．常棣》：「妻子好合，如鼓瑟琴。兄弟既翕，和樂且湛。」也是強調應以兄弟親情為重，唯兄弟間和睦相處，夫妻子女之間才能和諧安樂，宜室宜家[17]。類似的看法在《顏氏家訓》中也有清楚的表述：

---

13 曹端，《夜行燭》，《曹端集》，頁160。

14 曹端，《夜行燭》，《曹端集》，頁160。

15 參見張英，《聰訓齋語》，收入《叢書集成新編》，冊33，卷2，頁221。

16 顏世鉉，〈郭店楚簡六德箋釋〉，《中央研究院歷史語言研究所集刊》，72本2分（2001），頁476-478；李存山，〈三說「為父絕君」——兼論人倫之道「造端乎夫婦」〉，收入景海峰編，《全球化時代的儒家倫理》（北京：清華大學出版社，2007），頁163。

17 朱子《詩集傳》：「言妻子好和如琴瑟之和，而兄弟有不合焉，則無以久其樂矣。」朱熹，《詩經集註》（台北：萬卷樓圖書公司，1996），頁81。陸隴其：「雖妻子好合如鼓瑟琴，必兄弟既翕而後和樂且耽，則是兄弟真能宜室家樂妻孥者也。」陸隴其，《四書講義困勉錄》，卷2，頁91。

> 兄弟者，分形連氣之人也。方其幼也，父母左提右挈，前襟後裾，食則同案，衣則傳服，學則連業，游則共方，雖有悖亂之人，不能不愛也。及其壯也，各妻其妻，各子其子，雖有篤厚之人，不能不少衰敗也。娣姒之比兄弟，則疏薄矣。今使疏薄之人而節量親厚之恩，猶方底而圓蓋，必不合矣。唯友悌深至，不為旁人之所移者免夫。[18]

儘管兄弟理應至親至愛，但無論在南北朝或明清時期，這樣美好的兄弟之情都不易落實，現實生活中有許多兄弟在成年後親情日薄，甚至反目成仇。歷來中國士人都認為導致兄弟不睦之因，不外是錢財和婦人兩大因素[19]。

雖然儒家士人常認為娶進家門的婦人是危害家庭和諧的主因；不過，他們更強調丈夫才是真正的關鍵者，因為丈夫負有教導、管理妻子之責。文獻中也因此充滿著對男人治家原則的教導[20]。例如，姚舜牧說妯娌間易生嫌隙，但丈夫的作為可以化解：「然大要在為丈夫者，見得財帛輕，恩義重，時以此開曉婦人，使不惑於私構而成隙，則家可常合而不暌矣。夫為妻綱，一語吃緊。」[21]《蔣氏家訓》：「婦女挾制丈夫，淩虐婢妾，不敬翁姑，不和妯娌，雖女子秉性之惡，亦總是男子有以釀成之。故凡

18 顏之推，《顏氏家訓》，收入《叢書集成新編》，冊33，頁83。

19 關於兄弟爭財之事例，可見於《名公書判清明集》（北京：中華書局，1987），頁366-376。

20 參見鍾豔攸，〈明清家訓族規之研究〉（國立臺灣師範大學歷史學系博士論文，2002），頁308-311。

21 姚舜牧，《藥言》，收入《叢書集成新編》，冊33，頁197。

事不可使之專制。」[22]姚廷傑也說男子的責任甚於婦女，因為婦女未嘗讀書，所以暴戾矜躁，無法控制自己鄙吝窒滯之氣，需要丈夫適當的訓誨，使知大體，以正氣消磨其戾、以至誠感動其心，才能成全孝道，維持家庭和睦[23]。

家訓類文本也常說維護倫常是治家的首要條件，同樣視妻子與財物為破壞家族和諧的兩大主因。《宗規》一書載道：「五倫總屬綱常，而百行尤先孝弟。……然而堂構之貽慚，多因妻子；鬩牆之召釁，總為家財。」所以規勸人們要「割私愛而厚天彝」[24]。朱用純的《治家格言》也有類似之說，並對男子有如下的規勸曰：

> 兄弟叔姪，須分多潤寡；長幼內外，宜法肅辭嚴。聽婦言，乖骨肉，豈是丈夫；重資財，薄父母，不成人子。[25]

清末戴翊清在《治家格言繹義》中對此有更多說明：

> 婦從他姓娶來，與夫之父母兄弟本不相識。亦有世家女得父母教，一入門便能孝翁姑，睦妯娌，然十不得一焉。所賴為丈夫者，當婦之初來，先以孝友之型示之，然後察其情性之何如，而徐徐化導，尚慮各存意見，多所乖違。奈何為丈夫者，薄天性之親，聽帷房之語，鬚眉七尺，巾幗

22 蔣伊，《蔣氏家訓》，收入《叢書集成新編》，冊33，頁213。

23 姚廷傑，《教孝編》，頁4b。

24 鍾于序，《宗規》，收入《叢書集成續編》，冊60，頁643。

25 戴翊清，《治家格言繹義》，收入《叢書集成續編》，冊60，卷首，頁2a-b。

> 是師，婦有怨於舅姑，夫即乖其父母；婦有怨於伯叔，夫即乖其弟兄。又或因後妻之見憎，薄待前妻之所出，是無此婦而骨肉相愛，有此婦而骨肉相睽。若此丈夫，幾視夫婦外之倫常皆在可廢，是豈尚有人心？故婦罪尚輕，而夫罪較重。[26]

戴翊清同樣認為外姓婦人易導致家庭不和諧，也強調丈夫是維繫家庭秩序的關鍵，丈夫必須負責教導、掌控妻子，男子不應受婦言影響而薄親情，否則罪惡深重。傳統女教書籍也以同樣的標準教誨婦女，強調順從、貞靜的婦德，處夫婦之道應避免過度親近，更不該驕縱[27]。呂坤《閨範》、陸圻《新婦譜》均有類似的教導。呂坤特別標榜夫婦能同德相濟、夫義婦順、閨門之內以禮相待；陸圻《新婦譜》作於嫁女之時，主要教導女兒為婦承順之道[28]。陳確在《補新婦譜》延續陸圻對新婦的教導曰：「古云孝衰於妻子，此語極可痛。入門，以此事為第一，要使丈夫蹤跡常密於父母而疎於己身，俾夫之孝德更篤於往時，乃見新婦之賢。」[29]

---

26 戴翊清，《治家格言繹義》，卷下，頁1a。

27《內訓》：「毋擅寵而怙恩，毋致干政而撓法。擅寵則驕，怙恩則妬，干政則乖，撓法則亂。」明仁孝文皇后，《內訓》，收入《叢書集成新編》，冊33，頁478-479。漢代禮法對於女性在婚姻中的角色要求，見劉增貴，《漢代婚姻制度》，第2章。唐代之例，參見劉燕儷，〈唐代家訓中的夫妻關係及其源流〉，《嘉南學報（人文類）》，期32（2006），頁617-635。

28《閨範》：「余嘗謂閨門之內，離一禮字不得。而夫妻反目，則不以禮節之故也」；「夫婦之間，以狎昵始，未有不以怨怒終者。」呂坤，《閨範》，收入《呂坤全集》，卷3，頁1490、1493。陸圻，《新婦譜》，收入《叢書集成續編》，冊62，頁41-46。

29 陳確，《陳確集》，頁520。

這類戒聽婦言以防家庭起釁的內容多見於家訓文本，在此便不一一列舉。

另外，我們從明清時期省過修身類的書籍，也可清楚看出時人所擔憂、欲防止的夫婦關係。劉宗周《人譜》在〈紀過格〉中列舉各種要人反省的過錯，其中與夫婦之倫相關的包括：(1)「隱過」中的「溺愛」，即指對妻溺愛之情藏之於心，雖未顯露，然已不能合乎中情；(2)「顯過」以九容為主，即身體威儀言談各方面的舉止表現，雖未專對夫婦之倫而發，但有關係，不莊重之言行均不應表現於夫婦關係上；(3)「大過」以五倫為主，與夫妻有關者包括「交警不時、聽婦言、夫妻反目、帷薄不謹、私寵婢妾、無故娶妾、婦言踰閾」；(4)「叢過」列舉各種不當行為，與夫婦之倫相關者有「床笫私言、蚤眠宴起、晝處內室、狎使婢女、挾妓、養俊僕、行不避婦女」等[30]。以上種種過錯從微而著，不斷積累而成，劉宗周仍強調慎獨工夫最重要[31]。簡要言之，情之中節、防止夫妻之間過度親密、戒色念與淫行，都是實踐夫婦之倫不可忽視的修養工夫。劉宗周的學生惲日初（1601-1678）在《續證人社約誡》中列舉「不嚴家範」的事例則包括：亂尊卑、瀆內外、非偶婚姻、勤奉巫覡，妻妾則牝晨、匹嫡、反目等[32]。

功過格類或勸善教化文本也明確反映這種思想。例如《太微仙君功過格》記道：「厚愛妻子，輕薄父母，百過。」屬重大過

30 劉宗周，《人譜》，收入戴璉璋、吳光編，《劉宗周全集》，冊2，頁11-14。

31 劉宗周：「百過所舉，先之以謹獨一關，而綱紀之以色、食、財、氣，終之以學而畔道者。大抵者皆從五倫不敘生來。」劉宗周，《人譜》，頁14。

32 惲日初，《續證人社約誡》，收入《叢書集成續編》，冊45，頁4a-b。

犯[33]。《文昌帝君功過格》規定：「厚妻子、薄父母，百過」；兄弟方面若「聽讒啟釁，一次三十過。」若是聽妻妾僕婢而導致兄弟失和，則加倍受罰；妻妾功過方面，「閨範謹肅」一日一功，「閨範不謹」一日五過；聽從妻妾之言而導致家庭不和睦亦均有罰[34]。陳瑚《聖學入門書》對於教諭妻妾也有明確規範：「夫婦居室天命流行，不昵情而狎，不執拗而乖，相對肅雍，如賓如友，或隨事勸勉，使孝舅姑、和妯娌、安井臼、樂糟糠。權不內操，言無出閫，不私自歸寧，不入廟燒香，不親近六婆，皆善也。」[35]而明末刊刻的《至情語》則說養成大不孝之習有四大因：私財、戀妻子、嫖蕩、爭妬。其中戀妻子導致兄弟失和與不孝是大罪狀[36]。張能麟（1647進士）的〈五不孝箴〉則說：「好貨財，私妻子，不顧父母之養，三不孝也。今或黷貨貪財，溺愛妻子，惟利是視者，尚其箴之。」[37]以上都是對於丈夫不宜過度戀愛妻子的勸言[38]。

33《太微仙君呂純陽祖師功過格（敦本堂分類功過格）》（中央研究院民族所圖書館影印裝訂本），頁13b。

34《文昌帝君功過格》（台中：聖賢雜誌社，1995），頁84、87-90。

35 陳瑚，《聖學入門書》，收入《叢書集成續編》，冊62，卷2，頁7a。

36 [illegible]

37 張能麟，《西山集》，收入《四庫全書存目叢書》集部，冊216（台南：莊嚴文化事業公司，1997），卷7，頁30a。

38 類似之言亦見於元代王結的著作，例如「十五曰友昆弟。……今人豈不知兄弟之愛？多因寵其妻子偏聽私言，計較短長，爭競多寡，以至父母在堂，分財異居，互相告訐，患若賊讎，滅天親，敗人紀。」「十六曰和夫婦。……蓋情愛之私易於陷溺。故夫婦之間，恩禮並用。為夫者當正身以率之，勤儉以道之，勿聽其私言，勿徇其偏見。」收入王結，《文忠集》，收入《文淵閣四庫全書》，冊1206（台北：臺灣商務印書館，1983），卷6，頁11b-13a。

親昵的夫妻關係不合宜，那麼理想的夫婦關係應當如何？傳統儒家向來對於夫婦之倫講究男女有別、相敬相愛，從《列女傳》、《女戒》以降的女教書籍，也多教導夫妻相敬[39]。劉燕儷研究指出，東漢儒者以禮教規範的夫妻關係，即強調夫天妻地、夫尊妻卑、妻敬事夫的教導，這類教導到了唐代更進一步進入平民社會；而六朝時期因應社會風氣強調妻不妒夫妾，以維護家內秩序和諧的教導，同樣影響唐代家訓的內容[40]。

明人對於歷史上妻德與夫婦關係的表彰，仍延續傳統禮教的規範。明宣宗纂輯，英宗頒布的《五倫書》於〈善行・妻〉類的故事，多選為夫守節殉難的貞婦烈女，又有晉趙衰妻趙姬、晉羊叔姬、晏子僕御妻等8位能以仁智規勸輔佐丈夫的婦人；另外，漢鮑宣妻桓氏、梁鴻妻孟光則是能從夫之志以脩行婦道者[41]。其中孟光「舉案齊眉、以禮脩身」更是歷來表彰夫妻相處之道的典範。明代萬國欽《五倫圖說》在〈夫婦倫〉中共舉10個故事，作者首揭「文王親迎」，認為文王后妃是天下萬世夫婦的最高典範。其他9個故事中，有5個是貞節烈女傳，有2個標榜信守婚約的德性，最後2例則是：「漢羊子妻斷杼勸夫成學」、「梁鴻孟光之賢配」。10個故事中，只有「梁孟賢配」最接近一般夫妻平日居家生活，而非處變激烈之舉。萬國欽在卷末〈夫婦倫箴〉中

39 關於儒學一般對於夫婦之倫的教導，見徐儒宗，《人和論：儒家人倫思想研究》，頁116-130；劉燕儷，〈唐代家訓中的夫妻關係及其源流〉，頁617-635。

40 劉燕儷，〈唐代家訓中的夫妻關係及其源流〉，頁617-635。

41 朱瞻基，《五倫書》，收入《續修四庫全書》子部，冊935-936（上海：上海古籍出版社，1997），卷59，頁7a-31a。

也說：「相敬如賓，鴻光可希；雖當交愛，豈效畫眉？」[42]劉宗周在《人譜雜記》中記「夫婦有別」事，同樣標舉梁鴻、孟光夫婦相敬如賓，與劉廷式娶瞽女的故事[43]。謝文洊在《程門主敬錄》中列舉16則「夫婦有別」的典範型故事，選擇的標準與上述各書很接近，除了守節的貞烈婦女外，同樣強調夫妻之間應相敬如賓、嚴守男女有別之禮、妻從夫志以修德幾方面[44]。

上述明清時期所標舉的典範夫婦仍延續儒學的傳統，強調男女有別、相敬如賓才是合宜的夫婦相處之道。相反的，夫婦間最應避免親暱、私言、嘻笑等過度親密的言行，儘管現實生活中這類行為可能是普遍的。這樣的看法也是歷代規範夫婦之倫與女教的重要內容[45]。晚明天主教傳教士高一志（Vagnoni, Alphonse, 1566-1640）在《齊家西學》中對夫婦之倫的教導也頗相近，並

42 萬國欽，《五倫圖說》，收入《故宮珍本叢刊》，冊345（海口：海南出版社，2001），卷3，頁11b。

43 劉宗周，〈人譜雜記〉，收入戴璉璋、吳光編，《劉宗周全集》，冊2，頁46。

44 書中類似劉廷式娶瞽妻的故事，尚有周恭叔登科後娶瞽妻、愛過常人，以及鄭叔通娶啞妻的故事。謝文洊輯，《初學先言》（哈佛燕京圖書館藏，光緒壬辰（1892）冬月謝鏞重刊本），卷下，頁40b-45a。

45 東漢到唐代的情形，見劉燕儷，〈唐代家訓中的夫妻關係及其源流〉，頁617-635。宋代夫妻關係仍主要延續傳統夫義婦順、相敬如賓的教導，參見徐秀芳，《宋代士族婦女的婚姻生活：以人際關係為中心》（新北：花木蘭文化出版社，2011），第1、4章。徐秀芳書中也舉宋代士人夫妻相處與情感交流之例，分析夫妻失和之因，說明現實夫妻生活未必盡如禮教的規範。至於理想與現實的差距可能歷代皆然，賴惠敏和徐思泠根據清代刑部檔案的犯奸案件的研究，可見禮教無法完全規範社會中的男女關係。賴惠敏、徐思泠，〈情慾與刑罰：清前期犯奸案件的歷史解讀（1644-1795）〉，《近代中國婦女史研究》，期6（1998），頁31-73。

無明顯差異[46]。

當然，此並不意味中國人輕忽夫妻之情，或者中國男女缺乏營造親密關係的能力。《詩經》早有「及爾偕老」、「與子偕老」等描述男女深切情感的詩句[47]；歷代詩歌與小說也不乏描述夫妻真情的篇章[48]。至於明清士人經營男女間的情藝生活，以及明清被認為是中國歷史上情欲相對開放的時期，學界已有許多研究[49]。王鴻泰指出晚明士人與名妓之間不僅共同營造了情藝生活，名妓的美色更是文人關注與品賞的對象，美色激發文人的情感與創作，形成晚明特殊的情色文化，美人在晚明士人生活中更是扮演著美感生活重心與心靈伴侶的重要角色[50]。然而，這樣男女關係的描述顯然更多存在士人與青樓名妓之間。或者應該說，無論現實家庭中的夫婦關係如何，就儒家規範夫婦之倫而言，親密的男女關係不但不被標榜，反而被刻意壓抑，因為儒者們更想教導的是禮敬莊重的夫婦相處之道，而此正是為了維護家內秩序的重要目的。

綜上所論，我們從家訓、功過格等文本，可以發現夫婦之倫

46 高一志，《齊家西學》，收入《法國國家圖書館明清天主教文獻》，冊2（台北：台北利氏學社，2009），卷1。另見黃文樹，〈高一志及其「齊家西學」第一卷述評〉，《慈濟大學人文社會科學學刊》，期8（2009），頁103-113。

47《詩經．氓》；《詩經．女曰雞鳴》。《十三經注疏．詩經》（台北：藝文印書館，1979），卷3，頁6a；卷4，頁4a。

48 參見Bret Hinsch, "The Emotional Underpinnings of Male Fidelity in Imperial China," *Journal of Family History* 32, no. 4 (2007), pp. 392-412.

49 江曉原、王一方，《准談風月》（上海：上海書店出版社，2012），頁55-169。

50 王鴻泰，〈美人相伴——明清文人的美色品賞與情藝生活的經營〉，《新史學》，卷24，期2（2013），頁71-130。

被視為影響家內秩序的重要因素，由外姓嫁入的婦人被視為家庭關係最具威脅和破壞力的人物，丈夫的態度則是關鍵，他如何有效地控制自己和妻子的關係，不因此破壞原生家庭親屬的和諧，成為這類文本中對夫婦之倫最重要的關注點，也是最主要的訓誨內容。丈夫絕不能太輕信妻子之言、太體貼她的感受，必要時可以欺騙她、務必管束她、甚至休掉她[51]。簡言之，當我們閱讀儒學文本時，我們清楚看見：在維護家內秩序的發言語境下，夫婦關係與其他親族關係經常充滿著對立性與緊張性（名分／血緣；人合／天合），太過親密的夫婦之情對於家族治理是具有威脅性的，故需要被有效地掌控與壓抑。

（二）闢二氏的語境：神聖的男女之交

與世界其他宗教和哲學相比，儒學對於家庭與夫婦之倫的重視其實是相當突出的。儒學以夫婦為家庭人倫之始，神聖而重要。《周易．序卦》說：

> 有天地然後有萬物，有萬物然後有男女，有男女然後有夫婦，有夫婦然後有父子，有父子然後有君臣，有君臣然後有上下，有上下然後禮義有所錯。[52]

夫婦承載著人類血脈傳衍的使命，因而常被提升到宇宙創生的高

51 有關休妻的討論，參見高世瑜，《中國古代婦女生活》（台北：臺灣商務印書館，1998），頁105-117。

52 朱熹，《周易本義》，收入朱傑人等編，《朱子全書》（上海：上海古籍出版社，2002），頁159。

度論說。《周易》的天道觀是一生生不息、不斷變化的創生之道，天地間一切萬物的生養變化都肇因於乾坤陰陽之氣的交感作用，人類的誕生亦然，夫婦合氣而生育子嗣，與天地合氣化生萬物的原理相一致。《周易》咸卦《彖傳》:「柔上而剛下，二氣感應以相與，止而說，男下女，是以亨，利貞，取女吉也。」[53]此代表夫妻之象，也有學者認為此描述與性交有關[54]。《白虎通》說嫁娶必在春月，因為要趁著天地交通、萬物始生、陰陽交接之時行嫁娶之事[55]。《女誡》:「夫婦之道參配陰陽，通達神明，信天地之弘義，人倫之大節也。」[56]王充（27-97）說：「天地合氣，萬物自生，猶夫婦合氣，子自生矣」、「天地，夫婦也。」[57]李贄也說：「天地，一夫婦也。」[58]正因為儒學從天地交泰、化生萬物的高度，賦予男女婚姻和生育的神聖意義，男女之情也被視為符合天理，不應被禁絕。這樣的觀念雖然很容易在強調男女之防與戒淫的訓誨中被壓抑，然而每當儒學面對其他宗教強調無欲、排拒婚姻與生育行為時，這方面的論述就會被凸顯出來。

有別於上述欲維護家內秩序而壓抑夫婦情愛的語境，儒者在面對其他宗教絕欲不婚的實踐時，則傾向強調男女情欲之不可

53 朱熹，《周易本義》，頁98。

54 江曉原，《性張力下的中國人》（上海：上海人民出版社，1995），頁31。

55 陳立，《白虎通疏證》（北京：中華書局，2011）下，頁466。亦見沈赤然，《寒夜叢談》，收入《叢書集成續編》，冊60，頁14b-15a。

56 班昭，《女誡》，收入《諸子集成補編》，冊2（成都：四川人民出版社，1997），頁2a。

57 王充著、黃暉校釋，《論衡校釋》（北京：中華書局，1990），頁775-776。

58 李贄，〈夫婦論〉，《焚書》（北京：燕山出版社，1998），頁117。有學者認為李贄此言代表他對於婦女的重視及對情欲開放的態度，但事實上，這類發言在儒學傳統文獻中並非首見，不宜脫離脈絡過度解讀。

絕，極力說明婚姻的神聖性與重要性，主要因為「家庭」及「家庭人倫」是最能體現儒學有別於其他宗教的特色之一。本節主要欲說明明清儒者如何在闢二氏的語境下展開這樣的論述。曹端說：

> 聖人順天地之理，制夫婦之義，使生生而不窮，此所謂參天地而贊化育也。……而佛老只是一箇不夫婦，把父子君臣、天地上下之理殄滅盡矣。[59]

曹端將夫婦相交生育的行為拉高到天地生生的境界，直稱其為「參天地而贊化育」，並以此批評佛教的禁欲為殄滅天理之行。這樣的說法很普遍，例如郝敬（1558-1639）說：「聖人教人，有男女，然後有夫婦；有夫婦，然後有父子、有君臣、有上下、有禮義，此人道所以始，世界所以立。而佛教人，男無室，女無家，愛欲乾，然後成佛。若使舉世皆然，不過數年，生齒絕，人類滅矣。此謬戾之尤甚者。」[60]徐鵬舉（1571卒）的論調基本一致，他認為人與禽獸的差別在於人能盡五倫之道[61]，先不論佛教僧人是否真的能夠做到完全禁絕情欲[62]，夫婦為人倫之首，是不宜禁絕的，他說：

---

59 曹端，《夜行燭》，《曹端集》，頁179-180。

60 郝敬，〈駁佛書〉，收入沈壽民，《閑道錄》（台南：莊嚴文化事業公司，1995），卷5，頁16a。

61 徐鵬舉：「我明告汝，彼人之所以為人而異于禽獸者，以其全盡五倫之道。」徐鵬舉，〈僧辨〉，收入沈壽民，《閑道錄》，卷8，頁12b-13a。

62 徐鵬舉說為僧而不守戒命，竊行奸淫者多有，他對於僧人禁絕情欲的能力也有質疑。

> 若無夫婦，則生民之種類必至殄絕，天下國家，無人平治。雖汝佛教，亦無人傳矣。則夫婦之倫又可絕去乎？蓋男女之情，人皆有之。聖賢所不能已，不可絕去者。觀夫婦之倫不可禁絕，則父子君臣長幼朋友之倫，不可絕去可見矣。汝等為僧，絕去五倫，雖欲不為禽獸，已久失為人之道，陷為禽獸而不知也。[63]

另外，文翔鳳也不認為要禁絕飲食男女，才為第一等人[64]；他說君子之心雖常與天遊，但其行跡仍與眾人為伍，又說：「人倫之矩矱，家室之寒溫，飲食男女，聖人不敢一豪（毫）異天下。」[65]陸世儀：「即如五倫乃天下之達道，釋氏于夫婦生育，令其斷絕，是五倫俱息也」；又說佛教「禁人夫婦之道，則人種絕矣。異類則聽其蕃畜。百年之後，天地間不皆盡為異類乎？」[66]呂留良曾對僧人說道：「所以生育爾僧，而至今不斷絕者，夫婦也。無此五者，豈復成道場？豈復有禪宗哉？汝所脫離者真五倫，而別尋假五倫。用究竟假五倫之理即真五倫之道，故曰脫離不得也。」[67]張伯行（1651-1725）在《續近思錄》註朱子闢佛之言曰：「既為今世人，即當修今世事，臣忠、子孝、兄友、弟恭、夫倡、婦隨者，皆此生不可不為者也。」[68]王育則說夫妻相間

63 徐鵬舉，〈僧辨〉，收入沈壽民，《閑道錄》，卷8，頁13a。

64 文翔鳳，《皇極篇》，卷11，頁7a。

65 文翔鳳，《皇極篇》，卷11，頁18b。

66 陸世儀，《思辨錄輯要》，卷32，頁11a-b。

67 呂留良，《天蓋樓四書語錄》，收入《四庫禁燬書叢刊》，冊1（北京：北京出版社，2000），卷9，頁7a。

68 張伯行，《續近思錄》，收入《叢書集成初編》（北京：中華書局，1985），

縱有許多難處[69]，但若於此生一厭離之心，即入於佛以自逃，便違儒道[70]。

以上明清儒者的言說都是在闢佛的語境下發聲，都強調夫婦承載人類傳衍的偉大使命，為人倫之起始，不可棄絕。事實上，類似說法並非始於明清，天地陰陽感應化生的觀念在中國歷史上淵遠流長，而中國士人以棄妻子、滅人倫來批評佛教，也早已見於牟子〈理惑論〉[71]。此處無法全面追溯這類看法的淵源，但欲強調明清時期儒家士人如何在闢二氏的語境下重申夫婦之倫的神聖性，他們在其他發言脈絡中也會援引傳統的觀念，固守禮教與寡欲的立場。下文將再舉陳確、王夫之、顏元、李紱、戴震的說法進一步說明。

陳確對二氏的批評很嚴厲，他在〈復朱康流書〉中，對於時人以佛經來助發聖人之微旨，以及「二氏養以虛，而聖人養以

卷13，頁411。

69 王育，字子春，與陸世儀、陳瑚、盛敬等人講學，精於《易》，於五經皆有著述，旁通岐黃之術，卒年八十。其傳見王昶，《直隸太倉州志》，收入《續修四庫全書》史部，冊697-698（上海：上海古籍出版社，1997），卷27，頁23b。

70 儒學之道必須處處用心照管，切實不毫不差。見王育，《斯友堂日記》，收入《在婁東雜著續刊》，冊1（清道光乙巳（二十五）年（1845）刊本），頁3a。類似地，應撝謙反對毛先舒以格去物欲為格物工夫，說聖人並不絕男女之慾，而是導之婚姻。見應撝謙，〈與毛稚黃辨匡林書〉，收入《應潛齋先生集》（咸豐四年刊本，上海圖書館藏），卷7，頁4b-10a。見荒木見悟著、廖肇亨譯，《明末清初的思想與佛教》（台北：聯經出版公司，2006），頁162-163。

71 牟融，〈理惑論〉，收入釋僧祐編，《弘明集》（台北：臺灣中華書局，1965），卷1，頁4b。程顥、程頤，《河南程氏粹言》，收入《二程集》，卷1，頁1169。

實」的看法，表現出高度警覺。他害怕後學在閱讀佛典的過程中被潛移默化，也擔心二氏以出塵之資、高世之行、超絕之識、深微之言，誤導世人，故認為古代君子滅佛之舉，並非刻薄，而是計深慮遠，欲杜天下萬世禍本的舉措。接著，陳確以十分激動的語氣說道：

> 吾只是咬牙嚼齒曰：「道經佛經，決不可看，和尚、道士、尼姑、道姑必不可做。男女之欲、血肉之味，決不可絕。」如是而已。[72]

食、色是人之大欲，在一般教化勸善書中都是被警誡和要求節制的對象，但是在此陳確卻高倡「男女之欲、血肉之味，決不可絕」。當然，「絕欲」與「節欲」意義大不同，不過若不是在闢二氏的語境下，陳確的論調恐怕也不會如此激昂而成理。陳確接著說：

> 今即以至粗者言之：男女不交，則生人滅絕；戒殺牲，則獸蹄鳥跡交中國矣。究之：無人，則物亦豈能獨生？無人物，則天地亦豈能虛立？果滿如來之願，度盡眾生，不盡滅天地民物不止矣。此皆極大關係，道理易見，何待深求。又奚暇責其游手游食，蠹國病民，棄君親、蔑名教，而始決其為異端哉！[73]

72 陳確，〈復朱康流書〉，《陳確集》上，頁128。

73 陳確，〈復朱康流書〉，《陳確集》上，頁128。

此處陳確同樣從天地化生的角度論述，人類的傳衍必須靠男女交配生育的行為，男女婚配生育是參與宇宙生化創造的一環，重要而神聖。因此，雖然陳確自己生活簡淡、拒納妾，他說自己生活宛若一老衲[74]，但他極力強調飲食男女之欲絕不可禁廢。又說：「道不離日用，雖飲食男女，無非道之所存，而高明欲一切空之，所謂賢知之過，非乎？」[75]他認為聖人不是無欲，而是寡欲。陳確還批評周敦頤（1017-1073）曰：

> 周子無欲之教，不禪而禪，吾儒只言寡欲耳。聖人之心，無異常人之心；常人之所欲亦即聖人之所欲也，聖人能不縱耳。飲食男女皆義理所從出，功名富貴即道德之攸歸，而佛氏一切空之，故可曰無，奈何儒者而亦云耳哉。確嘗謂人心本無天理，天理正從人欲中見，人欲恰好處，即天理也。向無人欲，則亦並無天理之可言矣。他日致友人書云：「絕欲非難，寡欲難；素食非難，節食難。」確每自體驗，深知之。是知異端偷為其易，聖學勉為難，邪正之分，端在于此。而周子以無立教，是將舍吾儒之所難，而從異端之所易也。雖然不禪，不可得矣。[76]

引文中陳確說到「他日致友人書云」，這是指他寫給劉汋（1613-1664）的信，信中言及「絕欲非難，寡欲難；素食非難，節食

---

74 陳確拒絕納妾，妻子去世後一直未婚，他說：「吾鰥居食淡，于世無求，宛然一老衲。」但他也強調，他並不是有意去追求這樣的生活。見陳確，〈書爾旋講師扇頭〉，《陳確集》下，頁407。

75 陳確，〈書爾旋講師扇頭〉，《陳確集》下，頁407。

76 陳確，〈無欲作聖辨〉，《陳確集》下，頁461。

難」，並由此得到「此吾道之大所以遠過老佛也」的結論[77]。我們從引文可見，陳確強調聖人之欲與常人同，聖人並不絕欲，工夫若做到人欲恰到好處，即符合天理。這類言論曾被學者用以說明此時期情欲觀的重要轉變，筆者雖不否認這種論述的變化有思想史上的意義，但更欲強調：此時期儒學關於情欲的論述，更多是在「闢二氏以辨明儒學」的語境中發言，也未必針對禮教而發，我們在解讀時，不宜過度引伸或想像他們主張情欲的解放。

陳確又說：

> 欲即是人心生意，百善皆從此生，止有過不及之分，更無有無之分。……聖人只是一中，不絕欲，亦不從欲，是以難耳。無欲作聖，以作西方聖人則可，豈可以誣中國之聖人哉。山陰先生曰：「生機之自然不容已者，欲也；而其無過不及者，理也。」斯百世不易之論也。[78]

此處陳確強調自然的欲望和情感，不僅不是惡，更是行善的動力，正如孝弟這種自然愛敬的道德情感，是一切善行的起始，也是仁民愛物的基礎。他說：「五倫悉是情種，佛則空之；萬物皆吾同愛，老則遺之，故曰無。儒者亦云爾乎？」[79]他肯定所有自然的欲求都是人心之生意，「百善皆從此生」[80]。飲食男女之欲正

---

77 陳確，〈寄劉伯繩世兄書〉，《陳確集》上，頁87。

78 陳確，〈無欲作聖辨〉，《陳確集》下，頁461。

79 陳確，〈與劉伯繩書〉，《陳確集》下，頁469。

80 陳確說孟子言心、情、才、氣，皆是言性，他反對視氣質為不善。不過，他說自己未嘗有氣質即義理之說。陳確，〈與劉伯繩書〉，《陳確集》下，頁466。

是生命存活與繁衍所不可或缺的，在儒家「天地之大德曰生」、「生生之謂道」的價值體系中，這種生命性的欲求自有其符合天道的道德意涵。

王夫之有類似的看法，他也認為飲食、男女之欲不可絕，但儒學也需要有克己復禮之工夫，才能避免「淫泆而太過，鄙僿而不及」[81]。他又批評佛教曰：「離欲而別為理，其唯釋氏為然，蓋厭棄物則，而廢人之大倫矣。」[82]論到人有好貨、好色之心，則說：

> 即此好貨、好色之心，而天之以陰騭萬物，人之以載天地之大德者，皆其以是為所藏之用，故《易》曰：「天地之大德曰生，聖人之大寶曰位。何以守位曰仁，何以聚人曰財。」於此聲色臭味，廓然見萬物之公欲，而即為萬物之公理。大公廓然，物來順應，則視之聽之，以言以動，率循斯而無待外求。非如老子所云「五色令人目盲，五聲令人耳聾」，與釋氏之賤以為塵、惡以為賊也。[83]

王夫之同樣強調好貨、好色之心，關乎天地生化萬物之大德；儒學不像釋道二教輕賤身體感官。儒學是要人從聲色臭味中，「廓然見萬物之公欲，而即為萬物之公理」；孟子承孔子之學，「隨處見人欲，即隨處見天理」[84]。王夫之也基於這樣的觀點，批評佛

81 王夫之，《讀四書大全說》，卷8，頁519-520。
82 王夫之，《讀四書大全說》，卷8，頁519。
83 王夫之，《讀四書大全說》，卷8，頁520。
84 王夫之，《讀四書大全說》，卷8，頁520。

道無欲之教是「斷棄生人之大用」、「絕天地之大德，滅聖人之大寶，毀裂典禮，虧替節文。」換言之，他認為看似高潔的宗教禁欲行為，實是滅人道的自私行為[85]。

顏元反程朱學、提倡禮教在學術史上是著名的，他平日對於家禮實踐的講究到了戒慎恐懼的程度，夫妻之間的禮儀更是一絲不苟。這樣一位嚴謹守禮的學者，在闢二氏的語境下，同樣強調男女婚配和生育的重要性。他的《存人編．喚迷途》主要欲喚醒沉溺於佛道之人，他以夫婦為人倫之始為主要理據，引「堯舜之道，造端乎夫婦」，說明「無夫婦則人何處生？一切倫理都無，世界都無矣。」又說佛也有父母，棄絕夫婦一倫，連佛教也不可能存在[86]。接著，顏元也從天地創生的角度，對西域番僧說道：

> 你看天地是箇大夫婦，天若無地，也不能化生萬物，天不能無地，夫豈可無婦！你看見婦人，果漠然不動念乎？這一動念，卻是天理不容滅絕處。只我天朝聖人，就這天理上修了禮義，定就婚姻禮法，使天理有節制，以別於禽獸。然禽獸雖無一定配偶，而游牝以時，也是禽獸的天理。若人無配偶，是禽獸的天理也無了，豈非天地父母惡物乎！你們也當從我天朝，行婚禮，配夫婦，有一定配偶，這便是人道了。[87]

「你看見婦人，果漠然不動念乎？這一動念，卻是天理不容滅絕

85 王夫之，《讀四書大全說》，卷8，頁520。

86 顏元，《存人編．喚迷途》，收入《顏元集》，頁127。

87 顏元，《存人編．喚迷途》，《顏元集》，頁130。

處。」此言出自嚴謹守禮的顏元，格外引人注目。有意思的是顏元的推理，交配生育是禽獸與人類所共同有的行為，但只有人類有禮儀、有婚配、有節制，此也是人之異於禽獸之處。這基本上是《孟子》「人之異於禽獸幾希」或大體小體之辨，我們更熟悉的論述發展是：由此去強調人若只知飲食男女之欲，不能盡倫理，則與禽獸無別，故因此強調倫理與禮儀的重要性[88]。不過，顏元在此則強調：人若棄絕交配與生育的行為，並不會使人更高尚，反而是連禽獸都不如，因為此乃符合天理、連禽獸都做得到的行為，人卻做不到。他也因此說，絕男女之欲是天地父母所惡之事。從這個角度，我們再讀顏元在〈闢僧徒異〉中與無退僧人的對話，看他直指佛道只有一件不好，即「不許有一婦人」[89]，就更明白他的意指：沒有婦人就沒有血嗣傳衍、沒有家庭人倫；既然「天之大德曰生」，那麼斷滅生理，就必要獲罪於天了[90]。

李紱（1673-1750）的〈原教〉是一篇以區辨儒教與佛、道二教為宗旨的論文，全文以五倫做為儒教的核心價值，從「道在五倫，故教亦應在五倫」說起，闡發古聖人教化的精義即在明人倫：

> 教之說何昉乎？《中庸》言「修道之謂教」，道惡在？君臣、父子、夫婦、昆弟、朋友是也。道在於是，則教在於

88 例如薛瑄強調倫理的重要性說：「人之所以異於禽獸者，倫理而已。……若人但知飲食男女之欲，而不能盡父子、君臣、夫婦、長幼、朋友之倫理，即煖衣飽食終日，嬉戲遊蕩，與禽獸無別矣。」薛瑄，〈戒子書〉，收入《薛敬軒先生文集》（北京：中華書局，1985），卷1，頁10-11。

89 顏元，〈顏習齋先生闢異錄．闢僧徒異〉，《顏元集》，頁604。

90 顏元，〈顏習齋先生闢異錄．闢僧徒異〉，《顏元集》，頁605。

是矣。教莫古於唐虞，其使契為司徒敬敷五教也，亦曰：父子有親、君臣有義、夫婦有別、長幼有序、朋友有信而已。孟子敘述三代之教，謂設為庠序學校以教之，皆所以明人倫也。[91]

接著，李紱又一一闡述孔子之四教、《周禮》之六德、六行、六藝與五倫的關係，說明無論「文行忠信」，或「智仁聖義中和」、「孝友睦婣任恤」、「禮樂射御書數」，所教者皆屬五倫之事。李紱說人無論身分地位，也無論職業貴賤，都必須謹守五倫的分際，故曰：「天下無倫外之道，即無道外之人；天下無道外之人，即無人外之教。」只要守住五倫者，李紱都承認他在儒教的範圍內。換言之，無論君王、臣子、士人、胥吏、工商或農人，只要未嘗遺棄五倫，均可稱為儒者[92]。

相對的，李紱認為佛道所傳的是倫外之道，因為他們遺棄五倫，故二教之徒都是道外之人[93]；又說：「倫外之道，無與於家國天下，故曰道外之人。道外之人，無與於修齊治平，故曰人外之教。」[94]根據這樣的看法，李紱認為天下眾人中畢竟只有少數是捨棄五倫而追求守神養氣的佛道之徒，儒學只要守住五倫之教，便不必太在乎是否要去杜絕二氏之教。至於夫婦之倫，因屬五倫中

91 李紱，〈原教〉，《穆堂初稿》（上海：上海古籍出版社，1995），卷18，頁1a。

92 李紱，〈原教〉，《穆堂初稿》，卷18，頁4a-5a。

93 李紱以仁義禮智信為理，說佛教之道，靜守其神而不知有理，道教之道則專致其氣而不知有理。兩教均遺棄五倫之事而不顧，故為倫外之教。見李紱，〈原教〉，《穆堂初稿》，卷18，頁3a-3b。

94 李紱，〈原教〉，《穆堂初稿》，卷18，頁3b。

之一倫，故〈原教〉的討論已含蓋夫婦之倫不可廢滅的觀點。具體論到夫婦之倫時，李紱也同樣從宇宙創生的觀點說：「無父子夫婦焉，則生人之道滅，而乾坤或幾乎息矣。」[95]

戴震向來是研究明清學術思想轉型時不可忽略的重要人物，無論是理氣關係、人性論、情欲觀，戴震的看法都具有代表性，標幟著思想變化的重要意義。關於此，學界已累積許多研究成果[96]。本文在此僅欲指出，戴震與理學有關的討論主要在《孟子字義疏證》一書，而《孟子字義疏證》全書正是在闢二氏的語境下發言，戴震認為宋明理學受到二氏的影響，故全書也多有糾正理學之語。從這個角度閱讀戴震，我們可以清楚看出他對於人性、情、欲、夫婦之倫的觀點，與上述陳確、王夫之、顏元的看法頗接近。例如，戴震也強調聖人與天下之人有同樣的欲求，他說這種普遍的欲求來自人天生的血氣心知，故為「性之欲」[97]；他也說儒學不講無欲，只講寡欲，佛老才講無欲[98]。又說：「聖賢之道，無私而非無欲；老、莊、釋氏，無欲而非無私。」[99]戴震說：

95 李紱，〈原教〉，《穆堂初稿》，卷18，頁4a。

96 例見劉述先、鄭宗義，〈從道德形上學到達情遂欲——清初到學新典範論析〉，收入劉述先、梁元生編：《文化傳統的延續與轉化》（香港：中文大學出版社，1999），頁81-106；李明輝，〈焦循對孟子心性論的詮釋及其方法論問題〉，《臺大歷史學報》，期24（1999），頁71-75；鄭宗義，《明清儒學轉型探析：從劉蕺山到戴東原》；山井湧，〈戴震思想中的氣——氣的哲學的完成〉，收入小野澤精一、福永光司、山井湧編，李慶譯，《氣的思想：中國自然觀和人的觀念的發展》，頁452-466。關於戴震的人性論，見下一章。

97 戴震，《孟子字義疏證》（北京：中華書局，1982），頁2、37。

98 戴震，《孟子字義疏證》，頁8-10。

99 戴震，《孟子字義疏證》，頁54。

> 天理者，節其欲而不窮人欲也。是故欲不可窮，非不可有。有而節之，使無過情，無不及情，可謂之非天理乎！[100]

又說：

> 《記》曰：「飲食男女，人之大欲存焉。」聖人治天下，體民情，遂民之欲，而王道備。[101]

陳確有「五倫悉是情種」之說，戴震也從情的角度來論五倫，強調五倫為人類自然之欲與情，既源於天性，聖人必不能違背之。又說：

> 人生而後有欲、有情、有知，三者，血氣心知之自然也。……有是身，故有聲色臭味之欲；有是身，而君臣、父子、夫婦、昆弟、朋友之倫具，故有喜怒哀樂之情。惟有欲有情而又有知，然後欲得遂也，情得達也。天下之事，使欲之得遂，情之得達，斯已矣。[102]

戴震反對宋儒理／氣、道心／人心二分的認知，他將生命自然欲求與情感都歸屬天賦本性；天賦之情欲不是惡，不應被完全遏止，只是應受規範與節制。飲食男女之事只要循理而行，便是善[103]；

---

100 戴震，《孟子字義疏證》，頁11。

101 戴震，《孟子字義疏證》，頁9-10。

102 戴震，《孟子字義疏證》，頁40-41。

103 戴震，《孟子字義疏證》，頁124。

又說：「情者，有親疏、長幼、尊卑，感而發於自然者也；理者，盡夫情欲之微而區以別焉。」[104]這些看法與上述陳確、王夫之、顏元的看法均有呼應[105]。當戴震論到夫婦之倫時，除了肯定男女之情合乎天道外，同樣也從天地生生的角度說：「飲食男女，生養之道也，天地之所以生生也。」[106]

再者，與王夫之近似，戴震也是反「私」而不禁「欲」[107]。翟志成注意到這個現象，指出戴震的公私觀與宋儒並無明顯不同（意指「私」仍具有負面意涵），但何以戴震對於「欲」的理解與宋儒大相逕庭？翟志成認為這是戴震誤讀宋儒所致，即宋儒「去人欲」之「欲」意指純負面的私欲，戴震卻誤以為意指人的情感和基本生理欲求，故寫下許多批評宋儒的文章[108]。這個看法有一定的道理，關於「欲」的討論確實牽涉到對字義解釋的差異，而戴震等清儒也確實不能同情地理解宋儒；宋儒明白闢佛的立場和說法，看在許多清儒眼中，卻成了受二氏影響的明證，因此確實可以說必有誤讀與不能同情理解的成分。不過，戴震對宋儒的許多批判，在明清學界並非孤例，而有相當普遍性，這也顯示除了誤讀或不能同情理解外，這個現象尚反映了學術思想史的重要意義。至於如何解讀此現象的歷史意涵，學者可能有不同的見解，本書主要將之放在儒者與其他宗教對話、欲凸顯儒學特色

104　戴震，《孟子字義疏證》，頁166。

105　鄭宗義，《明清儒學轉型探析：從劉蕺山到戴東原》，第9章。

106　戴震，《孟子字義疏證》，頁75。

107　戴震，《孟子字義疏證》，頁9。

108　翟志成，〈宋明理學的公私之辨及其現代意涵〉，收入黃克武、張哲嘉編，《公與私：近代中國個體與群體之重建》（台北：中央研究院近代史研究所，2000），頁1-57。

並重申儒學核心價值的脈絡中來理解。

綜言之，明末清初儒者對於儒學的詮釋籠罩在強烈闢二氏的背景下進行，對於宋明理學許多觀點的重新檢討——包括理氣關係、太極圖、有無之辨等，均與當時學者反思儒學與二氏之差異有關，而有關男女之欲的討論，更是如此。正是在與主張絕欲出家的其他宗教對話脈絡中，儒學重視家庭與人倫的特性更被高揚，而男女之欲、夫婦之倫關係著家庭制度與子嗣傳衍的正當性，也才被提到天地生化的高度來講，此更是支持儒學批判異端滅人倫的重要理據[109]。有些學者從反宋儒的脈絡來解讀這些文獻，認為此類言說反映了明清之際儒者對宋儒壓抑女權的批判；或將晚明社會的繁榮經濟、強調治生等概念，聯繫到對於氣化現實世界的重視及情欲的解放[110]。筆者則有不同的看法，認為儒學傳統向來有夫婦為人倫之始的看法，在這一點上實看不出明清儒學的創發，明清之際高揚夫婦之倫的論述，與其放在反宋儒或主

109 若與天主教的觀點比較，晚明韓霖（1649卒）在《鐸書》中說造物主造物分上、中、下三品，上品天神無慾，中品人有慾而能制慾，下品禽獸有慾卻為慾所制。無慾之天神無配偶，能制慾之人類無亂偶，禽獸為慾所制，故無定偶。因此他也肯定儒家聖人的五倫之教，並說：「夫婦有別，蓋欲人近于天神，遠于禽獸也。」由此可見天主教對於人類受造即有欲且應節欲的看法，與當時儒學相近；當時儒者與天主教學者在批評佛老終極虛無、強調終極存有、畏天命、反對頓悟工夫等方面，都有相近立場。此也顯示明清之際關於情、欲問題的討論，實有宗教對話的深義。韓霖，〈維風說〉，收入《鐸書》（明崇禎辛巳（十四）年（1641）刊本），頁64a。

110 例見張再林，〈父子倫理，還是夫婦倫理——中國古代思想中的「元倫理」之爭〉，《中州學刊》，期181（2011），頁141-148；張麗珠，《清代新義理學：傳統與現代的交會》，頁247-248；陳育民，〈明末及清代義理學的哲學問題——一個對傳統「理欲觀」的重新思考〉，《語文學報》，期12（2005），頁251-261。

張情欲解放的脈絡中思考，不如留意當時複雜宗教對話的背景，以及儒者在不同語境下的發言論述重點，才不至於輕易將此解讀為支持情欲解放的聲音[111]。另外值得注意的是，「天理vs.人欲」對立的表述方式，以及「人欲」的負面意涵，在清代仍普遍存在[112]。此也說明，明清儒學對於天理與人欲、禮教與情欲的許多基本觀點，仍相當程度維持著傳統的看法。

二、廣嗣與寡欲的夫婦生活

當自律嚴謹的儒者高呼男女之欲不可絕時，他們固然是從天道創生的角度來說明婚姻的神聖性，強調夫婦為人倫之首，承擔血脈傳衍之責，維繫家庭制度於不墜[113]。然而，夫婦之情若過於

111 關於晚明理學家對情欲的討論，不宜以情欲解放來解讀，以及討論泰州學派學者情欲論述的變化等，參見李明輝，〈「情欲解放」乎：論劉蕺山思想中的「情」〉，收入熊秉真、張壽安編，《情欲明清．達情篇》（台北：麥田出版，2004），頁83-125；鄭宗義，〈性情與情性：論明末泰州學派的情欲觀〉，收入熊秉真、張壽安編，《情欲明清．達情篇》，頁23-80。

112 舉例而言，王夫之對人欲的解釋：舉凡聲色、貨利、權勢、事功之可欲而我欲之者，皆謂之欲。人之欲可能實現，也可能不能實現。若不能遂願而長懷著一腔子悒怏歆羨在，便是人欲。由於天理未必能完全與人欲相合，故人不應執著自己的欲望，因此他完全贊同朱熹所言：「人欲淨盡，天理流行」、「須先教心直得無欲」。簡言之，王夫之雖不以人欲為完全負面，他還是強調要存天理、去人欲；只有天理充實於中，才能抗拒人欲之發。王夫之，《讀四書大全說》，頁369。

113 雖然實際上生育子嗣的職責未必都由嫡妻來承擔，也由妾來完成，此也使傳統母職除了生產以外，養育更是重要。關於此的討論，見Francesca Bray, "Becoming a Mother in Late Imperial China," in Susanne Brandtstadter and Gonçalo D. Santos eds. *Chinese Kinship: Contemporary Anthropological*

親密，卻容易成為削弱孝弟之情、破壞家庭和諧的禍源；而男女情欲不加寡節，更被認為是傷身敗俗的萬惡之源。前文論到曹端說男女之交是參贊天地化物之行為，他自己在現實生活中處夫婦之倫則十分嚴謹，據稱他居家言動不苟，其夫人即使高年，參謁必跪[114]。顏元在闢異端的語境中，大談男女之欲乃天理不容滅絕，然而在現實生活中，他對於防色欲、處夫婦之倫是非常敬謹的。他認為色慾對人的引誘最大，他曾告訴諸生曰：

> 制欲為吾儒第一功夫，明倫為吾儒第一關節，而欲之當制者莫甚於色，倫之當明者莫切於夫婦。[115]

顏元對於男性節欲守身的要求，並不亞於對婦女的要求[116]，他在祭祀前的自我反省中表現出對色念淫行的高度警覺：「祭考致齊，思吾之心，先考遺體也，洗心所以格先考。儻有財念、色念、名念、狠毒念一萌，是污先考所遺之心，不孝孰甚焉！」[117]可見顏元平日注重意念的反省，對於邪僻色欲的克制相當盡力。類似地，王夫之也肯定男女之欲的正當性，但同樣強調戒色，認為遏欲工夫是必要的，並說君子必不容好色、好鬥、好得之嗜欲干擾其心[118]。王嗣槐亦然，一面大聲批評二氏之不婚，一面不忘

Perspectives (London and New York: Routledge, 2009), pp. 181-203.

114 李顒，《二曲集》，頁409。

115 顏元，《顏習齋先生言行錄》，收入《顏元集》，頁644。

116 顏元，《顏習齋先生言行錄》，《顏元集》，頁664。

117 顏元，《顏習齋先生言行錄》，《顏元集》，頁662。

118 王夫之：「故遏欲、存理，偏廢則兩皆非據。欲不遏而欲存理，則其於理也，雖得復失。非存理而以遏欲，或強禁之，將如隔日瘧之未發，抑空守

戒色，並認為人若因私妻子而忘孝，正是因「食色而喪天良」[119]。

夫婦之交與淫欲之間的張力，在汪紱以下這段文字中更表露無遺：

> 夫婦，人倫之首也。一陽一陰者，天地之道。陰陽不交，則萬物不生。夫婦者，人道之終始，貞之所以起元也。顧男女者，人之大欲，而欲勝則流，流則亂而無別，而人道近於禽獸矣。故正夫婦之倫者，必始於別男女。男女有別，而後其交也以正以可，無聚麀亂倫之失也。夫婦之情易溺，情溺則偏，偏則以恩掩義，而睽乖起於家人矣。故立家人之則者必本於修其身，心正身修，而後恩義之交盡以可，無脫輻反目，牝雞晨鳴之害也。夫夫婦者，嗣續之原則，其倫不可不重。而夫資婦以內助，則擇女不可不嚴；婦望夫以刑家，則選壻者亦不可以不慎。若乃一合之後，則夫婦之道已成，其正身率人之道全責之夫。……然而床第之私，合體之人，人情所至親暱，而一動一靜，一語一嘿之得失，皆有習覲嘿伺而不能掩，則正家之身莫難於此，敬之焉至矣。[120]

之，必入於異端之『三喚主人』，認空空洞洞地作『無位真人』也。」王夫之，《讀四書大全說》，卷10，頁717-718；卷7，頁455。

119 王嗣槐：「人卻一色則為善矣，人攘一色則為惡矣。……即人自孩提愛敬，良知良能，人皆有之，及其長大，私妻子而不顧其養，未有不由食色而喪其天良者也。」「聖人僅以無嗜無慾為聖人，則二氏之不飲不食，不婚不宦，……皆得為仁義中正之聖人矣！」王嗣槐，《太極圖說論》，卷4，頁44b-45a；後序卷上，頁41b。

120 汪紱，《理學逢源》，卷4，頁8a-9a。

汪紱此文同樣從夫婦作為人倫之首、承擔生命傳衍的重要職責談起，但是話鋒隨即一轉，即落在「男女者，人之大欲」，欲勝則亂，人道之行則將成為禽獸之舉，充滿高度的緊張性。汪紱接著便強調應如何正心修身、嚴男女之別，才不致落入亂倫毀家之害。對於夫婦之情，作者也是在標出「床笫之私，合體之人，人情所至親暱」之後，立刻強調在這種關係上要做到不以恩掩義，舉動行止之間均能正身的困難。然而，也正是在此既親近又困難的夫妻關係上，才更是考驗儒者「敬」的工夫。宋儒胡宏便曾說：

> 夫婦之道，人醜之矣，以淫欲為事也；聖人則安之者，以保合為義也。接而知有禮焉，交而知有道焉，惟敬者為能守而弗失也。[121]

劉宗周在〈處人說〉中也說學者須從夫婦一關打過，才是「真道德，真性命，真學問文章」[122]；刁包則引前人之言曰：「晝觀諸妻子，夜觀諸夢寐，兩者無愧，始可以言學。」[123]可見理學家一方面要肯定婚姻合乎天理的神聖性，另一面則必然要在幽密私室中極力講究主敬的工夫，節欲是必要的，否則其心如何能時時合乎天理？[124]下文擬從實踐的角度，說明明清儒者如何在廣嗣

121 黃宗羲，《宋元學案》（北京：中華書局，1986），卷42，頁1367-1368。

122 劉宗周，〈處人說〉，《劉宗周全集》，冊2，頁361。

123 刁包，《潛室劄記》，收入《四庫全書存目叢書》子部，冊20（台南：莊嚴文化事業公司，1995），卷下，頁29b。

124 關於此的討論，見趙園，〈言說與倫理踐行之間：明清之際士大夫與夫婦一倫之一〉，《中國文化》，36期（2012），頁158-171。

與寡欲的雙重壓力下，規範自己的婚姻生活。

雖然相敬如賓是理想的夫婦關係，但實際生活中，恐怕每一對夫妻各有各的相處之道，無法一概而論。而且，能披露日常夫婦生活的史料很有限[125]，以下所舉的例子談不上普遍性或代表性，然因頗能反映明清儒者追求禮敬夫婦關係，以及在廣嗣與寡欲間尋求平衡的努力，故有參考價值。從這些實踐的個案，我們也清楚看見，即使在被認為「情欲解放」、「情色文化高漲」的時代，縱使儒學也確有肯定男女之欲的論述，但儒家士人仍然十分費力地抵抗男女之欲，甚至在婚姻中的夫婦關係，也絕不放縱。

我們從陸世儀的《志學錄》，可以看到他持敬的工夫確實運用於夫婦相處之中。《志學錄》記崇禎十四年（1641）三月至十二月事，採日記方式，並以反省記過為主[126]。陸世儀每日先以「敬勝」或「怠勝」總括當日的表現，再記錄當天的活動，每日最後的記錄往往是有關睡覺之事，例如他會記上「獨宿」、「宿館」、「獨宿夢正」、「宿館，寢肆夢雜」等。陸世儀每十日會再以「格致之學」、「誠意之學」、「正心之學」、「齊家之學」、「治平之學」五個欄目來概括自己一旬中的表現。夫婦之倫屬於齊家之學，若夫婦間相處合宜，他會記上「閨門和敬」、「閨門無失」，可見陸世儀的確是以「和敬」作為夫婦相處的原則。《志學錄》從六月中旬以後，很少出現「閨門和敬」或「閨門無失」

125 趙園在〈言說與倫理踐行之間：明清之際士大夫與夫婦一倫之一〉文中例舉不少明清士大夫的夫婦關係，值得參考。

126 陸世儀說《志學錄》只須紀過，凡家庭隱微之善，皆不可紀，亦不必紀。見陸世儀，《志學錄》，收入《叢書集成三編》，冊15（台北：新文豐出版公司，1985），頁4a。

的字眼，同時期陸世儀記錄自己時有慾念、邪念，克制未力的文字亦增多。雖然由於文字過簡，我們無法得知像「歸家宿，有邪念」或「辰有欲念，屢遏屢發」的確切意指為何[127]，但至少可以確信陸世儀必然將夫婦關係納入其嚴謹的持敬工夫中，時時反省。另外，《志學錄》這段記載：「鄰人有言予三年不同宿者，此必婢子輩漏言也，予因與內人言古人重喪之故。」也告訴我們陸世儀謹守居喪期間不與妻同房之禮制[128]。

顏元以嚴格守禮著名，他說：「閨門之內，肅若朝廷」[129]，他教導妻子張氏讀書行禮[130]，他的妻子張氏也能堅持行禮[131]。顏元夫婦間除了謹守「男正乎外、女正乎內」的原則，做到「男子不許晝處內、婦女無故不踰閫」[132]，還有一套相互行禮的規範。每朔望，顏元會偕妻一同在家祠中行禮，之後，夫婦又互相行禮[133]。

127 陸世儀，《志學錄》，頁50a、60a。明清士人自省有邪念、雜念者很多，且十分敬謹敏銳，舉李塨為例，他說自己在戊寅年（1698）時工夫頗密，「夜臥不莊，輒悚然而斂股，嘗夢雜亂，方及半，遽驚曰：茲不敬矣，遂寤。生平麤傲，深自懲，遇一微蟲蠕動，避而行，或如廁，踐一生草，蹶然起。當是時，徼倖禍福心未嘗敢存，而但覺實有神明來伺，懍懍然以知貧賤憂戚，天之貺人者不淺也。」李塨，〈警心編序〉，收入《恕谷後集》（台北：廣文書局，1989），卷1，頁4b-5a。

128 陸世儀，《志學錄》，頁3a。

129 顏元，《顏習齋先生言行錄》，頁657。

130 李塨，《顏習齋先生年譜》，收入《顏元集》，頁719、722、762。

131 李塨，《顏習齋先生年譜》，頁733。

132（顏元要求自己晝不入內室）李塨寫其長子李習仁也說：「晝不輕與妻接語，每食時從外歸，必入予寢視祖母視予，未嘗無事一入其私室也。」李塨，〈長子習仁行狀〉，卷8，頁5a。

133 顏元：「朔望，偕妻行禮，已而夫妻行禮，身南面起拜再，妻北面不起拜四。」李塨：「顏習齋先生家婦北面四拜，夫答再拜。塨從之行，後見許西夫妻對拜之禮也行於李塨、許三禮、竇克勤家中[134]。陳確在《補新婦譜》中也教導夫婦每天早晨必相禮，若夫自遠方歸來，夫妻皆應行雙禮，且應由婦先行禮[135]。可見清初許多理學家，對於夫妻居家禮儀是切實實踐的。

理學家能戒女色的例子很多，至少在文字表述上如此強調的例子很多。例如，程頤見妓女同席便拂袖而去；程顥則因「心中無妓」而自在；黃道周（1585-1646）與美人同衾而意不動等[136]。還有像趙抃（1008-1084）將父母影象設之帳中，以節制情欲的作法[137]；也有如王畿這種性本淡慾者，他的妻子也能夠配合「割床笫之愛」，但兩人結婚十年未能生育，最終還是靠道家房中理論的幫助才得子嗣[138]。可見廣嗣與節欲之間的張力是存在的。

在婚姻關係中，儒者會如何規範夫婦之交，使之合乎天理呢？李顒說：「閨門床笫之際，莫非上天昭鑒之所，處閨門如處大庭，心思言動，毫不自苟。不愧其妻，斯不愧天地。」[139]可見

山先生家亦如此。」李塨，《顏習齋先生年譜》，頁718；李塨，《學禮》，收入《叢書集成三編》，冊24（台北：新文豐出版公司，1997），卷5，頁6a。

134 李塨，《學禮》，卷5，頁6a。

135 陳確，《陳確集》，頁521。

136 馮夢龍編撰，陸國斌、吳小平校點，〈心中有妓〉，《古今譚概．迂腐部》卷一，冊6（南京：江蘇古籍出版社，1993），頁22-23；顧公燮，《丹午筆記》（南京：江蘇古籍出版社，1999），頁138。

137 周密，《癸辛雜識》（北京：中華書局，1988），前集，頁31。

138 王畿，《王畿集》（南京：鳳凰出版社，2007），卷20，頁647-651。彭國翔，〈王畿與道教——陽明學者對道教內丹學的融攝〉，《中央研究院中國文哲研究所集刊》，期21，頁255-292。

139 李顒，《二曲集》，頁420。

儒者講究閨門內心思言動不苟的工夫。一些功過格對此有明確的規範，例如：「雖非邪淫，而夫妻縱慾，五過。」[140]顏元在自訂的常儀常功中，明確說道「不為子嗣比內」即是妄念起，便是過[141]。我們從他要求自己及教育門人的常儀規範中，也清楚看到他對夫婦生活的規範，他說：

> 至于夫婦相敬如賓，相戒如友，必因子嗣乃比御，夫婦之天理也，必齋戒沐浴而後行。[142]

夫妻行房除了要以子嗣為前提之外，此處特別要求必須「齋戒沐浴而後行」。如此莊嚴的禮儀式規範，不僅對於導正、純化行為者之意念有所幫助，同時也強化了夫婦之倫的神聖性[143]。顏元自我要求很高，他於37歲那年的正月增修常儀，對於齋戒、禮戒有各種規定，同年他曾告訴好友王法乾，說自己「甲辰、乙巳，功程頗可對；至夫婦三月一榻，身未嘗比。不意後反退也。」[144]由此可見，顏元平日是如何嚴格地要求自己在夫婦關係上始終做到敬謹、無邪念，他和朋友之間也以此高標準互相勉

140《婦女三字功過格》（民國十三年刊行，中央研究院郭廷以圖書館藏），頁14。這個態度也是宋儒的態度，關於此，參見Ping-Cheung Lo, "Zhu Xi and Confucian Sexual Ethics," *Journal of Chinese Philosophy* 20（1993), pp. 465-477.

141 李塨，《顏習齋先生年譜》，收入《顏元集》，頁763。

142 李塨，《顏習齋先生年譜》，收入《顏元集》，頁742。

143 房中術也講究行房前要齋戒、要清心，見李貞德，〈漢唐之間求子醫方試探——兼論婦科濫觴與性別論述〉，《中央研究院歷史語言研究所集刊》，68本2分（1997），頁283-367。

144 李塨，《顏習齋先生年譜》，收入《顏元集》，頁734。

勵。

此既是顏李學派公開教誨的規誨，想必在學門中起了一定的指導作用。我們從李塨為門人閻鍵之妻李氏所寫的傳中，也看到類似的行為：

> （李氏）自初昏，琴瑟甚和，然寡言笑，相敬如賓。鍵偶動慾念，輒正詞止之，曰：「非求嗣，胡為者？且獨不計君身孱也。」[145]

今日我們也許會覺得這是夫妻間私密之事，為什麼會出現在士人為朋友之妻所撰寫的傳記中？當時人的認知或許不同，因此乃關乎人倫教化的大事。閻鍵是李塨的門人，此既是師門公開教誨的內容，顯然也被公開談論，很可能還會記在省過簿冊上，彼此閱覽規勸[146]。而《養生保命錄》中也教導「妻必勸夫節欲」，要「為婦者，須以好色必死之害，時時勉誡其夫。篤守冬夏固精，以順天時，屬遵七日來復，以安經臟。謹避時日，以守齋戒，不犯三忌，以合天人」[147]。可見李氏的行為完全合乎女教，值得被表揚。我們可以說在這樣的文化脈絡下，這些有關閨門色戒的生活細節，實具有士人修身齊家的重要道德意涵，也適合公開講論。順帶一提，顏元25歲才獲一子，6歲即夭，李塨40歲尚無子，學者研究告訴我們傳統醫學對於受孕期的看法與現代醫學知識有

145　李塨，〈李氏傳〉，《恕谷後集》，收入《顏李叢書》三，卷6，頁6a。

146　王汎森，〈日譜與明末清初思想家——以顏李學派為主的討論〉，收入《晚明清初思想十論》，頁117-186。

147《養生保命錄》（高雄：福全堂五文昌宮管理委員會，1984），頁15b-16b。引文中「三忌」意指房事禁忌有所謂天忌、地忌、人忌三忌。

差距[148]，顏李學派的學者是否因謹守為求子而性交的規範才子嗣虛空？頗令人玩味。

陳龍正的看法更細緻，夫婦性交不僅應以生育子嗣為前提，更需要注意性交時的心靈狀態。陳龍正同樣肯定男女交合乃「人道之所以體天，而人類之所以生生也」，但他同時也極敬警地面對色欲問題，且較同情地看待二氏禁欲之教。他說：「（男女媾精）未免是人欲，滿世界皆色身人，滿世界皆好色漢，何名為道？」[149]學佛者因看破欲根，他們立定出家，便是要「自做主張，拗過天地」。又說出家便是佛氏「跳出三界，天上天下惟我獨尊的根子」[150]。陳龍正也因此不批評佛教出家是絕滅人道[151]，反而承認佛教是一種破除嗜欲的榜樣。他說：「出家不娶，乃揭眾情所最係戀者，以身割斷之；眾人所最不能為者，以身榜樣之，欲激發天下高明之流，破除嗜慾耳。不望世人之概從也。」[152]陳龍正說學仙的道家同樣主張絕欲，他們從事內丹修練，其原理仍取天地交合之意，只是為一身所用[153]。

---

148 李貞德，〈漢唐之間求子醫方試探——兼論婦科濫觴與性別論述〉，頁283-367。

149 陳龍正，《幾亭外書》，卷2，頁4a。

150 陳龍正，《幾亭全書》，卷20，頁3b-4a。

151 雖然陳龍正也說世界不可能通行佛氏之道，否則人類盡數出家，恐六十甲子一週，天之下，地之上，寂寂寥寥，無復人群；他也批評佛氏獨善。不過，他也認為佛教掃空一切嗜慾和憐憫眾生，是值得學習的。見陳龍正，《幾亭全書》，卷20，頁3b-4a 、5a、14a-b；陳龍正，《幾亭外書》，卷2，頁4a。

152 陳龍正，《幾亭全書》，卷20，頁4a。亦見陳龍正，《幾亭外書》，卷2，頁5a。

153 陳龍正，《幾亭全書》，卷20，頁3b-4a。

至於儒家聖人，陳龍正認為他們處天地之中，順行天地之事，故不同於二氏聖人主絕欲，但他強調儒家聖人在心態上與佛有相合處，同樣能看破色病。他如此描述儒家聖人：

> 順行天地之事，但涉而不有。無世人淫溺之情，有佛氏超脫之妙，乃生機而非嗜慾也。佛氏不屑與天配，仙家不能與天配，聖人恰好配天。論自處亦極尊，論至理亦不妄，論治天下亦可以通行。[154]

又說：

> 聖人言賤貨遠色，貨之為物，自不得遠，亦不必遠，一眼看破，直賤之而已矣。色則自不可涉，涉便不能賤之。特設一法，不令近身，不令入目，庶幾濃者可淡，淡者可忘。聖人亦視色病獨深，不肯與財同視，乃與佛相合。[155]

由上可見，陳龍正所重視的並不只是行為本身，更是行動者的心思意念。儘管儒家聖人順行天地交合、生生不息之道，但其心絕不能陷入淫溺之情，也絕不能以行欲為樂[156]，必要警戒不涉入色欲之病，所謂「居食妻妾之屬，一無繫念，則受享之欲淨矣。」[157]

---

154 陳龍正，《幾亭全書》，卷20，頁4a。

155 陳龍正，《幾亭全書》，卷20，頁4a；陳龍正，《幾亭外書》，卷2，頁3b。

156 陳龍正說：「能飲食，能男女，則謂之生，不能行是欲者，則謂之死。」又說：「聖人生而不以行欲為樂，死而能托人以救世。」見陳龍正，《幾亭全書》，卷18，頁17a。

157 陳龍正，《幾亭全書》，卷19，頁2b。

因此，他相信儒家聖人在行為上雖不同於佛氏，但在破嗜慾的心態上則沒有差別。這樣的儒釋之辨超越了社會身分或行為舉止，已進入思想與心念之辨[158]。陳龍正又說戒色比戒貨更重要，君子絕不涉入色欲的陷阱，「孔子特重色關」[159]。這樣的想法也清楚反映在其〈改過法〉中[160]。

另外，陳龍正讚許司馬光「四十未有子，夫人為娶別室，而終不肯近」，及劉元城（1048-1125）「四十外絕慾」的作法[161]，他也透露老師高攀龍的夫妻生活，據其言，高攀龍曾親口說道：

> 吾生平無二色，至四十九遂絕夫婦之愛。今六十矣，受命驅馳，百有餘日，寒風為衣，霜月為餐，籃輿為室，雞鳴而興，更餘乃息，從無一點疾病，良繇平昔身心稍有安頓，亦大得絕慾之助也。[162]

高攀龍是晚明大儒，學問、人品、氣節均受到人們極大的推崇，他平日修練的工夫深刻，面對閹黨的迫害，他選擇投水自

---

158 陳龍正說：「聖欲作聖與佛欲作佛固無異心，然聖作聖，便從人人可通處作之，佛作佛卻從獨自可行處作之，不顧他人，只成自己，是為利學。」同樣著重思想意念甚於外在行為。見陳龍正，《幾亭全書》，卷20，頁15a。或也因此，陳龍正說王陽明與高攀龍之學，皆不全廢禪宗：「我朝議朱者，莫如王文成；尊朱者，莫如高忠憲。然細研兩先生之學，皆不全廢禪宗。……學二先生者，於自心體認之，節取，則蟻馬之智可師，奚但九流二氏。」《幾亭全書》，卷9，頁21b。

159 陳龍正，《幾亭全書》，卷4，頁25b。

160 陳龍正，《幾亭全書》，卷3，頁19b-20a。

161 陳龍正，《幾亭全書》，卷4，頁26a。

162 陳龍正，《幾亭全書》，卷4，頁26b。

盡，事實上是在水中坐定從容就死，劉宗周說他能選擇如此方式赴義，全賴其平日學力堅定[163]。上述引言更讓我們知道，高攀龍在49歲之後就絕夫婦之愛，並認為自己身體強健，主要肇因於此絕慾之功[164]。陳龍正顯然同意這個作法和想法，他讚許道：「噫！此真人龍也夫。」[165]我們從高攀龍的〈家訓〉也可看到他屢屢教誨子孫要守身如玉，又說：「世間惟財色二者最迷惑人，最敗惑人，故自妻妾而外者，皆為己之色。淫人妻女，妻女淫人，夭壽折福，殃留子孫，皆有明顯。」[166]高攀龍的看法是養生的普通常識，就傳統醫學原理而言，寡欲有助於廣嗣，色欲過度會傷損五臟，導致腎虛而影響生育能力[167]。而《白虎通義》也有「男

---

163 劉宗周，〈書高景逸先生帖後〉，收入戴璉璋、吳光編，《劉宗周全集》，冊3下，頁834-835。楊儒賓也說：「高攀龍如果不是平日修行至深，打通生死，身心一如，我們很難相信他竟可以在幾乎溺不死人的池中選擇死亡。」見楊儒賓，〈理學家的靜坐治病、試煉與禪病〉，收入呂妙芬編，《近世中國的儒學與書籍——家庭、宗教、物質的網路》（台北：中央研究院，2013），頁9-46。高攀龍的生平和思想，見古清美，《顧涇陽、高景逸思想之比較研究》，收入《慧菴存稿（二）》（台北：大安出版社，2004），頁7-48。

164 姚舜牧也記載曾見一長壽長者，說絕房事是其養生之法。見姚舜牧，《藥言》，頁199。《養生保命錄》中也記斷欲養生以臻長壽之事，見該書頁24b-25a。

165 陳龍正，《幾亭全書》，卷4，頁26b。

166 彭定求，《儒門法語集》，收入《四庫全書存目叢書》子部，冊23（台南：莊嚴文化事業公司，1995），頁305。

167 周一謀，《中國古代房事養生學》（北京：中外文化出版社，1989），頁62-71、76-81、96-101。關於明清士人在廣嗣與修身養性與長生追求之間的關係，亦參見Ping-chen Hsiung, "Recipes of Planting the Seeds and Songs of Sleeping Alone: A Profile of Male Body Culture in Ming-Ch'ing China," 收入熊秉真等編，《欲掩彌彰：中國歷史文化中的「私」與「情」私情篇》，頁

子六十閉房何？所以輔衰也，故重性命也。」之說[168]，只是高攀龍實踐之年較早。

除了傳宗接代的理由之外，還有什麼理由可以支持男女性交的必要性呢？道家的房中術有一套以性交養生的理論[169]，但即使房中養生的理念也講究不落邪念的性活動，如《紫金光耀大仙修真演義》就教導在交合時要「務遏除慾念」、「按定心神」、「不至縱慾」。學者們也指出房中術更多涉及醫療、宗教、修身之目的，並非男歡女愛的情欲技巧[170]。而房中養生屬於道家修練，與儒家的基本道德信念有差異，儘管也有理學家為求子嗣而學習道教房中技巧，但若為了「健康」或「愉悅」的目的，則恐怕在義理上仍難被理學家堂皇地論述，也因此這個理由很少出現在理學

349-410。

168《毛詩傳》:「男女年六十不同居，故六十無妻者則不娶。」參見陳立，《白虎通疏證》下，頁492。

169 關於房中術陰陽天人相感、採陰補陽、還精補腦的理論，以及強調男性在性交時自我控制、不射精，才能達到養生的目的。參見江曉原，《性張力下的中國人》，頁47-56；陳秀芬，《養生與修身：晚明文人的身體書寫與攝生技術》(台北：稻鄉出版社，2009)，第3章。

170 關於明清房中養生的研究，參見周一謀，《中國古代房事養生學》，頁21-45；Charlotte Furth, "Rethinking Van Gulik: Sexuality and Reproduction in Traditional Chinese Medicine," in Christina K. Gilmartin, et al. eds. *Engendering China: Women, Culture, and the State* (Cambridge, Mass.: Harvard University Press, 1994), pp. 125-146；李建民，〈養生、情色與房中術：中國早期房中術之探索〉，《北縣文化》，期38 (1993)，頁18-23；李貞德，〈漢唐之間求子醫方試探——兼論婦科濫觴與性別論述〉，頁283-367；陳秀芬，《養生與修身：晚明文人的身體書寫與攝生技術》，第3章。鄧希真，〈紫金光耀大仙修真演義〉，收入李零編：《中國方術概觀(房中卷)》(北京：人民中國出版社，1993)，頁213、216。

家的論述中[171]。相對地，在沒有生孕傳嗣責任的前提下，不少明清嚴格修身的儒者選擇絕女色的作法，或視能絕女色者為真立志修身的表現[172]。事實上，不少理學家在有子嗣的前提下或年過五十之後喪妻，便拒絕續弦或娶妾。例如，陳確堅不再娶；李元春（1769-1854）五十後喪妻，便效法曾子不再娶，其門人張楷的父親張惺園亦然[173]。

另外，楊屾在《知本提綱》中對於夫婦相處之道另有一套明確的規範，他結合生育與生理知識，強調節制色欲的重要。楊屾說：「夫婦，運陰陽之奧。陰陽無跡，而男女著其跡；造化無端，而夫婦肇其端。」[174]他認為上帝創造萬物，也肯定食色為生

171 陳秀芬從養生的角度討論晚代房中術，指出當時養生家面臨在健康與愉悅之間取捨，從文獻中也看出節流式（色戒）與開源式（房中養生）兩方面的論述。參考陳秀芬，《養生與修身：晚明文人的身體書寫與攝生技術》，第3章。另外，傅柯（Michel Foucault）對於古希臘性行為的分析，論到古希臘人不將性行為視為惡，而是擔心其對個人形成道德主體的威脅，故需要被適當節制。傅柯以房中術作為古代中國性行為的主要材料，並與古希臘、基督教作比較。若以儒學文本為研究對象，對於中國性行為的看法當有所不同。Michel Foucault, Robert Hurley trans., *The History of Sexuality* (New York: Pantheon Books, 1978), pp. 136-137；亦參見何乏筆，〈能量的吸血主義——李歐塔、傅柯、德勒茲與中國房中術〉，《中央研究院中國文哲研究所集刊》，期25（2004），頁259-286。

172 例見彭士望，〈與曾庭聞書〉，收入《恥躬堂文鈔》，收入《四庫禁燬叢刊》集部，冊52（上海：上海古籍出版社，2010），卷3，頁17b。

173 陳確，《陳確集》，卷18，頁407。李元春，〈張惺園七十壽序〉、〈贈馬虞操先生〉，收入《桐閣先生文抄》（桂林：廣西師範大學出版社，2007），頁49b-50a。

174 楊屾，《知本提綱》（乾隆十二年刊本，陝西師範大學藏），卷8之4，頁13b-14a。

人之要，男女交配擔負人類傳衍的重要功能，不能禁絕。不過，他也極力強調必須節制情欲，因為「失節，則生人者亦可以殺人」；縱欲不僅傷身，且會使人靈性沉溺昏昧[175]。楊屾的弟子鄭世鐸（1735舉人）註解此段文字曰：

> 至於男女傳種，乃造化之奧機，氤氳有期，交感有候，若失其節制，放縱從欲，契合無度，耗精殞命之禍，更不能免。豈非生人者亦可以殺人乎？[176]

可見節制嗜慾、妨閑志意之失中，都是重要的[177]。至於夫婦關係，儘管楊屾主張男女平等，但他仍堅持「夫主妻從」的倫序關係，並從家庭子嗣傳宗的角度說明何以夫有續娶之義，婦無再醮之禮：「夫陽統陰，權能專制而繼帝傳體，原有續娶之義；婦陰承陽，道不自立而附夫從化，實無再醮之義。」[178]論到夫妻居室生活，楊屾又運用其所具的醫學知識，在婚姻關係中進一步去辨析貞淫，同樣以傳子嗣為前提作出道德性的判斷。楊屾說：

> 夫志於義，婦志於節，共守居室之信。氤氳本有常期，正而非褻。相感原具定候，貞而非淫。苟狎戲不恭，同於群

175 楊屾說：「若相感而失節，是謂迷色；兼越分而求歡，厥名貪淫。不思精乃五行之華，稟有定數；慾實無厭之感，縱無底止。貪瞬息之私愛，染終身之沉疴；圖著形之偽歡，失元體之真樂。」楊屾，《知本提綱》，卷1，頁39a；卷3之下，頁20b-21a。

176 楊屾，《知本提綱》，卷1，頁39a。

177 楊屾，《知本提綱》，卷1，頁40a。

178 楊屾，《知本提綱》，卷8之4，頁14b。

小；倘相感無節，流於淫蕩。失夫婦之經，乖陰陽之道。[179]

楊屾認為，夫婦居室之信必須男女共同遵守，夫之義與婦之節同樣重要。至於男女相交的行為，也必須有所節制；只有在特定時間內進行，才是貞正之行，不落入褻淫。否則，即使是夫妻關係，也是淫蕩之行，且乖違陰陽之道。時間如何定呢？何謂氤氳之「常期」、相感之「定候」？鄭世鐸在註文中清楚寫道：

謂如經信之行，常期不改，乃造化生機自然之理，所以示孕育之正時也，何褻之有乎？[180]

又說：

相感定候，謂如經後七日之內，皆氤氳孕育之期，按期相感，是夫婦同守造化之定候，乃生人至道，貞而非淫。若非此七日而妄感，即同貪淫之行也。[181]

婦女月事有一定之期，此乃造化生機之理，也是大自然指導夫妻關係的重要依據。在接受婦女月經後七日之內行房才有可能受孕的看法下，加上認定夫妻相交應以傳子嗣為目的才是合宜的，於是作出貞淫的判斷：夫婦在可能受孕時間行房是生人之至道，也是貞正之行，否則即是貪淫之行。這樣的看法，既有道德也有養

179 楊屾，《知本提綱》，卷8之4，頁15b-16a。

180 楊屾，《知本提綱》，卷8之4，頁16a。

181 楊屾，《知本提綱》，卷8之4，頁16a。

生的意涵，且有長遠的傳統。據學者研究，馬王堆出土帛書《胎產書》就有婦女月事結束後三、五日內才能受孕的看法；九世紀日本文本《醫心方》也引《素女》、《彭祖》、《洞玄子》等書，同樣認為在月經後三、五日是最佳受孕日，並相信特定日期與生男生女有關，在這些日期以外的性交都是徒損精力、有害身體的行為[182]。雖然對於受孕日期的看法略有不同，但基本態度相近。不過，明清時期的儒者很少像楊屾如此明白討論夫婦居室之道，周一謀認為是理學思想的影響，讓兩宋至明代的房中醫學受到相當束縛[183]。鄭世鐸則說人們不講明是因為視此為穢邪之事。楊屾、鄭世鐸師徒卻認為此乃生人之至理，關係甚重，若隱晦不言「以致昧乎定候，失其節制，反成群小淫蕩之失，而傷生殞命，貽誤非輕。」也因此講得如此清楚[184]。

從上述諸例，我們可以想像嚴謹修身的儒者可能會傾向接受如下的觀念：即使在婚姻關係內，以求子嗣為前提的性行為才是貞正合禮的行為，否則便是穢淫。此觀念再配合生育的醫學知識，很容易發展成以特定日期作為規範男女之交的作法，成為某種生活指導原則。另外，守喪時期、祖先祭日及各種齋戒期間禁止性行為，也是普遍的規範。有意思的是，類似的想法在歐洲中古基督教文化主導的社會也出現過，雖然基督教不像儒學般全力

182 對於何時受孕的說法不盡相同，據李貞德研究，有月經後三日或三五日交而有子；也有一日至三日有子，過四日則無子之說；或一日、三日為男，四日、五日為女，過此則徒損精力；還有加上五日生男、六日生女，過六則無子之說。參見李貞德，〈漢唐之間求子醫方試探——兼論婦科濫觴與性別論述〉，頁283-367；江曉原，《性張力下的中國人》，頁58-59。

183 周一謀，《中國古代房事養生學》，第4、5章。

184 楊屾，《知本提綱》，卷8之4，頁16b。

支持婚姻的必要性，某些神學甚至認為性交為人類墮落後才有的行為，守童貞及不婚的神職人員在屬靈上有更高的位階[185]。據Ruth Mazo Karras研究，歐洲中世紀人們有一種看法：婚姻中的性行為只有在生育的目的下才能除罪[186]，奧古斯丁甚至說丈夫若不是為了生育而與妻行房，比與妓女性交更糟（更有罪）[187]。教會也規定各種齋戒日期禁止性交行為[188]。這些行為背後的理據雖然和中國儒學不同，但努力在肯定婚姻、家庭、子嗣傳衍，並警戒放縱、淫思、欲念的作法，則頗有提供比較思考的意義。

儒學雖然不把男女之交視為罪行，反而將之提升到宇宙創生的天道高度加以肯定，但是宋明理學與宗族社會所重視的禮教與修身，都對色欲有高度警戒，因其不僅與正血脈、理家政有密切關係，也具有養生和道德修養的意涵。雖然禮教的規範不可能真的抑制人們的性欲；研究性文化的學者指出，明清時期在禮教規範下甚至經歷了某種程度的解放。不過，對於那些關心自身道德與家庭倫理的儒者們而言，如何在婚姻關係中扮演丈夫與孝子的角色，如何能夠既得子嗣又不讓自己陷入情欲，確切落實時時主敬，確實是頗費心的工夫修練。

---

185 當然，婚姻在基督教傳統中仍有其神聖性，婚禮是七聖事之一，《聖經》也以婚姻來象徵基督與教會的關係。

186 中世紀的神學曾主張亞當和夏娃在伊甸園中也有性交，但那是為了繁衍生命的無邪行為，不是為了個人歡愉。見Ruth Mazo Karras, *Sexuality in Medieval Europe: Doing Unto Others* (London ; New York: Routledge, 2012), p. 34.

187 Ruth Mazo Karras, *Sexuality in Medieval Europe: Doing Unto Others*, p. 76. 因若非為生育而性交，此行為會讓妻子也陷入罪中。亦參見戴偉，《中國婚姻性愛史稿》（北京：東方出版社，1992），頁138-139。

188 Ruth Mazo Karras, *Sexuality in Medieval Europe: Doing Unto Others*, p. 96.

三、結語

本章說明在不同言說脈絡與目的下，明清儒學有關夫婦之倫的論述重點差異：在維繫家內秩序的目的下，儒者的教導常刻意壓抑夫妻間親密關係，強調禮敬、夫綱的一面；在闢二氏的語境下，儒者通常肯定男女之交的天理性與神聖性，並藉此批判異教之滅人倫，其發言意圖並非解放情欲。上述兩個論述重點雖不構成矛盾的關係，卻不甚相類；然若仔細思考，兩者又均與維護家庭與家庭倫常密切相關。

將男女身體官能性的接觸或欲望，與性靈、美感、禮教、天理對立，做為分析的架構，這樣的分析在明清文學、思想、文化研究中並不陌生，也並非完全無據或錯誤。此處則希望在上述對立的分析架構上，加入另一層思考：男女性交在儒學思想中有其不可斷絕且神聖的意義，這個行為本身，無論就社會現實需求或儒學學理而言，都不能被輕易打入罪惡或卑下的層次。然而，防堵淫亂又是保證家族血脈純正、促進道德的重要手段，因此儒者必須謹慎面對、小心論述。理學家十分重視婚姻中夫婦生活的規範，尤其是性交活動，無論強調只有在得子嗣的前提下性交才是貞正，或強調性交前的齋戒與行動時意念的純正，主敬工夫的貫徹，都是煞費苦心地欲在層層禮教規範中實踐「傳衍子嗣」的神聖使命。而如此節欲戒淫的努力同樣為一群主張達情遂欲、肯定男女之欲的儒者所實踐，此也提醒我們不宜強調儒學思想中的情欲解放。另外，本章的討論也再次讓我們看見，儒學如何在與其他宗教進行對話的語境中，通過對個人情感、家庭和諧、子嗣傳衍、個人修身的論述，展現儒學的核心價值，以及儒家士人們如何在日常夫妻生活中處理個人修身成聖與家庭人倫間的張力。

第七章

人性論述

明中期以後出現不少反思朱子學的聲音，其中王陽明無疑是最成功且深具影響力的一支，王陽明緊扣著《大學》文本，對程朱理學的重要觀念提出系統性的異論，流風所致，門徒遍天下，流傳逾百年，甚至有「嘉隆以後篤信程朱、不遷異說者，無復幾人矣」之說[1]。後世亦多以「程朱 vs. 陸王」作為分析從晚明到清初學術發展的重要框架。另一股從明中葉以降逐漸發展的思潮是主要欲修正程朱理氣二元論的氣論思潮，這波氣論思潮還不止發生於中國，同時也發生於日本、朝鮮。誠如楊儒賓所言，雖無法明確指陳彼此的影響關係，但東亞地區的儒學分享了某種相近的學術氛圍；各家思想雖不同，但其欲糾正程朱理氣二元觀點、強調理氣一元的企圖則有共識[2]。此也提醒我們，明清之際的儒學不

1 明中期已有一些質疑程朱學的聲音，見朱鴻林，〈15世紀之學術趨勢〉，《儒者思想與出處》（北京：三聯書店，2015），頁54-79。張廷玉，《明史》，卷282，頁7222。

2 這方面的研究已有許多成果，例見小野精一、福永光司、山井湧編，李慶譯，《氣的思想》（上海：上海人民出版社，1990），頁435-466；馬淵昌也，〈明代後期「氣的哲學」之三種類型與陳確的新思想〉，收入楊儒賓、

僅有回歸程朱學的趨勢，也有批判程朱學的一面，因此我們不宜固守「程朱 vs. 陸王」的框架來理解這段學術發展史，太強烈的學派意識可能會遮蔽我們的閱讀。

本章擬探討明清之際儒學的人性論述，這個議題與上述氣論思潮有密切關係，關於此學界也已累積許多研究成果[3]，本文選擇重探此議題，除了因為這是清初學術的重大議題外，尚有二個關懷：一、希望再思清代儒學中「天」的向度與天人關係；二、試圖將天主教帶入比較的視域，透過比較天主教靈魂論與儒學人性論，思考天主教成為清儒思想資源的可能性。

本章採取宏觀的視角，忽略各家思想間的差異，以「存異求同」的角度來檢視清儒人性論述的幾個共識與特點。對此，我也略作說明。思想史研究講究辨析的能力，尤其面對明儒「牛毛繭絲，無不辨晰」的論述功力，研究者更不應籠雜含混帶過。過去學者對於氣論思潮的研究也注意到辨析的重要性，強調即使在同

祝平次編，《儒學的氣論與工夫論》（台北：臺大出版中心，2005），頁161-202；劉又銘，〈宋明清氣本論研究的若干問題〉，同上書，頁203-224；楊儒賓，《異議的意義：近世東亞的反理學思潮》。本章許多論點楊儒賓在《異議的意義》一書的導論中已觸及，我認同楊儒賓所言：氣本論思想與程朱理學是體系內部的分歧，兩者在思想上仍有諸多共識。不過，與楊儒賓不同的是，我不認為氣論思想必然排斥一切超越存有，或導致「天命之謂性」無存在空間。另外，本章試圖加入天主教的比較，此也是前人較少論及的。楊儒賓，《異議的意義：近世東亞的反理學思潮》，頁1-36。

3 上述討論明清氣論的作品都會觸及人性論的議題，另如鄭宗義，《明清儒學轉型探析：從劉蕺山到戴東原》；侯潔之針對晚明劉邦采、王時槐、李材、楊東明的研究，以及伍安祖針對李光地、陸世儀的研究，亦以性論為核心議題。On-Cho Ng, *Cheng-Zhu Confucianism in the Early Qing: Li Guangdi (1642-1718) and Qing Learning*（New York: State University of New York Press, 2001）. 侯潔之，《晚明王學由心轉性的本體詮釋》（台北：政大出版社，2012）。

樣反對理氣二元的立場下，各家思想的基調及其對於「氣」的觀點並不相同，劉又銘、馬淵昌也、楊儒賓等均提出不同類型的氣論[4]。本章的討論將略過這些辨析與差異，尋求各家之間的某種共識，如此作並非欲反駁上述學者的研究心得，而是希望提供另一種觀察的視角。事實上，從近似的表象中不斷去辨析差異，或在紛雜多元現象中試圖尋找共相，這兩種視角本身並沒有高下之分，就如同我們很難比較望遠鏡和顯微鏡的優劣，重要的是所選擇的鏡頭是否適合所欲觀察的現象。本書既然主要觀察明清之際的理學論述與思潮趨勢，許多時候必須忽略個別思想家的差異；或者說，我是在知悉每位士人均有其獨特思想的前提上，來尋找他們在人性論述上的共識。正因為這些士人是跨學派的、其思想差異也很明顯，他們在人性論中所透露出那些反對程朱學與陽明學的共識，更能彰顯明清之際儒學發展的趨勢與特色。同樣地，來華天主教的傳教士也有許多差異，我在本章中也同樣以「存異求同」的視角，試圖尋找他們有關靈魂與人性的相近論點，並以此來對照當時儒學的思想。

另外，本章也將討論清儒在氣論的立場下對於天命、天人關係、工夫論的看法，並再次強調儒學與其他宗教對話的發言語境。最後，則試圖將天主教帶入比較的視域，主要因為當時天主教漢語文獻以儒學人性論的語言和概念來轉譯天主教靈魂論，本章希望反省天主教成為明清士人的思想資源的可能性，以及當時儒耶交涉吸納的可能樣態。而在進入正式討論之前，也必須說明：清代仍有許多士人固守程朱的理氣觀與人性論，故以下所論

4　馬淵昌也，〈明代後期「氣的哲學」之三種類型與陳確的新思想〉；劉又銘，〈宋明清氣本論研究的若干問題〉；楊儒賓，《異議的意義》。

的內容更宜被視為匯入儒學的一股新思潮，絕非全然取代的關係。

一、氣學性論的兩個主張

程朱的理氣論從明中葉開始面臨許多反省的聲音，包括羅欽順、王廷相（1474-1544）、吳廷翰（1491-1559）、楊東明（1548-1624）等，都強調理氣一元，反對離氣而言理。這波氣論思潮從明代持續發展到清代，超越了學派分際，無論如黃宗羲這般傾向心學的大儒，或是陸世儀、應撝謙等接近程朱的學者，或如顏元這般激烈反理學的思想家，都反對程朱的理氣二元觀點，轉而採取氣論立場[5]。關於此的研究已相當豐富，近年來學者們更是細緻地針對各家氣論思想進行比較、區辨與分類。鄭宗義也通過細讀董仲舒、王廷相、戴震的文字，綜論中國儒學史上的氣性思想及相關道德工夫論[6]。

以程朱為代表的理本論思想，義理之性意指天理全備的至善本性，乃天平等地賦予眾人，並無上智與下愚之別；氣質之性是在創生過程中才被賦予，伴隨著身體形質而顯出人人殊異的特性。因此，理學的工夫論主要在轉化氣質之性的不完美，回復或彰顯義理本性之完美，讓氣質之性永遠臣服於義理之性。這種工

5　胡森永，〈從理本論到氣本論：明清儒學理氣觀念的轉變〉（台北：國立臺灣大學博士論文，1991）；劉又銘，《理在氣中：羅欽順、王廷相、顧炎武、戴震氣本論研究》；On-Cho Ng, *Cheng-Zhu Confucianism in the Early Qing: Li Guangdi (1642-1718) and Qing Learning*, Ch. 1, Ch. 4。

6　鄭宗義，〈論儒學中「氣性」一路之建立〉，收入楊儒賓、祝平次編，《儒學的氣論與工夫論》，頁247-277。

夫論也以「復天理全具之本性」為目標，並有追求超越現實形質氣運之限制、全然掌握天理的傾向。陽明學在學理上雖有別於程朱，但是陽明學以良知作為形上道德本體、強調本體工夫，也同樣傾向於追求超越身體形質又內具於本心的純全道德本心（天理）。就人內在稟賦道德本體、以復性為目標的修養工夫論而言，程朱學與陽明學並無大異。

相較而言，氣論思想對於「理」與「性」的理解，則更實質地鑲嵌在「氣」的概念中。雖然各家對於何謂氣、理氣關係、心性關係的看法不盡相同，但是從一氣流行的角度來說明天地萬物之化生，緊扣著萬物之形成來定義「性」，並強調區辨萬物類別的看法，則有共通處。本節將主要指出明清氣論學者的兩點共識：(1)人物在創生過程中才被賦予本性；(2)萬物品類區別、各具其性。

（一）創生與賦性

不同於程朱從超越個體之宇宙創生本原來討論理氣與人性，氣論學者則傾向由「所受以生者」來定義「性」，強調「賦性」乃發生於人物氣化成形過程中的一個環節。無論說「氣質外無性」[7]或「性為心之性」[8]，都主要說明「性」是實然人物之性，是在人

7　例如，楊東明有氣質外無性之說，他說義理之性出於氣質，不能反過來說氣質出於義理，就如同酸是醋的一種性質，必須說酸出於醋，不能說醋出於酸。楊東明對性的定義，顯然是具體實物之性，不是像程朱所構想的形上義理之性。楊東明，《論性臆言》（明萬曆四十三年刊本，普林斯頓大學葛思德東方圖書館藏），頁5a。

8　例如，劉宗周主張性者為心之性，即強調先有心才有性之名，又說：「性只有氣質。義理者，氣質之所以為性。」雖然就概念而言，仍可區辨義理和氣

物生成過程中才被賦予的，並非先於人物而存在的[9]。以下舉例說明清儒性論如何強調創生與賦性的關係。

王夫之說「性」與「天命」固然有關聯，但詞彙不同，意指亦不同。王夫之對理、命、性等詞有不同的定義：

> 在天謂之理；在天之授人物也謂之命；在人受之於氣質也謂之性。若非質，則直未有性，何有寓無寓？[10]

> 若夫性，則隨質以分凝矣。一本萬殊，而萬殊不可復歸於一。《易》曰「繼之者善也」，言命也；命者，天人之相繼者也。「成之者性也」，言質也；既成乎質，而性斯凝也。質中之命謂之性，亦不容以言命者言性也。故惟「性相近也」之言，為大公而至正也。[11]

氣充塞流行宇宙間，只有當氣凝成形質時，性才被賦予；若無形質，亦無所謂性，故曰：「在人受之於氣質也謂之性」、「氣浹形中，性浹氣中，氣入形則性亦入形矣」[12]。以上清楚說明「性」不是預先存在，是在人物成形之際才由天所賦予。

王夫之說自己可以勉強接受朱熹「性寓於氣質之中」的說

質，但不認為有超越氣質外獨立存有的性。見黃宗羲，〈子劉子行狀〉，《黃宗羲全集》，冊1，頁260。

9 此可謂生之謂性，不過清儒普遍反對告子之說，詳下文。

10 王夫之，《讀四書大全》，頁471。

11 王夫之，《讀四書大全》，頁470-471。

12 王夫之，《讀四書大全》，頁471；王夫之，《船山思問錄》（上海：上海古籍出版社，2000），頁37。

法，但反對「非氣質，則性安所寓」之說。上述二說看似相近，實則不同，前者接近「氣質中有性」的陳述，後者則承認「性」乃氣質之外的獨立存有。王夫之既認定「若非質，則直未有性」，故反對氣質之外有性的說法[13]。王夫之也批評朱熹「天地之性」說法乖謬，他說天不可謂之性，只能稱天道、天德，只有具體的人物才有性[14]。這種想法與程朱就萬物共同本原（天理、理一）論性明顯不同[15]。再者，王夫之也不認為人只在初生之時領受天命，他相信只要生命存活，天人授受的關係便持續發生。「降命受性」是持續進行中之事，此即所謂「人日受命於天，則日受性於命」，天人關係在王夫之修養論中占有重要地位[16]。

上述這種認定人物是在實際創生的過程中才受性的看法，在清儒性論中相當普遍，以下再舉數例參考。應撝謙說人受天地之中，中即是性，此乃成形而後有的[17]；李光地：「性與生俱生，故其字從心、從生，非生則不名性。生者，氣也，而性在焉。」[18]魏裔介：「天地生成萬物雖以陰陽之氣，然氣以成形，理亦賦焉。」此處「理」即天賦人之性，此說同樣強調人物賦性發生於成形之時[19]。勞史雖自稱謹守朱子學，但他論性明顯有清儒之特色，

13 王夫之，《讀四書大全》，頁470-472。

14 王夫之：「天道雖不息，天德雖無間，而無人物處則無命也，況得有性！」氏著，《讀四書大全》，頁472。

15 唐君毅，《中國哲學原論原性篇》（九龍：新亞書院研究所，1974），頁492-498。

16 王夫之，《讀四書大全》，頁459。亦參見劉梁劍，《天人際：對王船山的形而上學闡明》（上海：上海人民出版社，2007）。

17 應撝謙，《性理大中》，卷10，頁22b。

18 李光地，《榕村語錄》，頁316。

19 魏裔介，《論性書》，收入《四庫全書存目叢書》（台南：莊嚴文化事業公

他說：

> 天地以五性五行之理氣互相凝合而生人，人因稟受之以成性成形，此乃先天之體也。及其人胞地中，漸為滋息，性形之既成，于是人能呼吸動靜。墮地之時，又稟受得天地陰陽干支之理氣，此乃後天之用也。先天之體，五性五行，天地之理氣無乎不全，此則人人皆同；後天之用，五性五行，干支之理氣，每多偏而不全，此則人人各異。[20]

勞史說人類乃是「天地以五性五行之理氣，互相凝合而生」，人之生可分為「先天之體」、「後天之用」兩個階段。人是在被孕成形的過程中，稟受天命而有性[21]；亦即人在胞胎中隨著肝、心、脾、肺、腎等器官的形成，與之相配的仁、禮、義、智之性才逐漸顯著[22]。他認為天命人類之性並無大異，此即子思「天命之謂性」、孟子「性善」所意指。一旦人誕生後的成長過程，則是先天與後天相參的結果，此才造成眾人智愚賢不肖的差異。勞史又說後來男女搆精傳衍後代（形化），雖與人類初生不盡相同，但因同樣稟受先天與後天之理氣，故原理則同[23]。

司，1995），卷上，頁7b-8a。

20 勞史，《餘山先生遺書》，卷2，頁1a-1b。

21 勞史，《餘山先生遺書》，卷5，頁1a。

22 勞史，〈論天理本然釋天道人事當然釋人道〉，《餘山先生遺書》，卷5，頁1a-1b。

23 勞史：「夫自氣化生人而後，天地既立人種于此，則有形化，故男女搆精形化遞禪，生生不絕，其理氣各有先後天之分，至今猶如此也。今人之父母始交，合而生胎，此乃稟先天之理氣，及與母分脫生之之時，此又稟後天之理氣。」勞史，《餘山先生遺書》，卷2，頁1b。

王嗣槐也強調賦性發生於創生過程中，他說：「人之生受天地而有氣質，受天地所自為命而賦人者為性。」[24]又說：

> 從古大聖賢人，惟知性既本乎天而已屬乎人，性既受于人而已屬乎心，止從人之為人言心言性，如是其慎重真切而言之耳。……若止從人生以上言之，是言未受于人，直謂之命，不謂之人之性矣；止從人生而後言之，是言率于人，直謂之道，不謂之人之性矣。[25]

雖然人之性本原於天，但「人性」畢竟針對人而言，故上古聖賢「止從人之為人言心言性」，不虛誇而言天，此正顯示其慎重真切之意。王嗣槐又說，言性必須掌握「本乎天而屬乎人」的特性，既不應偏重「人生以上」而以「性」等同於「命」，亦不應只就「人生以後」而言率性之謂道，忽略了人性本天的事實。這種既強調天人關係，又不混言天與人的看法，在清儒論述中頗常見。王嗣槐也基於此批評張載「天地之性」、程子「性即理」之說[26]。

戴震是清儒氣性論的代表人物，他在《孟子字義疏證》中強烈批判朱子天理觀、人性論，並提出自己對於性的詮釋。戴震以時間序列之前後來理解形而上、形而下：「形謂已成形質，形而上猶曰形以前，形而下猶曰形以後。陰陽之未成形質，是謂形而

24 王嗣槐，《太極圖說論》，卷4，頁26a。

25 王嗣槐，《太極圖說論》，卷8，頁24b-25a。

26 王嗣槐，《太極圖說論》，卷8，頁24b。

上者也，非形而下明矣。」[27]這樣的解釋將人性論的視域拉到宇宙生生不息的氣化創生活動時序中，強調性與氣質不可分離。戴震又說：「材質者，性之所呈也，離材質，惡覩所謂性哉」[28]；又以「血氣心知」為性之實體[29]，批評程朱將人視為性（神、理）與形體之假合，是二本之論[30]。他又說：

> 性者，分於陰陽五行，以為血氣心知，品物區以別焉，舉凡既生以後所有之事，所具之能，所全之德，咸以是為其本，故《易》曰：「成之者性也」。氣化生人生物以後，各以類滋生久矣，然類之區別，千古如是也，循其故而已矣。在氣化曰陰陽，曰五行，而陰陽五行之成化也，雜糅萬變，是以及其流形，不特品物不同，雖一類之中又復不同。凡分形氣於父母，即為分於陰陽五行，人物以類滋生，皆氣化之自然。[31]

氣化陰陽五行，雜糅萬變，生成各種不同物類。物類之間的區別相對穩定，故曰「類之區別，千古如是也」；每種物類各具獨特的本性。以人類而言，「人性」是血氣與心知的總稱，也是行為能力與道德能力之所本。此處戴震所強調的品物區別、物類各具其性，一類之中的個體又有些微之差異，這些觀念均普遍出現在清儒的論述，下一小節即專論此。

27 戴震，《孟子字義疏證》，頁22。

28 戴震，《孟子私淑錄》，收入《孟子字義疏證》，頁140。

29 戴震，《孟子字義疏證》，頁21。

30 戴震，《孟子字義疏證》，頁18。

31 戴震，《孟子字義疏證》，頁25。

綜上所論，氣論思想傾向於從「所受以生者」來定義「性」，強調性乃是人物成形時才被賦予，故不能離氣質而言性。持上述言論（反對程朱理氣二元論）的學者，未必不再針對人物之組成進行分析，即未必不再就概念去區辨「性」與「血氣形質」。他們也不否認在成形過程中才被賦予的性，其本原在天，而且學者們的思想也存在著差異。舉例而言，王嗣槐雖強調性與氣質不可離，但他根本反對「氣質之性」的概念，他是從定義上切斷了性與氣質的關係：「能知覺者性也，能運能動者氣也質也」，也據此否定「氣質之性」的概念[32]。魏裔介有類似的想法，他也認為「氣質之性」的說法是造成理學論性紛紜不明的主因[33]，他同樣強調理氣不二、人物成形時才有性[34]；但也嚴辨天命本然之性與氣質，認為唯有前者可稱性，氣質不得稱性，而天命本然之性內涵仁義禮智，此即孟子所謂之善性[35]。戴震雖以血氣心知定義性，又批評程朱的人觀是性與形體假合的二本之論，但他自己的人性觀也有將「血氣」與「心知」二分的傾向。可見若要仔細辨析，各家思想是存在許多差異的，然在差異之上，他們不離形氣而言性的態度則又頗一致。

---

32 王嗣槐，《太極圖說論》，卷4，頁26a。

33 魏裔介，《論性書》，卷上，頁10a-11a。

34 例如，魏裔介說：「天命之謂性五字，萬世不可易之言也。氣以成形而理亦賦焉，理氣非有二也」；「天地之性不能懸空獨立，即在二氣五行生化之中；人之性不能懸空獨立，即在天氣地質之內。」魏裔介，《論性書》，卷上，頁17a；卷下，頁41a-b。

35 魏裔介，〈論性書序〉，《論性書》，卷首；亦見《論性書》，卷上，頁17a-19a；29b-31a。

（二）品類區別、各具其性

清儒論性與程朱不同者尚有：品物類別的觀念更強，強調物類各具其性，不可混談。程朱雖也承認人為萬物之靈、人與禽獸本性不同，但並不特別強調物類各具其性。此應與其傾向從大本原之理、氣來思考萬物化生有關；程朱雖言「理一分殊」，但其理論對於形上本體的「理一」有大量的陳述。朱熹說萬物都是稟天地之理以為性，也都受天地之氣以為形，只是稟受程度偏全有別而已，很難明確說出異同何在；又說：「人具五行，物亦具五行，只是物得五行之偏者」；「人物性本同，只氣稟異」[36]。當被問道何謂「物物具一太極，則是理無不全也」，朱熹回答：

> 謂之全亦可，謂之偏亦可。以理言之，則無不全；以氣言之，則不能無偏。故呂與叔謂：物之有性有近人之性者，人之性有近物之性者。[37]

又說：

> 天地間非特人為至靈，自家心便是鳥獸草木之心，但人受天地之中而生耳。[38]

朱熹從天理的層次設想，萬物同原同本，故就理一而言，並無本質上的差異，只是人類生成時所稟受的氣質較其他物種更純全、

36 黎德靖編，《朱子語類》，卷4，頁56、58。

37 黎德靖編，《朱子語類》，卷4，頁58。

38 黎德靖編，《朱子語類》，卷4，頁59。

更靈。因此，朱熹會說人與物同性、物亦有仁義禮智、動物也有近人性之處[39]。為了更清楚說明氣學立場的差異，此處先引清儒劉源淥對程朱性論的闡釋為例說明：

> 天命之謂性，只有一天，故只有一性。故性者，萬物之一源，非有我之後私也。故性無乎不在，而天下無性外之物也。天下既無性外之物，而性又是萬物之一源，故萬物之生同乎一本，而萬物之中一物各具一箇萬物之全性也，所謂萬物皆備於我矣者，以此故也。至於性有不全者，皆氣之罪也，非性之病也。[40]

劉源淥此處所言之「性」即理一、即天地萬物之大本原，萬物由理氣所組成，只是成分偏全不同，每一物中均含有本原之全性與氣。這樣的想法與上述氣學性論明顯不同，氣論學者不從唯一天理的高度論性，他們也嚴明區辨物類之間的差異。此亦與其「性」的定義有關，既然各物類都是在實際生成時才稟受天命而擁有獨特本性，物類不同，性亦不同。各物類本性的差異是天生明定的，物類之間不能輕易跨越或改變。舉例而言，黃宗羲說：

> 即孟子之言性善，亦是據人性言之，不以此通之於物也。若謂人、物皆稟天地之理以為性，人得其全，物得其偏，便不是。夫所謂理者，仁義禮智是也。禽獸何嘗有是？如虎狼之殘忍，牛犬之頑鈍，皆不可不謂之性，具此知覺，

---

39 黎德靖編，《朱子語類》，卷4，頁59、61。

40 劉源淥，《冷語》（光緒十七年刊本，北京國家圖書館藏），卷上，頁11b。

> 即具此性。晦翁言「人物氣猶相近，而理絕不同」，不知物之知覺，絕非人之知覺，其不同先在乎氣也。理者，純粹至善者也，安得有偏全。……若論其統體，天以其氣之精者生人，麤者生物，雖一氣而有精麤之判。故氣質之性，但可言物不可言人，在人雖有昏明厚薄之異，總之是有理之氣，禽獸所稟者，是無理之氣，非無理也，其不得與人同者，正是天之理也。[41]

這段話顯然針對朱熹而發，黃宗羲不接受朱熹以理氣之全偏來分辨人物的看法。他強調不同物類在本性上的差異，並說天地間唯有人類稟受天之精氣而生，也唯有人類稟受了仁義禮智的至善本性，其他物類均無此善性，故孟子性善論乃專指人性而言。人與禽獸的差別並非如朱熹所言乃理氣偏全之別，而是在創生過程中所領受天命之性的差別：萬物中唯人類稟受「有理之氣」，禽獸所受則是「無理之氣」。

類似地，王夫之也批評朱熹區分人性與物性的看法，他批評程子混言牛馬之性與人性，認為是受到告子「生之謂性」說的影響。王夫之說：「天命之人者，為人之性；天命之物者，為物之性。」[42]換言之，物物各有本性，雖然都是出於「天命」，但馬有馬之性、牛有牛之性，不可混言。因此，王夫之強調論性則不能不說分殊之理，又說：「可謂命於天者有同原，而可謂性於己者無異理乎？」[43]王夫之同樣強調只有人類具有善性，犬牛之凝氣

41 黃宗羲，《孟子師說》，收入《黃宗羲全集》，冊1，頁135。

42 王夫之，《讀四書大全》，頁65。

43 王夫之，《讀四書大全》，頁66

不善，其成性亦不善[44]。即同樣以為孟子所謂性善只針對人類而言，反對朱熹「物亦有仁義禮智」之說。王夫之又說，孟子所謂盡人物之性者，只是就人所接之人、所用之物能備道而成教者言，並非要人盡明宇宙間一切事物之理[45]。這種將人類視為宇宙萬物類別中最靈明而尊貴的一類、受命於天但不能等同於天、能格物知理但不能窮盡一切事物之理、人類應稟持天命之本性盡人道而成聖的想法，是明清氣學思想下人性論的重要發展，亦是其與程朱理學和陸王心學的差異所在[46]。關於此，下文將再討論。

以下再舉數例說明清儒強調物類各具本性：應撝謙主張不能混言人性與物性，天地間唯人性正中，具備仁義禮智；他也反對程子「天地之間非獨人最靈，自家心即鳥獸草木之心也」之說[47]。李光地說犬牛之性不同於人性，人與動物之別不僅是天賦之性不同，知覺運動亦皆不同，孟子所謂性善乃單指人性而言[48]。王嗣槐也批評程朱混言人性與物性[49]，他清楚地區分草木、動物、人類三大範疇：草木無知覺，故無性，止可以氣質言；動物和人類均有知靈，故可性言。但物性與人性不同，主要因受造

44 人有其氣，斯有其性。犬牛既有其氣，亦有其性。人之凝氣也善，故其成性也善；犬牛之凝氣也不善，故其成性也不善。

45 王夫之，《讀四書大全》，頁66。關於王夫之批評朱子區分人性、物性不明，參見蔡家和，《王船山《讀孟子大全說》研究》（台北：臺灣學生書局，2013），頁94-96。

46 關於王夫之天人關係，參見嚴壽澂，〈明末大儒王船山的人格與思想〉，《近世中國學術思想抉隱》（上海：上海人民出版社，2008），頁50-65。

47 應撝謙，《性理大中》，卷10，頁3b。

48 李光地，《榕村語錄》，卷6，頁98-99、103。

49 王嗣槐，《太極圖說論》，卷8，頁25a-26b。

時稟受了不同的天命[50]。王嗣槐又說：

> 天下有一人具一性，百千萬億人，各具一性，天之生人不齊，生物亦不齊，均賦性於有氣有質之中。[51]

> 故其言人物之性，相去絕殊者，亦就性之賦于人，人已成其為人；性之賦于物，物已成其為物而言耳。人得是性而為人，雖為聖為賢，而自成其為人；物得是性而為物，雖為麟為鳳，亦自成其物而已。[52]

王嗣槐說不同物類的本性有明顯差異，而同類中的不同個體之間則有微小差別。同類中的個體雖有天生稟氣之別，但這種差別與不同物類間的差異不可相提並論。以人類為例，天賦予眾人之性不齊，「百千萬億人，各具一性」；但另一方面，凡為人類，無論智愚賢不肖，莫不具備五倫四德，此又是眾人所同，亦是人之所以異於禽獸的關鍵。反過來說，即使最靈巧的珍禽異獸也無法擁有人性，因為天授予人與萬物之性絕殊。就萬物創生的差異性而言，王嗣槐更強調一切都是天命使然，他也因此認為禽獸賦性並無欠闕不足之處，一切都是天命的結果[53]。

---

50 王嗣槐，《太極圖說論》，卷8，頁27a-31b。

51 王嗣槐，《太極圖說論》，卷4，頁25b-26a。

52 王嗣槐，《太極圖說論》，卷8，頁27b。

53 王嗣槐，《太極圖說論》，卷8，頁28a-b。有關王嗣槐思想有近似天主教的討論，見呂妙芬，〈王嗣槐《太極圖說論》研究〉。天主教強調天主使各物皆得其所、各宜其性，見張星曜，《天教明辨》，收入《徐家匯藏書樓明清天主教文獻續編》，冊7（台北：台北利氏學社，2013），頁192。

勞史也說朱子所謂「人物之性則同，獨所付之形氣不同」，是從理之源頭處立論，卻未能清楚說明物類之性。勞史自己則比朱熹更強調各物類本性的差異[54]。勞史在〈原性前論〉和〈原性後論〉中說人性與物性不同：「一物各有一性，豈得與人類之性同也哉。」[55]勞史對「性」的定義與王嗣槐不同，他認為「凡所生之物，莫不有性」，草木亦有草木之性，只是草木之性得貞元之散氣，故無靈[56]。儘管勞史、王嗣槐二人見解有異，但他們對於草木無知無靈、禽獸有知覺能運動、人類有知覺有靈的分類，卻十分相近。

戴震有類似看法，他說：「人物之性，咸分於道，成其各殊者而已矣。」[57]物物各殊之本性才是其所強調的。戴震反對朱熹「知覺之蠢然者，人與物同」、「仁義禮智之粹然者，人與物異」等說法，認為朱熹此說未能清楚區分牛之性、犬之性之差異；亦即未能看重每一物類獨特的稟賦、知覺、智能。戴震也承認同一物類中眾個體間的微小差異，認為此差異得自天命[58]。上文已言及戴震「氣化生人生物以後，各以類孳生」、「類之區別千古如是」、物類各從其性之說。這樣的觀念在清儒性論中頗常見，且可用以調和孟子性善論與孔子性相近之說，甚至可能用以接引天主教個體靈魂的概念。簡言之，這樣的觀念同時說明物類的普遍

---

54 不過，勞史並未如王夫之等批評朱熹未能清楚說明人物之性的分殊，他反而將自己的意思讀入朱熹之說，認為朱熹之論每寓此意，可惜學者不善體會傳註罷了。參見勞史，《餘山先生遺書》，卷3，頁9a。

55 勞史，《餘山先生遺書》，卷2，頁5b。

56 勞史，《餘山先生遺書》，卷3，頁4b、5b、6a。

57 戴震，《孟子字義疏證》，卷中，頁25。

58 戴震，《孟子私淑錄》，收入《孟子字義疏證》，頁139。

性與個體性[59]。

戴震也將生物區分為草木、動物、人三大類。他說草木是氣運而形不動者；動物與人則有血氣，且皆形而能動者。不同種類的禽鳥走獸具有不同之性，唯有人類能擴充其知至於神明，是萬物中最靈貴者，故曰：「人之異於禽獸者，雖同有精爽，而人能進於神明也。」[60]他又說：「自古及今，統人與百物之性以為言，氣類各殊是也。專言乎血氣之倫，不獨氣類各殊，而知覺亦殊。人以有禮義，異於禽獸，實人之知覺大達乎物則然，此孟子所謂性善。」[61]

綜上所論，從明中葉開始許多儒者對於程朱理氣論與人性論進行深刻反思，清儒氣學立場的性論，強調天命人物本性乃發生在創生的過程中，性是具體人物之本性。他們雖承認萬物均本於天，但較不談萬物一體[62]，而是強調萬物品類區別、各具本性的現象，且嚴明批評程朱混言人性與物性，模糊各物類之間的差異與獨特性。除了強調物類各具其性外，他們也論到同一物類內部眾個體間的差異性，個體性在其理論中得到一定的認可。另外，

59 天主教的靈魂論包括針對人類與其他生物種類稟性差異的說明，也包括針對每個個體靈魂的看法。每個人的靈魂均由天主一一創造，且永恆不朽。此個體性的概念隨著晚明耶穌會士的譯介而進入中國，包括利瑪竇《天主實義》，以及譯介亞里斯多德《靈魂論》的著作：艾儒略為《性學觕述》、畢方濟《靈言蠡勺》等。相關討論，參見沈清松，《從利瑪竇到海德格》（台北：臺灣商務印書館，2014），頁89-121。另外，楊儒賓也說氣學性論同時具有普遍和特殊兩義，可以將「個人」之義發揮到精緻的層次。楊儒賓，《1949禮讚》（台北：聯經出版公司，2015），頁224。

60 戴震，《孟子字義疏證》，頁28、111。

61 戴震，《孟子字義疏證》，卷中，頁34。

62 戴震、謝文洊、勞史、王嗣槐、顏元均未言及萬物一體。

清儒中不少人都特別標出草木、動物、人類三大品類，認為孟子的性善論僅就人類而言，不應以仁義禮智來描述草木或動物之本性。由此可見，清初儒學雖以程朱學為主流，但清儒氣性論與宋代程朱學明顯有異。程朱傾向從本原性的理氣高度來思考人物之形成，故在分殊之上，更多看見人與萬物原初的共同性，也因而強調天地萬物一體。氣學學者對性的定義始終緊扣萬物創生的過程，即使「天命」仍是其理論的價值源頭，然其人性論更著重活生生、變化不息的具體生命和身體形質。至於此人性論的重大變化與其他宗教的關係如何，下文將再從宗教對話的語境再做說明。

二、闢二氏的發言語境

有關人性的討論在清初儒學話語中占據重要地位，清儒之所以如此看重人性論的問題，主要與他們欲釐清儒學與二氏的區別、矯正晚明儒學融合三教等現象，尤其是對「無善無惡」說的不滿有關。雖然陽明學者「無善無惡」說並未放棄終極存有的儒學立場，陽明學的良知論也未違背孟子性善論，「無善無惡」之「無」更多指涉本體之超越無滯，而非二氏之空無；但從晚明以降，「無善無惡」說引發太多誤解與爭議，且經常被聯繫於佛老，成為儒學被異端污染的記號。清儒延續晚明士人對陽明學的批判，重申孟子性善論，強調人性具有仁義禮智的道德內涵，肯定五倫即天理。清儒有關人性論的發言語境有鮮明闢二氏的目的，本節即以上文所論的「創生與賦性」、「品類區別、各具其性」兩點，指明學者在論述中批判二氏、釐正儒學的意涵。

黃宗羲在批判朱熹混言人性與物性時，在大段闡釋何以禽獸所稟之理不得與人相同之後，接著說道：

> 釋氏說「蠢動含靈，皆有佛性」，彼欲濟其投胎託舍之說，蟣蠓之微與帝王平等，父母之親入禽獸輪迴，正坐人物一氣，充類以至無理也。蓋人而喪其良心入於禽獸者有矣，未有禽獸而復為人者也。投胎託舍，偶而一見，亦自有之，未有輾轉不已如釋氏之論，自家亦說不去也。[63]

可見黃宗羲區辨人性與物性，與其反對佛教輪迴觀有關。他認為以人物同稟一理一氣，而不明確區別不同品類，可能會落入佛教萬物皆有佛性、輾轉輪迴之說。黃宗羲不相信輪迴，他說擁有至善本性的人類雖可能墮落、喪失良心而淪為「禽獸」之流，但禽獸則生來就沒有仁善禮智之性，它們不可能變成人類。

王夫之強調合形氣以言性，也有與墨家及佛教對話的意思，尤其批評「以性為貴，以形為賤」的看法。他說：

> 若墨之與佛，則以性與形為二矣。性與形二者，末之二也。性受於無始，形受於父母，本之二也。以性為貴，以形為賤，則一末真而一末妄。末之真者，其本大而亦真；末之妄者，其本寄託和合以生，不足以大而亦妄。性本於人，人所同也，亦物所同也。人所同者，兄之子猶鄰之子也。物同者，則釋氏所謂萬物與我共命也。故從其大本而真者視之，無所別也，安得異愛親於愛人物也？至於父母之使我有是形，雖未嘗不為之本，乃一妄之興，如漚之

63 黃宗羲，《孟子師說》，收入《黃宗羲全集》，冊1，頁135。

> 發，而赤白和合，與妄相吸，因有此粉骷髏、臭皮囊之身，束我於分段生死之中，則其本原以妄立，而末亦無非妄矣。若執妄末以區宇於妄本之所生，橫據異同，視鄰子不若兄子，則是逐妄末以堅其妄本，而喪其真本也。故生則愛之，惟其性之存也；死則棄之，惟其形之賤也。形本妄而銷隕無餘，故生不以形。性恆存而生滅無異，故死亦有覺。故薄葬、尚鬼之說立焉。[64]

王夫之批評墨家和佛教將形質與性二分，導致以為性本天地，真而大；形本父母，妄而小。此種貴性賤形、性真形妄的思想，將使人輕忽一切與身體形質有關的部分，甚至連父母、血緣親情都視為妄末，一心只想追求未生之前已有、死後亦不滅絕的真性。從「大本之真」出發的視域，讓人輕忽人與萬物之別，進而連儒家「親親、仁民、愛物」有差序之愛的觀念也遭到挑戰。王夫之強調一本論的立場，說道：「形色即天性，天性真而形色亦不妄；父母即乾坤，乾坤大而父母亦不小」，並重申儒家「先親而後疎，即形而見性」的原則[65]。第二章已論及，王夫之批評晚明「仁孝一體」的觀點，強調理一分殊，反對以聖人比擬天地，這都與他堅持儒家倫理秩序、不使儒學雜染佛教的主張密切相關[66]。另值得一提的是，王夫之強調親疏的原則，也運用於對待動物與植物的不同態度。他認為人之於動物比植物更親近，故聖

---

64 王夫之，《讀四書大全》，頁583。

65 王夫之，《讀四書大全》，頁584。

66 亦參見呂妙芬，〈〈西銘〉為《孝經》之正傳？——論晚明仁孝關係的新意涵〉。

人之於動物，或施以帷蓋之恩，其殺之必有故，且遠庖廚以全恩。他也批評佛教「瓦礫有佛性」、「無情說法熾然」之說悖妄[67]。

勞史說：「釋氏之亂道，亦惟性學之不明於天下也」，可見其詳言性論亦主要欲闢異端而釐正儒學[68]。勞史與人討論「性」的問題時，也涉及儒學萬物一體是否近似佛教物我一體的問題。有人問勞史曰：

> 古聖王謂人性與物性有異，所以不戒殺，……今朱子云人物之性亦我之性，程子亦云萬物一體，謂萬物之性皆一體也。若然，則佛氏謂性均天倫，物我一體，豈可利己殺物？其說真不為謬矣。[69]

勞史回答：程朱萬物一體之說與佛教不同，雖然人物同出一本（天地），但所稟形氣不相同，儒學並非不辨人性與物性，故與佛教所謂一體不同，儒學也不戒殺。勞史又說先王論親疎有殺、輕重有等、親親仁民愛物之仁，均不同於釋氏[70]。

類似地，應撝謙說佛教不能重視人性中本有之識神，且因不能認識人性比禽獸尊貴，才會禁殺。他說：「吾儒則不然，所貴人性者，貴其異於獸也」[71]；又說：「《彖傳》曰乾道變化，各正性命。不曰共正，而曰各正，此正吾儒之言性，所以為同而異也。

---

67 王夫之，《讀四書大全》，頁744。

68 勞史，《餘山先生遺書》，卷8，頁16a。

69 勞史，《餘山先生遺書》，卷8，頁5b-6a。

70 勞史，《餘山先生遺書》，卷8，頁5b-8b。

71 應撝謙，《性理大中》，卷24，頁16b、18a-b。

後人惑於釋氏，謂天下無不同之性，誤矣。」[72]由上述諸家之說可見，清儒強調物類各具本性（分殊之性），與其欲與佛教「萬物皆有佛性」說區別有關。天主教針對佛教的輪迴觀、萬物一體說提出批判，這些觀點是否影響到後續的討論，此處無法深入說明，但值得再考察[73]。

王嗣槐年老時寫作《太極圖說論》，全書長達三十餘萬言，主旨在辨明儒學與二氏，而其中最多篇幅就是討論「性」的問題[74]。他說「言性」是此書寫作的大本原，因為「人性明，推而上之天之有命，推而下之物之有則，無一不明之矣。」對人性有正確認識，才不致受異端曲學之惑[75]。王嗣槐認為宋明理學深受佛老影響，吸收了無心、無性、空虛、寂滅等觀念，又混氣質而論性，已失去孔孟性論的宗旨。他以終極存有之性道觀來確定儒學的基要精神，強烈批判二氏空、無之說，他也強調性是人身之主宰，人類擁有行善行惡的自主能力[76]。事實上，王嗣槐不僅在討論性的議題上明確以闢二氏、辯正儒學為目的，他在關於有無、生死、天命、明教等議題，也都是在高調的宗教對話語境中進行，而且懷抱著闡正道、正人心的偉大理想。關於此，我已在另文討論，不再贅述[77]。

再看戴震《孟子字義疏證》，該書固然是藉著重新闡釋《孟子》而批判程朱理學，但是其檢討的對象並不僅止於宋明理學，

72 應撝謙，《性理大中》，卷10，頁20a。

73 關於天主教反對萬物一體，見利瑪竇，《天主實義》，上卷，頁37b-57b。

74 關於王嗣槐此書的宗旨，詳見呂妙芬，〈王嗣槐《太極圖說論》研究〉。

75 王嗣槐，《太極圖說論・凡例》，頁7a。

76 王嗣槐，《太極圖說論》，卷7，頁7b-8a。

77 呂妙芬，〈王嗣槐《太極圖說論》研究〉。

更是老、莊、荀、佛，言說脈絡同樣充滿濃厚闢異端的學術論辯。戴震批判老莊和佛教都是「自貴其神而外形體」[78]，又說：

> 老莊釋氏之謬，乃於此歧而分之。內其神而外其形體，徒以形體為傳舍，以舉凡血氣之欲、君臣之義、父子昆弟夫婦之親，悉起於有形體以後，而神至虛靜，無欲無為。[79]

戴震以「血氣心知」為性，視具體的形體乃天賦本性不可分割的部分，形體不是惡之欲的載體[80]。這樣的觀念同樣是在批判佛老與宋儒的語境下進行；他說宋儒以性專屬乎理，以形體為幻合，是受了佛老的影響，是二本之學[81]。在此言說脈絡下，戴震和許多清儒一樣，極力將儒學與「無欲」脫勾，強調儒學重視人們正當的欲望，絕不講求無欲或禁欲，只講究節欲和寡欲，此在有關夫婦之倫、男女之欲的論述中最為明顯。如上一章所論，清儒強調男女之欲的正當性，夫婦為人倫之始，主要欲維繫家族血脈。這些發言固然有肯定身體、情感與欲望的意涵，但從上下文可以清楚讀出更多批評佛老追求無欲、泯滅人倫、無視家庭的意思，實具有辨析儒學與異端的深意。

再看下面這一段戴震的發言：

> 老聃、莊周、告子、釋氏之說，貴其自然，同人於禽獸者也。聖人之教，使人明於必然，所謂「考諸三王而不謬，

78 戴震，《孟子字義疏證》，頁26。

79 戴震，《孟子字義疏證》，頁16。

80 戴震，《孟子字義疏證》，頁34。

81 戴震，《孟子字義疏證》，頁57-58、116-117。

> 建諸天地而不悖，質諸鬼神而無疑，百世以俟聖人而不惑」，斯為明之盡。人與物咸有知覺，而物之知覺不足與於此。人物以類區分，而人所稟受，其氣清明，遠於物之不可開通。禮義者，心之所通也，人以有禮義異於禽獸，實人之智大遠乎物。然則天地之氣化，生生而條理，生生之德，鮮不得者。惟人性開通，能不失其條理，則生生之德因之至盛。物循乎自然，人能明於必然，此人物之異，孟子以「人皆可以為堯舜」斷其性善，在是也。[82]

戴震認為老、莊、告子、佛教都傾向從自然生命本能去看待萬物，未能從天賦本性的差異處去辨析人物之別。惟有儒家，尤其是孟子，清楚指明人之異於禽獸處乃在其所稟賦仁義禮智之性。天地萬物中，品類區別，惟有人類稟性至善，能明白理之必然，能靠著身體力行的道德修養，從自然而歸向必然，此即儒家聖人之學的意涵[83]。儘管有學者認為戴震人性論不近孟子，甚至更接近荀子，但對於戴震本人而言，恐怕不會同意此說。

綜上所論，清儒對於人性論的重視，及其批判程朱人性論的看法，無論強調賦性發生於具體生物成形的過程中，或強調人性與物性不同，除了有文本詮釋與思想內在邏輯的因素外，更是在闢二氏、釐正儒學的言說脈絡下進行。他們批評性氣二分是貴性賤形，質疑混言人物之性接近佛教萬物皆有佛性之說。他們擔憂不講明人性觀，即不能彰顯孟子人禽之辨與性善論之旨，將導致人們為追求本體而流於玄虛，遺落重要的人倫道德責任。

---

82 戴震，《孟子字義疏證》，頁148。

83 戴震，《孟子字義疏證》，頁147。

三、天人關係

本節主要欲說明，氣論思想對於「性」與「理」的定義雖起了明顯變化，即以「性」為具體人物之性、「理」為氣之理，不再從形上道德本體上說性理，但此並不意味這些士人全然放棄了形上本體或終極價值之原的想法。天、天命、天道、天德這一系列與「天」相關辭語，仍是清代儒學的重要語彙與概念，也是儒學終極價值的保證。氣性論學者都堅定支持孟子性善論，將萬物之生成與人類天賦之善性推源於天，《中庸》「天命之謂性」仍是其性論的重要根基，此與其他理學家並無不同。溝口雄三研究中國的天觀，也指出從上古到宋代以降，雖有從「主宰的天」到「理法的天」的變化，但就天人相關、天人合一的想法而言，事實上又有長期的連貫性，從宋到明清時期，並未有結構性的大變化[84]。不過，儘管天觀並未發生重大變化，17世紀氣學論者因著對「性」的定義不同，其所構想的天人關係與道德工夫論，亦呈現與程朱學、陽明學明顯的差異，此也是清代儒學的重要轉折。以下先讓我們看幾則清儒有關天的說法。

王夫之：「天為理之所自出」、「蓋孟子即於形而下處見形而上之理，則形色皆靈，全天道之誠。」[85]王嗣槐說天生人並賦予五常之性，而「聖人之為聖人，全乎天之道而為聖人者也」[86]。呂留良：「吾儒本天，釋氏本心。本天者，知性以盡心，以至善無惡

84 溝口雄三著，習樹、牟堅等譯，《中國的思維世界》（北京：三聯書店，2014），頁1-64。

85 王夫之，《讀四書大全》，頁720, 570。

86 王嗣槐，《太極圖說論》，卷1，頁35a-36b。

為極，故知天命而長存敬畏。」[87]勞史：「道之本原出於天，而不可易」、「萬物皆天地所生，……仁是天地生物之心」[88]。戴震：「人道本於性，而性原於天道」、「禮者，天地之條理也。言乎條理之極，非知天不足以盡之。」[89]以上都強調「天」是一切生物存有與價值的終極根源。

事實上，明清之際的儒學還有一股「天學」的思潮，一些士人十分重視敬天、告天、畏天命的學問[90]。例如，晚明文翔鳳本著「本天道以定人倫，即人倫以盡天性」的信念，強調尊天敬孔之學[91]；安世鳳說六合內外惟有一天，天是萬物萬象之本，聖人之學旨在於明天人之際，人應畏天命而兢業其躬[92]。許三禮每天行告天之禮，重視事天之學[93]；謝文洊以「畏天命」為講學宗旨，部分文字顯示其相信位格上帝的存在[94]；王啟元欲建構宗教化的儒學，相信有意志的天[95]；陸世儀悟「敬天」為聖門心法[96]；陳瑚也重視敬天與敬的工夫[97]；李光地說古人刻刻與神相通，天

---

87 呂留良，《呂晚邨先生四書講義》，卷2，頁18b-19a。

88 勞史，〈邇言〉，《餘山先生遺書》，卷9，頁1a；卷10，頁8a-b。

89 戴震，《孟子字義疏證》，頁43、109。

90 參見吳震，《明末清初勸善運動思想研究》，第9章。

91 文翔鳳，《皇極篇》，卷10，頁5b、6a。亦見本書第二章。

92 安世鳳，《尊孔錄》（明天啟年間刊本，國家圖書館藏），卷1，頁1a-2b、6b。

93 王汎森，〈明末清初儒學的宗教化：以許三禮的告天禮為例〉。

94 呂妙芬，〈從儒釋耶三教會遇的背景閱讀謝文洊〉。

95 陳受頤，〈三百年前的建立孔教論——跋王啟元的《清署經談》〉，《中央研究院歷史語言研究所集刊》第6本第2分，1936年6月，頁133-162。

96 陸世儀，〈書淮雲問答後〉，《桴亭先生文集》（台北：新文豐出版公司，1997），卷6，頁15b；《思辨錄輯要》，卷2，頁14a-16b。

97 劉耘華，《依天立義：清代前中期江南文人對應天主教文化研究》，頁193-229。

人合一，故陰陽和而災害不時至[98]。雖然以上諸家思想並不一致，也未必都支持氣論思想，他們對於天主教之「天學」的態度也不同，但其學問透露著對天、天人關係的濃厚興趣，甚至從事宗教性的告天禮儀，頗值得留意[99]。這股敬天的思潮發生在普遍批判陽明學、糾正程朱理氣二元論、排拒二氏、接觸天主教的時代，其中如謝文洊、陸世儀、陳瑚又都尊崇程朱學，所透露出複雜的宗教對話關係，以及儒學的自我調適，都與本文主題有密切的關係。劉耘華更認為這股「敬天」思潮與天主教的刺激有密切關係[100]。

過去學者在討論氣學思潮，以及在此思潮下對於「性」和「理」的重新定義時，多強調明清儒學發展朝著形而下、重器物與經驗世界的方向發展。此觀察雖有一些文本根據，但不宜過度強調，或因此認定此時期的儒學發生根本結構的翻轉，尤其不應忽略「天」作為存有與道德本原的信念在17世紀中國仍具有重要意義。以戴震為例，他並非只重視經驗世界，他仍然在儒家的天人關係思維下，試圖為人類找到一獨特的定位，他也仍持守「人性原於天道」的信念，強調人若不知天，便不足以知禮。另外，下一節將引入天主教靈魂觀與清儒人性論進行比較，我們可看到王嗣槐、戴震等人之人性論與天主教觀念之間具有某種類似性，而「天主」在天主教教義中占據的核心地位無庸置疑，此亦提醒我們應更多思考「儒學本天」的意涵。明清之際氣學人性論

98 李光地，《榕村語錄》，頁217。

99 吳震，《明末清初勸善運動思想研究》，頁449-505；伊東貴之，《中國近世思想的典範》（台北：臺大出版中心，2015），頁93-96。

100 劉耘華，《依天立義：清代前中期江南文人對應天主教文化研究》。

的變化，未必是士人揚棄了「天」而轉向經驗世界，而是士人們構想了不同的天人關係與工夫論。

至於工夫論方面，程朱學與陽明學認為全副天理內具於人之性體或心體，故無論格物窮理或致良知，所追求的究極至善之境是人內在本體無一毫私欲蒙蔽、全然天理朗現的境界，此種工夫論也以復性、復初為終極目標。相對地，氣學論者的人性論對於天人關係、人的命定、成聖工夫論有不同看法。他們更傾向看待人類為天地間千萬物類中之一類，天賦予人的本性雖在萬物中最尊貴、最良善，但也有其分際與限制。人能倚靠本性修德而知天事天，但所謂「知天」是受到天命的限制（人應在天對人的命定限制中追求完美），人終究無法全然地知天，也無法窮盡天下所有事物之理。人類對於天地間知識的掌握是有限度的，更遑論可以等同於天，因此清儒也多強調人道與天道不同。這樣視域也影響其道德工夫論，清儒多數不認為人可透過修行全然掌握天理，他們更多主張即事以求道、即用以求體，在日用人倫中修習聖人之道，盡人道以達天道[101]。他們的工夫論主要主張：人應立基於天賦道德能力（善性），透過後天不斷學習的過程，擴充自我道德內涵。他們雖持性善論，但不認為人天生稟賦的道德本性已達完美至善之境，因此較排斥「復初」式的工夫論，多主張擴充學習式的工夫論，可以說他們所設想的是一種「本於善性，以至於至善」的工夫進程[102]。關於此，再舉數例說明：

101　鄭宗義，〈論儒學中「氣性」一路之建立〉。亦見本書第二章。

102　馬淵昌也在討論陳確的思想時，也論及這種後天擴充形成之善的觀點，指出戴震、阮元均有類似想法，並說這代表了清代儒學的新方向。馬淵昌也，〈明代後期「氣的哲學」之三種類型與陳確的新思想〉。亦參見鄭宗義，〈論儒學中「氣性」一路之建立〉；張壽安，《以禮代理》，頁26-27。

王夫之清楚區分人道與天道[103]，說道：

> 天地不需養於物，人則不能。……必欲規規然一與天地相肖，非愚而無成，必且流於異端之虛偽矣。[104]

> 無端將聖人體用，一並與天地合符，此佛老放蕩僭誣之，不知而妄作。聖人立千古之人極，以贊天地，固不為此虛誕而反喪其本也。[105]

天人各有分際，人不能等同於天，也不可能全然知道天地之道。因此，人應知道自己的命定與限制，盡人道、修身以俟命，不應一味追求與天地相肖，否則將反致虛妄而喪本。王夫之又說：「聖人言天，必不捨用，與後儒所謂太虛者不同。」[106]他強調體用不離，只能從具體事物中去了解把握天道，不可能離器而言道、離人而言天。故在工夫論方面，他反對空求本體的工夫論，講究下學上達[107]。關於王夫之重視現世人倫關係，反對直探個人心性本原，以求契悟天地大父母的工夫論主張，本書第二章也已論及。

清儒這種看似輕估人之道德本能，轉而強調人認知有限、不能全然把握天理的人性觀，其實也具有自我節制、尊重多元差異

103 王夫之，《船山思問錄》，頁33。
104 王夫之，《讀四書大全》，頁318。
105 王夫之，《讀四書大全》，頁318。
106 王夫之，《讀四書大全》，頁138。
107 劉梁劍，《天人際：對王船山的形而上學闡明》，頁19-26。

的精神。戴震對於人過度自信能掌握天理的危險性作出的批判和反省，實有深刻的意涵。戴震批評宋明理學家將理視為「如有物焉，得於天而具於心」，想像著人憑著自我道德本性（心）可以全然掌握天理。這樣的目標看似崇高，但在現實上極容易高舉自我，使道德淪為為權勢背書的工具。自認了解天理者宣稱能掌握判斷是非善惡的權柄，因而造成許多以個人意見當作真理、利用權勢而定人於罪的錯謬與悲劇[108]。這樣的悲劇在宗教歷史上並不罕見，作為神旨意的代理人，往往以極嚴苛殘暴的手段對付「異端」。相對地，戴震提倡「以情絜情」，用「己所不欲，勿施於人」的態度待人處事，他認為唯有顧及人之常情，推己反躬，設身處地為人著想，才不至於落入以意見當天理的錯謬[109]。

戴震承認人天生自然的血氣心知未盡完美，也不認為人能掌握所有天下事物之理，但他仍然肯定人的道德學習能力，且認定人是萬物之中最靈明的。他說：

> 血氣心知，有自具之能：口能辨味，耳能辨聲，目能辨色，心能辨夫理義。……精爽有蔽隔而不能通之時，及其無蔽隔，無弗通，乃以神明稱之。凡血氣之屬，皆有精爽，其心之精爽，鉅細不同，如火光之照物。光小者，其照也近，所照者不謬也，所不照斯疑謬承之，不謬之謂得理。其光大者，其照也遠，得理多而失理少。……惟學可以增益其不足而進於智，益之不已，至乎其極，如日月有明，容光必照，則聖人矣。此《中庸》「雖愚必明」，《孟

108 戴震，《孟子字義疏證》，頁4-5。

109 戴震，《孟子字義疏證》，頁10。

> 子》「擴而充之之謂聖人」。神明之盛也，其於事靡不得理，斯仁義禮智全矣。故理義非他，所照所察者之不謬也。何以不謬？心之神明也。人之異於禽獸者，雖同有精爽，而人能進於神明也。理義豈別若一物，求之所照所察之外；而人之精爽能進於神明，豈求諸氣稟之外哉。[110]

戴震認為人與生所具的心之精爽，透過後天的學習，能夠日益精進，化愚轉智，最後進於神明，達到仁義禮智完全的境界。此既立基於天賦善性，也因後天學習擴充而有可能，戴震說：「孟子言性善，非無等差之善，不以性為足於己也，主擴而充之，非復其初也。」[111]換言之，人本賦的性善只是道德修養的憑據與起點，至善境界則是人一生須努力追求的目標。

陳確說性之善分見於氣、情、才，人應本天賦之善性不斷學習擴充，由賢而聖、由知人而知天，才是正確的工夫進路。他批評宋儒高談性命、先求本體是虛幻錯謬之學，也是宋代以降學者之大蔽[112]。魏裔介說：「本性雖善，必加之以學，聖人者能以學而全其善也。」又說所謂存心不僅於操存，亦包括擴充[113]。勞史也說雖然人性本於天，但天人分際不同。化生萬物各得其宜，這是天之分；處置萬物各得其宜，則是人之分[114]。他主張人應時時行存心養性以事天的工夫[115]，但也講究為學次第，重視日用人

---

110 戴震，《孟子字義疏證》，頁5-6。

111 戴震，〈孟子私淑錄〉，收入《孟子字義疏證》，頁155。

112 陳確，《陳確集》，頁428-429、452、457。

113 魏裔介，《論性書》卷上，頁23a。

114 勞史，《餘山先生遺書》，卷5，頁8b。

115 勞史：「天監在茲，可不畏乎。自天子以至於庶人，須同顧此本原之地，無

倫，為學的目的在於學如何為人，即「學為五倫中盡道之人」[116]。

再以王嗣槐為例，他的思想主軸為「終極實有、幽明一致」，主要力闢二氏之教。他以氣化運行不息、天道始終主宰的天地，作為一切物類與秩序原理的根源；又稟著「幽明一致」的信念，相信可以根據經驗世界所聞見的法則，推知不可聞見的世界，洞悉生命往來之理，甚至談論生死與鬼神[117]。王嗣槐服膺孟子性善論，認為人為萬物之靈，其神、魂皆存乎性，人憑藉著天賦的良善本性可以事天、可以通乎生死[118]。就工夫論而言，王嗣槐反對憑空追求本體，講究為學次第，主張在日用倫常中活出天理的秩序。他以克盡倫職為學之首務，相信「先之以人倫，而天德在其中」，亦即相信平實的倫理道德實踐正是人之所以能盡性知天、事天的關鍵[119]。王嗣槐也說天道平常、為天下人所共有，聖人教化貼近眾人的本性與生活，在達情遂欲的前提下施行教化，這一點與戴震思想有呼應處[120]。

綜上所論，儘管清初儒學大抵尊程朱學為主流正統，但當時氣論學者對於人性論的看法卻明顯異於程朱，並欲糾正之，顯示此時期儒學獨特的發展。綜合上述清初人性論的討論，可以歸納為以下幾點特色：

兩項學問。」氏著，《餘山先生遺書》，卷10，頁2b-3a。

116 勞史，《餘山先生遺書》，卷5，頁11a-b；卷9，頁3b。

117 關於王嗣槐的思想與性命觀、工夫論，參見呂妙芬，〈王嗣槐《太極圖說論》研究〉。

118 王嗣槐，《太極圖說論》，卷6，頁36a-b；卷7，頁6a。

119 王嗣槐，《太極圖說論》，卷14，頁11a-b；見呂妙芬，〈王嗣槐《太極圖說論》研究〉。

120 王嗣槐，《太極圖說論》，卷14，頁7a-13a。

1.「性」是在人物生成的過程中由天所賦予的，故不能離氣質而言性。
2. 品類區別、各具其性，不可混言。天地化生萬物，各物類在生成之際，各稟天命，也因此各具獨特的本性。人類稟性異於草木、禽獸，是萬物中最靈貴的，孟子所謂性善，乃專就人類而言。
3. 所謂性善並非意指人初生時本性已完美至善，而是人性中具有仁義禮智，具有道德判斷與學習擴充的能力。修養工夫應根據良善的本性，加上後天學習擴充，才能盡性至命。
4. 氣學思想仍以「天」作為萬物存有與道德的本原，不少清儒強調知天、事天、敬天、畏天的論述，也重視天人關係。他們雖以人性源於天命，但主張天人各有分際，人即使成聖成賢，也不能全然知天或等同於天。清儒更強調盡人道，重視人類天賦的獨特道德能力與自主權。
5. 清初人性論的發言語境有明顯闢二氏、釐正真儒學的意涵，宗教對話之脈絡明顯。

四、比較天主教靈魂論

以上關於明清之際的人性論述，過去主要被放在儒學內部轉化的框架中理解，即從程朱所代表的理本論觀點，逐漸向以戴震為代表的氣本論轉化，或者試圖從中國儒學長期傳統內尋找可以分析比較的參照系，說明清代儒學具有回歸先秦的趨勢。我無意全然反駁這種看法，畢竟中國傳統內部是可以找到類似的概念，但仍以為嘗試將天主教帶入比較的視域，探討晚明入華的天主教人觀與靈魂論是否可能成為中國士人在思考人、人性、天人關係時的思想資源，是有意義的課題[121]。

過去關於入華耶穌會士如何以「調適主義」展開與儒學的對話與融合，以及天主教合儒、補儒的論述，已有許多研究[122]；天主教的靈魂觀與人觀如何與中國傳統人性論交涉的討論，近年也頗受學者關注[123]。不過，這類研究主要還是以天主教文獻與中國奉教信徒為主要對象，探討耶穌會士的傳教策略，或奉教信徒如何融會自身宗教信仰與本土思想文化。本文論旨不同，主要屬於儒學思想的討論，所研究的對象也多是未奉教、但接觸過天主教的儒家士人[124]。下文將說明天主教漢語文獻如何以中國儒學語彙與觀念來轉譯天主教思想，指出上文整理出明清氣學性論的五個

121 即使中國士人果真在不受天主教影響之下，從中國本土思想資源創發提出類似的想法，此對於中國士人理解或接受天主教，也是重要的思想背景，本身即是有意義的課題。

122 例如，Paul Rule, *K'ung-tzu or Confucius?: The Jesuit Interpretation of Confucianism* (Sydney, Boston and London: Allen and Unwin, 1986); Jacques Gernet, translated by Janet Lloyed, *China and the Christian Impact: A Conflict of Cultures* (Cambridge: Cambridge University Press, 1985); Nicolas Standaert, *Yang Tingyun, Confucian and Christian in Late Ming China: His Life and Thought* (Leiden, New York: E.J. Brill, 1988)；劉耘華，《詮釋的圓環——明末清初傳教士對儒家經典的解釋及其本土回應》（北京：北京大學出版社，2005）。

123 沈清松，《從利瑪竇到海德格》；張西平，《中國與歐洲早期宗教和哲學交流史》（北京：東方出版社，2001），頁68-94；董少新，《形神之間：早期西洋醫學入華史稿》（上海：上海古籍出版社，2008），頁262-276。祝平一，〈靈魂、身體與天主：明末清初西學中的人體生理知識〉，《新史學》，7卷，2期（1996），頁47-98。

124 本文所討論的清初士人，包括黃宗羲、王夫之、魏裔介、陸世儀、陳確、李光地、戴震等均接觸過西學。

特點亦存在天主教的靈魂論，其所使用的語言亦與儒學人性論多有重疊。

天主教思想中最接近儒家人性論的就是靈魂論，傳教士譯介或討論天主教靈魂觀的漢語著作不少，包括利瑪竇《天主實義》、畢方濟（Francisco Furtado, 1578-1653）《靈言蠡勺》、艾儒略《性學觕述》等[125]。《性學觕述》是譯注亞里斯多德《靈魂論》的作品，該書於1623年在中國出版。艾儒略在自序中清楚將「性學」界定為天學與人學之總合，又說人性論主要欲使人認識自己的屬性，即人類在眾受造物中所居獨特而尊貴的地位。在眾生物中，草木有體質、能生長，但沒有觸覺運動之能；禽獸蟲魚除了生長之外，又有觸覺運動之能；只有人類不僅有生長、知覺，更有明理推論之能。若以魂作區分，可分為三種：生魂、覺魂、靈魂。萬物之中，唯有人類具備靈魂，也因此最為靈貴[126]。艾儒略說：

> 維人則既該體質、生長、觸覺三美，兼含靈明，括眾品之攸具，亞天神而君萬物。且居有始無始之界，有形無形之

125 其他尚有龍華民《靈魂道體論》、衛匡國《靈魂理證》、利類思《性靈說》等。參見蕭清和，〈明末清初天主教中文著作的編輯與出版活動〉，陶飛亞主編，《宗教與歷史：中國基督教史研究》，1冊（上海：上海大學出版社，2013），頁145-168。

126 艾儒略，《性學觕述》，收入鐘鳴旦、杜鼎克編，《耶穌會羅馬檔案館明清天主教文獻》（台北：台北利氏學社，2002），6冊，頁103-104。關於艾儒略對於性學的論說，及其與程朱理學的關係，參見潘鳳娟、江日新，〈盧安德、艾儒略對於心性論說的差異與相對規定〉，《鵝湖學誌》，54期（2015），頁117-150。

聯，為乾坤萬化之統宗也。[127]

在眾受造物中，只有人類是按著天主的形象被造，擁有靈魂，具備推理、意志、記憶的能力，也只有人類能夠認識天主、知道自己生命的源頭與歸屬[128]。人的地位亞於天神（天使）[129]，為萬物之首，被賦予管理天地萬物之責。該書又說人是居於「有始無始之界，有形無形之聯」，「有始」意指受造的萬物，「無始」即天主，而人類是宇宙萬物中唯一擁有形體和個體靈魂、能夠昭事天主的受造物，人類的靈魂永不朽壞，是其能認識天主的憑據，最終還可能上升帝庭永享真福。

瞿式耜（1590-1651）在為《性學觕述》所寫的序中說自己以前從未聞以生魂、覺魂、靈魂來判別草木、禽獸、人類的說法，此說最早聞於利瑪竇。利瑪竇魂三品說後來逐漸在中土傳開，不過艾儒略《性學觕述》論述得更詳明[130]。瞿式耜說自己閱讀《性學觕述》後的心得是：「夫學莫大於人禽之辨」，而西學指出人之所以異於禽獸的主要差異乃因人有靈魂，此對他有很大

127 艾儒略，〈性學自序〉，收入鐘鳴旦、杜鼎克編，《耶穌會羅馬檔案館明清天主教文獻》，冊6，頁80。

128 關於靈魂三司，見利瑪竇，《天主實義》，上卷，頁27b-28b。《寰宇始末》亦曰：「人能具體如天地四行，能生長如草木，能知覺如鳥獸，能明理如天神，故謂人為小寰宇焉。謂為形物之最貴焉，謂為萬物之宗主焉，謂為天主之活像焉。」見高一志，《寰宇始末》，收入《法國國家圖書館明清天主教文獻》，冊2（台北：台北利氏學社，2009），頁227-228。

129 天神即天使，有靈無形；邪魔即墮落的天使。艾儒略，《天主降生引義》，收入《東傳福音》，冊4（合肥：黃山書社，2005），上卷，頁2a-b。

130 上文已論及王嗣槐、戴震等士人均運用草木、禽獸、人三分的概念。

的啟發。瞿式耜說：

> 庶上帝所以生物之意，與生人能物物，不物於物之意，皆洞達無疑，殆如者一喚而使知覺乎。[131]

事實上，《荀子》也曾說：「水火有氣而無生，草木有生而無知，禽獸有知而無義；人有氣、有生、有知、亦且有義，故最為天下貴也。」[132]可見中國本土思想也有類似區分無生物、草木、禽獸、人的看法，此或許也是晚明天主教入華之後，部分思想容易被儒者接受的原因。不過，瞿式耜在序中表示自己是因耶穌會士的傳教而對人禽之辨有更深的體悟，故仍不可低估外來思想的啟發性。

另一位為《性學觕述》寫序的陳儀，也以儒學接引天主教的靈魂論，他說三魂說不僅清楚區分草木、禽獸、人的差異，其意旨更「與孟子幾希之旨合」，天主教教人攝性完靈以無忝於天主生我之意，也與儒學淑世覺人之心相同[133]。張星曜（1632生）則說「《大學》言明德、《孟子》言大體、《尚書》言降衷」均指人的靈魂；又說「性即靈魂」、「靈魂惟人有之，即孟子所言幾希也。」[134]出身於天主教家庭的許纘曾（1627生）也用儒學人性論

131 瞿式耜，〈性學序〉，收入鐘鳴旦、杜鼎克編，《耶穌會羅馬檔案館明清天主教文獻》，冊6，頁76。

132 王先謙集解，《荀子集解》，〈王制篇〉（台北：世界書局，1968），卷5，頁104。

133 陳儀，〈性學觕述序〉，收入鐘鳴旦、杜鼎克編，《耶穌會羅馬檔案館明清天主教文獻》，冊6，頁49-68。

134 張星曜，《天教明辨》，收入《徐家匯藏書樓明清天主教文獻續編》，冊7，

來呼應天主教的人觀：「生人之初，性本降衷。凡愛天主于萬物之上，與夫愛人如己，理備性中，不煩勸論，無須臾或離者，所謂率性之道也。」[135]乾隆朝耶穌會士孫璋（Alexander de Lacharme, 1695-1767）著《性理真詮》，也用理、氣、性來說明天主教的人觀：氣是物之材料，理是具於萬物形體之中的準則，性則是各物類之本體。人性是理氣之合，即形與神（靈性）之合。正因為人有靈性，故人不惟有生長知覺之能，且能具眾理、應萬事、自主中存[136]。尚祜卿在〈敬一篇〉中則說道：「今西儒來賓，其書充棟，正與中國聖賢性理合若符節。」[137]以上可見當時不僅耶穌會士有意識地使用儒學人性論的語言和概念來譯介天主教的靈魂觀，中國士人也以儒學作為理解天主教的媒介。

方濟各會士利安當（Antonio Caballero, 1602-1669）的《天儒印》中有許多以天主教詮釋儒家經典的新論[138]，書中對《中庸》「天命之謂性，率性之謂道，修道之謂教」的詮釋如下：

> 此「天」字與本章「天地位焉」之「天」不同，彼指蒼蒼者言，此指無形之天，即天主是也。所謂性者，言天主生萬物，各賦以所有之性。如草木則賦之以生性，禽獸則賦

頁123、218、229。

135 轉引自劉耘華，《依天立義》，頁21-22。

136 孫璋，〈性理真詮小引〉，《性理真詮》，收入《東傳福音》，冊4，卷首，頁1b-2a；《性理真詮》，2卷上，頁2b。

137 利安當、尚祜卿，《天儒印》，收入鐘鳴旦、杜鼎克、王仁芳，《徐家匯藏書樓明清天主教文獻續編》，冊3（台北：台北利氏學社，2013），頁47。

138 關於利安當對於《四書》的解釋，參見吳莉葦，《天理與上帝：詮釋學視角下的中西文化交流》（北京：宗教文化出版社，2013），頁47-86。

> 之以覺且生之性，人類則賦之以靈而且覺生之性焉。天主初命人性時，即以十誡道理銘刻人之性中，而人各有生之初，莫不各有當然之則，所謂性教也。[139]

此處以天主教靈魂論和人觀來詮釋《中庸》，認為「天命之謂性」之「天」即天主教的天主，天主創造萬物時賦予萬物本性：草木有生性、禽獸有覺性與生性，惟人類在覺生之性上，又稟賦靈性。人之靈性有道德內涵（十誡道理、當然之則），此又可接引至儒學的性善論。值得注意的是，晚明天主教雖引入原罪的概念，但是耶穌會士並未將原罪概念比附中國傳統的性惡論，而是認為孟子性善論更接近天主教靈魂觀，他們是以天主所賦人之靈魂、天主銘刻於人靈性的十誡，來比附儒家「天命之謂性」與「性善」的觀點[140]。

另外，夏瑪第亞（夏大常）《性說》也吸收了天主教的靈魂論，融入中國傳統人性論的討論，該文從「明于性者，必通三才之理；盡乎性者，將與造物同歸」說起，全篇除了衍論天主教的靈魂論外，也說到中國性善論的傳統，並批評宋代理學氣稟之性的說法是不明于性的明證[141]。這項批評與上述魏裔介、王嗣槐的看法頗相近。沈清松認為《性說》代表天主教與儒學進一步的交涉與轉譯[142]。

---

139 利安當、尚祜卿，《天儒印》，頁10。

140 關於耶穌會士對於原罪觀與人性論的討論，參見潘鳳娟，〈清初耶穌會士衛方濟的人罪說與聖治論〉，《新史學》，33卷，1期（2012），頁9-55。

141 夏瑪第亞，《性說》，收入鐘鳴旦、杜鼎克，《耶穌會羅馬檔案館藏明清天主教文獻》，冊10，頁1-16。

142 沈清松，《從利瑪竇到海德格》，頁114-121。

下文即依照上一節所整理出明清氣學性論的特點，一一說明天主教也有類似的觀點。

（一）性於人物生成過程中由天所賦予

天主教說天地萬物都是天主所造，天主造物時有一定的次序。第一日先分光暗，第二日分出空氣而造天，第三日造地及蔬果，第四日造天上光體，第五日造海中各類魚蟲與天空的飛禽，第六日在創造地上昆蟲走獸之後，最後天主才按照自己的形像造人，並命人管理天地一切[143]。因萬物中唯有人是按著天主的形像受造，只有人擁有靈魂，得以認識天主、迴向天主，因此人最尊貴。上文已論及此很容易比附儒學的性善論。

天主教是否明確說到天主賦予人靈魂的時間點呢？是否也像中國氣學論者一樣強調是在創生之際才賦性呢？確實如此，而且天主教說得更明確。《寰宇始末》中說天主在第六日創造人類，是按著三位一體的天主形像來造人，天主先以土造人之形質，又「自無中化成靈神，締為全性」[144]。天主是在人受造成形的過程中，才賦予人靈性。《性學觕述》說得更詳細，該書一一闡釋「靈性非氣」、「人只有一魂」、「人與物不共一性」、「靈性非由天地或父母所賦」、「靈性乃造物主化生時所賦」的道理，又說明「人的靈性並不是造物主的分體」，亦即人雖然是按著天主的

143《聖經．創世紀》，第一章，亦見傅汎際、李之藻譯，《寰有詮》，卷1，頁317-335；艾儒略述，《萬物真原》，收入《東傳福音》，冊4，頁1a-19b。

144 高一志，《寰宇始末》上，收入鐘鳴旦、杜鼎克、蒙曦編，《法國國家圖書館明清天主教文獻》，2冊，頁225-226。亦參見（無名氏著）《人類源流》，收入鐘鳴旦、杜鼎克、王仁芳編，《徐家匯藏書樓明清天主教文獻續編》，冊16，頁3-5。

形像受造，人之靈出自天主，但人之靈不同於天主之靈，受造物不能等同於創造主。至於賦性的時間，《性學觕述》說天主並非在天地之初便造好許多靈魂存放著，而是在每一個人受孕成形時才一一賦予人性：「人之靈性，隨其人之生時，造物主一一而成賦之也。」[145]《天教明辨》則更清楚說到人在受孕過程中的生長變化，受造的次序是由低等到高等，即先有生魂，再有覺魂，最後才受靈魂。而男女受靈的時間不同：「男之受靈，在四旬後；女之受靈，在八旬後。」[146]以上諸說可見，天主教對於創生與賦性的關係說得十分明確，物類之性雖源於天主，但都是在受造過程中才一一被賦予，故沒有萬物未造之前的先天之性，此與明清氣學的人性論述相近。

（二）品類區別、各具其性；人為萬物最靈、性善僅對人類而言

天主教對於萬物有一套清楚的分類，可以依自立／倚賴、無形／有形、不朽／能朽、生／不生、有靈／無靈等概念一一區分，此從〈物宗類圖〉（圖11）可以清楚看到。根據這套分類系統，人類是屬於「自立、有形、能朽、含生覺靈」的受造物[147]。

---

145 艾儒略，《性學觕述》，頁108-134；引文見頁134。《天教明辨》亦說道：當人胎形初具、肢體俱備、可以承受靈魂之時，天主才即造靈魂以賦之。「即造即賦，非造之於先，而賦之於後也。」見張星曜，《天教明辨》，收入鐘鳴旦等編，《徐家匯藏書樓明清天主教文獻續編》，冊7，頁211。

146 張星曜，《天教明辨》，收入鐘鳴旦等編，《徐家匯藏書樓明清天主教文獻續編》，冊7，頁191。

147 利瑪竇，《天主實義》，上卷，頁43b。

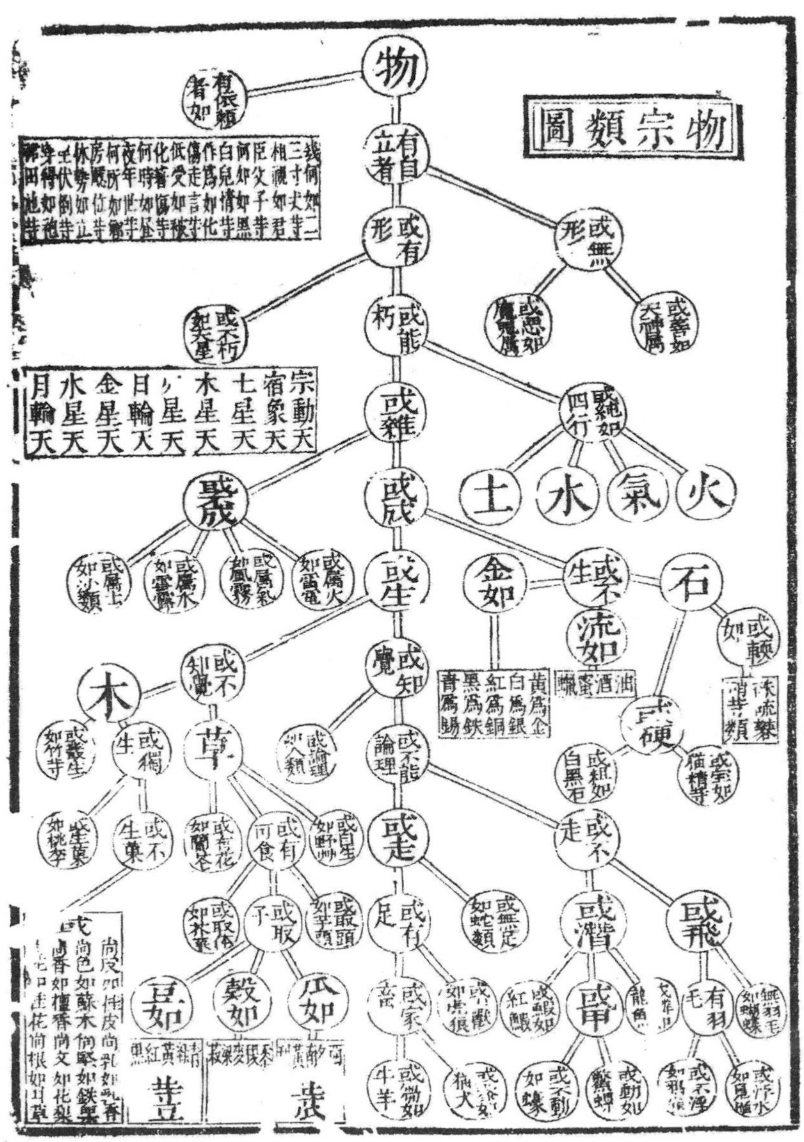

【圖 11】：利瑪竇，《天主實義》。中華民國中央研究院傅斯年圖書館藏品。

《補儒文告》也說道：

> 天主超有，為萬有最初有者，斯有乃最公之義，故萬有相通，緣分自立、倚賴二種。倚賴又分幾何、互視等九倫；自立分無形、有形二體。無形體又分天神、靈性、魔鬼；有形體又分不朽、能朽二類。不朽如諸天四元行；能朽分生與不生。不生如諸五金；有生又分有覺、無覺。無覺如諸草木；有覺又分有靈、無靈二種。無靈如禽獸；有靈如人類。故人雖一性一體，允乃自立、形、朽、含生覺靈之有。凡此悉天地神人萬物之秩也。[148]

從上面分類可見，人類與天神（天使）的區別是：天神無形，人類有形[149]。人類與禽獸都是自立、有形、能朽、有覺的品類，兩者的差別則在於禽獸無靈，人類有靈。若比附孟子之說，人之異於禽獸的幾希處，正是人擁有天主所賦予之不朽的個體靈魂。根據天主教教義，天地萬物不僅品類區別，各具其性，而且不同物類間的界線分明，不容跨越，其性亦不可混言。利瑪竇《天主實義》便說：「夫性也，非他，乃各類之本體耳。曰各物類也，則同類同性，異類異性。」[150]

---

148 尚祜卿，《補儒文告》，鐘鳴旦、杜鼎克、王仁芳，《徐家匯藏書樓明清天主教文獻續編》，冊3，頁248。亦見利瑪竇，《天主實義》，上卷，頁37b-57b。

149 天主造天地後化成二種靈明之物，一為純神無形的天神，包括後來墮落的魔鬼，另一則是兼神形以成其性的人類。見艾儒略，《天主降生引義》，上卷，頁2a-3a。

150 利瑪竇，《天主實義》，收入《東傳福音》，下卷，頁37a。

再者，耶穌會士以西方士林哲學來理解宋明理學，將「理」解為「物之準則」，是依於物的屬性：「無此物之實，即為此理之實，無此物之實，即無此理之實。」[151]理從何來？天主教將之歸於造物主，所謂「物前之理不屬於物，屬造者之明覺中。」即理乃源於創造主的明覺，是創造主在造物時才賦予受造物的[152]。以上看法均與中國氣學人性論者的觀點可比附呼應。

瞿式耜說自己是從利瑪竇處第一次聽聞三魂說，又說利氏三魂說逐漸在中土傳開，並有不少接受著。上文我們也言及李光地、王嗣槐、戴震都使用了「草木、禽獸、人類」三分的概念。李光地的某些說法與天主教頗神似，例如他說天以全副本領予人，遠比草木、禽獸尊貴[153]，又說：

> 草木，本在下，末在上。禽獸橫生。惟人，頭向上，如天之圓；足在下，如地之方。清氣升上，濁氣降下，與天地同。看來有天地，不久便有人。邵康節謂：「天地空閒許多年，始生人物」，未必然。唐虞去洪荒亦未必太遠。[154]

草木頭在下、禽獸橫生，唯有人類頭向上。這個說法亦見於《補儒文告》和《天教明辨》，可見是當時奉教儒士所熟悉的看

151 利瑪竇，《天主實義》，上卷，頁16a-17a；艾儒略，《三山論學記》，收入《天主教東傳文獻續編》，冊1（台北：臺灣學生書局，1966），頁3b-4a（440-441）。艾儒略，《萬物真原》，頁9b。

152 艾儒略，《萬物真原》，頁10a。

153 李光地，《榕村語錄》，卷25，頁443。

154 李光地，《榕村語錄》，卷25，頁443。

法[155]。不過，中國本土文獻亦有類似的觀念，如《關尹子文始真經注》、《朱子語類》和張載的語錄，亦可見類似記載，只是就文字雷同性而言，李光地的敘述更接近《補儒文告》[156]。另外，李光地的某些論點也令人聯想到天主教的觀點，例如他不贊成邵雍（1011-1077）「天地空閒許多年，始生人物」的看法，他相信人類的出現是在有天地後不久，此看法也可能受到當時天主教創造論的影響。當時天主教認為創世以來的歷史未滿六千年或七千年，因此認為中國某些史籍載開闢至伏羲已經數萬載是錯誤的[157]。李光地又說：「大抵天地位，便生草木，後生禽獸，最後生人」；「天要生人，不得不闢世界以為之地步，又必生物以陪之。」[158]此處是關於不同物種受造的先後次序，以及認為創造萬物是為人類而預備的看法，均與天主教的觀點相近[159]。

155 尚祜卿，《補儒文告》，卷4，頁7；張星曜，《天教明辨》，收入《徐家匯藏書樓明清天主教文獻續編》，冊7，頁318-319。

156 類似的看法，參見陳顯微註，〈二柱篇〉，《關尹子文始真經注》，收入《續修四庫全書》，1292冊（上海：上海古籍出版社，1997），頁25a-b；黎靖德編，《朱子語類》，卷4，頁62；卷98，頁2515。

157 高一志，《寰宇始末》上，收入《法國國家圖書館明清天主教文獻》，冊2，頁169-171。《補儒文告》則說從晚明上溯始有天地，「未滿七千年」；艾儒略所述《萬物真原》也說不滿七千年。尚祜卿，《補儒文告》，收入《徐家匯藏書明清天主教文獻續編》3冊，頁182。艾儒略述，《萬物真原》，頁2a-b。

158 李光地，《榕村語錄》，卷18，頁310、459。關於李光地接觸西學、引用西學的情形，參見龔書鐸主編，史革新著，《清代理學史》，上卷（廣州：廣東教育出版社，2007），頁479-486。

159 天主教創世論在漢語文獻也有詳細說明，例見艾儒略述，《萬物真原》，頁16a-18a。

戴震除了使用草木、禽獸、人類三分的概念外[160]，他以人性為「心知」與「血氣」的組合，也與天主教視人為身體與靈魂的組合相似[161]。戴震認為人類之所以比其他物種更尊貴，主要在於人類擁有獨特的「心知」，因人心有禮義、智慧遠勝於他物，眾物類中只有人可以憑著本性，使心之精爽進於神明[162]。戴震的血氣心知之說，其詞彙雖可上溯《禮記・樂記》「民有血氣心知之性」，但就思想而言，戴震與漢儒氣論並不相同。關於此，鄭吉雄已有說明[163]。對戴震思想的批評或定位向來是熱門的議題，錢穆、勞思光、成中英均提出看法，且主要從中國本土思想傳統來思考[164]。楊儒賓也試著以中國儒學傳統為座標為戴震的人性論找定位，認為戴震對孟、荀的抉擇耐人尋味，其思想既有先秦「生

---

160 戴震，《孟子字義疏證》，卷中，頁144。

161《天主降生引義》：「人有靈魂肉軀始成為人，故靈魂肉軀二者只成一人。」艾儒略，《天主降生引義》，下卷，頁7a。

162 戴震，《孟子字義疏證》，卷中，頁148。勞思光認為戴震只從量的層次說明人與物的差別，筆者認為戴震十分強調人物類別不同，所謂「人物以類區分」、「人以有禮義異於禽獸」，並非只從量的層次來說明人物之異。勞思光，《新編中國哲學史》，頁838。

163 鄭吉雄，〈戴東原氣論與漢儒元氣論的歧異〉，《戴東原經典詮釋的思想史探索》（台北：臺大出版社，2008），頁87-123。

164 錢穆比較戴震思想與顏李、毛奇齡、惠棟、荀子、孟子、程朱之關係，見錢穆，《中國近三百年學術史》，頁355-364。勞思光比較戴震與荀、孟思想，並對戴震思想提出批評，見勞思光，《新編中國哲學史》（台北：三民書局，1985），頁826-878。成中英指出明清之際的儒者欲糾正宋明理學將善說成一掛空抽象之物，復甦儒家生活之生機，並落實善於現實生活中，而戴震是此時期儒學建設性的代表人物，見成中英，〈儒學思想的發展與戴震的「善的哲學」〉，《知識與價值：和諧、真理與正義的探索》（台北：聯經出版公司，1986），頁227-271。

之謂性」的老傳統，又接近荀子心知理論，但戴震也批評荀子不知性之全體，並支持孟子性善論[165]。若我們把天主教納入參照系，似乎可以在中國本土思想資源之外，提供另一種理解戴震思想的可能性：天主教天主創生賦性（靈）的理論可比附「生之謂性」之說，天主教對靈魂論的闡釋，既支持孟子性善論，也支持荀子心知理論，因為天主賦人的靈魂本善，而靈魂的功能包括明悟（理智）、愛欲、記含（記憶）[166]。戴震接觸過西學是無庸置疑的[167]，但是天主教是否也曾啟發他思索儒學內涵呢？我沒有更堅實的證據，不過並不排斥這種可能。鄧實（1877-1951）早在二十世紀初便指出戴震心性之學受到天主教的影響[168]，晚近李天綱也指出漢學、理學與西學共同形塑了清代「究天人之際」的儒學內涵，同樣認為戴震《孟子字義疏證》極可能受到西學的啟發[169]。

上文談到清儒反對無善無惡之說，重申孟子性善之旨，認為性善只針對人性而言，其他物種之性談不上善。這個觀點也和天主教相合，天主教認為只有人類稟賦天主所賜的靈性，其他動物

---

165 楊儒賓，《儒家身體觀》（台北：中央研究院中國文哲研究所，1996），頁382-405。

166 靈魂三司，即明悟、愛欲、記含。

167 關於戴震與老師江永吸收西學的討論，見Minghui Hu, *China's Transition to Modernity: The New Classical Vision of Dai Zhen*（Seattle: University of Washington Press, 2015), pp. 15, 133-151.

168 鄧實，〈古學復興論〉，《國粹學報》，期9（1905），台北文海書局影印輯本，頁1023-1030。

169 李天綱，《跨文化的詮釋：經學與神學的相遇》（北京：新星出版社，2007），頁92-120、145-163。另外，張曉林也比較戴震與利瑪竇《天主實義》並討論兩者之異同，見氏著，《天主實義與中國學統》（上海：學林出版社，2005），頁309-327。

沒有，並以此與孟子的性善論相比附。《性學觕述》說人乃形神（性）相合而生，又舉孟子言耳目之官與心之官的差異，說明心之官乃靈性的功能，故曰：「理義悅心，乃真靈體。」書中也批評告子生之謂性的說法，認為告子的錯誤在於只看到與軀體相關的覺性，而沒有揭示人獨特的靈性，類似的批評亦見於魏裔介的《論性書》[170]。

（三）擴充學習式的工夫論

人之所以能認識天主，主要因為人是按著天主的形像受造，有天主所賦之靈性；人生命的最終意義就在於認識生命之本原與歸宿——天主。因此，天主教所指引的修身工夫是一內外兼具的修練歷程：人必須本著內在的靈性去認識天主，而至善之天主是人類修養與效法的終極目標，這是終身無止盡的修練進程，因唯有天主是至善完美，受造的人類只能追求更像天主，卻永不可能與天主等同。利瑪竇在《天主實義》中所謂「性之善為良善，德之善為習善」，奉教儒者朱宗元（1648舉人）說天命之性本為善之「善」者，乃「質善」而非「德善」，均意指人之本性有行善之能，但不完美，德善仍需後天修為而得[171]。《天儒印》也說《大學》所謂「明德」是天主賦予人的明悟之性，又說惟有天主可稱

170 艾儒略，《性學觕述》，卷6，頁37b-38b（250-252）。魏裔介，《論性書》，卷上，頁20b-23b。

171 利瑪竇，《天主實義》，下卷，頁39b-40a；張星曜，《天教明辨》，收入《徐家匯藏書樓明清天主教文獻續編》，冊7，頁506-507。關於耶穌會士重視後天學習的德善，及其如何試圖與儒學調和並批判明代心學的工夫論等，參見梅謙立撰、譚杰譯，〈孔子土地上的亞里斯多德倫理學——高一志《修身西學》研究〉，《西學東漸》研究，5輯，頁98-128。

「至善」，故「止於至善」意指人得見天主之至善的超性之學[172]。

這樣的思維都與上述清儒的天人關係與工夫論有呼應處：作為創生與價值本原的「天」，一方面賦予人善性，讓人可以憑藉此善性去格物窮理、知天事天，然而人類有其天賦的限制，不可能窮盡宇宙一切之理，也不可能等同於天。也因此，氣學論者多強調盡人道，認為天賦善性乃道德修養的憑藉與起點，並不是道德至善境界的同義詞。道德修養的目標不是回到人初始的本性，而是憑藉著天命之善性朝著「士希賢、賢希聖、聖希天」、向著「止於至善」的方向挺進。

（四）知天事天、天人分際、人的自由意志

天主教強調人在萬物中的獨特與尊貴、人應認識並昭事天主。人除了追求明悟修身的形性之學，更重要的是要追求認識天主的超形性之學，即強調人學必須合天學乃為大，而天主教之所以能補儒者，正在其天學。《天儒印》說：

> 孟子云：「盡其心者，知其性也；知其性，則知天矣。」蓋言人能盡心，以格物窮理，則知吾有形之身，有無形之靈性。既知吾有此靈性，則知畀吾靈性之天主矣。又云：「存其心養其性，所以事天也。」蓋言吾性不自有，有授吾之性者；吾心不自有，有予我之心者。存心，非欲侈自心之廣大；養性，非欲侈自性之神奇。正欲不失其賦畀心性之本原耳。故曰：「所以事天也，殀壽不貳，脩身以俟之，所以立命也。」夫人生在世，無論壽脩殀折，皆不免

172 利安當、尚祜卿，《天儒印》，頁6。

死。所以異者，脩為不同，惟當修身克己，以靜聽主命。此天學以善死候，為向終之範也。至於數之脩短，豈聖賢所願聞哉。[173]

《天儒印》不僅將孟子的性善論比附天主教的個人靈魂，更突出修身以事天的向度，以儒學的知天事天比附天主教昭事天主的超性之學[174]。李之藻也說儒者本天乃是推本知天，但「此天非指天象，亦非天理，乃是生人所以然處。學必知天，乃知造物之妙，乃知造物有主，乃知造物主之恩，而後乃知三達德五達道，窮理盡性以至於命，存吾可得而順，歿吾可得而寧耳。」[175]

至於天人分際，此在天主教思想中非常明確。天主是宇宙唯一真神、是創造的主宰，天地萬物都受造於天主，創造主與受造物之分際鮮明。天主教對於人類之獨特、尊貴與限制，人與天主的關係，理想與背離理想的後果，也都有清楚的論述。例如《性理牷述》說：「天地間義理無窮，知識有限，事理多出人力之外，不可窮理。」[176]此說不禁令人聯想到王夫之的天人分際觀，及其強調人無法窮盡一切事理的看法。

天主教的人觀和人性論，與中國氣學論者有許多相似處，而

173 利安當、尚祜卿，《天儒印》，頁45-46。

174 超性學意指超乎人性之明所能及者，乃出自天主親示之訓，是要人明白萬有之始終與人類之本向生死之大事，亦即信仰之事。見利類思，〈超性學要〉、〈序〉、〈凡例〉，收入《法國國家圖書館明清天主教文獻》，冊2，頁543、551。

175 李之藻，〈譯寰有詮序〉，收入周振鶴主編，《明清之際西方傳教士漢籍叢刊》，第1輯（南京：鳳凰出版社，2013），頁298。

176 艾儒略，《性理牷述》，頁371。

天主教當然沒有揚棄其教義的核心：人格神「天主」，此亦提醒我們不應太快從清儒的人性論得出形上本體義消解的結論。天、天命、天人關係對於明清儒學而言，應仍具有根基性的意義。而天主教「天學」的多重意涵（天既是蒼蒼的天，也是賦命的天；既是科學的天學，也是宗教的天學），此亦是許多明清儒士的看法，我們從徐光啟、楊廷筠等奉教士人的信仰歷程，亦可見他們同時接受兩者[177]。

另外，天主教強調人的自由意志，人或順服天主或違逆天主，人擁有自主權。類似的想法，也可見於清儒論述中。某些清儒在反駁義理之性／氣質之性二分，反對將惡諉諸氣質時，經常強調人只有一性，人擁有道德能力與善惡抉擇的自主權。例如，王夫之說：「生以後，人既有權也，能自取而自用也。」[178]即人一旦受命於天而降世之後，就取得了某種自主權，儘管人的選擇未必都能依道德法則，但其具有自取自用、判斷抉擇的能力。王嗣槐也強調人的道德能力與自主權，他說：「聖人尊天而不敢自卑，其已有其形必踐是形，有其欲必正是欲，有其性必盡是性以成已，又盡是性以成物。」[179]他肯定人性有主權能變化氣質，也主張人作惡的罪責必須由性來承擔，不能推諉於氣質[180]。李光地

177 朱鴻林，〈徐光啟、李之藻、楊廷筠成為天主教徒試釋〉、〈徐光啟的理學觀念〉，《儒者思想與出處》，頁416-454。關於耶穌會士同時傳遞天文知識與信仰，參見張勤瑩，〈十七世紀在華耶穌會士的傳教策略：陽瑪諾《天問略》中的「巧器」與「天堂」〉，《成大歷史學報》37號（2009），頁89-132。

178 王夫之，《尚書引義》，卷3，收入《船山全集》，冊2（台北：華文出版社，1965），頁1399。

179 王嗣槐，《太極圖說論》，卷5，頁29b。

180 王嗣槐，《太極圖說論》，卷6，頁30b-31a；卷7，頁7b。

也說人之所以成為大人或小人，其權在人；人之為善為惡，均主於心，非形體之罪[181]。這種看法與天主教以人之功行皆由人自主的觀點相近[182]。再者，清儒多以情為善[183]；天主教也主張人之七情發於靈魂而非肉體，同樣不以情為惡[184]。至於耶穌會士闢二氏的口吻更是與清儒如出一轍，從批評二氏之空無、泯滅人倫，到反對萬物一體、輪迴等，清初儒學與天主教有許多雷同處。關於此，學界已多有論著，此便不再贅述。

綜上所論，天主教人觀與靈魂論的許多重要概念，無論人在受造過程中才由天主賦予性，強調萬物品類區別、各具其性，支持孟子性善論，修養工夫既倚賴人天賦的靈性又重視不斷擴充學習，強調人應認識天主且昭事天主，以及視理為事物之法則、嚴辨天人分際、強烈闢二氏等，均與氣學人性論有所呼應。即使我們很難就此斷言明清之際儒學人性論的發展受到天主教的直接影響，因為「影響」是模糊的字眼、很難定義，但至少值得考慮天主教漢語文獻與觀念可能成為中國士人重要的思想資源。傳教士以儒學語彙和觀念轉譯介天主教的作法，可能刺激並啟發了中國士人對儒學經典的新理解與再詮釋。劉耘華指出，黃宗羲終其一

181 李光地：「孟子亦云：『從其大體為大人，從其小體為小人。』其權在人也。」氏著，《榕村語錄》，頁100、445。

182 關於人類自主權，參見張星曜，《天教明辨》，收入《徐家匯藏書樓明清天主教文獻續編》，冊6，頁323；冊7，頁123。另外，天主教批評宋儒氣質之性，認為氣質不足以言善惡，見馬若瑟，《儒交信》，收入《徐家匯藏書樓明清天主教文獻續編》，冊26，頁137-138。

183 如上文陳確，其他參見

184 例見張星曜，《天教明辨》，收入《徐家匯藏書樓明清天主教文獻續編》，冊7，頁412-413。

生反對天主教，但其晚年則反對以理論天，主張天即上帝，強調若非天之主宰，自然界將會顛倒錯亂，人民、禽獸、草木亦渾淆不可分擘[185]。天主教的影響隱約若現。

以上的討論並非故意漠視天主教與儒學之間的差異，只是先捨異求同地說明兩種思想理論的類似處。事實上，兩者的差異仍然明顯，天主教的原罪觀和救贖論與儒學道德工夫論有明顯的差別，人格神的天主和創造論、道成肉身的基督論、三位一體、天堂地獄等觀念，也較少為儒者所接受，這些差異都仍然是區分兩種學說與信仰的要素[186]。然而，思想與文化的交涉或互相吸納，未必要到全然接受或幡然改宗信教的程度才發生；兩套思想即使未達到改變核心教義的程度，仍有交融變化的可能性。我曾用以下這段話說明我的想法：

> 若我們把儒學、天主教看成邊界清晰、壁壘分明的兩種實體或類別，像貓、狗之類，就很難想像融合的樣態；但這不是我的想法，我認為即使儒學和天主教在核心教義上，確實具有壁壘分明、不可會通之處，但這並不代表某部分思想不能彼此吸納而改變。此處我所謂的交融，或可以用

---

185 劉耘華，《依天立義》，頁26。

186 雖然儒學也有「性」永不磨滅的說法，但通常指第一原理的性（天理之性）而言，第一章論到部分儒者相信聖人個人神明永不磨滅，但畢竟儒者之間的看法並未一致。若比較天主教靈魂論與儒學性善論，就性善和心性能力而言，兩者有相似性，但天主教強調靈魂非關氣聚、非涉形化，則又與氣學觀點不盡相同。另外，有關天主教靈魂觀入華後的傳播與影響，可參見董少新，〈明末亞里士多德靈魂學說之傳入——以艾儒略《性學觕述》為中心〉，《西學東漸研究》，5輯（2015），頁41-60。

> 一個意象來說明：兩朵不同顏色墨彩暈開的花朵，花蕊部分各自色彩濃豔、清晰可辨，但部分花瓣彼此重疊，交融的色彩使其色調略為改變。若我們眼光專注於色彩交融的花瓣，我們可以看出其雙重色調來源，不容易看見兩朵花的差異；但若我們觀看花朵的全貌，則又能見其各自獨特的風姿。[187]

關於此類儒學與天主教交涉的例子，我曾以謝文洊、楊屾、王嗣槐的個案研究說明，這三位士人都不是奉教儒者，但他們的思想都體現部分吸收天主教觀念的現象[188]。劉耘華對許三禮的研究也屬此類[189]。我們也屢屢看到未奉教的中國士人願意聆聽傳教士對於中國經典中上帝的詮釋、從其靈魂論中體悟到人禽之辨、也頗能欣賞《七克》的修身工夫，甚至一些對天主教並不友善的士人們，例如王啟元等，也受其刺激而嘗試發展出與之抗衡的儒教體系[190]。而這些未奉教的儒者即使受到天主教的啟發，對儒學

187 呂妙芬，〈從儒釋耶三教會遇的背景閱讀謝文洊〉，《新史學》，23卷，1期（2012），頁116。

188 呂妙芬，〈從儒釋耶三教會遇的背景閱讀謝文洊〉、〈王嗣槐《太極圖說論》研究〉、〈楊屾《知本提綱》研究：十八世紀儒學與外來宗教融合之例〉。

189 劉耘華，《依天立義》，頁230-261。

190《七克》一書在中國士人中流傳廣、接受度也高。關於此，參見張先清，《小歷史：明清之際的中西文化相遇》（北京：商務印書館，2015），頁20-32；關於天主教靈魂觀引發明清儒士有關人禽之辨的討論，參見王定安，〈天主教靈魂觀與明清儒士：從「人禽之別」到「人禽之辨」〉，《理論縱橫》，4期（2012），頁95-97。清初理學與西學的交涉，亦參見史革新，《清代理學史》，上卷，頁426-490。陳受頤，〈三百年前的建立孔教論：跋王啟元的《清署經談》〉。

有某些新的看法與實踐，他們終究持守儒學以家庭日用倫常為首義、以自我修身追求成聖的道路[191]。他們強調敬天、事天，相信了究生命是學問的終極目標，甚至帶著死後神明能與眾聖賢齊聚的盼望。然而，引領他們踏上此不朽天階的仍是儒學以親親為主的家庭倫常，正如楊屾所云「五倫為升天之階」，他們所構想的政治社會理想藍圖、禮儀實踐與日常生活，也仍與傳統儒學接軌[192]。

五、結語

本章主要討論明清之際儒家氣學人性論述，從存異求同的角度，試圖找出當時不同思想家的一些共識，並引入天主教靈魂論與人觀進行比較。本文指出明清之際儒家氣學人性論的發展，至少有二個共通觀點：(1)強調賦性乃發生於人物生成的過程中，故必不可離形質而言性；人物之性雖本於天，但在天的層次，卻不宜稱性。(2)強調不同物類被創生時已各具本性，不可混言。氣學論者比講究萬物一體之宋明理學家更具有區辨「物類」的觀念，他們也更強調人類與其他生物或非生物之間的種類差異。上述兩個觀點均與程朱理學或陽明學不同，頗能代表明清之際儒家義理學的發展，也顯示清儒人性論述在思想史上的創新意義。不過，雖然清儒對於性、理的定義不同於宋明理學，但其以「天」

191 中國士人對於天主教敬天、事天、克欲修身的教導接受度高，對於道成肉身、原罪、救贖論的接受較為困難。

192 此在楊屾的思想中非常明顯，即使楊屾已接受了個體靈魂不朽、類似天堂與地獄的概念，但其成聖不朽的工夫論仍以克盡儒學五倫為主。見呂妙芬，〈楊屾《知本提綱》研究：十八世紀儒學與外來宗教融合之例〉。

作為創生和道德本原的信念並未改變，天的向度仍是儒學重要的根基。清儒在「天命之謂性」的信念下，將萬物化生受命、人物之別、人之善性都歸諸天命，他們當中有不少人亦以敬天、事天、畏天作為工夫論的主要內涵。

本章也指出清儒論性的發言語境有濃厚闢二氏的意涵，並嘗試引入天主教思想與之比較，說明兩者在許多重要觀點上均有呼應雷同之處。儘管如此，此處並非斷言天主教與儒學之間具有明確直接的影響關係，也無意刻意忽略兩套思想體系的差異，而是認為天主教入華後不斷進行的儒耶轉譯工作，及其可能產生的思想激盪，都值得更受重視。

明清氣學性論明確反對佛教和程朱理學所採取的理／氣二重性思維，轉而強調「生之謂性」的人性觀，這種觀點既回歸先秦性論，又與當時耶穌會士的論述相近，此即使不足以證明存在直接的影響，至少可以說明何以耶穌會士的調適策略能成功地說服或吸引許多儒家士人。當然，無論耶穌會士如何調和天主教與儒學，天主教與儒學畢意是不同的思想系統，兩者彼此吸納與轉譯仍有限度。我們從未奉教的儒家士人言論中，可以讀出他們對於天主教道成肉身、原罪論與救贖論的疑惑，這些概念被接受的程度也偏低。儒家士人多堅持日用人倫的價值，他們相信人世間的道德倫理實踐、儒家傳統修身工夫，才是通往永恆的天梯。

林永勝在〈氣質之性說的成立及其意義——以漢語思維的展開為線索〉一文，以長時段思想變化的視角，思考中國從古代漢語的性論，到因翻譯佛教典籍與概念而產生漢梵融合思維之性論的發展與變化。該文指出先秦兩漢古漢語論「性」主要著重「人之所受以生者」、檢討人所稟受的內容為何，而梵語使用者則從「體」的角度來思考性，認為在感官知覺之上、在一切因緣合和之前尚有一不變異之性，因而有體／氣二重性的思維。而這種以漢語轉譯佛學的歷史過程，也逐漸孕育了理學，亦即理學家天地之性／氣質之性、道心／人心等二元思維，是在漢梵融合的歷史脈絡下產生[193]。明清之際應是另一個重要的時間點，當時天主教藉由一種與先秦儒學相調適的姿態，用儒學語彙和觀念被翻譯引介進入中國，且生產了大量的漢語文獻，也吸引不少中國本土士人加入思想的詮釋與論辯的行列。當時傳教士採取補儒易佛的立場，也與儒家士人十分同調。17世紀天主教漢語文獻是否對中國本土的儒學思想產生激發的效應？此確實是深具意義的課題。而此時傳入中國的天主教是西方啟蒙主義之前的思想樣態，中國思想史上對於傳統儒學和綱常名教作最徹底的反思、對於個人、平等概念的熱切擁抱，也尚未發生。此也再次提醒我們：在深入思考17世紀中國思想的「啟蒙」意義時，似乎更應慎重考慮西方啟蒙前基督宗教思想與儒學交涉的可能樣態。

---

193 林永勝，〈氣質之性說的成立及其意義——以漢語思維的展開為線索〉，《臺大中文學報》，48期（2015），頁1-38。

結論

本書主要研究明清之際儒學的發展，及其在中國近代學術思想史上的意義。全書是以「理學仍為此時期主流價值與重要思想話語」作為前提，探討儒學如何在歷史發展與反思中自我修正與轉化，如何在與其他宗教進行對話的過程中，調整義理內涵與工夫論。明清之際被視為中國近世思想史上重大的轉型期，關於此時期思想的研究亦已有豐富成果，因此本書許多內容都是在前人研究的基礎上進行，或承繼擴展，或反思修正，部分章節屬舊題新作，主要欲與先行的研究對話。而既然此時期思想的轉型明顯，本書第一個問題意識便是：從晚明到清初，儒學思想呈現何種延續與變化。第二個欲探討的課題則是：此時期儒學的宗教關懷以及庶民化的傾向。本書在研究視角上特別重視宗教對話與交涉，不僅因為這是過去研究較少關注的面向，也因為對佛、道等宗教的批評與反思，確實構成明清之際儒學論述的重要語境，甚至與天主教的對話也已進入士人的思維與視野。透過與其他宗教對話的過程，儒家士人同時進行著對儒學的再詮釋，此不僅深化了儒學自身的宗教性意涵，並開展出義理與實踐的新形態。另外，過去學界研究明清之際思想轉型的意義，常有遠大的關懷與不同的觀點，啟蒙論述或反思啟蒙，走出中世紀或曇花一現的現代性，抑或是多元範式下的中國獨特現代化歷程，相關的論述與反省已十分豐富。本書主要希望扣緊明清時期的文本脈絡來閱讀，試圖擺脫「尋找中國近世啟蒙源頭」的問題意識。儘管如此，在結論中仍應嘗試對啟蒙論述提出一些想法。以下即就上述三方面，綜述本書的主要論點。

一、晚明到清初儒學思想的延續與變化

關於從晚明到清初學術思想之延續性發展與創新變化的問題，本書觸及下面幾個層面與議題：

（一）儒學與其他宗教對話的延續與創新

從北宋開始，理學便是在與佛、道二教密切的對話中展開，其間互相辨析批判、吸納融通不斷。在理學學術史上，晚明是一個相對開放、三教融會更密切的時代，而清初儒者對此最為不滿，認為以陽明心學為代表的晚明學風已將儒學帶入異教範圍，偏離聖人之道。他們對於明代儒學的糾正，及闡揚儒學正道的發言，總是在濃厚闢二氏的語境下進行。儘管他們對於陽明學多有誤解，甚至矯枉過正，然而這樣的態度與言論仍然構成清初儒學的重要內涵。明清之際的儒學發展一方面承繼了整個宋明理學的傳統，以佛、道為主要批評和對話的對象；所不同於晚明陽明學的是，他們採取了界線更分明、更儒學本位的立場，對佛、道二教的批判也更嚴厲。他們標舉家庭人倫和五倫為儒學的核心價值，以「滅人倫」來批判其他宗教。因此，就儒學與二氏的關係而言，明清之際是既有延續又有裂變的現象。

另外，明末以降大量天主教翻譯漢語文獻在中國傳播，又為明清儒學的宗教對話增加了新的內容與可能性。耶穌會士和中國奉教士人採取與儒學調適的策略，在嚴闢二氏的立場上，也與儒

者站在同一陣線。他們將天主教教義讀進儒學經典，從儒家經典中擷取可比附天主教的詮釋，用儒學話語和觀念轉譯天主教教義。這些著作文獻不僅參與了中國儒學思想論域的開展，也可能成為中國士人的思想資源，在儒學發展史上發揮重要作用。因此，就宗教對話的內容而言，明清之際也有延續與創新的意義：既延續了與佛、道二氏的長期對話關係，又匯入了與天主教交涉融會的新局面。

（二）對程朱學的承繼與修正

過去我們習慣以「程朱理學vs.陸王心學」的框架來觀察宋代以降理學整體學風的消長。從晚明東林對陽明後學的批判與糾正開始，17世紀中國思想界確實見證了心學的衰微、程朱理學的復興。在清代皇權的背書與士人的簇擁下，程朱理學無疑是當時主流的正統思想，地方士人在一片撻伐陽明心學的聲浪中，尊崇程朱學為聖人正學。我們從現存許多清初士人恭敬抄錄程朱先儒語錄的文獻中，也可以見當時程朱學受尊崇的情形[1]。

但是，就在清初普遍尊崇程朱理學的氛圍中，一股批判修正程朱理氣二元論的思潮持續發展，蔚為風氣。在這波氣學論述中，程朱理學與陸王心學都成為被反省與糾正的對象，甚至有學者稱其為「反理學」。筆者認為「反」字可能下得過重；事實

1 這類著作很多，例如涂天相，《靜用堂偶編》，收入《四庫全集存目叢書》子部，冊27（台南：莊嚴文化事業公司，1995）；夏力恕，《原理》（清刊本，北京國家圖書館藏）；王建常《復齋錄》（清光緒二年出版，北京國家圖書館藏）；張鵬翮，《信陽子卓錄》，收入《四庫全集存目叢書》子部，冊23；程作舟，《星槎先生遺集》（清道光二十九年出版，北京國家圖書館藏）；劉源淥，《冷語》（清光緒十七年出版，北京國家圖書館藏）等。

上，這些學者仍繼續使用大量理學的話語與概念。雖然部分名詞被重新定義，思想意涵也隨之變化，例如關於人物分類的想法、對天人關係的理解均有變異，但儒學的基本架構並未崩潰，也尚未到完全翻轉的地步。儘管如此，這波氣學思潮也展現了清初儒學思想的新意，部分突破了「程朱理學 vs. 陸王心學」的框架，引領我們看見清初儒學與乾嘉義理學之間的某種關聯，這方面在過往學者論述中也較未受到重視。

（三）議題的延續與推新

就本書所探究的議題而言，也觸及一些從晚明到清初的延續發展與變化。在第一章有關生死觀的討論中，我們看見從晚明以降，不少士人都宣稱儒家聖人之學的終極目標在了究生死、儒學所重視的道德成就具有超越生死的價值，這樣的觀念在明清之際有延續性的發展，也與宋儒明顯有異。清初儒士和明儒一樣，高度關切生死議題，相信聖人與愚凡人的道德差異將會影響到他們死後的情狀，聖人之德將使其神靈不散，達到某種不朽的境界。我們從第二章則又看見，即使同樣相信儒學可以了究生死、追求聖人之學的理想，清儒所認可的工夫取徑與明代陽明心學明顯不同。他們極力反對內覺體證式的本體工夫，認為此乃是受到二氏影響的異端，將引人誤入玄虛之幻，他們因而更重視在家庭日用中的修身工夫。他們強調聖賢必然要是孝子、事親即事天之道。他們的論述也努力將儒學個人修身成聖，與家庭日用人倫、禮法教化規範、政治社會秩序作更緊密的結合。

另外，我們從明清之際儒學的人性論述也可看到明顯的延續與變化。清儒的人性論強調「性」是在實際生成過程中才被賦予，對於萬物品類的區別意識更強，他們強調每種物類各具獨特本性，相對少談「先天之性」與「形上理一」，也因此改變了許多宋明理學的習見。但另一方面，清儒對於「天命之謂性」的概念基本上維持儒學傳統觀點，「天」作為創生與道德本原，與宋明理學並無差異，明清之際儒學的轉型程度尚未達到價值或結構性大翻轉的程度。具神聖意涵的「天」要到晚清民國時期當「天演論」流行、科學被高舉的年代，才產生大的變化。換言之，明清之際儒學內涵的變異本身亦呈現部分延續傳統、部分創新變化的局面。

二、儒學的宗教關懷與庶民化傾向

明清之際的學術轉型常被視為是從深受佛、道影響的晚明陽明學，走向重視經世致用、制度器物之學，也是開創學術多元與獨立價值的關鍵時期。而清代學術又以考證訓詁見長，專門知識的門檻相對提高[2]。因此，在什麼意義下我們可以說十七世紀的儒學具有宗教的關懷與庶民化的傾向呢？又是什麼意義下的宗教關懷呢？

本書寫作於許多前輩學者的重要研究之後，與其說欲與前人研究心得進行全面性的駁論，毋寧說是欲藉由幾個較新的研究視角和新的史料，提供一些理解這段學術思想史的不同看法，或是說增添一些不同的線索、複雜化原有的圖像罷了。清代的學術，若就經學研究與專家之學而言，確實比宋明理學更具有知識與學

---

2 這方面論著很多，參見導論的討論。亦參見張壽安，〈打破道統、重建學統：清代學術思想史的一個新觀察〉，《中央研究院近代史研究所集刊》，期52（2006），頁53-111。

術氣息，也與一般庶民百姓的知識和生活有距離。但若以本書所討論的17世紀理學思想變化趨勢而言，則又清楚體現了一些更貼近人們日常生活的面向。例如，清儒強調五倫即天理、人性本具五常善性、事親即事天、在家中事親盡孝即行聖人之道等觀念，在這樣的義理詮釋下，聖學工夫並不要求高言大智，也談不上專業門檻，人人均可學而為堯舜，工夫取徑甚至比陽明學所講究的本體工夫更不需要慧根或靜修之操練，也更貼近一般庶民的日常生活。

從清儒對生死議題的討論與看法，我們也看到貼近庶民心理的生命關懷。程朱等宋儒認為人若能體悟到生死即道之自然運行，並不需畏懼死亡，只要存順歿寧，他們也批評佛、道二氏試圖用不自然的方式來操弄生死，正是不能知「道」的表現。這樣的看法或許代表崇高的智慧與高貴的心靈，但一般人較難體悟這樣的境界。就像許多17世紀的儒者所質疑的，若堯舜與盜跖的最終結局一樣，都是人死氣散而無知，那麼公義何在？道德修養的意義為何？儒學如何能夠安頓人們心中對於人生的根本疑問呢？在此意義上，我認為清儒的生死觀賦予儒學道德成就不朽的意義，此不僅是士人階層的關懷，也讓儒學更貼近一般人對於公義及善惡果報的期望。而試圖論述超越死亡的不朽境界，加上工夫論回歸家庭人倫，也讓儒學更能發揮類似宗教的作用，賦予儒家聖賢之學永恆的意義，並在日常生活中安頓人們的心靈。

再以另一事例說明：清初有許多謹守程朱學不甚著名的儒者，他們的理學著作常以抄錄先賢語錄的方式呈現。這類著作的數量不少，對於一般思想史研究而言，由於新意不足，很難發現深刻或有趣的思想內涵，因此也不太受重視。然而抄錄者卻又十分嚴謹而認真，他們所抄錄的內容或是理學的基本觀念與工夫實踐，或是一般生活的智慧與警戒之言，也有家訓和學規之類的內容。這些在思想上談不上創新與深刻的語錄輯，透顯出抄錄者重視存養主敬的工夫，並日復一日在生活中踐履，其平庸而篤實的特質，或許正能說明17世紀儒學庶民化的一面。

另外，我們從萬里尋親孝行及在家拜聖賢的禮儀活動，也可看出這些行為在明清時期延續性的發展，及所展現庶民化的特質。這兩類行為都超越了一般學術思想史所重視的思想或學派分野，實踐者亦不限於士人，而有更廣泛的社會認同與實踐的基礎。當然，士人在家拜聖賢的禮儀與民間宗教教派的意義仍然不同，其主要精神仍更接近儒家家禮或廟學禮制，也與士人修身工夫相關；不過，這類禮儀實踐仍體現一定的宗教意涵。而當拜聖賢的禮儀走進私人家庭，以更彈性、更配合人們生活的形式被實踐時，它們普及的可能性、仿效其他宗教作法的可能性也都更大，所具有的庶民化傾向也更明顯。我們從王啟元、楊屾等人所設計的禮儀藍圖，可見類似晚清孔教會的規定，都是讓拜聖賢成為家禮的一部分，與祀祖、祭天共同成為標幟儒教的禮儀特徵，也都體現庶民宗教的風貌[3]。

3 王啟元主張帝王之祀天，應中奉上帝，左以奉孔子為作師，右以奉祖宗為作宗。見氏著，《清署經談》，卷16，頁67a。楊屾相信一位創造宇宙萬物的上帝，他也有個人靈魂不滅的觀念。他的家禮包括兩個祭祀系統，分別祀上帝、君王和祖考。家祠前方祭祀上帝和君王，後方祀祖先，而在帝、君牌位之左右，又分別奉祀倡道立教之聖、師，以左聖右師的位序排列。關於楊屾思想與家禮，參見呂妙芬，〈楊屾《知本提綱》研究：十八世紀儒學與外來宗教融合之例〉。亦見陳煥章，〈孔教教規〉。

三、再思明清之際儒學轉型在中國思想史上的意義

「啟蒙」是過去研究明清之際思想轉型的重要問題意識，啟蒙的問題意識主要以西方現代化為座標。即使不接受西方啟蒙與現代化是放諸四海皆準的理想，晚清以降許多學者仍以之為重要參照，努力尋找中國文化內在的啟蒙源頭。無論梁啟超以清代學術為文藝復興說、島田虔次的近代思維萌芽夭折說、溝口雄三的迂迴開展說，或蕭萐父的啟蒙坎坷說[4]，對於啟蒙問題的思索總是帶著濃厚的文化比較、歷史解釋與價值取向。從維新到五四，懷著憂患意識的中國士人從明清文獻中讀出一些似可開出民主、科學的新鮮思想，在兩個歷經世變的世代文人心靈激盪下，對於明清之際的歷史認知與解釋，再難擺脫晚清民國的歷史發展與士人心態，開啟一段彼此建構的複雜歷史。啟蒙的問題意識並非錯誤，它更是一種人文關懷與歷史視野的展現，只是它未必是所有人的關懷，也不免選擇性地解釋歷史或想像歷史的發展，因此當上個世紀80年代中國經歷啟蒙熱之後不久，學界便出現許多反思啟蒙、消解啟蒙的聲音[5]。

本書嘗試拋開「啟蒙」或「走向現代」的問題意識來研究明清之際的儒學，未能提供「近三百年學術史」的長期歷史視野，也未採取「從近世早期走入現代」這類線型發展的解釋模式，而是希望更集中以17世紀儒學的論述，來討論當時士人的關懷與實踐的複雜樣態。拋開啟蒙問題意識的限制，我們可以更清楚看見當時儒家士人最關懷的議題和他們基本的思維，也可以檢視一

4　見導論。

5　參見吳根友主編，《多元範式下的明清思想研究》，頁1-108。

些啟蒙論述的偏頗。例如，刻意在明清思想中尋找對傳統皇權專制的批判或初步民主的思想，或是強調清儒重視形下器物的客觀經驗與科學精神的雷同，其實並不十分切合17世紀中國士人的普遍心態或思維。有學者強調清代儒學是理學的對反面，是因為打破宋明理學的桎梏，才產生人文主義的覺醒，從而走向中國啟蒙之路[6]。本書不採取這樣的見解，反而強調「理學持續存在社會並參與清代的學術發展」，認為應充分考慮理學的思維與價值在中國近代史中的持續作用與自我更新，比較貼近歷史事實。

回到明清世變的時代，當時社會面臨嚴重失序的問題，如何重建禮法規範與社會秩序是士人的核心關懷，而陽明心學標榜自我良知，相對貶抑客觀禮法規範的思想樣態，也是其無法被清儒接受的主因。從晚明到清初，一波比一波更嚴厲批判陽明學的聲音，實反映了當時士人的普遍心理；而整個儒學思潮的轉型與走向，也是朝著肯定外在客觀價值與規範，並兼顧儒學修身成德的理想而努力。過去學者研究此段歷史，多注意到禮儀、禮治的重要性，而且看到重視禮儀的背後有現實制度的支持[7]；本書則在前人的研究基礎上，進一步說明「儒學本天」的基本架構對理解此段歷史的重要性。無論禮法、五倫、人性，均以「天」作為源頭，此是傳統儒學的基本預設與和信念；也唯有訴諸此信念，清儒才能從理論上去綰合主客觀價值，並論述一套寓個人成聖於克

6 蕭萐父，〈中國哲學啟蒙的坎坷道路〉，《吹沙集》，頁24。

7 張壽安，《十八世紀禮學考證的思想活力》（台北：中央研究院近代史研究所，2001）；Kai-wing Chow, *The Rise of Confucian Ritualism in Late Imperial China: Ethics, Classics, and Lineage Discourse*；王汎森，〈清初「禮治社會」思想的形成〉；林存陽，《三禮館：清代學術與政治互動的鏈環》（北京：社會科學文獻出版社，2008）。

盡家庭倫職的聖學工夫。

我們從明清之際的儒學主流論述，幾乎看不到自由、平等、民主的思想，對君權的反省和批判也有限，也沒有西方原子式個人主義的觀念。在家國同構、以孝治天下的政教秩序理想中，更鮮明的是對傳統家族制度和家庭人倫的維護，相信五倫和綱常名教是永恆不可變易的真理。我們可以說，明清之際的儒學發展，在維護現實社會的層次上，更緊密地聯繫了修身與齊家的理想，鞏固個人與群體的關係，也再次維繫了儒學傳統的基本價值。在追求超越現世的意義上，清代儒學既有盡性事天的向度，也肯定個人修德具有不朽的效力，甚至不排除善惡果報的思想。而他們認為判定成德與否的標準，則是與齊家息息相關的五倫職責。

本書對於明清之際儒學的說明，並非為要論述一個超穩定的儒學系統或停滯不前的中國封建社會，而是認為應更細緻看待儒學內部的自我維持與創新，才能更合宜地解釋17世紀學術與後來學術發展的關係，以及清儒持續支持清朝政治與社會體制的歷史現象。

至於本書強調宗教的面向，除了有一些文本的根據外，也因為過去在啟蒙意識重理性科學、壓抑宗教的影響之下，歷史學的研究選題往往刻意高揚科學、壓抑宗教。今天學界已充分認知宗教在歷史中的重要作用，然而無論儒學或中國近現代史，以宗教為主題與視角的研究仍方興未艾。本書所能做的很有限，但相信這是一個重要而值得開發的領域。尤其像儒學與天主教的交涉，晚近大量重刊的漢語基督教文獻，以及愈來愈多學者的深入探討，已然開啟一片新的研究天地。未來透過對明清時期大規模的西學轉譯及文化接遇史的研究，或許能書寫一部不同以往的中國近世學術思想史。

參考書目

一、古代典籍

（一）史籍、方志

《十三經注疏．詩經》，台北：藝文印書館，1979。
《十三經注疏．左傳》，台北：藝文印書館，1981。
《皇朝文獻通考》，台北：臺灣商務印書館，1983。
丁廷楗修，趙吉士纂，《徽州府志》，台北：成文出版社，1975。
于尚齡修，王兆杏纂，《昌化縣志》，台北：成文出版社，1983
方鼎修，朱升元纂，《晉江縣志》，台北：成文出版社，1967。
王昶，《直隸太倉州志》，上海：上海古籍出版社，1997，續修四庫全書。
王琛等纂，《邵武府志》，台北：成文出版社，1967。
司馬遷，《史記》，《斷句本二十五史》，台北：新文豐出版公司，1975。
申毓來修，宋玉朗纂，《南康縣志》，台北：成文出版社，1989。
朱忻修，劉庠纂，《同治徐州府志》，南京：鳳凰出版社，2008。
朱忻修，劉庠纂，《徐州府志》，台北：成文出版社，1970。
江召棠修，《南昌縣志》，北京：北京圖書館出版社，2007。
何慶釗修，丁遊之纂，《宿州志》，台北：成文出版社，1985。
佟昌年原修，陳治安增修，《襄城縣志》，北京：線裝書局，2001。
呂不韋，《呂氏春秋》，台北：中華書局，1981。
宋若霖纂，《莆田縣志》，台北：成文出版社，1968。
李亨特總裁，平恕等修，《紹興府志》，台北：成文出版社，1975。
李延壽，《南史》，台北：台灣中華書局，1981。
李東陽等修，《大明會典》，台北：新文豐出版公司，1976。

李景嶧修，史炳纂，《溧陽縣志》，台北：成文出版社，1983。
李肇奎修，牟泰豐纂，《開縣志》，台北：成文出版社，1976。
沈元泰等撰，《道光會稽縣志稿》，台北：成文出版社，1983。
沈葆楨、吳坤修修；何紹基、楊沂孫纂，《[光緒]重修安徽通志》，上海：上海古籍出版社，1997，續修四庫全書。
周右（修），蔡復午（纂），《嘉慶東臺縣志》，收入《中國地方志集成江．蘇府縣志輯》，南京：江蘇古籍出版社，1991。
周溶修，汪韻珊纂，《祁門縣志》，台北；成文出版社，1975。
定祥修，劉繹纂，《吉安府志》，台北：成文出版社，1975。
阿克當阿修，姚文田纂，《揚州府志》，台北：成文出版社，1974。
侯光陸修，陳熙雍等纂，《冠縣縣志》，台北：成文出版社，1968。
班固，《漢書》，北京：中華書局，1995。
祝嘉庸修，吳潯源纂，《寧津縣志》，台北：成文出版社，1976。
翁天祜等修，翁昭泰等纂，《續修浦城縣志》，台北：成文出版社，1967。
馬步蟾修，夏鑾纂，《徽州府志》，台北：成文出版社，1975。
高維嶽纂，《綏德州志》，台北：成文出版社，1970。
崔啟元修，王胤芳等纂，《文安縣志》，北京：中國書店，1992。
張廷玉，《明史》，台北：台灣中華書局，1981。
張佩芳修，劉大櫆纂，《歙縣志》，台北：成文出版社，1975。
張宗泰撰，《備修天長縣志稿》，台北：成文出版社，1969。
張宗泰撰，劉增齡補輯，《備修天長縣志稿》，台北：成文出版社，1969。
張星曜，〈天教合儒序〉，收入《天儒同異考》，台北：台北利氏學社，2009，頁441。
張紹棠修，蕭穆纂，《續纂句容縣志》，台北：成文出版社，1974。
張龍甲修，龔世瑩纂，《彭縣志》，台北：成文出版社，1976。
曹秉仁修，萬經等纂，《寧波府志》，台北：成文出版社，1974。
曹夢鶴纂，《太平縣志》，台北：成文出版社，1985。
曹養恒修，蕭韻纂，《南城縣志》，台北：成文出版社，1989。
梁棟修，張大于纂，《含山縣志》，台北：成文出版社，1985。
清高宗敕，《欽定大清一統志》，台北：臺灣商務印書館，1983，文淵閣四庫全書。
莫祥芝、甘紹盤修，汪士鐸纂，《上江兩縣志》，台北：成文出版社，1970。
許應鑅修，謝煌纂，《撫州府志》，台北：成文出版社，1975。
陳釗鏜修，李其馨纂，《趙州志》，台北：成文出版社，1975。
勞逢源、沈伯棠等纂修，《歙縣志》，台北：成文出版社，1984。
彭循堯修，董運昌纂，《臨安縣志》，台北：成文出版社，1975。
馮煦等修，魏家驊等纂，《鳳陽府志》，台北：成文出版社，1985。
黃仲昭修纂，《八閩通志》，福州：福州人民出版社，1990-1991。
黃宗羲編，《明文海》，台北：臺灣商務印書館，1983。
黃雲修，林之望纂，《續修廬州府志》，台北：成文出版社，1970。
葉長揚、顧棟高纂修，《淮安府志》，台北：成文出版社，1983。
葉滋森修，褚翔纂，《靖江縣志》，台北：成文出版社，1983。
劉王瑷纂修，《碭山縣志》，台北：成文出版社，1974。
劉昌嶽修，鄧家祺纂，《新城縣志》，台北：成文出版社，1975。
劉昫，《新校本舊唐書》，台北：鼎文書局，1976。
劉業勤修，凌魚纂，《揭陽縣正續志》，台北：成文出版社，1974。
德馨修，朱孫詒纂，《臨江府志》，台北：成文出版社，1970。
潘紹詒修，周榮椿纂，《處州府志》，台北；成文出版社，1974。
蔣繼洙修，李樹藩纂，《廣信府志》，台北：成文出版社，1970。
鄭鍾祥等修，龐源文纂，《重修常昭合志》，台北：成文出版社，1974。
魯銓修，洪亮吉纂，《寧國府志》，台北：成文出版社，1970。
盧承業原修，馬振文增修，《偏關志》，台北：成文出版社，1968。
盧思誠修，季念詒纂，《江陰縣志》，台北：成文出版社，1983。
錫德修，石景芬纂，《饒州府志》，台北：成文出版社，1975。
韓志超修，張瑨纂，《蠡縣志》，台北：成文出版社，1969。
魏瀛修，鍾音鴻纂，《贛州府志》，台北：成文出版社，1970。
嚴辰纂修，《桐鄉縣志》，台北：成文出版社，1970。
顧景濂修，段廣瀛纂，《續蕭縣志》，台北：成文出版社，1970。

（二）文集、筆記、雜著

《至情語》，收入《日乾初揲》，明末刊本，日本內閣文庫藏。

丁復，《檜亭集》，台北：臺灣商務印書館，1983。

刁包，《用六集》，台南：莊嚴文化事業公司，1997，四庫全書存目叢書。

刁包，《潛室劄記》，台南：莊嚴文化事業公司，1995，四庫全書存目叢書。

天然痴叟，《石點頭》，台北：文光出版社，1969。

尤時熙，《尤西川先生擬學小記》，台南：莊嚴文化事業公司，1995，四庫全書存目叢書。

文翔鳳，《皇極篇》，北京：北京出版社，2000，四庫禁燬存書叢刊。

方良永，《方簡肅文集》，台北：臺灣商務印書館，1983，文淵閣四庫全書。

毛先舒，《小匡文鈔》，台南：莊嚴文化事業公司，1997，四庫全書存目叢書。

毛先舒，《東苑文鈔》，台南：莊嚴文化事業公司，1997，四庫全書存目叢書。

毛先舒，《聖學真語》，收入《思古堂十四種書》，東京：日本內閣文庫藏。

毛先舒，《螺峰說錄》，台南：莊嚴文化事業公司，1995，四庫全書存目叢書。

毛奇齡，《辨定祭禮通俗譜》，台北：臺灣商務印書館，1983，文淵閣四庫全書。

王夫之，《四書訓義》，北京：北京出版社，1997，四庫未收書輯刊。

王夫之，《尚書引義》，收入《船山全集》，台北：華文出版社，1965。

王夫之，《船山全書》，長沙：岳麓書社，1992。

王夫之，《船山思問錄》，上海：上海古籍出版社，2000。

王夫之，《讀四書大全說》，北京：中華書局，1975。

王世貞，《弇州四部稿》，台北：臺灣商務印書館，1983，文淵閣四庫全書。

王先謙集解，《荀子集解》，台北：世界書局，1968。

王宇，《四書也足園初告》，北京：北京出版社，1997，四庫未收書輯刊。

王守仁著，吳光等編校，《王陽明全集》，上海：上海古籍出版社，1992。

王旭，《蘭軒集》，台北：臺灣商務印書館，1983，文淵閣四庫全書。

王抃，《王巢松年譜》，上海：上海書店，1994。

王抃，《巢松集》，北京：北京出版社，1997。

王育，《斯友堂日記》，收入《在婁東雜著續刊》，清道光乙巳（二十五）年（1845）竹西鋤蓿館刊本。

王昶，《金石萃編》，上海：上海古籍出版社，1997，續修四庫全書。

王時槐，《友慶堂合稿》，台南：莊嚴文化事業公司，1997，四庫全書存目叢書。

王納諫、王鼎鎮校訂，《新鐫王觀濤先生四書翼註講意》，日本內閣文庫藏崇禎十六年刊本。

王啟元，《清署經談》，台北：中央研究院傅斯年圖書館藏，明天啟三年刊本。

王紳，《繼志齋集》，台北：臺灣商務印書館，1983，文淵閣四庫全書。

王通，《中說》，台北：臺灣商務印書館，1983，文淵閣四庫全書。

王復禮，《家禮辨定》，台南：莊嚴文化事業公司，1997，四庫全書存目叢書。

王結，《文忠集》，台北：臺灣商務印書館，1983，文淵閣四庫全書。

王肅注，《孔子家語》，台北：台灣中華書局，1965，四部備要。

王陽明著，吳光等編校，《王陽明全集（新編本）》，杭州：浙江古籍出版社，2010。

王嗣槐，《太極圖說論》，台南：莊嚴文化事業公司，1995，四庫全書存目叢書。

王畿，《王畿集》，南京：鳳凰出版社，2007。

王應麟，《四明文獻集》，台北：臺灣商務印書館，1983，文淵閣四庫全書。

丘濬，《大學衍義補》，台北：臺灣商務印書館，1983，文淵閣四庫全書。

史調，《史復齋文集》，台南：莊嚴文化事業公司，1997，四庫全書存目叢書。

司馬光撰，李文澤、霞紹暉點校，《司馬光集》，成都：四川大學出版社，2010。

申涵光，《荊園語錄》，上海：上海書店，1994，叢書集成續編。

安世鳳，《尊孔錄》，明天啟年間刊本，國家圖書館藏。

安世鳳，《燕居功課》，台南：莊嚴文化事業公司，1995，四庫全書存目叢書。

朱一是，《為可堂初集》，北京：北京出版社，1997，四庫未收書輯刊。

朱用純，《毋欺錄》，上海：上海書店，1994，叢書集成續編。

朱長春，《新刻朱太復玄栖山中授兒四書主意心得解》，日本內閣文庫藏，明刊本。

朱國禎，《湧幢小品》，台北：新興書局，1984。

朱熹，《四書章句集注．孟子集注》，北京：中華書局，1983。

朱熹，《周易本義》，收入朱傑人等編，《朱子全書》，上海：上海古籍出版社，2002。

朱熹集註，《四書集註》，台北：世界書局，1957。

朱熹撰，黎靖德編，王星賢點校，《朱子語類》，台北：華世出版公司，1987。

朱瞻基，《五倫書》，上海：上海古籍出版社，1997，續修四庫全書。

江盈科，《江盈科集》，長沙：岳麓書社，1997。

艾儒略，《三山論學記》，收入《天主教東傳文獻續編》，台北：臺灣學生書局，1966。

艾儒略，《天主降生引義》，收入《東傳福音》，合肥：黃山書社，2005。

艾儒略，《性學觕述》，收入鐘鳴旦、杜鼎克編，《耶穌會羅馬檔案館明清天主教文獻》，台北：台北利氏學社，2002。

艾儒略述，《萬物真原》，收入《東傳福音》，合肥：黃山書社，2005。

何喬遠，《名山藏》，北京：北京大學出版社，1993。

何喬遠，《閩書》，台南：莊嚴文化事業公司，1996，四庫全書存目叢書。

作者不詳，《刁蒙吉先生崇祀鄉賢錄》，道光年刊本，上海圖書館古籍室收藏。

作者不詳，《黃孝子奇》，收於《金元戲曲》，北京：人民文學出版社，1999。

利安當、尚祜卿，《天儒印》，收入鐘鳴旦、杜鼎克、王仁芳，《徐家匯藏書樓明清天主教文獻續編》，台北：台北利氏學社，2013。

利瑪竇，《天主實義》，收於朱維錚主編，《利瑪竇中文著譯集》，上海：

復旦大學出版社，2001。
利類思，〈超性學要〉〈序〉、〈凡例〉，收入《法國國家圖書館明清天主教文獻》，台北：台北利氏學社，2009。
利類思，《不得已辯》，收入周振鶴主編，《明清之際西方傳教士漢籍叢刊》，南京：鳳凰出版社，2013。
吳訥，《性理群書補注．凡例》，明刊本，日本內閣文庫藏。
吳肅公，《街南文集》，上海：上海古籍出版社，2010。
吳肅公，《廣祀典議》，台南：莊嚴文化事業公司，1995，四庫全書存目叢書。
吳敬梓，《儒林外史》，台北：聯經出版公司，1978。
吳裕垂，《史案》，北京：北京出版社，1997，四庫未收書輯刊。
吳懷清，《關中三李年譜》，台北：允晨文化，1992。
呂坤，《呻吟語》，收入《呂坤全集》，北京：中華書局，2008。
呂柟，《四書因問》，台北：臺灣商務印書館，1983，文淵閣四庫全書。
呂柟，《涇野子內篇》，北京：中華書局，1992。
呂留良，《天蓋樓四書語錄》，北京：北京出版社，2000，四庫禁燬書叢刊。
呂留良，《呂晚邨先生四書講義》，北京：北京出版社，2000，四庫禁燬書叢刊。
呂維祺，《聖賢像贊》，明崇禎五年刊本，上海圖書館藏。
宋繼澄，《四書正義》，日本內閣文庫藏清康熙九年刊本。
李九功，《慎思錄》，收入鐘鳴旦、杜鼎克主編，《耶穌會羅馬檔案館明清天主教文獻》，台北：台北利氏學社，2002。
李九功，《禮俗明辨》，收入鐘鳴旦、杜鼎克主編，《耶穌會羅馬檔案館明清天主教文獻》，台北：台北利氏學社，2002。
李之素，《孝經內外傳》，上海：上海古籍出版社，1995，續修四庫全書。
李元度，《天岳山館文鈔》，上海：上海古籍出版社，1995，續修四庫全書。
李元春，《桐閣先生文抄》，桂林：廣西師範大學出版社，2007。
李元春編，《雷柏霖西銘續生篇》，清道光刊本，中央研究院傅斯年圖書館藏。
李玉，《萬里圓》，台北：天一出版社，1983。

李光地，《榕村集》，台北：臺灣商務印書館，1983，文淵閣四庫全書。
李光地，《榕村語錄》，北京：中華書局，1995。
李光地，《榕村續語錄》，北京：中華書局，1995。
李汝珍，《鏡花緣》，台北：三民書局，1999。
李沛霖、李禎，《四書朱子異同條辨》，北京：北京出版社，2000，四庫禁燬書叢刊。
李紱，《穆堂初稿》，上海：上海古籍出版社，1995。
李塨，《恕谷後集》，台北：廣文書局，1989。
李煥章，《織水齋集》，台南：莊嚴文化事業公司，1997，四庫全書存目叢書。
李鳳彩，《孔子文昌孝經合刻》北京：北京出版社，1997。
李贄，《李溫陵集》，台南：莊嚴文化事業公司，1997，四庫全書存目叢書。
李贄，《焚書》，北京：燕山出版社，1998。
李贄，《陽明先生年譜》，北京：北京圖書館出版社，2003。
李贄，《續藏書》，台南：莊嚴文化事業公司，1996，四庫全書存目叢書。
李顒，《二曲集》，北京：中華書局，1996。
汪紱，《理學逢源》，上海：上海古籍出版社，1997，續修四庫全書。
汪琬，《堯峰文鈔》，上海：上海書店，1989。
汪縉，《汪子文錄》，上海：上海古籍出版社，1995，續修四庫全書。
沈赤然，《寒夜叢談》，上海：上海書店，1994，叢書集成續編。
沈近思，《天鑒堂集．勵志雜錄》，收入《清代詩文集彙編》，上海：上海古籍出版社，2010。
沈起，《查繼佐年譜》，北京：中華書局，1992。
沈壽民，《閑道錄》，台南：莊嚴文化事業公司，1995。
周汝登，《東越證學錄》，台北：文海出版社，1970，據中央圖書館藏明萬曆卅三年刊本影印。
周密，《癸辛雜識》，北京：中華書局，1988。
周清原（源），《西湖二集》，瀋陽：春風文藝出版社，1997。
周燦，《願學堂文集》，台南：莊嚴文化事業公司，1997，四庫全書存目叢書。

尚祜卿，《補儒文告》，收入鐘鳴旦、杜鼎克、王仁芳，《徐家匯藏書樓明清天主教文獻續編》，台北：台北利氏學社，2013。
明仁孝文皇后，《內訓》，台北：新文豐出版公司，1985，叢書集成新編。
金松、朱邦椿校訂，《四書講》，日本內閣文庫藏康熙五十九年刊本。
金輝鼎、金楠，《四書述》，日本內閣文庫藏清康熙二十二年刊本。
是鏡，《舜山學約》，上海圖書館古籍室藏。
姚文蔚輯，《省括編》，台南：莊嚴文化事業公司，1995，四庫全書存目叢書。
姚廷傑，《教孝編》，台北：新文豐出版公司，1985，叢書集成續編。
姚舜牧，《來恩堂草》，北京：北京出版社，2000，四庫禁燬書叢刊。
姚舜牧，《藥言》，台北：新文豐出版公司，1985，叢書集成新編。
施閏章，《施愚山集》，合肥：黃山書社，1992。
柳開，《河東集》，台北：臺灣商務印書館，1983，文淵閣四庫全書。
紀昀，《閱微草堂筆記》，成都：巴蜀書社，1995。
胡直，《衡廬精舍藏稿》，台北：臺灣商務印書館，1983，文淵閣四庫全書。
胡廣，《性理大全書》，台北：臺灣商務印書館，1983，文淵閣四庫全書。
范祖禹，《唐鑒》，台北：臺灣商務印書館，1983，文淵閣四庫全書。
范鄗鼎（輯），《理學備考》，台南：莊嚴文化事業公司，1996，四庫全書存目叢書。
范攄，《雲谿友議》，上海：上海書店，1934。
茅坤，《茅坤集》，杭州：浙江古籍出版社，1993。
茆泮林輯，《古籍叢殘彙編》，北京：北京國家圖書館出版社，2001。
唐樞，《木鐘臺集》，台南：莊嚴文化事業公司，1995，四庫全書存目叢書。
夏力恕，《原理》，清初刊本，中國國家圖書館藏。
夏良勝，《中庸衍義》，台北：臺灣商務印書館，1983，文淵閣四庫全書。
夏瑪第亞，《性說》，收入鐘鳴旦、杜鼎克編，《耶穌會羅馬檔案館明清天主教文獻》，台北：台北利氏學社，2002。
孫奇逢，《夏峰先生集》，北京：中華書局，2004。
孫奇逢，《孫徵君日譜錄存》，北京：線裝書局，2003。
孫奇逢，《理學宗傳》，上海：上海古籍出版社，1997，續修四庫全書。

孫璋，《性理真詮》，收入《東傳福音》，合肥：黃山書社，2005。
徐㶿，《徐氏筆精》，台北：臺灣學生書局，1971。
徐芳，《懸榻編》，北京：北京出版社，2000，四庫禁燬書叢刊。
桑拱陽，《四書則》，台南：莊嚴文化事業公司，1997，四庫全書存目叢書。
桑調元，《弢甫文集》，收入《清代詩文集彙編》，上海：上海古籍出版社，2010。
班昭，《女誡》，收入《諸子集成補編》，成都：四川人民出版社，1997。
祖無擇，《龍學文集》，台北：臺灣商務印書館，1974。
祝文彥，《慶符堂集理學就正言》，東京：日本內閣文庫藏，清康熙二十五年序刊本。
耿介，《敬恕堂文集》，清康熙間刊本，中央研究院歷史語言研究所傅斯年圖書館藏。
草亭老人編，《娛目醒心編》，上海：上海古籍出版社，1990。
袁采，《袁氏世範》，北京：商務印書館，1991，叢書集成初編。
郝敬，《禮記通解》，上海：上海古籍出版社，1995，續修四庫全書。
馬世奇，《四書鼎臠》，日本內閣文庫藏，明刊本。
高一志，《齊家西學》，收入《法國國家圖書館明清天主教文獻》，台北：台北利氏學社，2009。
高一志，《寰宇始末》，收入《法國國家圖書館明清天主教文獻》，台北：台北利氏學社，2009。
高明，《顏子疏解》，東京：日本內閣文庫藏。
高拱，《四書問辨錄》，日本內閣文庫藏萬曆三年刊本。
高攀龍，《高子遺書》，台北：臺灣商務書局印書館，1983，文淵閣四庫全書本。
高攀龍集註，徐必達發明，《正蒙釋》，台南：莊嚴文化事業公司，1995，四庫全書存目叢書。
崔述，《唐虞考信錄》，收入《崔東壁先生遺書十九種》，北京：北京圖書館出版社，2007。
張伯行，《續近思錄》，北京：中華書局，1985，叢書集成初編。
張伯行輯，《課子隨筆鈔》，台北：文史哲出版社，1987。

張廷玉，《澄懷園語》，台北：新文豐出版公司，1985，叢書集成續編。
張居正，《四書集注闡微直解》，北京：北京出版社，1997，四庫未收書輯刊。
張星曜，《天教明辨》，收入鐘鳴旦、杜鼎克、王仁芳，《徐家匯藏書樓明清天主教文獻續編》，台北：台北利氏學社，2013。
張英，《聰訓齋語》，台北：新文豐出版公司，1985，叢書集成新編。
張貞生，《庸書》，台南：莊嚴文化事業公司，1997，四庫全書存目叢書。
張振淵，《四書說統》，日本內閣文庫藏，明天啟三年刊本。
張栻，《孟子說》，台北：世界書局，1986，景印摛藻堂四庫全書薈要。
張栻，《南軒集》，台北：臺灣商務印書館，1983。
張能麟，《西山集》，台南：莊嚴文化事業公司，1997，四庫全書存目叢書。
張敘，《原孝》，上海：上海古籍出版社，1995，續修四庫全書。
張萱，《西園聞見錄》，上海：上海古籍出版社，1997，續修四庫全書。
張載，《張載集》，台北：漢京出版公司，1983。
張驥編撰，刁忠民校點，《關學宗傳》，收入《儒藏》，成都：四川大學出版社，2009。
曹于汴，《仰節堂集》，台北：臺灣商務印書館，1983，文淵閣四庫全書。
曹元弼，《孝經學》，上海：上海古籍出版社，1995，續修四庫全書。
曹端，《夜行燭》，收入王秉倫點校，《曹端集》，北京：中華書局，2003。
梁章鉅，《退庵隨筆》，上海：上海古籍出版社，1997，續修四庫全書。
莊存與，《尚書既見》，上海：上海古籍出版社，1995，續修四庫全書。
許三禮，《天中許子政學合一集》，台南：莊嚴文化事業公司，1995，四庫全書存目叢書。
許相卿，《許雲邨貽謀》，台北：新文豐出版公司，1985，叢書集成新編。
陳田，《明詩紀事》，上海：上海古籍出版社，1995，續修四庫全書。
陳立，《白虎通疏證》，北京：中華書局，2011。
陳廷燦，《郵餘閒記》，東京：日本內閣文庫藏，清康熙二十年刊本。
陳奇猷編注，《韓非子集釋》，台北：莊嚴文化事業公司，1984。
陳淳，《北溪字義》，北京：中華書局，1983。
陳瑚，《確菴文稿》，北京：北京出版社，2000。

陳際泰，《四書讀》，台南：莊嚴文化事業公司，1997，四庫全書存目叢書。
陳確，《陳確集》，北京：中華書局，2009。
陳龍正，《幾亭外書》，上海：上海古籍出版社，1997，續修四庫全書。
陳龍正，《幾亭全書》，東京高橋情報據日本內閣文庫康熙四年序刊本影印，中央研究院傅斯年圖書館藏。
陳麗桂校注，《新編淮南子》，台北：國立編譯館，2002。
陳懿典，《陳學士先生初集》，北京：北京出版社，2000，四庫禁燬書叢刊。
陳顯微註，《關尹子文始真經注》，上海：上海古籍出版社，1997，續修四庫全書。
陶弘景，《洞玄靈寶真靈位業圖》，台北：新文豐出版公司，1985。
陶望齡，《陶石簣先生四書要達》，北京：北京出版社，2005，四庫禁燬書叢刊補編。
陸人龍，《型世言》，台北：中央研究院中國文哲研究所，1992。
陸世儀，《志學錄》，台北：新文豐出版公司，1985，叢書集成三編。
陸世儀，《思辨錄輯要》，台北：臺灣商務印書館，1983，文淵閣四庫全書。
陸世儀，《桴亭先生文集》，台北：新文豐出版公司，1997。
陸圻，《新婦譜》，上海：上海書店，1994，叢書集成續編。
陸隴其，《三魚堂文集》，收入《清代詩文集彙編》，上海：上海古籍出版社，2010。
陸隴其，《四書講義困勉錄》，台北：臺灣商務印書館，1983，文淵閣四庫全書。
勞史，《餘山先生遺書》，台南：莊嚴文化事業公司，1995，四庫全書存目叢書。
彭士望，《恥躬堂文鈔》，上海：上海古籍出版社，2010，四庫禁燬叢刊。
彭定求，《南畇文稿》，台南：莊嚴文化事業公司，1997，四庫全書存目叢書。
彭定求，《儒門法語集》，台南：莊嚴文化事業公司，1995，四庫全書存目叢書。
惲日初，《續證人社約誡》，台北：新文豐出版公司，1985，叢書集成續編。
湛若水，《格物通》，台北：臺灣商務印書館，1983，文淵閣四庫全書。

湛若水，《湛甘泉先生文集》，台南：莊嚴文化事業公司，1997，四庫全書存目叢書。
湯之錡，《偶然云》，台南：莊嚴文化事業公司，1997，四庫全書存目叢書。
湯斌，《湯斌集》，鄭州：中州古籍出版社，2003。
湯傳榘輯，《四書明儒大全精義》，北京：北京出版社，1997，四庫未收書輯刊。
無名氏著，《人類源流》，收入鐘鳴旦、杜鼎克、王仁芳，《徐家匯藏書樓明清天主教文獻續編》，台北：台北利氏學社，2013。
焦竑，《焦太史編輯國朝獻徵錄》，台南：莊嚴文化事業公司，1996，四庫全書存目叢書。
焦竑，《焦氏四書講錄》，上海：上海古籍出版社，1995，續修四庫全書。
焦袁熹，《此木軒四書說》，台北：臺灣商務印書館，1983，文淵閣四庫全書。
焦循撰，沈文倬點校，《孟子正義》，北京：中華書局，1987。
程顥、程頤，《二程集》，台北：漢京出版公司，1983。
程顥、程頤，《二程遺書》，台北：臺灣商務印書館，1983，文淵閣四庫全書。
賀時泰，《思聰錄》，台南：莊嚴文化事業公司，1995，四庫全書存目叢書。
馮辰，《清李恕谷先生（塨）年譜》，收入《新編中國名人年譜集成》，台北：臺灣商務印書館，1978。
馮秉正譯述，《聖年廣益》，乾隆三年刻本，上海圖書館藏。
馮從吾，《少墟集》，台北：臺灣商務印書館，1983，文淵閣四庫全書。
馮夢龍輯，《古今小說》，北京：中華書局，1990。
黃向堅，《黃孝子尋親紀程》，台北：新興書局，1985。
黃佐，《庸言》，台南：莊嚴文化事業公司，1995，四庫全書存目叢書。
黃宗羲，《舊小說》，上海：商務印書館，1914。
黃宗羲，《宋元學案》，北京：中華書局，1986。
黃宗羲，《黃宗羲全集》，杭州：浙江古籍出版社，1985。
黃宗羲、全祖望，《宋元學案》，臺灣：中華書局，1981。
黃景星，《槐芝堂四書解》，日本內閣文庫藏明刊本。

黃嗣東（輯），《道學淵源錄清代篇》，收入《清代傳記叢刊》，台北：明文書局，1985。

黃瑞，《家塾四書講義錄》，日本內閣文庫藏康熙四十八年刊本。

黃道周，《孝經集傳》，台北：臺灣商務印書館，1983，文淵閣四庫全書。

楊甲仁，《愧菴遺集》，同治三年重刊本，中央研究院傅斯年圖書館藏。

楊名時，《程功錄》，台南：莊嚴文化事業公司，1995，四庫全書存目叢書。

楊屾撰，鄭世鐸註，《知本提綱》，乾隆十二年刊本，陝西師範大學圖書館藏。

楊東明，《論性臆言》，明代刊本，美國普林斯頓葛思得圖書館藏。

楊起元，《太史楊復所先生證學編》，東京高橋情報據日本宮內廳書陵部藏明萬曆二十四年（1596）序刊本影印，1990，中央研究院歷史語言研究所傅斯年圖書館藏。

萬國欽，《五倫圖說》，海口：海南出版社，2001，故宮珍本叢刊。

葛寅亮，《四書湖南講》，台南：莊嚴文化事業公司，1997，四庫全書存目叢書。

虞世南，《北堂書鈔》，台北：文海出版社，1962。

戴璉璋、吳光主編，《劉宗周全集》，台北：中央研究院中國文哲研究所，1997。

管志道，《論學三劄》，晚明刊本，日本內閣文庫藏。

趙岐注，《孟子》，台北：台灣中華書局，1965，四部備要。

趙岐，《孟子趙注》，收入《無求備齋孟子十書》，台北：藝文印書館，1969。

劉宗周，《人譜類記》，收入戴璉璋、吳光主編，《劉宗周全集》，台北：中央研究院中國文哲研究所，1997。

劉源淥，《冷語》，光緒十七年刊本，北京國家圖書館藏。

劉源淥，《讀書日記》，台南：莊嚴文化事業公司，1995，四庫全書存目叢書。

劉璣，《正蒙會稿》，上海：上海古籍出版社，1997，續修四庫全書。

劉寶楠撰，高流水點校，《論語正義》，北京：中華書局，1990。

潘平格，《潘子求仁錄輯要》，收入《理學叢書》，北京：中華書局，2009。

蔡保禎，《孝紀》，台南：莊嚴文化事業公司，1996，四庫全書存目叢書。
蔡清，《四書蒙引》，台北：臺灣商務印書館，1983，文淵閣四庫全書。
蔣伊，《蔣氏家訓》，台北：新文豐出版公司，1985，叢書集成新編。
蔣致中編，《清牛空山先生運震年譜》，收入《新編中國名人年譜集成》，台北：臺灣商務印書館，1978。
鄧豁渠著，鄧紅校注，《南詢錄校注》，武漢：武漢理工大學出版社，2008。
黎遂球，《蓮鬚閣集》，北京：北京出版社，2000，四庫禁燬書叢刊。
盧伯儒編，《四書便蒙講述》，日本內閣文庫藏，明萬曆二十一年刊本。
錢泳，《履園叢話》，北京：中華書局，1979。
錢肅樂、楊廷樞校訂，《二刻錢希聲先生手著四書從信》，日本內閣文庫藏明刊本。
駱問禮，《萬一樓集》，明刊本，藏日本內閣文庫。
應奎，《柳南隨筆》，上海：商務印書館，1936。
應撝謙，《性理大中》，海口：海南出版社，2001，故宮珍本叢刊。
應撝謙，《應潛齋先生集》，咸豐四年刊本，上海圖書館藏。
戴君恩，《剩言》，上海：上海古籍出版社，1997，續修四庫全書。
戴翊清，《治家格言繹義》，台北：新文豐出版公司，1985，叢書集成續編。
戴震，《孟子字義疏證》，北京：中華書局，1982。
薛瑄，《薛敬軒先生文集》，北京：中華書局，1985。
謝文洊，《謝程山集》，台南：莊嚴文化事業公司，1997，四庫全書存目叢書。
謝文洊輯，《初學先言》，哈佛燕京圖書館藏，光緒壬辰（1892）冬月謝鏞重刊本。
謝肇淛，《滇略》，台北：臺灣商務印書館，1983。
鍾于序，《宗規》，台北：新文豐出版公司，1985，叢書集成續編。
鍾天元，《四書解縛編》，日本內閣文庫藏明萬曆四十三年刊本。
鍾惺，《四書參》，日本內閣文庫藏晚明刊本。
韓霖，《鐸書》，明崇禎辛巳（十四）年（1641）刊本。
顏之推，《顏氏家訓》，台北：新文豐出版公司，1985，叢書集成新編。
顏元、李塨，《學禮》，收入《顏李叢書》，台北：廣文書局，1989。

顏茂猷，《雲起集．孝弟總論下》，東京：日本內閣文庫藏，晚明刊本。
元著，王星賢、張芥塵、郭征點校，《顏元集》，北京：中華書局，1987。
魏荔彤編，《清魏貞庵先生年譜》，台北：臺灣商務印書館，1978。
魏象樞，《庸言》，上海：上海古籍出版社，1997，續修四庫全書。
魏象樞，《寒松堂全集》，北京：中華書局，1996。
魏裔介，《兼濟堂文集》，台北：臺灣商務印書館，1983。
魏裔介，《論性書》，台南：莊嚴文化事業公司，1995，四庫全書存目叢書。
魏裔介，《靜怡齋約言錄》，上海：上海古籍出版社，1997。
羅大紘，《紫原文集》，北京：北京出版社，2000，四庫禁燬存書叢刊。
羅汝芳，《一貫編》，台南：莊嚴文化事業公司，1995，四庫全書存目叢書。
羅汝芳，《羅汝芳集》，南京：鳳凰出版社，2007。
羅澤南，《姚江學辨》，上海：上海古籍出版社，1997，續修四庫全書。
龐尚鵬，《龐氏家訓》，台北：新文豐出版公司，1985，叢書集成新編。
嚴有穀，《嗜退菴語存》，東京：日本內閣文庫藏，清康熙十六年序刊本。
竇克勤，《事親庸言》，東京：日本內閣文庫藏。
竇克勤，《尋樂堂日錄》，收入《歷代日記叢鈔》，北京：學苑出版社，2006。
蘇轍，《古史》，台北：臺灣商務印書館，1976。
釋僧祐編，《弘明集》，台北：台灣中華書局，1965。
顧公燮，《丹午筆記》，南京：江蘇古籍出版社，1999。
顧公燮，《消夏閑記摘鈔》，上海：上海書店，1994。
顧文彬，《過雲樓書畫記》，南京：江蘇古籍出版社，1999。

（三）史料纂輯、圖冊

《中華歷史人物別傳集》，北京：線裝書局，2003。
《太微仙君呂純陽祖師功過格（敦本堂分類功過格）》，中央研究院民族所圖書館影印裝訂本。
《文昌帝君功過格》，台中：聖賢雜誌社，1995。
《正統道藏》，台北：新文豐出版公司，1985。
《名公書判清明集》，北京：中華書局，1987。

《孝經注疏》，台北：藝文印書館，1982。

《尚書・帝命驗》，收入安居香山、中村璋八輯，《緯書集成》，石家莊：河北人民出版社，1994。

《婦女三字功過格》，民國十三年刊行，中央研究院郭廷以圖書館藏。

《論語注疏》，台北：藝文印書館，1982。

《養生保命錄》，高雄：福全堂五文昌宮管理委員會，1984。

王充著、黃暉校釋，《論衡校釋》，北京：中華書局，1990。

左丘明，《重刊宋本左傳注疏附校勘記》，台北：藝文印書館，1965。

朱鴻編，《孝經總類》，上海：上海古籍出版社，1995，續修四庫全書。

江藩撰，鍾哲整理，《國朝漢學師承記》，北京：中華書局，1983。

李昉，《太平廣記》，台北：新文豐出版公司，1997。

李桓輯，《國朝耆獻類徵初編》，台北：明文書局，1985。

阮元，《十三經注疏》，台北：藝文印書館，1982。

胡廣，《禮記大全》，台北：臺灣商務印書館，1983，文淵閣四庫全書。

胡廣奉敕撰，《四書大全》，台北：臺灣商務印書館，1983，文淵閣四庫全書。

徐開任，《明名臣言行錄》，台北：明文書局，1991。

張敬立編，金吳瀾補注，《舜山是仲明先生年譜》，收入《乾嘉名儒年譜》，北京：北京圖書館出版社，2006。

鄭玄注，《重刊宋本禮記注疏附校勘記》，台北：藝文印書館，1965，據清嘉慶二十年江西南昌府學刊本影印。

錢儀吉纂，《碑傳集》，北京：中華書局，1993。

濮文起主編，《民間寶卷》，收入於《中國宗教歷史文獻集成》，合肥：黃山書社，2005。

嚴可均編，《全漢文》，《全上古三代秦漢三國六朝文》，台北：世界書局，1961。

二、今人論著

小野精一、福永光司、山井湧編，李慶譯，《氣的思想》，上海：上海人民出版社，1990。
中央研究院近代史研究所編，《近世中國經世思想研討會論文集》，台北：中央研究院近代史研究所，1984。
王月清，《中國佛教倫理思想》，台北：雲龍出版社，2001。
王岱輿，《正教真詮》，銀川：寧夏人民出版社，1988。
王秋桂，李豐楙主編，《歷代神仙通鑑（一）》，台北：臺灣學生書局，1989。
王茂、蔣國保等，《清代哲學》，安徽：安徽人民出版社，1992。
王瓊玲，《野叟曝言作者夏敬渠年譜》，台北：臺灣學生書局，2005。
丘為君，《戴震學的形成》，台北：聯經出版公司，2004。
古清美，《顧涇陽、高景逸思想之比較研究》，收入《慧菴存稿（二）》，台北：大安出版社，2004。
史革新，《清代以來的學術與思想論集》，北京：社會科學文獻出版社，2011。
伊東貴之，《中國近世思想的典範》，台北：臺大出版中心，2015。
朱漢民，《中國的書院》，台北：臺灣商務印書館，1993。
朱鴻林，《儒者思想與出處》，北京：三聯書店，2015。
江曉原，《性張力下的中國人》，上海：上海人民出版社，1995。
江曉原、王一方，《准談風月》，上海：上海書店出版社，2012。
池子華，《流民問題與社會控制》，南寧：廣西人民出版社，2001。
佐野公治著，張文潮、莊兵譯，《四書學史的研究》，台北：萬卷樓圖書公司，2014。
何淑宜，《香火：江南士人與元明時期祭祖傳統的建構》，新北：稻鄉出版社，2009。
余英時，《東漢生死觀》，台北：聯經出版公司，2008。
吳冠宏，《聖賢典型的儒道義蘊試詮——以舜、甯武子、顏淵與黃憲為釋例》，台北：里仁書局，2000。
吳根友主編，《多元範式下的明清思想研究》，北京：三聯書店，2011。
吳莉葦，《天理與上帝：詮釋學視角下的中西文化交流》，北京：宗教文化出版社，2013。

吳震，《明末清初勸善運動思想研究》，台北：臺大出版中心，2009。

呂妙芬，《孝治天下：《孝經》與近世中國的政治與文化》，台北：聯經出版公司，2011。

呂妙芬，《陽明學士人社群：歷史、思想與實踐》，台北：中央研究院近代史研究所，2003。

宋怡明編，《明清福建五帝信仰資料彙編》，九龍：香港科技大學華南研究中心，2006。

李天綱，《跨文化的詮釋：經學與神學的相遇》，北京：新星出版社，2007。

李紀祥，《明末清初儒學之發展》，台北：文津出版社，1992。

李晟，《仙境信仰研究》，成都：巴蜀書社，2010。

李喬，《中國行業神崇拜》，台北：雲龍出版社，1996。

杜正勝，《從眉壽到長生——醫療文化與中國古代生命觀》，台北：三民書局，2005。

沈清松，《從利瑪竇到海德格》，台北：臺灣商務印書館，2014。

邢千里，《中國歷代孔子圖像演變研究》，濟南：山東大學出版社，2013。

周一謀，《中國古代房事養生學》，北京：中外文化出版社，1989。

周可真，《明清之際新仁學——顧炎武思想研究》，北京：中國大百科全書出版社，2006。

周愚文，《中國教育史綱》，台北：正中書局，2001。

林存陽，《三禮館：清代學術與政治互動的鏈環》，北京：社會科學文獻出版社，2008。

林國標，《清初朱子學研究：對一種經世理學的解讀》，長沙：湖南人民出版社，2004。

林慶彰、張壽安主編，《乾嘉學者的義理學》，台北：中央研究院中國文哲研究所，2003。

林聰舜，《明清之際儒學思想的變遷與發展》，台北：臺灣學生書局，1990。

邵雍，《近代會黨與民間信仰研究》，台北：秀威出版公司，2011。

侯外廬，《中國早期啟蒙思想史：十七世紀至十九世紀四十年代》，北京：人民出版社，1956。

侯潔之，《晚明王學由心轉性的本體詮釋》，台北：政大出版社，2012。
姚際恆，《禮記通論輯本》，收入林慶彰主編，《姚際恆著作集》，台北：中央研究院中國文哲研究所，1994。
胡適，《戴東原的哲學》，台北：遠流出版公司，1986。
唐君毅，《中國哲學原論原性篇》，九龍：新亞書院研究所，1974。
島田虔次，《中國に於ける近代思惟の挫折》，東京：筑摩書房，1949。
徐志平，《晚明話本小說石點頭研究》，台北：臺灣學生書局，1991。
徐秀芳，《宋代士族婦女的婚姻生活：以人際關係為中心》，新北：花木蘭文化出版社，2011。
徐揚杰，《宋明家族制度史論》，北京：中華書局，1995。
徐聖心，《青天無處不同霞——明末清初三教會通管窺》，台北：臺大出版中心，2010。
徐儒宗，《人和論：儒家人倫思想研究》，北京：人民出版社，2006。
荒木見悟著、廖肇亨譯，《明末清初的思想與佛教》，台北：聯經出版公司，2006。
高世瑜，《中國古代婦女生活》，台北：臺灣商務印書館，1998。
高明士，《中國中古的教育與學禮》，台北：臺大出版中心，2005。
常建華，《明代宗族研究》，上海：上海人民出版社，2005。
張先清，《小歷史：明清之際的中西文化相遇》，北京：商務印書館，2015。
張西平，《中國與歐洲早期宗教和哲學交流史》，北京：東方出版社，2001。
張壽安，《十八世紀禮學考證的思想活力》，台北：中央研究院近代史研究所，2001。
張壽安，《以禮代理：凌廷堪與清中葉儒學思想之轉變》，台北：中央研究院近代史研究所，1994。
張曉林，《天主實義與中國學統》，上海：學林出版社，2005。
張麗珠，《清代的義理學轉型》，台北：里仁書局，2006。
張麗珠，《清代新義理學：傳統與現代的交會》，台北：里仁書局，2003。
張麗珠，《清代義理學新貌》，台北：里仁書局，1999。
梁啟超，《清代學術概論》，北京：中華書局，2010。
郭慶藩編，《莊子集釋》，台北：木鐸出版社，1983。

陳秀芬，《養生與修身：晚明文人的身體書寫與攝生技術》，新北：稻鄉出版社，2009。

陳來，《詮釋與重建：王船山的哲學精神》，北京：北京大學出版社，2004。

陳泳超，《堯舜傳說研究》，南京：南京師範大學出版社，2000。

陳芳英，《目連救母故事之演進及其有關文學之研究》，台北：臺大出版中心，1983。

陳逢源，《朱熹與四書章句集注》，台北：里仁書局，2006。

陳壁生，《經學、制度與生活——《論語》父子相隱章疏證》，上海：華東師範大學出版社，2009。

陸寶千，《清代思想史》，台北：廣文書局，1983。

魚宏亮，《知識與救世：明清之際經世之學研究》，北京：北京大學出版社，2008。

黃進興，《聖賢與聖徒》，台北：允晨文化，2001。

黃進興，《優入聖域：權力、信仰與正當性》，台北：允晨文化，1994。

勞思光，《新編中國哲學史》，台北：三民書局，1985。

費絲言，《由典範到規範：從明代貞節烈女的辨識與流傳看貞節觀念的嚴格化》，台北：臺大出版委員會出版，1998。

楊布生、彭定國，《中國書院文化》，台北：雲龍出版社，1997。

楊啟辰、楊華主編，《中國伊斯蘭教的歷史發展和現狀》，銀川：寧夏人民出版社，1999。

楊國樞，《中國人的心理》，台北：桂冠，1988。

楊曾勗，《孝譜》，出版於香港，出版年不詳。

楊菁，《清初理學思想研究》，台北：里仁書局，2008。

楊儒賓，《1949禮讚》，台北：聯經出版公司，2015。

楊儒賓，《從《五經》到《新五經》》，台北：臺大出版中心，2013。

楊儒賓，《異議的意義：近世東亞的反理學思潮》，台北：臺大出版中心，2012。

楊儒賓，《儒家身體觀》，台北：中央研究院中國文哲研究所，1996。

溝口雄三，《中國前近代思想の屈折と展開》，東京：東京大學出版社，1980。

溝口雄三著，習楷、牟堅等譯，《中國的思維世界》，北京：三聯書店，2014。
董少新，《形神之間：早期西洋醫學入華史稿》，上海：上海古籍出版社，2008。
劉又銘，《理在氣中：羅欽順、王廷相、顧炎武、戴震氣本論研究》，台北：五南圖書出版公司，2000。
劉耘華，《詮釋的圓環——明末清初傳教士對儒家經典的解釋及其本土回應》，北京：北京大學出版社，2005。
劉耘華，《依天立義：清代前期中江南士人應對天主教文化研究》，上海：上海古籍出版社，2014。
劉梁劍，《天人際：對王船山的形而上學闡明》，上海：上海人民出版社，2007。
劉增貴，《漢代婚姻制度》，台北：華世出版社，1980。
樂愛國，《中國道教倫理思想史稿》，濟南：齊魯書社，2010。
蔡家和，《王船山《讀孟子大全說》研究》，台北：臺灣學生書局，2013。
鄭宗義，《明清儒學轉型探析：從劉蕺山到戴東原》，香港：香港中文大學出版社，2009。
鄭振滿，《明清福建家族組織與社會變遷》，長沙：湖南教育出版社，1992。
鄭基良，《魏晉南北朝形盡神滅或形盡神不滅的思想論證》，台北：文史哲出版社，2002。
鄭雅如，《情感與制度：魏晉時代的母子關係》，台北：國立臺灣大學文史叢刊，2001。
蕭清和，《「天會」與「吾黨」：明末清初天主教徒群體研究》，北京：中華書局，2015。
蕭萐父，《明清啟蒙學術流變》，瀋陽：遼寧教育出版社，1995。
錢新祖著，宋家復譯，《焦竑與晚明新儒思想的重構》，台北：臺大出版中心，2014。
錢穆，《中國近三百年學術史》，台北：臺灣商務印書館，1987。
戴偉，《中國婚姻性愛史稿》，北京：東方出版社，1992。

戴景賢，《明清學術思想史論集》，香港：香港中文大學出版社，2012。

謝國楨，《明末清初的學風》，北京：人民出版社，1982。

簡毅銘，《明末清初儒者經世致用之道》，台北：花木蘭出版社，2010。

Brown, Peter, *The Body and Society: Men, Women, and Sexual Renunciation in Early Christianity.* New York: Columbia University Press, 1988.

Chow, Kai-wing, *The Rise of Confucian Ritualism in Late Imperial China.* Stanford: Stanford University Press, 1994.

Cole, Alan, *Mothers and Sons in Chinese Buddhism.* Stanford: Stanford University Press, 1998.

Dardess, John, *A Ming Society.* Taipei:SMC Publishing Inc., 1996.

Dean, Kenneth, *Lord of the Three in One: The Spread of a Cult in Southeast China.* Princeton: Princeton University Press, 1998.

Ebrey, Patricia Buckley, *Confucianism and Family Rituals in Imperial China.* Princeton: Princeton University Press, 1991.

Elman, Benjamin A., *From Philosophy to Philology: Intellectual and Social Aspects of Change in Late Imperial China.* Cambridge, Mass: Harvard University Press, 1984.

Faure, David, *Emperor and Ancestor: State and Lineage in South China.* Stanford: Stanford University Press, 2007.

Foucault, Michel, Robert Hurley trans., *The History of Sexuality.* New York: Pantheon Books, 1978.

Gernet, Jacques, translated by Janet Lloyed, *China and the Christian Impact: A Conflict of Cultures.* Cambridge: Cambridge University Press, 1985.

Hu, Minghui, *China's Transition to Modernity: The New Classical Vision of Dai Zhen.* Seattle: University of Washington Press, 2015.

Idema, Wilt L., *Personal Salvation and Filial Piety.* Honolulu: University of Hawai'i Press, 2008.

Karras, Ruth Mazo, *Sexuality in Medieval Europe: Doing Unto Others.* London; New York: Routledge, 2012.

Knapp, Keith, *Selfless Offspring.* Honolulu: University of Hawai'i Press, 2005.

McDannell, Colleen and Lang, Berhard, *Heaven: A History.* New York:Vintage Books, 1990.

Ng, On-Cho, *Cheng-Zhu Confucianism in the Early Qing: Li Guangdi (1642-1718) and Qing Learning.* New York: State University of New York Press, 2001.

Overmyer, Daniel L., *Precious Volumes: An Introduction to Chinese Sectarian Scriptures from the Sixteenth and Seventeenth Centuries.* Cambridge and London: Harvard University Asia Center, 1999.

Rule, Paul, *K'ung-tzu or Confucius?: The Jesuit Interpretation of Confucianism.* Sydney, Boston and London: Allen and Unwin, 1986.

Standaert, Nicolas, *Yang Tingyun, Confucian and Christian in Late Ming China: His Life and Thought.* Leiden, New York: E. J. Brill, 1988.

Taylor, Charles, *A Secular Age.* Cambridge, Mass. : Belknap Press of Harvard University Press, 2007.

Walton, Linda A., *Academies and Society in Southern Sung China.* Honolulu: University of Hawai'i Press, 1999.

Yang, Jui-sung, *Body, Ritual and Identity: A New Interpretation of the Early Qing Confucian Yan Yuan (1635-1704)*. Brill Academic Publishers, 2016.

三、論文

山井湧，〈戴震思想中的氣——氣的哲學的完成〉，收入小野澤精一、福永光司、山井湧編，李慶譯，《氣的思想：中國自然觀和人的觀念的發展》，上海：上海人民出版社，2014，頁452-466。

方旭東，〈朱子對鬼神的界說——以《中庸章句》「鬼神」章的詮釋為中心〉，收入劉笑敢主編，《中國哲學與文化》，4輯，桂林：廣西師範大學出版社，2008，頁196-218。

王汎森，〈日譜與明末清初思想家——以顏李學派為主的討論〉，收入《晚明清初思想十論》，上海：復旦大學出版社，2004，頁117-186。

王汎森，〈明末清初儒學的宗教化：以許三禮的告天之學為例〉，《新史學》，9卷，2期（1998，台北），頁89-123。

王汎森，〈清初「禮治社會」思想的形成〉，收入陳弱水主編，《中國史新論．思想史分冊》，台北：中央研究院．聯經出版公司，2012，頁353-392。

王汎森，〈清初的下層經世思想〉，收入氏著，《晚明清初思想十論》，上海：復旦大學出版社，2004，頁331-368。

王定安，〈天主教靈魂觀與明清儒士：從「人禽之別」到「人禽之辨」〉，《現代物業》，4期（2012，杭州），頁95-97。

王健文，〈「死亡」與「不朽」：古典中國關於「死亡」的概念〉，《成大歷史學報》，22號（1996，台南），頁163-207。

王鴻泰，〈美人相伴——明清文人的美色品賞與情藝生活的經營〉，《新史學》，24卷，2期（2013，台北），頁71-130。

史甄陶，〈東亞儒學靜坐研究之概況〉，《台灣東亞文明研究學刊》，8卷，2期（2011，台北），頁347-374。

田浩，〈朱子的鬼神觀與道統觀〉，收入《邁向21世紀的朱子學——紀念朱子誕辰870周年逝世800周年論文集》，上海：華東師範大學出版社，2001，頁171-183。

白瑞旭，〈漢代死亡學與靈魂的劃分〉，收入夏含夷（Edward L. Shaughnessy）主編，《遠方的時習——古代中國精選集》，上海：上海古籍出版社，2008，頁218-249。

成中英，〈儒學思想的發展與戴震的「善的哲學」〉，《知識與價值：和諧、真理與正義的探索》，台北：聯經出版公司，1986，頁227-271。

朱良津，〈談《尋親圖》，冊的審美特徵〉，《貴州文史叢刊》，3期（2000，貴陽），頁75-78。

朱易，〈道家與道教的靈魂觀〉，收入陳俊偉、謝文郁、樊美筠主編，《靈魂面面觀》，北京：中國社會科學出版社，2006，頁38-52。

江立華，〈我國戶籍制度的歷史考察〉，《西北人口》，1期（2002，甘肅），頁10-13。

何乏筆，〈能量的吸血主義—李歐塔、傅柯、德勒茲與中國房中術〉，《中央研究院中國文哲研究所集刊》，25期（2004，台北），頁259-286。

何佑森，〈明末清初的實學〉，收入氏著《清代學術思潮》，台北：臺大出版中心，2009，頁75-87。

何佑森，〈明清之際學術風氣的轉變及其發展〉，收入氏著《清代學術思潮》，台北：臺大出版中心，2009，頁47-74。

何佑森，〈論「形而上」與「形而下」——兼論朱子與戴東原〉，《清代學術思潮——何佑森先生學術論文集下》，台北：臺大出版中心，2009，頁11-24。

余英時，〈中國古代死後世界觀的演變〉，收入氏著，《中國思想傳統的現代詮釋》，台北：聯經出版公司，1987，頁123-143。

余英時，〈從宋明理學的發展論清代思想史〉，收入氏著，《歷史與思想》，台北：聯經出版公司，1976，頁87-119。

余英時，〈清代思想史的一個新解釋〉，收入氏著，《歷史與思想》，台北：聯經出版公司，1976，頁121-156。

余英時，〈談天地君親師的起源〉，《現代儒學論》，美國加州：八方文化企業公司，1996，頁97-101。

余新忠，〈明清時期孝行的文本解讀——以江南方志記載為中心〉，《中國社會歷史評論》，7期（2006，天津），頁33-60。

吾妻重二，〈朱熹の鬼神論と氣論の理〉，氏著，《朱子學の新研究》，東京：創文社，2004，頁219-242。

吳展良，〈朱子之鬼神論述義〉，《漢學研究》，31期（2013，台北），頁111-144。

吳震，〈鬼神以祭祀而言——關於朱子鬼神觀的若干問題〉，《哲學分析》，3卷，5期（2012，上海），頁73-95。

呂妙芬，〈〈西銘〉為《孝經》之正傳？——論晚明仁孝關係的新意涵〉，《中央研究院中國文哲研究所集刊》，33期（2008，台北），頁139-172。

呂妙芬，〈王嗣槐《太極圖說論》研究〉，《臺大文史哲學報》，79期（2003，台北），頁1-34。

呂妙芬，〈婦女與明代理學的性命追求〉，收入羅久蓉、呂妙芬編，《無聲之聲：近代中國婦女與文化，1600-1950》，台北：中央研究院近代史研究所，2003），頁137-176。

呂妙芬，〈從儒釋耶三教會遇的背景閱讀謝文洊〉，《新史學》，23卷，1期（2012，台北），頁105-158。

呂妙芬，〈清初河南的理學復興與孝弟禮法教育〉，收入高明士編，《東亞傳統教育與學禮學規》，台北：臺大出版中心，2005，頁177-223。

呂妙芬，〈楊屾《知本提綱》研究：十八世紀儒學與外來宗教融合之例〉，《中央研究院中國文哲研究所集刊》，40期（2012，台北），頁83-127。

呂妙芬，〈儒釋交融的聖人觀：從晚明儒家聖人與菩薩形象相似處及對生死議題的關注談起〉，《中央研究院近代史研究所集刊》，32期（1999，台北），頁165-208。

呂妙芬，〈顏元生命思想中的家禮實踐與「家庭」的意涵〉，收入高明士編，《東亞傳統家禮、教育與國法（一）：家族、家禮與教育》，台北：臺大出版中心，2005，頁143-196。

巫仁恕，〈明清之際江南時事劇的發展及其所反映的社會心態〉，《中央研究院近代史研究所集刊》，31期（1999，台北），頁5-48。

李存山，〈三說「為父絕君」——兼論人倫之道「造端乎夫婦」〉，收入景海峰編，《全球化時代的儒家倫理》，北京：清華大學出版社，2007。

李明輝，〈「情欲解放」乎：論劉蕺山思想中的「情」〉，收入熊秉真、張壽安編，《情欲明清．達情篇》，台北：麥田出版，2004，頁83-125。

李明輝，〈焦循對孟子心性論的詮釋及其方法論問題〉，《臺大歷史學報》，24期（1999，台北），頁71-75。

李建民，〈屍體、骷髏與魂魄：傳統靈魂觀新論〉，《當代》，90期（1993，台北），頁48-65。

李建民，〈養生、情色與房中術：中國早期房中術之探索〉，《北縣文化》，38期（1993，新北），頁18-23

李洵，〈試論明代的流民問題〉，《社會科學輯刊》，3期（1980，遼寧），頁68-80。

李貞德，〈漢唐之間求子醫方試探——兼論婦科濫觴與性別論述〉，《中央研究院歷史語言研究所集刊》，68本2分（1997，台北），頁283-367。

李飛，〈中國古代婦女孝行史考論〉，《中國史研究》，3期（1994，北京），頁73-82。

李焯然，〈明代穆斯林的漢文著述與儒家思想〉，《回族研究》，2期（2006，銀川），頁5-10。

李隆獻，〈先秦至唐代鬼靈復仇事例的省察與詮釋〉，《文與哲》，16期（2010，高雄），頁139-201。

李道和，〈舜象故事與葉限故事關係考辨〉，《民族文學研究》，2期（2005，北京），頁36-43。

杜保瑞，〈從朱熹鬼神觀談三教辨正問題的儒學理論建構〉，《東吳哲學學報》，10期（2004，台北），頁55-89。

沈俊平，〈清代坊劇四書應舉用書探析〉，《武漢大學學報》，65卷，5期（2012，武漢），頁84-89。

周啟榮，〈從坊刻「四書」講章論明末考證學〉，收入郝延平、魏秀梅編，《近世中國之傳統與蛻變：劉廣京院士七十五歲祝壽論文集》，台北：中央研究院近代史研究所，1998，頁53-68。

岳永逸，〈家中過會：中國民眾信仰的生活化特質〉，《開放時代》（2008，廣州），頁101-121。

林久絡，〈王門心學的密契主義向度——自我探索與道德實踐的二重奏〉，台北：國立臺灣大學哲學研究所博士論文，2006。

林永勝，〈氣質之性說的成立及其意義——以漢語思維的展開為線索〉，《臺大中文學報》，48期（2015，台北），頁1-38。

林素娟，〈漢代感生神話所傳達的宇宙觀及其在政教上的意義〉，《成大中文學報》，28期（2010，台南），頁35-82。

邱仲麟，〈不孝之孝：隋唐以來割股療親現象的社會史考察〉，台北：國立臺灣大學博士論文，1997。

姜廣輝，〈理學的鬼神觀〉，《理學與中國文化》，上海：上海人民出版社，1994，頁367-384。

科大衛，〈祠堂與家廟——從宋末到明中葉宗族禮儀的演變〉，《歷史人類學學刊》，1卷，2期（2003，香港），頁1-20。

胡務，〈宋元明三代廟學的建築結構和祭祀〉，《中國文化研究所學報》，43卷（2003，香港），頁157-181。

胡森永，〈從理本論到氣本論：明清儒學理氣觀念的轉變〉，台北：國立臺灣大學博士論文，1991。

胡適，〈幾個反理學的思想家〉，《胡適文存》，第三集，台北：遠流圖書公司，1986，頁5-9。

祝平一，〈靈魂、身體與天主：明末清初西學中的人體生理知識〉，《新史學》，7卷，2期（1996，台北），頁47-98。

荊世杰，〈50年來中國天主教研究的回顧與前瞻〉，《南京曉莊學院學報》，1期（2007，江蘇），頁69-77。

馬淵昌也，〈明代後期「氣的哲學」之三種類型與陳確的新思想〉，收入楊儒賓、祝平次編，《儒學的氣論與工夫論》，台北：臺大出版中心，2005，頁161-202。

張先清，〈回顧與展望：20世紀中國之明末清初天主教傳華史研究〉，《宗教文化》3（1998，北京），頁109-141。

張再林，〈父子倫理，還是夫婦倫理——中國古代思想中的「元倫理」之爭〉，《中州學刊》，181期（2011，鄭州），頁141-148。

張勤瑩，〈十七世紀在華耶穌會士的傳教策略：陽瑪諾《天問略》中的「巧器」與「天堂」〉，《成大歷史學報》，37號（2009，台南），頁89-132。

張壽安，〈打破道統、重建學統：清代學術思想史的一個新觀察〉，《中央研究院近代史研究所集刊》，52期（2006，台北），頁53-111。

張寧，〈論儒家文明與伊斯蘭文明的古代交往歷程——以明清時期的「以儒釋經」為例〉，《鵝湖月刊》，32卷，9期（2007，台北），頁57-64。

張藝曦，〈明代陽明畫像的流傳及其作用——兼及清代的發展〉，《思想史》5（2015），頁96-155。

梅謙立撰、譚杰譯，〈孔子土地上的亞里斯多德倫理學——高一志《修身西學》研究〉，《西學東漸》研究，5輯，頁98-128。

陳育民，〈明末及清代義理學的哲學問題——一個對傳統「理欲觀」的重新思考〉，《語文學報》，12期（2005，新竹），頁251-261。

陳來，〈心學傳統中的神祕主義問題〉，收入氏著，《有無之境——王陽明哲學的精神》，台北：佛光文化事業公司，2000，頁582-624。

陳受頤，〈三百年前的建立孔教論——跋王啟元的《清署經談》〉，《中央研究院歷史語言研究所集刊》，第6本第2分，（1936，台北），頁133-162。

陳昌茂，〈舜象傳說與兩兄弟型故事比較探微〉，《貴陽師範高等科學校學報（社會科學版）》，72期（2003，貴陽），頁48-51。

陳泳超，〈宣講書中的舜孝故事〉，《文史知識》，12期（2012，北京），頁35-42。

陳星燦，〈舜象故事的母題蠡測〉，《中國文化》，14期（1996，北京），頁66-71。

陳逢源，〈宋儒聖賢系譜論述之分析——朱熹道統觀淵源考察〉，《成大中文學報》，13期（2010，台南），頁75-116。

陳煥章，〈孔教教規〉，《孔教資料》，收入王見川主編，《中國民間信仰民間文化資料彙編》，台北：博揚文化，2011，頁547-550。

陳熙遠，〈聖王典範與儒家「內聖外王」的質意涵——以孟子對舜的詮解為基點〉，收入黃俊傑編，《孟子思想的歷史發展》，台北：中央研究院中國文哲研究所，1995，頁23-67。

彭國翔，〈王畿與道教——陽明學者對道教內丹學的融攝〉，《中央研究院中國文哲研究所集刊》，21期（2012，台北）頁255-292。

黃一農，〈明末清初天主教傳華史研究的回顧與展望〉，《新史學》7:1（1996，台北），頁137-169。

黃文樹，〈高一志及其「齊家西學」第一卷述評〉，《慈濟大學人文社會科學學刊》，8期（2009，花蓮），頁103-113。

黃進興，〈「聖賢」與「聖徒」：儒教從祀制與基督教封聖制的比較〉，收入氏著，《聖賢與聖徒》，台北：允晨文化，2001，頁89-179。

黃進興，〈毀像與聖師祭〉，收入氏著，《聖賢與聖徒》，台北：允晨文化，2001，頁229-242。

黃進興，〈學術與信仰：論孔廟從祀制與儒家道統意識〉，收入氏著，《優入聖域：權力、信仰與正當性》，台北：允晨文化，1994，頁218-311。

黃進興，〈權力與信仰：孔廟祭祀制度的形成〉，收入氏著，《優入聖域：權力、信仰與正當性》，台北：允晨文化，1994，頁164-216。

黃瑩暖，〈朱熹的鬼神觀〉，《國文學報》，期29（2000，台北），頁77-116。

楊立華，〈氣化與死生：朱子視野中的關洛分歧〉，收入吳震編，《宋代新儒學的精神世界——以朱子學為中心》，上海：華東師範大學出版社，2009，頁178-186。

楊儒賓，〈宋儒的靜坐說〉，《台灣哲學研究》，4期（2004，台北），頁39-86。

楊儒賓，〈理學家的靜坐治病、試煉與禪病〉，收入呂妙芬編，《近世中國的儒學與書籍——家庭、宗教、物質的網路》，台北：中央研究院，2013，頁9-46。

楊儒賓，〈理學家與悟——從冥契主義的觀點探討〉，收入劉述先編，《中國思潮與外來文化》，台北：中央研究院中國文哲研究所，2002，頁167-222。

業露華，〈從《佛說善生經》看佛教的家庭倫理觀〉，《中華佛學學報》，13期（2000，台北），頁69-82。

董少新，〈明末亞里士多德靈魂學說之傳入——以艾儒略《性學觕述》為中心〉，《西學東漸研究》，5輯（2015），頁41-60。

翟志成，〈宋明理學的公私之辨及其現代意涵〉，收入黃克武、張哲嘉編，《公與私：近代中國個體與群體之重建》，台北：中央研究院近代史研究所，2000，頁1-57。

趙園，〈言說與倫理踐行之間：明清之際士大夫與夫婦一倫之一〉，《中國文化》，36期（2012，北京），頁158-171。

劉又銘，〈宋明清氣本論研究的若干問題〉，收入楊儒賓、祝平次編，《儒學的氣論與工夫論》，台北：臺大出版中心，2005，頁203-224。

劉勇強，〈歷史與文本的共生互動——以「水賊占妻（女）型」和「萬里尋親型」為中心〉，《文學遺產》，3期（2000，北京），頁85-99。

劉述先、鄭宗義，〈從道德形上學到達情遂欲——清初儒學新典範論析〉，收入劉述先、梁元生編，《文化傳統的延續與轉化》，香港：中文大學出版社，1999，頁81-106。

劉耘華，〈依天立義：許三禮敬天思想再議〉，《漢語基督教學術論評》，8期（2009，中壢），頁113-145。

劉耘華，〈清初「程山之學」與西學：以謝文洊為中心〉，《史林》，1期（2011，上海），頁74-85。

劉祥光，〈中國近世地方教育的發展——徽州文人、塾師與初級教育（1100-1800）〉，《中央研究院近代史研究所集刊》，28期（1997，台北），頁1-45。

劉燕儷，〈唐代家訓中的夫妻關係及其源流〉，《嘉南學報（人文類）》，32期（2006，台南），頁617-635。

劉錦賢，〈儒家之婚姻觀〉，《興大中文學報》，21期（2007，台中），頁1-38。

潘鳳娟，〈清初耶穌會士衛方濟的人罪說與聖治論〉，《新史學》，33卷，1期（2012，台北），頁9-55。

潘鳳娟、江日新，〈盧安德、艾儒略對於心性論說的差異與相對規定〉，《鵝湖學誌》，54期（2015，台北），頁117-150。

蔡振念，〈時間與不朽——中國魏晉以前不死的追求〉，《文與哲》，10期（2007，高雄），頁153-171。

蔡源林，〈從王岱輿的「三一」說論伊斯蘭與儒家傳統的對話〉，收入劉述先、林月惠編，《當代儒學與西方文化．宗教篇》，台北：中央研究院中國文哲研究所，2005，頁297-335。

鄧希真，〈紫金光耀大仙修真演義〉，收入李零編，《中國方術概觀（房中卷）》，北京：人民中國出版社，1993，頁208-219。

鄧實，〈古學復興論〉，《國粹學報》，9期（1905，上海），台北文海書局影印輯本，頁1023-1030。

鄭吉雄，〈戴東原氣論與漢儒元氣論的歧異〉，《戴東原經典詮釋的思想史探索》，台北：臺大出版中心，2008，頁87-123。

鄭宗義，〈性情與情性：論明末泰州學派的情欲觀〉，收入熊秉真、張壽安編，《情欲明清．達情篇》，台北：麥田出版，2004，頁23-80。

鄭宗義，〈論儒學中「氣性」一路之建立〉，收入楊儒賓、祝平次編，《儒學的氣論與工夫論》，台北：臺大出版中心，2005，頁247-277。

黎小龍，〈義門大家庭的分布與宗族文化的區域特徵〉，《歷史研究》，2期（1998，北京）頁54-63。

蕭清和，〈明末清初天主教中文著作的編輯與出版活動〉，陶亞主編，《宗教與歷史：中國基督教史研究》，上海：上海大學出版社，2013，頁145-168。

蕭萐父，〈中國哲學啟蒙的坎坷道路〉，《吹沙集》，成都：巴蜀書社，2007。

賴惠敏、徐思泠，〈情慾與刑罰：清前期犯奸案件的歷史解讀（1644-1795）〉，《近代中國婦女史研究》，6期（1998，台北），頁31-73。

錢穆，〈中國思想史中之鬼神觀〉，收入氏著，《錢賓四先生全集》，46冊，台北：聯經出版公司，1994。

錢穆，〈清儒學案序〉，收入氏著，《中國學術思想史論叢》（八），台北：東大圖書公司，1980，頁364-388。

謝文郁，〈中國傳統思想中的靈魂觀〉，收入陳俊偉、謝文郁、樊美筠主編，《靈魂面面觀》，北京：中國社會科學出版社，2006，頁3-21。

謝玉玲，〈儒教聖殿的無盡追尋——論《野叟曝言》中的排佛書寫〉，《文與哲》，17期（2010，高雄），頁427-456。

謝和耐（Jacques Gernet）著，耿昇譯，〈靜坐儀，宗教與哲學〉，收入龍巴爾、李學勤主編，《法國漢學》，2輯，北京：清華大學出版社，1997，頁224-243。

鍾雲鶯，〈信念與信仰——儒教在雲南發展的現況考察〉，《成大宗教與文化學報》，19期（2012，台南），頁119-134。

鍾豔攸，〈明清家訓族規之研究〉，國立臺灣師範大學歷史學系博士論文，2002。

顏世鉉，〈郭店楚簡六德箋釋〉，《中央研究院歷史語言研究所集刊》，72本2分（2001，台北），頁476-478。

嚴壽澂，〈明末大儒王船山的人格與思想〉，《近世中國學術思想抉隱》，上海：上海人民出版社，2008，頁50-65。

龔書鐸，〈清代理學的分期、特點及歷史地位〉，《近代文化研究》，輯一，北京：商務印書館，2007，頁1-27。

Bernstein, Alan E. and Katz, Paul R., "The Rise of Postmortem Retribution in China and the West," *The Medieval History Journal*, vol. 13.2 (2010), pp.

199-257.

Bray, Francesca, "Becoming a Mother in Late Imperial China," in Susanne Brandtstadter and Gonçalo D. Santos eds. *Chinese Kinship: Contemporary Anthropological Perspectives*. London and New York: Routledge, 2009, pp. 181-203.

Cohen, Myron L., "Soul and Salvation: Conflicting Themes in Chinese Popular Religion," in James L. Watson and Evelyn S. Rawski eds, *Death Ritual in Late Imperial and Modern China.* Berkeley and Los Angeles: University of California Press, 1988, pp. 180-202.

Furth, Charlotte, "Rethinking Van Gulik: Sexuality and Reproduction in Traditional Chinese Medicine," in Christina K. Gilmartin, et al. eds. *Engendering China: Women, Culture, and the State*. Cambridge, Mass.: Harvard University Press, 1994, pp. 125-146.

Hinsch, Bret, "The Emotional Underpinnings of Male Fidelity in Imperial China," *Journal of Family History* 32, no. 4 (2007), pp. 392-412.

Hsiung, Ping-chen, "Recipes of Planting the Seeds and Songs of Sleeping Alone: A Profile of Male Body Culture in Ming-Ch'ing China," 收入熊秉真等編，《欲掩彌彰：中國歷史文化中的「私」與「情」，私情篇》，台北：漢學研究中心，2003，頁349-410。

Lo, Ping-Cheung, "Zhu Xi and Confucian Sexual Ethics," *Journal of Chinese Philosophy* 20 (1993), pp. 465-477.

Mann, Susan, "Widows in the Kinship, Class, and Community Structures of Qing Dynasty China," *Journal of Asian Studies* 46.1 (1987), pp. 37-56.

Sommer, Deborah A., "Destroying Confucius: Iconoclasm in the Confucian Temple" in Thomas A. Wilson, ed., *On Sacred Grounds: Culture, Society, Politics, and the Formation of the Cult of Confucius*. Cambridge: Harvard University Asia Center, 2002, pp. 95-133.

Sung, Marina H., "The Chinese Lieh-nu Tradition," in Richard W. Guisso and Stanley Johannesen eds., *Women in China: Current Directions in Historical Scholarship*. New York: The Edwin Mellen Press, 1981, pp. 63-74.

Yang, Jui-sung, "From Chu Pang-liang to Yen Yuan: A psycho-historical interpretation of Yen Yuan's violent rebellion against Chu Hsi," 收入熊秉真等編，《欲掩彌彰：中國歷史文化中的「私」與「情」，私情篇》，台北：漢學研究中心，2003，頁411-462。

成聖與家庭人倫：宗教對話脈絡下的明清之際儒學

2017年9月初版 定價：新臺幣580元
2023年3月初版第二刷

著　　者　呂　妙　芬
叢書主編　沙　淑　芬
校　　對　吳　美　滿
封面設計　李　東　記

出　版　者　聯經出版事業股份有限公司
地　　　址　新北市汐止區大同路一段369號1樓
叢書主編電話　(02)86925588轉5310
台北聯經書房　台北市新生南路三段94號
電　　　話　(02)23620308
郵政劃撥帳戶第0100559-3號
郵撥電話　(02)23620308
印　刷　者　世和印製企業有限公司
總　經　銷　聯合發行股份有限公司
發　行　所　新北市新店區寶橋路235巷6弄6號2樓
電　　　話　(02)29178022

副總編輯　陳　逸　華
總　編　輯　涂　豐　恩
總　經　理　陳　芝　宇
社　　　長　羅　國　俊
發　行　人　林　載　爵

行政院新聞局出版事業登記證局版臺業字第0130號

本書如有缺頁，破損，倒裝請寄回台北聯經書房更換。 ISBN 978-957-08-4996-7 (精裝)
聯經網址： www.linkingbooks.com.tw
電子信箱：linking@udngroup.com

國家圖書館出版品預行編目資料

成聖與家庭人倫：宗教對話脈絡下的明清之際
儒學/呂妙芬著．初版．臺北市．聯經．2017年9月（民106年）．
408面．14.8×21公分
ISBN 978-957-08-4996-7（精裝）
[2023年3月初版第二刷]

1.儒學 2.家庭倫理 3.明代哲學 4.清代哲學

121.2 106014951